种业
法律法规汇编

（2019年版）

农业农村部种业管理司
农业农村部管理干部学院 编

法律出版社
LAW PRESS·CHINA

目　　录

第一部分　法　　律

第二部分　行政法规

第三部分　部门规章

第四部分　地方种业法规

第五部分　规范性文件与答复

第六部分 相关法律法规

第一部分　法　　律

中华人民共和国农业法

（1993年7月2日第八届全国人民代表大会常务委员会第二次会议通过　2002年12月28日第九届全国人民代表大会常务委员会第三十一次会议修订　根据2009年8月27日第十一届全国人民代表大会常务委员会第十次会议《关于修改部分法律的决定》第一次修正　根据2012年12月28日第十一届全国人民代表大会常务委员会第三十次会议《关于修改〈中华人民共和国农业法〉的决定》第二次修正）

目　　录

第一章　总　　则

第一条　为了巩固和加强农业在国民经济中的基础地位，深化农村改革，发展农业生产力，推进农业现代化，维护农民和农业生产经营组织的合法权益，增加农民收入，提高农民科学文化素质，促进农业和农村经济的持续、稳定、健康发展，实现全面建设小康社会的目标，制定本法。

第二条　本法所称农业，是指种植业、林业、畜牧业和渔业等产业，包括与其直接相关的产前、产中、产后服务。

本法所称农业生产经营组织，是指农村集体经济组织、农民专业合作经济组织、农业企业和其他从事农业生产经营的组织。

第三条 国家把农业放在发展国民经济的首位。

农业和农村经济发展的基本目标是：建立适应发展社会主义市场经济要求的农村经济体制，不断解放和发展农村生产力，提高农业的整体素质和效益，确保农产品供应和质量，满足国民经济发展和人口增长、生活改善的需求，提高农民的收入和生活水平，促进农村富余劳动力向非农产业和城镇转移，缩小城乡差别和区域差别，建设富裕、民主、文明的社会主义新农村，逐步实现农业和农村现代化。

第四条 国家采取措施，保障农业更好地发挥在提供食物、工业原料和其他农产品，维护和改善生态环境，促进农村经济社会发展等多方面的作用。

第五条 国家坚持和完善公有制为主体、多种所有制经济共同发展的基本经济制度，振兴农村经济。

国家长期稳定农村以家庭承包经营为基础、统分结合的双层经营体制，发展社会化服务体系，壮大集体经济实力，引导农民走共同富裕的道路。

国家在农村坚持和完善以按劳分配为主体、多种分配方式并存的分配制度。

第六条 国家坚持科教兴农和农业可持续发展的方针。

国家采取措施加强农业和农村基础设施建设，调整、优化农业和农村经济结构，推进农业产业化经营，发展农业科技、教育事业，保护农业生态环境，促进农业机械化和信息化，提高农业综合生产能力。

第七条 国家保护农民和农业生产经营组织的财产及其他合法权益不受侵犯。

各级人民政府及其有关部门应当采取措施增加农民收入，切实减轻农民负担。

第八条 全社会应当高度重视农业，支持农业发展。

国家对发展农业和农村经济有显著成绩的单位和个人，给予奖励。

第九条 各级人民政府对农业和农村经济发展工作统一负责，组织各有关部门和全社会做好发展农业和为发展农业服务的各项工作。

国务院农业行政主管部门主管全国农业和农村经济发展工作，国务院林业行政主管部门和其他有关部门在各自的职责范围内，负责有关的农业和农村经济发展工作。

县级以上地方人民政府各农业行政主管部门负责本行政区域内的种植业、畜牧业、渔业等农业和农村经济发展工作，林业行政主管部门负责本行政区域内的林业工作。县级以上地方人民政府其他有关部门在各自的职责范围内，负责本行政区域内有关的为农业生产经营服务的工作。

第二章 农业生产经营体制

第十条 国家实行农村土地承包经营制度，依法保障农村土地承包关系的长期稳定，保护农民对承包土地的使用权。

农村土地承包经营的方式、期限、发包方和承包方的权利义务、土地承包经营权的保护和流转等，适用《中华人民共和国土地管理法》和《中华人民共和国农村土地承包法》。

农村集体经济组织应当在家庭承包经营的基础上，依法管理集体资产，为其成员提供生产、技术、信息等服务，组织合理开发、利用集体资源，壮大经济实力。

第十一条 国家鼓励农民在家庭承包经营的基础上自愿组成各类专业合作经济组织。

农民专业合作经济组织应当坚持为成员服务的宗旨，按照加入自愿、退出自由、民主管理、盈余返还的原则，依法在其章程规定的范围内开展农业生产经营和服务活动。

农民专业合作经济组织可以有多种形式，依法成立、依法登记。任何组织和个人不得侵犯农民专业合作经济组织的财产和经营自主权。

第十二条 农民和农业生产经营组织可以自愿按照民主管理、按劳分配和按股分红相结合的原则，以资金、技术、实物等入股，依法兴办各类企业。

第十三条 国家采取措施发展多种形式的农业产业化经营，鼓励和支持农民和农业生产经营组织发展生产、加工、销售一体化经营。

国家引导和支持从事农产品生产、加工、流通服务的企业、科研单位和其他组织，通过与农民或者农民专业合作经济组织订立合同或者建立各类企业等形式，形成收益共享、风险共担的利益共同体，推进农业产业化经营，带动农业发展。

第十四条 农民和农业生产经营组织可以按照法律、行政法规成立各种农产品行业协会，为成员提供生产、营销、信息、技术、培训等服务，发挥协调和自律作用，提出农产品贸易救济措施的申请，维护成员和行业的利益。

第三章 农业生产

第十五条 县级以上人民政府根据国民经济和社会发展的中长期规划、农业和农村经济发展的基本目标和农业资源区划，制定农业发展规划。

省级以上人民政府农业行政主管部门根据农业发展规划，采取措施发挥区域优势，促进形成合理的农业生产区域布局，指导和协调农业和农村经济结构调整。

第十六条 国家引导和支持农民和农业生产经营组织结合本地实际按照市场需求，调整和优化农业生产结构，协调发展种植业、林业、畜牧业和渔业，发展优质、高产、高效益的农业，提高农产品国际竞争力。

种植业以优化品种、提高质量、增加效益为中心，调整作物结构、品种结构和品质结构。

加强林业生态建设，实施天然林保护、退耕还林和防沙治沙工程，加强防护林体系建设，加速营造速生丰产林、工业原料林和薪炭林。

加强草原保护和建设，加快发展畜牧业，推广圈养和舍饲，改良畜禽品种，积极发展饲料工业和畜禽产品加工业。

渔业生产应当保护和合理利用渔业资源，调整捕捞结构，积极发展水产养殖业、远洋渔业和水产品加工业。

县级以上人民政府应当制定政策，安排资金，引导和支持农业结构调整。

第十七条 各级人民政府应当采取措施，加强农业综合开发和农田水利、农业生态环境保护、乡村道路、农村能源和电网、农产品仓储和流通、渔港、草原围栏、动植物原种良种基地等农业和农村基础设施建设，改善农业生产条件，保护和提高农业综合生产能力。

第十八条 国家扶持动植物品种的选育、生产、更新和良种的推广使用，鼓励品种选育和生产、经营相结合，实施种子工程和畜禽良种工程。国务院和省、自治区、直辖市人民政府设立专项资金，用于扶持动植物良种的选育和推广工作。

第十九条 各级人民政府和农业生产经营组织应当加强农田水利设施建设，建立健全农田水利设施的管理制度，节约用水，发展节水型农业，严格依法控制非农业建设占用灌溉水源，禁止任何组织和个人非法占用或者毁损农田水利设施。

国家对缺水地区发展节水型农业给予重点扶持。

第二十条 国家鼓励和支持农民和农业生产经营组织使用先进、适用的农业机械，加强农业机械安全管理，提高农业机械化水平。

国家对农民和农业生产经营组织购买先进农业机械给予扶持。

第二十一条 各级人民政府应当支持为农业服务的气象事业的发展，提高对气象灾害的监测和预报水平。

第二十二条 国家采取措施提高农产品的质量，建立健全农产品质量标准体系和质量检验检测监督体系，按照有关技术规范、操作规程和质量卫生安全标准，组织农产品的生产经营，保障农产品质量安全。

第二十三条 国家支持依法建立健全优质农产品认证和标志制度。

国家鼓励和扶持发展优质农产品生产。县级以上地方人民政府应当结合本地情况，按照国家有关规定采取措施，发展优质农产品生产。

符合国家规定标准的优质农产品可以依照法律或者行政法规的规定申请使用有关的标志。符合规定产地及生产规范要求的农产品可以依照有关法律或者行政法规的规定申请使用农产品地理标志。

第二十四条 国家实行动植物防疫、检疫制度，健全动植物防疫、检疫体系，加强对动物疫病和植物病、虫、杂草、鼠害的监测、预警、防治，建立重大动物疫情和植物病虫害的快速扑灭机制，建设动物无规定疫病区，实施植物保护工程。

第二十五条 农药、兽药、饲料和饲料添加剂、肥料、种子、农业机械等可能危害人畜安全的农业生产资料的生产经营，依照相关法律、行政法规的规定实行登记或者许可制度。

各级人民政府应当建立健全农业生产资料的安全使用制度，农民和农业生产经营组织不得使用国家明令淘汰和禁止使用的农药、兽药、饲料添加剂等农业生产资料和其他禁止使用的产品。

农业生产资料的生产者、销售者应当对其生产、销售的产品的质量负责，禁止以次充好、以假充真、以不合格的产品冒充合格的产品；禁止生产和销售国家明令淘汰的农药、兽药、饲料添加剂、农业机械等农业生产资料。

第四章　农产品流通与加工

第二十六条　农产品的购销实行市场调节。国家对关系国计民生的重要农产品的购销活动实行必要的宏观调控，建立中央和地方分级储备调节制度，完善仓储运输体系，做到保证供应，稳定市场。

第二十七条　国家逐步建立统一、开放、竞争、有序的农产品市场体系，制定农产品批发市场发展规划。对农村集体经济组织和农民专业合作经济组织建立农产品批发市场和农产品集贸市场，国家给予扶持。

县级以上人民政府工商行政管理部门和其他有关部门按照各自的职责，依法管理农产品批发市场，规范交易秩序，防止地方保护与不正当竞争。

第二十八条　国家鼓励和支持发展多种形式的农产品流通活动。支持农民和农民专业合作经济组织按照国家有关规定从事农产品收购、批发、贮藏、运输、零售和中介活动。鼓励供销合作社和其他从事农产品购销的农业生产经营组织提供市场信息，开拓农产品流通渠道，为农产品销售服务。

县级以上人民政府应当采取措施，督促有关部门保障农产品运输畅通，降低农产品流通成本。有关行政管理部门应当简化手续，方便鲜活农产品的运输，除法律、行政法规另有规定外，不得扣押鲜活农产品的运输工具。

第二十九条　国家支持发展农产品加工业和食品工业，增加农产品的附加值。县级以上人民政府应当制定农产品加工业和食品工业发展规划，引导农产品加工企业形成合理的区域布局和规模结构，扶持农民专业合作经济组织和乡镇企业从事农产品加工和综合开发利用。

国家建立健全农产品加工制品质量标准，完善检测手段，加强农产品加工过程中的质量安全管理和监督，保障食品安全。

第三十条　国家鼓励发展农产品进出口贸易。

国家采取加强国际市场研究、提供信息和营销服务等措施，促进农产品出口。

为维护农产品产销秩序和公平贸易，建立农产品进口预警制度，当某些进口农产品已经或者可能对国内相关农产品的生产造成重大的不利影响时，国家可以采取必要的措施。

第五章　粮食安全

第三十一条　国家采取措施保护和提高粮食综合生产能力，稳步提高粮食生产水平，保障粮食安全。

国家建立耕地保护制度，对基本农田依法实行特殊保护。

第三十二条 国家在政策、资金、技术等方面对粮食主产区给予重点扶持，建设稳定的商品粮生产基地，改善粮食收贮及加工设施，提高粮食主产区的粮食生产、加工水平和经济效益。

国家支持粮食主产区与主销区建立稳定的购销合作关系。

第三十三条 在粮食的市场价格过低时，国务院可以决定对部分粮食品种实行保护价制度。保护价应当根据有利于保护农民利益、稳定粮食生产的原则确定。

农民按保护价制度出售粮食，国家委托的收购单位不得拒收。

县级以上人民政府应当组织财政、金融等部门以及国家委托的收购单位及时筹足粮食收购资金，任何部门、单位或者个人不得截留或者挪用。

第三十四条 国家建立粮食安全预警制度，采取措施保障粮食供给。国务院应当制定粮食安全保障目标与粮食储备数量指标，并根据需要组织有关主管部门进行耕地、粮食库存情况的核查。

国家对粮食实行中央和地方分级储备调节制度，建设仓储运输体系。承担国家粮食储备任务的企业应当按照国家规定保证储备粮的数量和质量。

第三十五条 国家建立粮食风险基金，用于支持粮食储备、稳定粮食市场和保护农民利益。

第三十六条 国家提倡珍惜和节约粮食，并采取措施改善人民的食物营养结构。

第六章 农业投入与支持保护

第三十七条 国家建立和完善农业支持保护体系，采取财政投入、税收优惠、金融支持等措施，从资金投入、科研与技术推广、教育培训、农业生产资料供应、市场信息、质量标准、检验检疫、社会化服务以及灾害救助等方面扶持农民和农业生产经营组织发展农业生产，提高农民的收入水平。

在不与我国缔结或加入的有关国际条约相抵触的情况下，国家对农民实施收入支持政策，具体办法由国务院制定。

第三十八条 国家逐步提高农业投入的总体水平。中央和县级以上地方财政每年对农业总投入的增长幅度应当高于其财政经常性收入的增长幅度。

各级人民政府在财政预算内安排的各项用于农业的资金应当主要用于：加强农业基础设施建设；支持农业结构调整，促进农业产业化经营；保护粮食综合生产能力，保障国家粮食安全；健全动植物检疫、防疫体系，加强动物疫病和植物病、虫、杂草、鼠害防治；建立健全农产品质量标准和检验检测监督体系、农产品市场及信息服务体系；支持农业科研教育、农业技术推广和农民培训；加强农业生态环境保护建设；扶持贫困地区发展；保障农民收入水平等。

县级以上各级财政用于种植业、林业、畜牧业、渔业、农田水利的农业基本建设投入应当统筹安排，协调增长。

国家为加快西部开发，增加对西部地区农业发展和生态环境保护的投入。

第三十九条 县级以上人民政府每年财政预算内安排的各项用于农业的资金应当及时足额拨付。各级人民政府应当加强对国家各项农业资金分配、使用过程的监督管理，保证资金安全，提高资金的使用效率。

任何单位和个人不得截留、挪用用于农业的财政资金和信贷资金。审计机关应当依法加强对用于农业的财政和信贷等资金的审计监督。

第四十条 国家运用税收、价格、信贷等手段，鼓励和引导农民和农业生产经营组织增加农业生产经营性投入和小型农田水利等基本建设投入。

国家鼓励和支持农民和农业生产经营组织在自愿的基础上依法采取多种形式，筹集农业资金。

第四十一条 国家鼓励社会资金投向农业，鼓励企业事业单位、社会团体和个人捐资设立各种农业建设和农业科技、教育基金。

国家采取措施，促进农业扩大利用外资。

第四十二条 各级人民政府应当鼓励和支持企业事业单位及其他各类经济组织开展农业信息服务。

县级以上人民政府农业行政主管部门及其他有关部门应当建立农业信息搜集、整理和发布制度，及时向农民和农业生产经营组织提供市场信息等服务。

第四十三条 国家鼓励和扶持农用工业的发展。

国家采取税收、信贷等手段鼓励和扶持农业生产资料的生产和贸易，为农业生产稳定增长提供物质保障。

国家采取宏观调控措施，使化肥、农药、农用薄膜、农业机械和农用柴油等主要农业生产资料和农产品之间保持合理的比价。

第四十四条 国家鼓励供销合作社、农村集体经济组织、农民专业合作经济组织、其他组织和个人发展多种形式的农业生产产前、产中、产后的社会化服务事业。县级以上人民政府及其各有关部门应当采取措施对农业社会化服务事业给予支持。

对跨地区从事农业社会化服务的，农业、工商管理、交通运输、公安等有关部门应当采取措施给予支持。

第四十五条 国家建立健全农村金融体系，加强农村信用制度建设，加强农村金融监管。

有关金融机构应当采取措施增加信贷投入，改善农村金融服务，对农民和农业生产经营组织的农业生产经营活动提供信贷支持。

农村信用合作社应当坚持为农业、农民和农村经济发展服务的宗旨，优先为当地农民的生产经营活动提供信贷服务。

国家通过贴息等措施，鼓励金融机构向农民和农业生产经营组织的农业生产经营活动提供贷款。

第四十六条 国家建立和完善农业保险制度。

国家逐步建立和完善政策性农业保险制度。鼓励和扶持农民和农业生产经营组织建立为农业生产经营活动服务的互助合作保险组织，鼓励商业性保险公司开展农业保险业务。

农业保险实行自愿原则。任何组织和个人不得强制农民和农业生产经营组织参加农业保险。

第四十七条 各级人民政府应当采取措施，提高农业防御自然灾害的能力，做好防灾、抗灾和救灾工作，帮助灾民恢复生产，组织生产自救，开展社会互助互济；对没有基本生活保障的灾民给予救济和扶持。

第七章 农业科技与农业教育

第四十八条 国务院和省级人民政府应当制定农业科技、农业教育发展规划，发展农业科技、教育事业。

县级以上人民政府应当按照国家有关规定逐步增加农业科技经费和农业教育经费。

国家鼓励、吸引企业等社会力量增加农业科技投入，鼓励农民、农业生产经营组织、企业事业单位等依法举办农业科技、教育事业。

第四十九条 国家保护植物新品种、农产品地理标志等知识产权，鼓励和引导农业科研、教育单位加强农业科学技术的基础研究和应用研究，传播和普及农业科学技术知识，加速科技成果转化与产业化，促进农业科学技术进步。

国务院有关部门应当组织农业重大关键技术的科技攻关。国家采取措施促进国际农业科技、教育合作与交流，鼓励引进国外先进技术。

第五十条 国家扶持农业技术推广事业，建立政府扶持和市场引导相结合，有偿与无偿服务相结合，国家农业技术推广机构和社会力量相结合的农业技术推广体系，促使先进的农业技术尽快应用于农业生产。

第五十一条 国家设立的农业技术推广机构应当以农业技术试验示范基地为依托，承担公共所需的关键性技术的推广和示范等公益性职责，为农民和农业生产经营组织提供无偿农业技术服务。

县级以上人民政府应当根据农业生产发展需要，稳定和加强农业技术推广队伍，保障农业技术推广机构的工作经费。

各级人民政府应当采取措施，按照国家规定保障和改善从事农业技术推广工作的专业科技人员的工作条件、工资待遇和生活条件，鼓励他们为农业服务。

第五十二条 农业科研单位、有关学校、农民专业合作社、涉农企业、群众性科技组织及有关科技人员，根据农民和农业生产经营组织的需要，可以提供无偿服务，也可以通过技术转让、技术服务、技术承包、技术咨询和技术入股等形式，提供有偿服务，取得合法收益。农业科研单位、有关学校、农民专业合作社、涉农企业、群众性科技组织及有关科技人员应当提高服务水平,保证服务质量。

对农业科研单位、有关学校、农业技术推广机构举办的为农业服务的企业,国家在税收、信贷等方面给予优惠。

国家鼓励和支持农民、供销合作社、其他企业事业单位等参与农业技术推广工作。

第五十三条 国家建立农业专业技术人员继续教育制度。县级以上人民政府农业行政主管部门会同教育、人事等有关部门制定农业专业技术人员继续教育计划,并组织实施。

第五十四条 国家在农村依法实施义务教育,并保障义务教育经费。国家在农村举办的普通中小学校教职工工资由县级人民政府按照国家规定统一发放,校舍等教学设施的建设和维护经费由县级人民政府按照国家规定统一安排。

第五十五条 国家发展农业职业教育。国务院有关部门按照国家职业资格证书制度的统一规定,开展农业行业的职业分类、职业技能鉴定工作,管理农业行业的职业资格证书。

第五十六条 国家采取措施鼓励农民采用先进的农业技术,支持农民举办各种科技组织,开展农业实用技术培训、农民绿色证书培训和其他就业培训,提高农民的文化技术素质。

第八章 农业资源与农业环境保护

第五十七条 发展农业和农村经济必须合理利用和保护土地、水、森林、草原、野生动植物等自然资源,合理开发和利用水能、沼气、太阳能、风能等可再生能源和清洁能源,发展生态农业,保护和改善生态环境。

县级以上人民政府应当制定农业资源区划或者农业资源合理利用和保护的区划,建立农业资源监测制度。

第五十八条 农民和农业生产经营组织应当保养耕地,合理使用化肥、农药、农用薄膜,增加使用有机肥料,采用先进技术,保护和提高地力,防止农用地的污染、破坏和地力衰退。

县级以上人民政府农业行政主管部门应当采取措施,支持农民和农业生产经营组织加强耕地质量建设,并对耕地质量进行定期监测。

第五十九条 各级人民政府应当采取措施,加强小流域综合治理,预防和治理水土流失。从事可能引起水土流失的生产建设活动的单位和个人,必须采取预防措施,并负责治理因生产建设活动造成的水土流失。

各级人民政府应当采取措施,预防土地沙化,治理沙化土地。国务院和沙化土地所在地区的县级以上地方人民政府应当按照法律规定制定防沙治沙规划,并组织实施。

第六十条 国家实行全民义务植树制度。各级人民政府应当采取措施,组织群众植树造林,保护林地和林木,预防森林火灾,防治森林病虫害,制止滥伐、盗伐林木,提高森林覆盖率。

国家在天然林保护区域实行禁伐或者限伐制度，加强造林护林。

第六十一条 有关地方人民政府，应当加强草原的保护、建设和管理，指导、组织农（牧）民和农（牧）业生产经营组织建设人工草场、饲草饲料基地和改良天然草原，实行以草定畜，控制载畜量，推行划区轮牧、休牧和禁牧制度，保护草原植被，防止草原退化沙化和盐渍化。

第六十二条 禁止毁林毁草开垦、烧山开垦以及开垦国家禁止开垦的陡坡地，已经开垦的应当逐步退耕还林、还草。

禁止围湖造田以及围垦国家禁止围垦的湿地。已经围垦的，应当逐步退耕还湖、还湿地。

对在国务院批准规划范围内实施退耕的农民，应当按照国家规定予以补助。

第六十三条 各级人民政府应当采取措施，依法执行捕捞限额和禁渔、休渔制度，增殖渔业资源，保护渔业水域生态环境。

国家引导、支持从事捕捞业的农（渔）民和农（渔）业生产经营组织从事水产养殖业或者其他职业，对根据当地人民政府统一规划转产转业的农（渔）民，应当按照国家规定予以补助。

第六十四条 国家建立与农业生产有关的生物物种资源保护制度，保护生物多样性，对稀有、濒危、珍贵生物资源及其原生地实行重点保护。从境外引进生物物种资源应当依法进行登记或者审批，并采取相应安全控制措施。

农业转基因生物的研究、试验、生产、加工、经营及其他应用，必须依照国家规定严格实行各项安全控制措施。

第六十五条 各级农业行政主管部门应当引导农民和农业生产经营组织采取生物措施或者使用高效低毒低残留农药、兽药，防治动植物病、虫、杂草、鼠害。

农产品采收后的秸秆及其他剩余物质应当综合利用，妥善处理，防止造成环境污染和生态破坏。

从事畜禽等动物规模养殖的单位和个人应当对粪便、废水及其他废弃物进行无害化处理或者综合利用，从事水产养殖的单位和个人应当合理投饵、施肥、使用药物，防止造成环境污染和生态破坏。

第六十六条 县级以上人民政府应当采取措施，督促有关单位进行治理，防治废水、废气和固体废弃物对农业生态环境的污染。排放废水、废气和固体废弃物造成农业生态环境污染事故的，由环境保护行政主管部门或者农业行政主管部门依法调查处理；给农民和农业生产经营组织造成损失的，有关责任者应当依法赔偿。

第九章　农民权益保护

第六十七条 任何机关或者单位向农民或者农业生产经营组织收取行政、事业性费用必须依据法律、法规的规定。收费的项目、范围和标准应当公布。没有法律、法规依据的收费,农民和农业生产经营组织有权拒绝。

任何机关或者单位对农民或者农业生产经营组织进行罚款处罚必须依据法律、法规、规章的规定。没有法律、法规、规章依据的罚款,农民和农业生产经营组织有权拒绝。

任何机关或者单位不得以任何方式向农民或者农业生产经营组织进行摊派。除法律、法规另有规定外,任何机关或者单位以任何方式要求农民或者农业生产经营组织提供人力、财力、物力的,属于摊派。农民和农业生产经营组织有权拒绝任何方式的摊派。

第六十八条 各级人民政府及其有关部门和所属单位不得以任何方式向农民或者农业生产经营组织集资。

没有法律、法规依据或者未经国务院批准,任何机关或者单位不得在农村进行任何形式的达标、升级、验收活动。

第六十九条 农民和农业生产经营组织依照法律、行政法规的规定承担纳税义务。税务机关及代扣、代收税款的单位应当依法征税,不得违法摊派税款及以其他违法方法征税。

第七十条 农村义务教育除按国务院规定收取的费用外,不得向农民和学生收取其他费用。禁止任何机关或者单位通过农村中小学校向农民收费。

第七十一条 国家依法征收农民集体所有的土地,应当保护农民和农村集体经济组织的合法权益,依法给予农民和农村集体经济组织征地补偿,任何单位和个人不得截留、挪用征地补偿费用。

第七十二条 各级人民政府、农村集体经济组织或者村民委员会在农业和农村经济结构调整、农业产业化经营和土地承包经营权流转等过程中,不得侵犯农民的土地承包经营权,不得干涉农民自主安排的生产经营项目,不得强迫农民购买指定的生产资料或者按指定的渠道销售农产品。

第七十三条 农村集体经济组织或者村民委员会为发展生产或者兴办公益事业,需要向其成员(村民)筹资筹劳的,应当经成员(村民)会议或者成员(村民)代表会议过半数通过后,方可进行。

农村集体经济组织或者村民委员会依照前款规定筹资筹劳的,不得超过省级以上人民政府规定的上限控制标准,禁止强行以资代劳。

农村集体经济组织和村民委员会对涉及农民利益的重要事项,应当向农民公开,并定期公布财务账目,接受农民的监督。

第七十四条 任何单位和个人向农民或者农业生产经营组织提供生产、技术、信息、文化、保险等有偿服务,必须坚持自愿原则,不得强迫农民和农业生产经营组织接受服务。

第七十五条 农产品收购单位在收购农产品时,不得压级压价,不得在支付的价款中扣缴任何费用。法律、行政法规规定代扣、代收税款的,依照法律、行政法规的规定办理。

农产品收购单位与农产品销售者因农产品的质量等级发生争议的,可以委托具有法定资质的农产品质量检验机构检验。

第七十六条 农业生产资料使用者因生产资料质量问题遭受损失的，出售该生产资料的经营者应当予以赔偿，赔偿额包括购货价款、有关费用和可得利益损失。

第七十七条 农民或者农业生产经营组织为维护自身的合法权益，有向各级人民政府及其有关部门反映情况和提出合法要求的权利，人民政府及其有关部门对农民或者农业生产经营组织提出的合理要求，应当按照国家规定及时给予答复。

第七十八条 违反法律规定，侵犯农民权益的，农民或者农业生产经营组织可以依法申请行政复议或者向人民法院提起诉讼，有关人民政府及其有关部门或者人民法院应当依法受理。

人民法院和司法行政主管机关应当依照有关规定为农民提供法律援助。

第十章　农村经济发展

第七十九条 国家坚持城乡协调发展的方针，扶持农村第二、第三产业发展，调整和优化农村经济结构，增加农民收入，促进农村经济全面发展，逐步缩小城乡差别。

第八十条 各级人民政府应当采取措施，发展乡镇企业，支持农业的发展，转移富余的农业劳动力。

国家完善乡镇企业发展的支持措施，引导乡镇企业优化结构，更新技术，提高素质。

第八十一条 县级以上地方人民政府应当根据当地的经济发展水平、区位优势和资源条件，按照合理布局、科学规划、节约用地的原则，有重点地推进农村小城镇建设。

地方各级人民政府应当注重运用市场机制，完善相应政策，吸引农民和社会资金投资小城镇开发建设，发展第二、第三产业，引导乡镇企业相对集中发展。

第八十二条 国家采取措施引导农村富余劳动力在城乡、地区间合理有序流动。地方各级人民政府依法保护进入城镇就业的农村劳动力的合法权益，不得设置不合理限制，已经设置的应当取消。

第八十三条 国家逐步完善农村社会救济制度，保障农村五保户、贫困残疾农民、贫困老年农民和其他丧失劳动能力的农民的基本生活。

第八十四条 国家鼓励、支持农民巩固和发展农村合作医疗和其他医疗保障形式，提高农民健康水平。

第八十五条 国家扶持贫困地区改善经济发展条件，帮助进行经济开发。省级人民政府根据国家关于扶持贫困地区的总体目标和要求，制定扶贫开发规划，并组织实施。

各级人民政府应当坚持开发式扶贫方针，组织贫困地区的农民和农业生产经营组织合理使用扶贫资金，依靠自身力量改变贫穷落后面貌，引导贫困地区的农民调整经济结构、开发当地资源。扶贫开发应当坚持与资源保护、生态建设相结合，促进贫困地区经济、社会的协调发展和全面进步。

第八十六条 中央和省级财政应当把扶贫开发投入列入年度财政预算，并逐年增加，加大对贫困地区的财政转移支付和建设资金投入。

国家鼓励和扶持金融机构、其他企业事业单位和个人投入资金支持贫困地区开发建设。

禁止任何单位和个人截留、挪用扶贫资金。审计机关应当加强扶贫资金的审计监督。

第十一章 执法监督

第八十七条 县级以上人民政府应当采取措施逐步完善适应社会主义市场经济发展要求的农业行政管理体制。

县级以上人民政府农业行政主管部门和有关行政主管部门应当加强规划、指导、管理、协调、监督、服务职责,依法行政,公正执法。

县级以上地方人民政府农业行政主管部门应当在其职责范围内健全行政执法队伍,实行综合执法,提高执法效率和水平。

第八十八条 县级以上人民政府农业行政主管部门及其执法人员履行执法监督检查职责时,有权采取下列措施:

(一)要求被检查单位或者个人说明情况,提供有关文件、证照、资料;

(二)责令被检查单位或者个人停止违反本法的行为,履行法定义务。

农业行政执法人员在履行监督检查职责时,应当向被检查单位或者个人出示行政执法证件,遵守执法程序。有关单位或者个人应当配合农业行政执法人员依法执行职务,不得拒绝和阻碍。

第八十九条 农业行政主管部门与农业生产、经营单位必须在机构、人员、财务上彻底分离。农业行政主管部门及其工作人员不得参与和从事农业生产经营活动。

第十二章 法律责任

第九十条 违反本法规定,侵害农民和农业生产经营组织的土地承包经营权等财产权或者其他合法权益的,应当停止侵害,恢复原状;造成损失、损害的,依法承担赔偿责任。

国家工作人员利用职务便利或者以其他名义侵害农民和农业生产经营组织的合法权益的,应当赔偿损失,并由其所在单位或者上级主管机关给予行政处分。

第九十一条 违反本法第十九条、第二十五条、第六十二条、第七十一条规定的,依照相关法律或者行政法规的规定予以处罚。

第九十二条 有下列行为之一的,由上级主管机关责令限期归还被截留、挪用的资金,没收非法所得,并由上级主管机关或者所在单位给予直接负责的主管人员和其他直接责任人员行政处分;构成犯罪的,依法追究刑事责任:

(一)违反本法第三十三条第三款规定,截留、挪用粮食收购资金的;

(二)违反本法第三十九条第二款规定,截留、挪用用于农业的财政资金和信贷资金的;

（三）违反本法第八十六条第三款规定，截留、挪用扶贫资金的。

第九十三条 违反本法第六十七条规定，向农民或者农业生产经营组织违法收费、罚款、摊派的，上级主管机关应当予以制止，并予公告；已经收取钱款或者已经使用人力、物力的，由上级主管机关责令限期归还已经收取的钱款或者折价偿还已经使用的人力、物力，并由上级主管机关或者所在单位给予直接负责的主管人员和其他直接责任人员行政处分；情节严重，构成犯罪的，依法追究刑事责任。

第九十四条 有下列行为之一的，由上级主管机关责令停止违法行为，并给予直接负责的主管人员和其他直接责任人员行政处分，责令退还违法收取的集资款、税款或者费用：

（一）违反本法第六十八条规定，非法在农村进行集资、达标、升级、验收活动的；

（二）违反本法第六十九条规定，以违法方法向农民征税的；

（三）违反本法第七十条规定，通过农村中小学校向农民超额、超项目收费的。

第九十五条 违反本法第七十三条第二款规定，强迫农民以资代劳的，由乡（镇）人民政府责令改正，并退还违法收取的资金。

第九十六条 违反本法第七十四条规定，强迫农民和农业生产经营组织接受有偿服务的，由有关人民政府责令改正，并返还其违法收取的费用；情节严重的，给予直接负责的主管人员和其他直接责任人员行政处分；造成农民和农业生产经营组织损失的，依法承担赔偿责任。

第九十七条 县级以上人民政府农业行政主管部门的工作人员违反本法规定参与和从事农业生产经营活动的，依法给予行政处分；构成犯罪的，依法追究刑事责任。

第十三章 附 则

第九十八条 本法有关农民的规定，适用于国有农场、牧场、林场、渔场等企业事业单位实行承包经营的职工。

第九十九条 本法自2003年3月1日起施行。

中华人民共和国种子法

（2000年7月8日第九届全国人民代表大会常务委员会第十六次会议通过　根据2004年8月28日第十届全国人民代表大会常务委员会第十一次会议《关于修改〈中华人民共和国种子法〉的决定》第一次修正　根据2013年6月29日第十二届全国人民代表大会常务委员会第三次会议《关于修改〈中华人民共和国文物保护法〉等十二部法律的决定》第二次修正　2015年11月4日第十二届全国人民代表大会常务委员会第十七次会议修订）

目　　录

第一章　总　　则

第一条　为了保护和合理利用种质资源，规范品种选育、种子生产经营和管理行为，保护植物新品种权，维护种子生产经营者、使用者的合法权益，提高种子质量，推动种子产业化，发展现代种业，保障国家粮食安全，促进农业和林业的发展，制定本法。

第二条　在中华人民共和国境内从事品种选育、种子生产经营和管理等活动，适用本法。

本法所称种子，是指农作物和林木的种植材料或者繁殖材料，包括籽粒、果实、根、茎、苗、芽、叶、花等。

第三条　国务院农业、林业主管部门分别主管全国农作物种子和林木种子工作；县级以上地方人民政府农业、林业主管部门分别主管本行政区域内农作物种子和林木种子工作。

各级人民政府及其有关部门应当采取措施，加强种子执法和监督，依法惩处侵害农民权益的种子违法行为。

第四条 国家扶持种质资源保护工作和选育、生产、更新、推广使用良种，鼓励品种选育和种子生产经营相结合，奖励在种质资源保护工作和良种选育、推广等工作中成绩显著的单位和个人。

第五条 省级以上人民政府应当根据科教兴农方针和农业、林业发展的需要制定种业发展规划并组织实施。

第六条 省级以上人民政府建立种子储备制度，主要用于发生灾害时的生产需要及余缺调剂，保障农业和林业生产安全。对储备的种子应当定期检验和更新。种子储备的具体办法由国务院规定。

第七条 转基因植物品种的选育、试验、审定和推广应当进行安全性评价，并采取严格的安全控制措施。国务院农业、林业主管部门应当加强跟踪监管并及时公告有关转基因植物品种审定和推广的信息。具体办法由国务院规定。

第二章 种质资源保护

第八条 国家依法保护种质资源，任何单位和个人不得侵占和破坏种质资源。

禁止采集或者采伐国家重点保护的天然种质资源。因科研等特殊情况需要采集或者采伐的，应当经国务院或者省、自治区、直辖市人民政府的农业、林业主管部门批准。

第九条 国家有计划地普查、收集、整理、鉴定、登记、保存、交流和利用种质资源，定期公布可供利用的种质资源目录。具体办法由国务院农业、林业主管部门规定。

第十条 国务院农业、林业主管部门应当建立种质资源库、种质资源保护区或者种质资源保护地。省、自治区、直辖市人民政府农业、林业主管部门可以根据需要建立种质资源库、种质资源保护区、种质资源保护地。种质资源库、种质资源保护区、种质资源保护地的种质资源属公共资源，依法开放利用。

占用种质资源库、种质资源保护区或者种质资源保护地的，需经原设立机关同意。

第十一条 国家对种质资源享有主权，任何单位和个人向境外提供种质资源，或者与境外机构、个人开展合作研究利用种质资源的，应当向省、自治区、直辖市人民政府农业、林业主管部门提出申请，并提交国家共享惠益的方案；受理申请的农业、林业主管部门经审核，报国务院农业、林业主管部门批准。

从境外引进种质资源的，依照国务院农业、林业主管部门的有关规定办理。

第三章 品种选育、审定与登记

第十二条 国家支持科研院所及高等院校重点开展育种的基础性、前沿性和应用技术研究,以及常规作物、主要造林树种育种和无性繁殖材料选育等公益性研究。

国家鼓励种子企业充分利用公益性研究成果,培育具有自主知识产权的优良品种;鼓励种子企业与科研院所及高等院校构建技术研发平台,建立以市场为导向、资本为纽带、利益共享、风险共担的产学研相结合的种业技术创新体系。

国家加强种业科技创新能力建设,促进种业科技成果转化,维护种业科技人员的合法权益。

第十三条 由财政资金支持形成的育种发明专利权和植物新品种权,除涉及国家安全、国家利益和重大社会公共利益的外,授权项目承担者依法取得。

由财政资金支持为主形成的育种成果的转让、许可等应当依法公开进行,禁止私自交易。

第十四条 单位和个人因林业主管部门为选育林木良种建立测定林、试验林、优树收集区、基因库等而减少经济收入的,批准建立的林业主管部门应当按照国家有关规定给予经济补偿。

第十五条 国家对主要农作物和主要林木实行品种审定制度。主要农作物品种和主要林木品种在推广前应当通过国家级或者省级审定。由省、自治区、直辖市人民政府林业主管部门确定的主要林木品种实行省级审定。

申请审定的品种应当符合特异性、一致性、稳定性要求。

主要农作物品种和主要林木品种的审定办法由国务院农业、林业主管部门规定。审定办法应当体现公正、公开、科学、效率的原则,有利于产量、品质、抗性等的提高与协调,有利于适应市场和生活消费需要的品种的推广。在制定、修改审定办法时,应当充分听取育种者、种子使用者、生产经营者和相关行业代表意见。

第十六条 国务院和省、自治区、直辖市人民政府的农业、林业主管部门分别设立由专业人员组成的农作物品种和林木品种审定委员会。品种审定委员会承担主要农作物品种和主要林木品种的审定工作,建立包括申请文件、品种审定试验数据、种子样品、审定意见和审定结论等内容的审定档案,保证可追溯。在审定通过的品种依法公布的相关信息中应当包括审定意见情况,接受监督。

品种审定实行回避制度。品种审定委员会委员、工作人员及相关测试、试验人员应当忠于职守,公正廉洁。对单位和个人举报或者监督检查发现的上述人员的违法行为,省级以上人民政府农业、林业主管部门和有关机关应当及时依法处理。

第十七条 实行选育生产经营相结合,符合国务院农业、林业主管部门规定条件的种子企业,对其自主研发的主要农作物品种、主要林木品种可以按照审定办法自行完成试验,达到审定标准的,品种审定委员会应当颁发审定证书。种子企业对试验数据的真实性负责,保证可追溯,接受省级以上人民政府农业、林业主管部门和社会的监督。

第十八条 审定未通过的农作物品种和林木品种,申请人有异议的,可以向原审定委员会或者国家级审定委员会申请复审。

第十九条 通过国家级审定的农作物品种和林木良种由国务院农业、林业主管部门公告,可以在全国适宜的生态区域推广。通过省级审定的农作物品种和林木良种由省、自治区、直辖市人民政府农业、林业主管部门公告,可以在本行政区域内适宜的生态区域推广;其他省、自治区、直辖市属于同一适宜生态区的地域引种农作物品种、林木良种的,引种者应当将引种的品种和区域报所在省、自治区、直辖市人民政府农业、林业主管部门备案。

引种本地区没有自然分布的林木品种,应当按照国家引种标准通过试验。

第二十条 省、自治区、直辖市人民政府农业、林业主管部门应当完善品种选育、审定工作的区域协作机制,促进优良品种的选育和推广。

第二十一条 审定通过的农作物品种和林木良种出现不可克服的严重缺陷等情形不宜继续推广、销售的,经原审定委员会审核确认后,撤销审定,由原公告部门发布公告,停止推广、销售。

第二十二条 国家对部分非主要农作物实行品种登记制度。列入非主要农作物登记目录的品种在推广前应当登记。

实行品种登记的农作物范围应当严格控制,并根据保护生物多样性、保证消费安全和用种安全的原则确定。登记目录由国务院农业主管部门制定和调整。

申请者申请品种登记应当向省、自治区、直辖市人民政府农业主管部门提交申请文件和种子样品,并对其真实性负责,保证可追溯,接受监督检查。申请文件包括品种的种类、名称、来源、特性、育种过程以及特异性、一致性、稳定性测试报告等。

省、自治区、直辖市人民政府农业主管部门自受理品种登记申请之日起二十个工作日内,对申请者提交的申请文件进行书面审查,符合要求的,报国务院农业主管部门予以登记公告。

对已登记品种存在申请文件、种子样品不实的,由国务院农业主管部门撤销该品种登记,并将该申请者的违法信息记入社会诚信档案,向社会公布;给种子使用者和其他种子生产经营者造成损失的,依法承担赔偿责任。

对已登记品种出现不可克服的严重缺陷等情形的,由国务院农业主管部门撤销登记,并发布公告,停止推广。

非主要农作物品种登记办法由国务院农业主管部门规定。

第二十三条 应当审定的农作物品种未经审定的,不得发布广告、推广、销售。

应当审定的林木品种未经审定通过的,不得作为良种推广、销售,但生产确需使用的,应当经林木品种审定委员会认定。

应当登记的农作物品种未经登记的,不得发布广告、推广,不得以登记品种的名义销售。

第二十四条 在中国境内没有经常居所或者营业场所的境外机构、个人在境内申请品种审定或者登记的,应当委托具有法人资格的境内种子企业代理。

第四章　新品种保护

第二十五条　国家实行植物新品种保护制度。对国家植物品种保护名录内经过人工选育或者发现的野生植物加以改良，具备新颖性、特异性、一致性、稳定性和适当命名的植物品种，由国务院农业、林业主管部门授予植物新品种权，保护植物新品种权所有人的合法权益。植物新品种权的内容和归属、授予条件、申请和受理、审查与批准，以及期限、终止和无效等依照本法、有关法律和行政法规规定执行。

国家鼓励和支持种业科技创新、植物新品种培育及成果转化。取得植物新品种权的品种得到推广应用的，育种者依法获得相应的经济利益。

第二十六条　一个植物新品种只能授予一项植物新品种权。两个以上的申请人分别就同一个品种申请植物新品种权的，植物新品种权授予最先申请的人；同时申请的，植物新品种权授予最先完成该品种育种的人。

对违反法律，危害社会公共利益、生态环境的植物新品种，不授予植物新品种权。

第二十七条　授予植物新品种权的植物新品种名称，应当与相同或者相近的植物属或者种中已知品种的名称相区别。该名称经授权后即为该植物新品种的通用名称。

下列名称不得用于授权品种的命名：

（一）仅以数字表示的；

（二）违反社会公德的；

（三）对植物新品种的特征、特性或者育种者身份等容易引起误解的。

同一植物品种在申请新品种保护、品种审定、品种登记、推广、销售时只能使用同一个名称。生产推广、销售的种子应当与申请植物新品种保护、品种审定、品种登记时提供的样品相符。

第二十八条　完成育种的单位或者个人对其授权品种，享有排他的独占权。任何单位或者个人未经植物新品种权所有人许可，不得生产、繁殖或者销售该授权品种的繁殖材料，不得为商业目的将该授权品种的繁殖材料重复使用于生产另一品种的繁殖材料；但是本法、有关法律、行政法规另有规定的除外。

第二十九条　在下列情况下使用授权品种的，可以不经植物新品种权所有人许可，不向其支付使用费，但不得侵犯植物新品种权所有人依照本法、有关法律、行政法规享有的其他权利：

（一）利用授权品种进行育种及其他科研活动；

（二）农民自繁自用授权品种的繁殖材料。

第三十条　为了国家利益或者社会公共利益，国务院农业、林业主管部门可以作出实施植物新品种权强制许可的决定，并予以登记和公告。

取得实施强制许可的单位或者个人不享有独占的实施权，并且无权允许他人实施。

第五章 种子生产经营

第三十一条 从事种子进出口业务的种子生产经营许可证，由省、自治区、直辖市人民政府农业、林业主管部门审核，国务院农业、林业主管部门核发。

从事主要农作物杂交种子及其亲本种子、林木良种种子的生产经营以及实行选育生产经营相结合，符合国务院农业、林业主管部门规定条件的种子企业的种子生产经营许可证，由生产经营者所在地县级人民政府农业、林业主管部门审核，省、自治区、直辖市人民政府农业、林业主管部门核发。

前两款规定以外的其他种子的生产经营许可证，由生产经营者所在地县级以上地方人民政府农业、林业主管部门核发。

只从事非主要农作物种子和非主要林木种子生产的，不需要办理种子生产经营许可证。

第三十二条 申请取得种子生产经营许可证的，应当具有与种子生产经营相适应的生产经营设施、设备及专业技术人员，以及法规和国务院农业、林业主管部门规定的其他条件。

从事种子生产的，还应当同时具有繁殖种子的隔离和培育条件，具有无检疫性有害生物的种子生产地点或者县级以上人民政府林业主管部门确定的采种林。

申请领取具有植物新品种权的种子生产经营许可证的，应当征得植物新品种权所有人的书面同意。

第三十三条 种子生产经营许可证应当载明生产经营者名称、地址、法定代表人、生产种子的品种、地点和种子经营的范围、有效期限、有效区域等事项。

前款事项发生变更的，应当自变更之日起三十日内，向原核发许可证机关申请变更登记。

除本法另有规定外，禁止任何单位和个人无种子生产经营许可证或者违反种子生产经营许可证的规定生产、经营种子。禁止伪造、变造、买卖、租借种子生产经营许可证。

第三十四条 种子生产应当执行种子生产技术规程和种子检验、检疫规程。

第三十五条 在林木种子生产基地内采集种子的，由种子生产基地的经营者组织进行，采集种子应当按照国家有关标准进行。

禁止抢采掠青、损坏母树，禁止在劣质林内、劣质母树上采集种子。

第三十六条 种子生产经营者应当建立和保存包括种子来源、产地、数量、质量、销售去向、销售日期和有关责任人员等内容的生产经营档案，保证可追溯。种子生产经营档案的具体载明事项，种子生产经营档案及种子样品的保存期限由国务院农业、林业主管部门规定。

第三十七条 农民个人自繁自用的常规种子有剩余的，可以在当地集贸市场上出售、串换，不需要办理种子生产经营许可证。

第三十八条 种子生产经营许可证的有效区域由发证机关在其管辖范围内确定。种子生产经营者在种子生产经营许可证载明的有效区域设立分支机构的，专门经营不再分装的包装种子的，或者受具有种子生产经营许可证的种子生产经营者以书面委托生产、代销其种子的，不需要办理种子生产经营许可证，但应当向当地农业、林业主管部门备案。

实行选育生产经营相结合，符合国务院农业、林业主管部门规定条件的种子企业的生产经营许可证的有效区域为全国。

第三十九条 未经省、自治区、直辖市人民政府林业主管部门批准，不得收购珍贵树木种子和本级人民政府规定限制收购的林木种子。

第四十条 销售的种子应当加工、分级、包装。但是不能加工、包装的除外。

大包装或者进口种子可以分装；实行分装的，应当标注分装单位，并对种子质量负责。

第四十一条 销售的种子应当符合国家或者行业标准，附有标签和使用说明。标签和使用说明标注的内容应当与销售的种子相符。种子生产经营者对标注内容的真实性和种子质量负责。

标签应当标注种子类别、品种名称、品种审定或者登记编号、品种适宜种植区域及季节、生产经营者及注册地、质量指标、检疫证明编号、种子生产经营许可证编号和信息代码，以及国务院农业、林业主管部门规定的其他事项。

销售授权品种种子的，应当标注品种权号。

销售进口种子的，应当附有进口审批文号和中文标签。

销售转基因植物品种种子的，必须用明显的文字标注，并应当提示使用时的安全控制措施。

种子生产经营者应当遵守有关法律、法规的规定，诚实守信，向种子使用者提供种子生产者信息、种子的主要性状、主要栽培措施、适应性等使用条件的说明、风险提示与有关咨询服务，不得作虚假或者引人误解的宣传。

任何单位和个人不得非法干预种子生产经营者的生产经营自主权。

第四十二条 种子广告的内容应当符合本法和有关广告的法律、法规的规定，主要性状描述等应当与审定、登记公告一致。

第四十三条 运输或者邮寄种子应当依照有关法律、行政法规的规定进行检疫。

第四十四条 种子使用者有权按照自己的意愿购买种子，任何单位和个人不得非法干预。

第四十五条 国家对推广使用林木良种造林给予扶持。国家投资或者国家投资为主的造林项目和国有林业单位造林，应当根据林业主管部门制定的计划使用林木良种。

第四十六条 种子使用者因种子质量问题或者因种子的标签和使用说明标注的内容不真实，遭受损失的，种子使用者可以向出售种子的经营者要求赔偿，也可以向种子生产者或者其他经营者要求赔偿。赔偿额包括购种价款、可得利益损失和其他损失。属于种子生产者或者其他经营者责任的，出售种子的经营者赔偿后，有权向种子生产者或者其他经营者追偿；属于出售种子的经营者责任的，种子生产者或者其他经营者赔偿后，有权向出售种子的经营者追偿。

第六章　种子监督管理

第四十七条　农业、林业主管部门应当加强对种子质量的监督检查。种子质量管理办法、行业标准和检验方法，由国务院农业、林业主管部门制定。

农业、林业主管部门可以采用国家规定的快速检测方法对生产经营的种子品种进行检测，检测结果可以作为行政处罚依据。被检查人对检测结果有异议的，可以申请复检，复检不得采用同一检测方法。因检测结果错误给当事人造成损失的，依法承担赔偿责任。

第四十八条　农业、林业主管部门可以委托种子质量检验机构对种子质量进行检验。

承担种子质量检验的机构应当具备相应的检测条件、能力，并经省级以上人民政府有关主管部门考核合格。

种子质量检验机构应当配备种子检验员。种子检验员应当具有中专以上有关专业学历，具备相应的种子检验技术能力和水平。

第四十九条　禁止生产经营假、劣种子。农业、林业主管部门和有关部门依法打击生产经营假、劣种子的违法行为，保护农民合法权益，维护公平竞争的市场秩序。

下列种子为假种子：

（一）以非种子冒充种子或者以此种品种种子冒充其他品种种子的；

（二）种子种类、品种与标签标注的内容不符或者没有标签的。

下列种子为劣种子：

（一）质量低于国家规定标准的；

（二）质量低于标签标注指标的；

（三）带有国家规定的检疫性有害生物的。

第五十条　农业、林业主管部门是种子行政执法机关。种子执法人员依法执行公务时应当出示行政执法证件。农业、林业主管部门依法履行种子监督检查职责时，有权采取下列措施：

（一）进入生产经营场所进行现场检查；

（二）对种子进行取样测试、试验或者检验；

（三）查阅、复制有关合同、票据、账簿、生产经营档案及其他有关资料；

（四）查封、扣押有证据证明违法生产经营的种子，以及用于违法生产经营的工具、设备及运输工具等；

（五）查封违法从事种子生产经营活动的场所。

农业、林业主管部门依照本法规定行使职权，当事人应当协助、配合，不得拒绝、阻挠。

农业、林业主管部门所属的综合执法机构或者受其委托的种子管理机构，可以开展种子执法相关工作。

第五十一条　种子生产经营者依法自愿成立种子行业协会，加强行业自律管理，维护成员合法权益，为成员和行业发展提供信息交流、技术培训、信用建设、市场营销和咨询等服务。

第五十二条 种子生产经营者可自愿向具有资质的认证机构申请种子质量认证。经认证合格的，可以在包装上使用认证标识。

第五十三条 由于不可抗力原因，为生产需要必须使用低于国家或者地方规定标准的农作物种子的，应当经用种地县级以上地方人民政府批准；林木种子应当经用种地省、自治区、直辖市人民政府批准。

第五十四条 从事品种选育和种子生产经营以及管理的单位和个人应当遵守有关植物检疫法律、行政法规的规定，防止植物危险性病、虫、杂草及其他有害生物的传播和蔓延。

禁止任何单位和个人在种子生产基地从事检疫性有害生物接种试验。

第五十五条 省级以上人民政府农业、林业主管部门应当在统一的政府信息发布平台上发布品种审定、品种登记、新品种保护、种子生产经营许可、监督管理等信息。

国务院农业、林业主管部门建立植物品种标准样品库，为种子监督管理提供依据。

第五十六条 农业、林业主管部门及其工作人员，不得参与和从事种子生产经营活动。

第七章　种子进出口和对外合作

第五十七条 进口种子和出口种子必须实施检疫，防止植物危险性病、虫、杂草及其他有害生物传入境内和传出境外，具体检疫工作按照有关植物进出境检疫法律、行政法规的规定执行。

第五十八条 从事种子进出口业务的，除具备种子生产经营许可证外，还应当依照国家有关规定取得种子进出口许可。

从境外引进农作物、林木种子的审定权限，农作物、林木种子的进口审批办法，引进转基因植物品种的管理办法，由国务院规定。

第五十九条 进口种子的质量，应当达到国家标准或者行业标准。没有国家标准或者行业标准的，可以按照合同约定的标准执行。

第六十条 为境外制种进口种子的，可以不受本法第五十八条第一款的限制，但应当具有对外制种合同，进口的种子只能用于制种，其产品不得在境内销售。

从境外引进农作物或者林木试验用种，应当隔离栽培，收获物也不得作为种子销售。

第六十一条 禁止进出口假、劣种子以及属于国家规定不得进出口的种子。

第六十二条 国家建立种业国家安全审查机制。境外机构、个人投资、并购境内种子企业，或者与境内科研院所、种子企业开展技术合作，从事品种研发、种子生产经营的审批管理依照有关法律、行政法规的规定执行。

第八章 扶持措施

第六十三条 国家加大对种业发展的支持。对品种选育、生产、示范推广、种质资源保护、种子储备以及制种大县给予扶持。

国家鼓励推广使用高效、安全制种采种技术和先进适用的制种采种机械，将先进适用的制种采种机械纳入农机具购置补贴范围。

国家积极引导社会资金投资种业。

第六十四条 国家加强种业公益性基础设施建设。

对优势种子繁育基地内的耕地，划入基本农田保护区，实行永久保护。优势种子繁育基地由国务院农业主管部门商所在省、自治区、直辖市人民政府确定。

第六十五条 对从事农作物和林木品种选育、生产的种子企业，按照国家有关规定给予扶持。

第六十六条 国家鼓励和引导金融机构为种子生产经营和收储提供信贷支持。

第六十七条 国家支持保险机构开展种子生产保险。省级以上人民政府可以采取保险费补贴等措施，支持发展种业生产保险。

第六十八条 国家鼓励科研院所及高等院校与种子企业开展育种科技人员交流，支持本单位的科技人员到种子企业从事育种成果转化活动；鼓励育种科研人才创新创业。

第六十九条 国务院农业、林业主管部门和异地繁育种子所在地的省、自治区、直辖市人民政府应当加强对异地繁育种子工作的管理和协调，交通运输部门应当优先保证种子的运输。

第九章 法律责任

第七十条 农业、林业主管部门不依法作出行政许可决定，发现违法行为或者接到对违法行为的举报不予查处，或者有其他未依照本法规定履行职责的行为的，由本级人民政府或者上级人民政府有关部门责令改正，对负有责任的主管人员和其他直接责任人员依法给予处分。

违反本法第五十六条规定，农业、林业主管部门工作人员从事种子生产经营活动的，依法给予处分。

第七十一条 违反本法第十六条规定，品种审定委员会委员和工作人员不依法履行职责，弄虚作假、徇私舞弊的，依法给予处分；自处分决定作出之日起五年内不得从事品种审定工作。

第七十二条 品种测试、试验和种子质量检验机构伪造测试、试验、检验数据或者出具虚假证明的，由县级以上人民政府农业、林业主管部门责令改正，对单位处五万元以上十万元以下罚款，对直接负责的主管人员和其他直接责任人员处一万元以上五万元以下罚款;有违法所得的,并处没收违法所得;给种子使用者和其他种子生产经营者造成损失的,与种子生产经营者承担连带责任;情节严重的,由省级以上人民政府有关主管部门取消种子质量检验资格。

第七十三条 违反本法第二十八条规定,有侵犯植物新品种权行为的,由当事人协商解决,不愿协商或者协商不成的,植物新品种权所有人或者利害关系人可以请求县级以上人民政府农业、林业主管部门进行处理,也可以直接向人民法院提起诉讼。

县级以上人民政府农业、林业主管部门,根据当事人自愿的原则,对侵犯植物新品种权所造成的损害赔偿可以进行调解。调解达成协议的,当事人应当履行;当事人不履行协议或者调解未达成协议的,植物新品种权所有人或者利害关系人可以依法向人民法院提起诉讼。

侵犯植物新品种权的赔偿数额按照权利人因被侵权所受到的实际损失确定;实际损失难以确定的,可以按照侵权人因侵权所获得的利益确定。权利人的损失或者侵权人获得的利益难以确定的,可以参照该植物新品种权许可使用费的倍数合理确定。赔偿数额应当包括权利人为制止侵权行为所支付的合理开支。侵犯植物新品种权,情节严重的,可以在按照上述方法确定数额的一倍以上三倍以下确定赔偿数额。

权利人的损失、侵权人获得的利益和植物新品种权许可使用费均难以确定的,人民法院可以根据植物新品种权的类型、侵权行为的性质和情节等因素,确定给予三百万元以下的赔偿。

县级以上人民政府农业、林业主管部门处理侵犯植物新品种权案件时,为了维护社会公共利益,责令侵权人停止侵权行为,没收违法所得和种子;货值金额不足五万元的,并处一万元以上二十五万元以下罚款;货值金额五万元以上的,并处货值金额五倍以上十倍以下罚款。

假冒授权品种的,由县级以上人民政府农业、林业主管部门责令停止假冒行为,没收违法所得和种子;货值金额不足五万元的,并处一万元以上二十五万元以下罚款;货值金额五万元以上的,并处货值金额五倍以上十倍以下罚款。

第七十四条 当事人就植物新品种的申请权和植物新品种权的权属发生争议的,可以向人民法院提起诉讼。

第七十五条 违反本法第四十九条规定,生产经营假种子的,由县级以上人民政府农业、林业主管部门责令停止生产经营,没收违法所得和种子,吊销种子生产经营许可证;违法生产经营的货值金额不足一万元的,并处一万元以上十万元以下罚款;货值金额一万元以上的,并处货值金额十倍以上二十倍以下罚款。

因生产经营假种子犯罪被判处有期徒刑以上刑罚的,种子企业或者其他单位的法定代表人、直接负责的主管人员自刑罚执行完毕之日起五年内不得担任种子企业的法定代表人、高级管理人员。

第七十六条 违反本法第四十九条规定,生产经营劣种子的,由县级以上人民政府农业、林业主管部门责令停止生产经营,没收违法所得和种子;违法生产经营的货值金额不足一万元的，并处五千元以上五万元以下罚款；货值金额一万元以上的，并处货值金额五倍以上十倍以下罚款；情节严重的，吊销种子生产经营许可证。

因生产经营劣种子犯罪被判处有期徒刑以上刑罚的，种子企业或者其他单位的法定代表人、直接负责的主管人员自刑罚执行完毕之日起五年内不得担任种子企业的法定代表人、高级管理人员。

第七十七条 违反本法第三十二条、第三十三条规定，有下列行为之一的，由县级以上人民政府农业、林业主管部门责令改正，没收违法所得和种子；违法生产经营的货值金额不足一万元的，并处三千元以上三万元以下罚款；货值金额一万元以上的，并处货值金额三倍以上五倍以下罚款；可以吊销种子生产经营许可证：

（一）未取得种子生产经营许可证生产经营种子的；

（二）以欺骗、贿赂等不正当手段取得种子生产经营许可证的；

（三）未按照种子生产经营许可证的规定生产经营种子的；

（四）伪造、变造、买卖、租借种子生产经营许可证的。

被吊销种子生产经营许可证的单位，其法定代表人、直接负责的主管人员自处罚决定作出之日起五年内不得担任种子企业的法定代表人、高级管理人员。

第七十八条 违反本法第二十一条、第二十二条、第二十三条规定，有下列行为之一的，由县级以上人民政府农业、林业主管部门责令停止违法行为，没收违法所得和种子，并处二万元以上二十万元以下罚款：

（一）对应当审定未经审定的农作物品种进行推广、销售的；

（二）作为良种推广、销售应当审定未经审定的林木品种的；

（三）推广、销售应当停止推广、销售的农作物品种或者林木良种的；

（四）对应当登记未经登记的农作物品种进行推广，或者以登记品种的名义进行销售的；

（五）对已撤销登记的农作物品种进行推广，或者以登记品种的名义进行销售的。

违反本法第二十三条、第四十二条规定，对应当审定未经审定或者应当登记未经登记的农作物品种发布广告，或者广告中有关品种的主要性状描述的内容与审定、登记公告不一致的，依照《中华人民共和国广告法》的有关规定追究法律责任。

第七十九条 违反本法第五十八条、第六十条、第六十一条规定，有下列行为之一的，由县级以上人民政府农业、林业主管部门责令改正，没收违法所得和种子；违法生产经营的货值金额不足一万元的，并处三千元以上三万元以下罚款；货值金额一万元以上的，并处货值金额三倍以上五倍以下罚款；情节严重的，吊销种子生产经营许可证：

（一）未经许可进出口种子的；

（二）为境外制种的种子在境内销售的；

（三）从境外引进农作物或者林木种子进行引种试验的收获物作为种子在境内销售的；

（四）进出口假、劣种子或者属于国家规定不得进出口的种子的。

第八十条 违反本法第三十六条、第三十八条、第四十条、第四十一条规定，有下列行为之一的，由县级以上人民政府农业、林业主管部门责令改正，处二千元以上二万元以下罚款：

（一）销售的种子应当包装而没有包装的；

（二）销售的种子没有使用说明或者标签内容不符合规定的；

（三）涂改标签的；

（四）未按规定建立、保存种子生产经营档案的；

（五）种子生产经营者在异地设立分支机构、专门经营不再分装的包装种子或者受委托生产、代销种子，未按规定备案的。

第八十一条 违反本法第八条规定，侵占、破坏种质资源，私自采集或者采伐国家重点保护的天然种质资源的，由县级以上人民政府农业、林业主管部门责令停止违法行为，没收种质资源和违法所得，并处五千元以上五万元以下罚款；造成损失的，依法承担赔偿责任。

第八十二条 违反本法第十一条规定，向境外提供或者从境外引进种质资源，或者与境外机构、个人开展合作研究利用种质资源的，由国务院或者省、自治区、直辖市人民政府的农业、林业主管部门没收种质资源和违法所得，并处二万元以上二十万元以下罚款。

未取得农业、林业主管部门的批准文件携带、运输种质资源出境的，海关应当将该种质资源扣留，并移送省、自治区、直辖市人民政府农业、林业主管部门处理。

第八十三条 违反本法第三十五条规定，抢采掠青、损坏母树或者在劣质林内、劣质母树上采种的，由县级以上人民政府林业主管部门责令停止采种行为，没收所采种子，并处所采种子货值金额二倍以上五倍以下罚款。

第八十四条 违反本法第三十九条规定，收购珍贵树木种子或者限制收购的林木种子的，由县级以上人民政府林业主管部门没收所收购的种子，并处收购种子货值金额二倍以上五倍以下罚款。

第八十五条 违反本法第十七条规定，种子企业有造假行为的，由省级以上人民政府农业、林业主管部门处一百万元以上五百万元以下罚款；不得再依照本法第十七条的规定申请品种审定；给种子使用者和其他种子生产经营者造成损失的，依法承担赔偿责任。

第八十六条 违反本法第四十五条规定，未根据林业主管部门制定的计划使用林木良种的，由同级人民政府林业主管部门责令限期改正；逾期未改正的，处三千元以上三万元以下罚款。

第八十七条 违反本法第五十四条规定，在种子生产基地进行检疫性有害生物接种试验的，由县级以上人民政府农业、林业主管部门责令停止试验，处五千元以上五万元以下罚款。

第八十八条 违反本法第五十条规定，拒绝、阻挠农业、林业主管部门依法实施监督检查的，处二千元以上五万元以下罚款，可以责令停产停业整顿；构成违反治安管理行为的，由公安机关依法给予治安管理处罚。

第八十九条 违反本法第十三条规定，私自交易育种成果，给本单位造成经济损失的，依法承担赔偿责任。

第九十条 违反本法第四十四条规定，强迫种子使用者违背自己的意愿购买、使用种子，给使用者造成损失的，应当承担赔偿责任。

第九十一条 违反本法规定，构成犯罪的，依法追究刑事责任。

第十章 附 则

第九十二条 本法下列用语的含义是：

（一）种质资源是指选育植物新品种的基础材料，包括各种植物的栽培种、野生种的繁殖材料以及利用上述繁殖材料人工创造的各种植物的遗传材料。

（二）品种是指经过人工选育或者发现并经过改良，形态特征和生物学特性一致，遗传性状相对稳定的植物群体。

（三）主要农作物是指稻、小麦、玉米、棉花、大豆。

（四）主要林木由国务院林业主管部门确定并公布；省、自治区、直辖市人民政府林业主管部门可以在国务院林业主管部门确定的主要林木之外确定其他八种以下的主要林木。

（五）林木良种是指通过审定的主要林木品种，在一定的区域内，其产量、适应性、抗性等方面明显优于当前主栽材料的繁殖材料和种植材料。

（六）新颖性是指申请植物新品种权的品种在申请日前，经申请权人自行或者同意销售、推广其种子，在中国境内未超过一年；在境外，木本或者藤本植物未超过六年，其他植物未超过四年。

本法施行后新列入国家植物品种保护名录的植物的属或者种，从名录公布之日起一年内提出植物新品种权申请的，在境内销售、推广该品种种子未超过四年的，具备新颖性。

除销售、推广行为丧失新颖性外，下列情形视为已丧失新颖性：

1. 品种经省、自治区、直辖市人民政府农业、林业主管部门依据播种面积确认已经形成事实扩散的；

2. 农作物品种已审定或者登记两年以上未申请植物新品种权的。

（七）特异性是指一个植物品种有一个以上性状明显区别于已知品种。

（八）一致性是指一个植物品种的特性除可预期的自然变异外，群体内个体间相关的特征或者特性表现一致。

（九）稳定性是指一个植物品种经过反复繁殖后或者在特定繁殖周期结束时，其主要性状保持不变。

（十）已知品种是指已受理申请或者已通过品种审定、品种登记、新品种保护，或者已经销售、推广的植物品种。

（十一）标签是指印制、粘贴、固定或者附着在种子、种子包装物表面的特定图案及文字说明。

第九十三条 草种、烟草种、中药材种、食用菌菌种的种质资源管理和选育、生产经营、管理等活动,参照本法执行。

第九十四条 本法自2016年1月1日起施行。

中华人民共和国畜牧法

(2005年12月29日第十届全国人民代表大会常务委员会第十九次会议通过 根据2015年4月24日第十二届全国人民代表大会常务委员会第十四次会议《关于修改〈中华人民共和国计量法〉等五部法律的决定》修正)

目 录

第一章 总 则

第一条 为了规范畜牧业生产经营行为,保障畜禽产品质量安全,保护和合理利用畜禽遗传资源,维护畜牧业生产经营者的合法权益,促进畜牧业持续健康发展,制定本法。

第二条 在中华人民共和国境内从事畜禽的遗传资源保护利用、繁育、饲养、经营、运输等活动,适用本法。

本法所称畜禽,是指列入依照本法第十一条规定公布的畜禽遗传资源目录的畜禽。

蜂、蚕的资源保护利用和生产经营,适用本法有关规定。

第三条 国家支持畜牧业发展,发挥畜牧业在发展农业、农村经济和增加农民收入中的作用。县级以上人民政府应当采取措施,加强畜牧业基础设施建设,鼓励和扶持发展规模化养殖,推进畜牧产业化经营,提高畜牧业综合生产能力,发展优质、高效、生态、安全的畜牧业。

国家帮助和扶持少数民族地区、贫困地区畜牧业的发展，保护和合理利用草原，改善畜牧业生产条件。

第四条 国家采取措施，培养畜牧兽医专业人才，发展畜牧兽医科学技术研究和推广事业，开展畜牧兽医科学技术知识的教育宣传工作和畜牧兽医信息服务，推进畜牧业科技进步。

第五条 畜牧业生产经营者可以依法自愿成立行业协会，为成员提供信息、技术、营销、培训等服务，加强行业自律，维护成员和行业利益。

第六条 畜牧业生产经营者应当依法履行动物防疫和环境保护义务，接受有关主管部门依法实施的监督检查。

第七条 国务院畜牧兽医行政主管部门负责全国畜牧业的监督管理工作。县级以上地方人民政府畜牧兽医行政主管部门负责本行政区域内的畜牧业监督管理工作。

县级以上人民政府有关主管部门在各自的职责范围内，负责有关促进畜牧业发展的工作。

第八条 国务院畜牧兽医行政主管部门应当指导畜牧业生产经营者改善畜禽繁育、饲养、运输的条件和环境。

第二章 畜禽遗传资源保护

第九条 国家建立畜禽遗传资源保护制度。各级人民政府应当采取措施，加强畜禽遗传资源保护，畜禽遗传资源保护经费列入财政预算。

畜禽遗传资源保护以国家为主，鼓励和支持有关单位、个人依法发展畜禽遗传资源保护事业。

第十条 国务院畜牧兽医行政主管部门设立由专业人员组成的国家畜禽遗传资源委员会，负责畜禽遗传资源的鉴定、评估和畜禽新品种、配套系的审定，承担畜禽遗传资源保护和利用规划论证及有关畜禽遗传资源保护的咨询工作。

第十一条 国务院畜牧兽医行政主管部门负责组织畜禽遗传资源的调查工作，发布国家畜禽遗传资源状况报告，公布经国务院批准的畜禽遗传资源目录。

第十二条 国务院畜牧兽医行政主管部门根据畜禽遗传资源分布状况，制定全国畜禽遗传资源保护和利用规划，制定并公布国家级畜禽遗传资源保护名录，对原产我国的珍贵、稀有、濒危的畜禽遗传资源实行重点保护。

省级人民政府畜牧兽医行政主管部门根据全国畜禽遗传资源保护和利用规划及本行政区域内畜禽遗传资源状况，制定和公布省级畜禽遗传资源保护名录，并报国务院畜牧兽医行政主管部门备案。

第十三条 国务院畜牧兽医行政主管部门根据全国畜禽遗传资源保护和利用规划及国家级畜禽遗传资源保护名录，省级人民政府畜牧兽医行政主管部门根据省级畜禽遗传资源保护名录，分别建立或者确定畜禽遗传资源保种场、保护区和基因库，承担畜禽遗传资源保护任务。

享受中央和省级财政资金支持的畜禽遗传资源保种场、保护区和基因库，未经国务院畜牧兽医行政主管部门或者省级人民政府畜牧兽医行政主管部门批准，不得擅自处理受保护的畜禽遗传资源。

畜禽遗传资源基因库应当按照国务院畜牧兽医行政主管部门或者省级人民政府畜牧兽医行政主管部门的规定，定期采集和更新畜禽遗传材料。有关单位、个人应当配合畜禽遗传资源基因库采集畜禽遗传材料，并有权获得适当的经济补偿。

畜禽遗传资源保种场、保护区和基因库的管理办法由国务院畜牧兽医行政主管部门制定。

第十四条 新发现的畜禽遗传资源在国家畜禽遗传资源委员会鉴定前，省级人民政府畜牧兽医行政主管部门应当制定保护方案，采取临时保护措施，并报国务院畜牧兽医行政主管部门备案。

第十五条 从境外引进畜禽遗传资源的，应当向省级人民政府畜牧兽医行政主管部门提出申请；受理申请的畜牧兽医行政主管部门经审核，报国务院畜牧兽医行政主管部门经评估论证后批准。经批准的，依照《中华人民共和国进出境动植物检疫法》的规定办理相关手续并实施检疫。

从境外引进的畜禽遗传资源被发现对境内畜禽遗传资源、生态环境有危害或者可能产生危害的，国务院畜牧兽医行政主管部门应当商有关主管部门，采取相应的安全控制措施。

第十六条 向境外输出或者在境内与境外机构、个人合作研究利用列入保护名录的畜禽遗传资源的，应当向省级人民政府畜牧兽医行政主管部门提出申请，同时提出国家共享惠益的方案；受理申请的畜牧兽医行政主管部门经审核，报国务院畜牧兽医行政主管部门批准。

向境外输出畜禽遗传资源的，还应当依照《中华人民共和国进出境动植物检疫法》的规定办理相关手续并实施检疫。

新发现的畜禽遗传资源在国家畜禽遗传资源委员会鉴定前，不得向境外输出，不得与境外机构、个人合作研究利用。

第十七条 畜禽遗传资源的进出境和对外合作研究利用的审批办法由国务院规定。

第三章 种畜禽品种选育与生产经营

第十八条 国家扶持畜禽品种的选育和优良品种的推广使用，支持企业、院校、科研机构和技术推广单位开展联合育种，建立畜禽良种繁育体系。

第十九条 培育的畜禽新品种、配套系和新发现的畜禽遗传资源在推广前，应当通过国家畜禽遗传资源委员会审定或者鉴定，并由国务院畜牧兽医行政主管部门公告。畜禽新品种、配套系的审定办法和畜禽遗传资源的鉴定办法，由国务院畜牧兽医行政主管部门制定。审定或者鉴定所需的试验、检测等费用由申请者承担，收费办法由国务院财政、价格部门会同国务院畜牧兽医行政主管部门制定。

培育新的畜禽品种、配套系进行中间试验，应当经试验所在地省级人民政府畜牧兽医行政主管部门批准。

畜禽新品种、配套系培育者的合法权益受法律保护。

第二十条 转基因畜禽品种的培育、试验、审定和推广，应当符合国家有关农业转基因生物管理的规定。

第二十一条 省级以上畜牧兽医技术推广机构可以组织开展种畜优良个体登记，向社会推荐优良种畜。优良种畜登记规则由国务院畜牧兽医行政主管部门制定。

第二十二条 从事种畜禽生产经营或者生产商品代仔畜、雏禽的单位、个人，应当取得种畜禽生产经营许可证。

申请取得种畜禽生产经营许可证，应当具备下列条件：

（一）生产经营的种畜禽必须是通过国家畜禽遗传资源委员会审定或者鉴定的品种、配套系，或者是经批准引进的境外品种、配套系；

（二）有与生产经营规模相适应的畜牧兽医技术人员；

（三）有与生产经营规模相适应的繁育设施设备；

（四）具备法律、行政法规和国务院畜牧兽医行政主管部门规定的种畜禽防疫条件；

（五）有完善的质量管理和育种记录制度；

（六）具备法律、行政法规规定的其他条件。

第二十三条 申请取得生产家畜卵子、冷冻精液、胚胎等遗传材料的生产经营许可证，除应当符合本法第二十二条第二款规定的条件外，还应当具备下列条件：

（一）符合国务院畜牧兽医行政主管部门规定的实验室、保存和运输条件；

（二）符合国务院畜牧兽医行政主管部门规定的种畜数量和质量要求；

（三）体外授精取得的胚胎、使用的卵子来源明确，供体畜符合国家规定的种畜健康标准和质量要求；

（四）符合国务院畜牧兽医行政主管部门规定的其他技术要求。

第二十四条 申请取得生产家畜卵子、冷冻精液、胚胎等遗传材料的生产经营许可证，应当向省级人民政府畜牧兽医行政主管部门提出申请。受理申请的畜牧兽医行政主管部门应当自收到申请之日起六十个工作日内依法决定是否发给生产经营许可证。

其他种畜禽的生产经营许可证由县级以上地方人民政府畜牧兽医行政主管部门审核发放，具体审核发放办法由省级人民政府规定。

种畜禽生产经营许可证样式由国务院畜牧兽医行政主管部门制定，许可证有效期为三年。发放种畜禽生产经营许可证可以收取工本费，具体收费管理办法由国务院财政、价格部门制定。

第二十五条 种畜禽生产经营许可证应当注明生产经营者名称、场（厂）址、生产经营范围及许可证有效期的起止日期等。

禁止任何单位、个人无种畜禽生产经营许可证或者违反种畜禽生产经营许可证的规定生产经营种畜禽。禁止伪造、变造、转让、租借种畜禽生产经营许可证。

第二十六条 农户饲养的种畜禽用于自繁自养和有少量剩余仔畜、雏禽出售的,农户饲养种公畜进行互助配种的,不需要办理种畜禽生产经营许可证。

第二十七条 专门从事家畜人工授精、胚胎移植等繁殖工作的人员,应当取得相应的国家职业资格证书。

第二十八条 发布种畜禽广告的,广告主应当提供种畜禽生产经营许可证和营业执照。广告内容应当符合有关法律、行政法规的规定,并注明种畜禽品种、配套系的审定或者鉴定名称;对主要性状的描述应当符合该品种、配套系的标准。

第二十九条 销售的种畜禽和家畜配种站(点)使用的种公畜,必须符合种用标准。销售种畜禽时,应当附具种畜禽场出具的种畜禽合格证明、动物防疫监督机构出具的检疫合格证明,销售的种畜还应当附具种畜禽场出具的家畜系谱。

生产家畜卵子、冷冻精液、胚胎等遗传材料,应当有完整的采集、销售、移植等记录,记录应当保存二年。

第三十条 销售种畜禽,不得有下列行为:

(一)以其他畜禽品种、配套系冒充所销售的种畜禽品种、配套系;

(二)以低代别种畜禽冒充高代别种畜禽;

(三)以不符合种用标准的畜禽冒充种畜禽;

(四)销售未经批准进口的种畜禽;

(五)销售未附具本法第二十九条规定的种畜禽合格证明、检疫合格证明的种畜禽或者未附具家畜系谱的种畜;

(六)销售未经审定或者鉴定的种畜禽品种、配套系。

第三十一条 申请进口种畜禽的,应当持有种畜禽生产经营许可证。进口种畜禽的批准文件有效期为六个月。

进口的种畜禽应当符合国务院畜牧兽医行政主管部门规定的技术要求。首次进口的种畜禽还应当由国家畜禽遗传资源委员会进行种用性能的评估。

种畜禽的进出口管理除适用前两款的规定外,还适用本法第十五条和第十六条的相关规定。

国家鼓励畜禽养殖者对进口的畜禽进行新品种、配套系的选育;选育的新品种、配套系在推广前,应当经国家畜禽遗传资源委员会审定。

第三十二条 种畜禽场和孵化场(厂)销售商品代仔畜、雏禽的,应当向购买者提供其销售的商品代仔畜、雏禽的主要生产性能指标、免疫情况、饲养技术要求和有关咨询服务,并附具动物防疫监督机构出具的检疫合格证明。

销售种畜禽和商品代仔畜、雏禽,因质量问题给畜禽养殖者造成损失的,应当依法赔偿损失。

第三十三条 县级以上人民政府畜牧兽医行政主管部门负责种畜禽质量安全的监督

管理工作。种畜禽质量安全的监督检验应当委托具有法定资质的种畜禽质量检验机构进行；所需检验费用按照国务院规定列支，不得向被检验人收取。

第三十四条 蚕种的资源保护、新品种选育、生产经营和推广适用本法有关规定，具体管理办法由国务院农业行政主管部门制定。

第四章 畜禽养殖

第三十五条 县级以上人民政府畜牧兽医行政主管部门应当根据畜牧业发展规划和市场需求，引导和支持畜牧业结构调整，发展优势畜禽生产，提高畜禽产品市场竞争力。

国家支持草原牧区开展草原围栏、草原水利、草原改良、饲草饲料基地等草原基本建设，优化畜群结构，改良牲畜品种，转变生产方式，发展舍饲圈养、划区轮牧，逐步实现畜草平衡，改善草原生态环境。

第三十六条 国务院和省级人民政府应当在其财政预算内安排支持畜牧业发展的良种补贴、贴息补助等资金，并鼓励有关金融机构通过提供贷款、保险服务等形式，支持畜禽养殖者购买优良畜禽、繁育良种、改善生产设施、扩大养殖规模，提高养殖效益。

第三十七条 国家支持农村集体经济组织、农民和畜牧业合作经济组织建立畜禽养殖场、养殖小区，发展规模化、标准化养殖。乡（镇）土地利用总体规划应当根据本地实际情况安排畜禽养殖用地。农村集体经济组织、农民、畜牧业合作经济组织按照乡（镇）土地利用总体规划建立的畜禽养殖场、养殖小区用地按农业用地管理。畜禽养殖场、养殖小区用地使用权期限届满，需要恢复为原用途的，由畜禽养殖场、养殖小区土地使用权人负责恢复。在畜禽养殖场、养殖小区用地范围内需要兴建永久性建（构）筑物，涉及农用地转用的，依照《中华人民共和国土地管理法》的规定办理。

第三十八条 国家设立的畜牧兽医技术推广机构，应当向农民提供畜禽养殖技术培训、良种推广、疫病防治等服务。县级以上人民政府应当保障国家设立的畜牧兽医技术推广机构从事公益性技术服务的工作经费。

国家鼓励畜禽产品加工企业和其他相关生产经营者为畜禽养殖者提供所需的服务。

第三十九条 畜禽养殖场、养殖小区应当具备下列条件：

（一）有与其饲养规模相适应的生产场所和配套的生产设施；

（二）有为其服务的畜牧兽医技术人员；

（三）具备法律、行政法规和国务院畜牧兽医行政主管部门规定的防疫条件；

（四）有对畜禽粪便、废水和其他固体废弃物进行综合利用的沼气池等设施或者其他无害化处理设施；

（五）具备法律、行政法规规定的其他条件。

养殖场、养殖小区兴办者应当将养殖场、养殖小区的名称、养殖地址、畜禽品种和养殖规模，向养殖场、养殖小区所在地县级人民政府畜牧兽医行政主管部门备案，取得畜禽标识代码。

省级人民政府根据本行政区域畜牧业发展状况制定畜禽养殖场、养殖小区的规模标准和备案程序。

第四十条 禁止在下列区域内建设畜禽养殖场、养殖小区：

（一）生活饮用水的水源保护区，风景名胜区，以及自然保护区的核心区和缓冲区；

（二）城镇居民区、文化教育科学研究区等人口集中区域；

（三）法律、法规规定的其他禁养区域。

第四十一条 畜禽养殖场应当建立养殖档案，载明以下内容：

（一）畜禽的品种、数量、繁殖记录、标识情况、来源和进出场日期；

（二）饲料、饲料添加剂、兽药等投入品的来源、名称、使用对象、时间和用量；

（三）检疫、免疫、消毒情况；

（四）畜禽发病、死亡和无害化处理情况；

（五）国务院畜牧兽医行政主管部门规定的其他内容。

第四十二条 畜禽养殖场应当为其饲养的畜禽提供适当的繁殖条件和生存、生长环境。

第四十三条 从事畜禽养殖，不得有下列行为：

（一）违反法律、行政法规的规定和国家技术规范的强制性要求使用饲料、饲料添加剂、兽药；

（二）使用未经高温处理的餐馆、食堂的泔水饲喂家畜；

（三）在垃圾场或者使用垃圾场中的物质饲养畜禽；

（四）法律、行政法规和国务院畜牧兽医行政主管部门规定的危害人和畜禽健康的其他行为。

第四十四条 从事畜禽养殖，应当依照《中华人民共和国动物防疫法》的规定，做好畜禽疫病的防治工作。

第四十五条 畜禽养殖者应当按照国家关于畜禽标识管理的规定，在应当加施标识的畜禽的指定部位加施标识。畜牧兽医行政主管部门提供标识不得收费，所需费用列入省级人民政府财政预算。

畜禽标识不得重复使用。

第四十六条 畜禽养殖场、养殖小区应当保证畜禽粪便、废水及其他固体废弃物综合利用或者无害化处理设施的正常运转，保证污染物达标排放，防止污染环境。

畜禽养殖场、养殖小区违法排放畜禽粪便、废水及其他固体废弃物，造成环境污染危害的，应当排除危害，依法赔偿损失。

国家支持畜禽养殖场、养殖小区建设畜禽粪便、废水及其他固体废弃物的综合利用设施。

第四十七条 国家鼓励发展养蜂业，维护养蜂生产者的合法权益。

有关部门应当积极宣传和推广蜜蜂授粉农艺措施。

第四十八条 养蜂生产者在生产过程中，不得使用危害蜂产品质量安全的药品和容器，确保蜂产品质量。养蜂器具应当符合国家技术规范的强制性要求。

第四十九条 养蜂生产者在转地放蜂时，当地公安、交通运输、畜牧兽医等有关部门应当为其提供必要的便利。

养蜂生产者在国内转地放蜂，凭国务院畜牧兽医行政主管部门统一格式印制的检疫合格证明运输蜂群，在检疫合格证明有效期内不得重复检疫。

第五章 畜禽交易与运输

第五十条 县级以上人民政府应当促进开放统一、竞争有序的畜禽交易市场建设。

县级以上人民政府畜牧兽医行政主管部门和其他有关主管部门应当组织搜集、整理、发布畜禽产销信息，为生产者提供信息服务。

第五十一条 县级以上地方人民政府根据农产品批发市场发展规划，对在畜禽集散地建立畜禽批发市场给予扶持。

畜禽批发市场选址，应当符合法律、行政法规和国务院畜牧兽医行政主管部门规定的动物防疫条件，并距离种畜禽场和大型畜禽养殖场三公里以外。

第五十二条 进行交易的畜禽必须符合国家技术规范的强制性要求。

国务院畜牧兽医行政主管部门规定应当加施标识而没有标识的畜禽，不得销售和收购。

第五十三条 运输畜禽，必须符合法律、行政法规和国务院畜牧兽医行政主管部门规定的动物防疫条件，采取措施保护畜禽安全，并为运输的畜禽提供必要的空间和饲喂饮水条件。

有关部门对运输中的畜禽进行检查，应当有法律、行政法规的依据。

第六章 质量安全保障

第五十四条 县级以上人民政府应当组织畜牧兽医行政主管部门和其他有关主管部门，依照本法和有关法律、行政法规的规定，加强对畜禽饲养环境、种畜禽质量、饲料和兽药等投入品的使用以及畜禽交易与运输的监督管理。

第五十五条 国务院畜牧兽医行政主管部门应当制定畜禽标识和养殖档案管理办法，采取措施落实畜禽产品质量责任追究制度。

第五十六条 县级以上人民政府畜牧兽医行政主管部门应当制定畜禽质量安全监督检查计划，按计划开展监督抽查工作。

第五十七条 省级以上人民政府畜牧兽医行政主管部门应当组织制定畜禽生产规范，指导畜禽的安全生产。

第七章　法律责任

第五十八条　违反本法第十三条第二款规定，擅自处理受保护的畜禽遗传资源，造成畜禽遗传资源损失的，由省级以上人民政府畜牧兽医行政主管部门处五万元以上五十万元以下罚款。

第五十九条　违反本法有关规定，有下列行为之一的，由省级以上人民政府畜牧兽医行政主管部门责令停止违法行为，没收畜禽遗传资源和违法所得，并处一万元以上五万元以下罚款：

（一）未经审核批准，从境外引进畜禽遗传资源的；

（二）未经审核批准，在境内与境外机构、个人合作研究利用列入保护名录的畜禽遗传资源的；

（三）在境内与境外机构、个人合作研究利用未经国家畜禽遗传资源委员会鉴定的新发现的畜禽遗传资源的。

第六十条　未经国务院畜牧兽医行政主管部门批准，向境外输出畜禽遗传资源的，依照《中华人民共和国海关法》的有关规定追究法律责任。海关应当将扣留的畜禽遗传资源移送省级人民政府畜牧兽医行政主管部门处理。

第六十一条　违反本法有关规定，销售、推广未经审定或者鉴定的畜禽品种的，由县级以上人民政府畜牧兽医行政主管部门责令停止违法行为，没收畜禽和违法所得；违法所得在五万元以上的，并处违法所得一倍以上三倍以下罚款；没有违法所得或者违法所得不足五万元的，并处五千元以上五万元以下罚款。

第六十二条　违反本法有关规定，无种畜禽生产经营许可证或者违反种畜禽生产经营许可证的规定生产经营种畜禽的，转让、租借种畜禽生产经营许可证的，由县级以上人民政府畜牧兽医行政主管部门责令停止违法行为，没收违法所得；违法所得在三万元以上的，并处违法所得一倍以上三倍以下罚款；没有违法所得或者违法所得不足三万元的，并处三千元以上三万元以下罚款。违反种畜禽生产经营许可证的规定生产经营种畜禽或者转让、租借种畜禽生产经营许可证，情节严重的，并处吊销种畜禽生产经营许可证。

第六十三条　违反本法第二十八条规定的，依照《中华人民共和国广告法》的有关规定追究法律责任。

第六十四条　违反本法有关规定，使用的种畜禽不符合种用标准的，由县级以上地方人民政府畜牧兽医行政主管部门责令停止违法行为，没收违法所得；违法所得在五千元以上的，并处违法所得一倍以上二倍以下罚款；没有违法所得或者违法所得不足五千元的，并处一千元以上五千元以下罚款。

第六十五条　销售种畜禽有本法第三十条第一项至第四项违法行为之一的，由县级以上人民政府畜牧兽医行政主管部门或者工商行政管理部门责令停止销售，没收违法销售的畜禽和违法所得；违法所得在五万元以上的，并处违法所得一倍以上五倍以下罚款；

没有违法所得或者违法所得不足五万元的，并处五千元以上五万元以下罚款；情节严重的，并处吊销种畜禽生产经营许可证或者营业执照。

第六十六条 违反本法第四十一条规定，畜禽养殖场未建立养殖档案的，或者未按照规定保存养殖档案的，由县级以上人民政府畜牧兽医行政主管部门责令限期改正，可以处一万元以下罚款。

第六十七条 违反本法第四十三条规定养殖畜禽的，依照有关法律、行政法规的规定处罚。

第六十八条 违反本法有关规定，销售的种畜禽未附具种畜禽合格证明、检疫合格证明、家畜系谱的，销售、收购国务院畜牧兽医行政主管部门规定应当加施标识而没有标识的畜禽的，或者重复使用畜禽标识的，由县级以上地方人民政府畜牧兽医行政主管部门或者工商行政管理部门责令改正，可以处二千元以下罚款。

违反本法有关规定，使用伪造、变造的畜禽标识的，由县级以上人民政府畜牧兽医行政主管部门没收伪造、变造的畜禽标识和违法所得，并处三千元以上三万元以下罚款。

第六十九条 销售不符合国家技术规范的强制性要求的畜禽的，由县级以上地方人民政府畜牧兽医行政主管部门或者工商行政管理部门责令停止违法行为，没收违法销售的畜禽和违法所得，并处违法所得一倍以上三倍以下罚款；情节严重的，由工商行政管理部门并处吊销营业执照。

第七十条 畜牧兽医行政主管部门的工作人员利用职务上的便利，收受他人财物或者谋取其他利益，对不符合法定条件的单位、个人核发许可证或者有关批准文件，不履行监督职责，或者发现违法行为不予查处的，依法给予行政处分。

第七十一条 违反本法规定，构成犯罪的，依法追究刑事责任。

第八章 附 则

第七十二条 本法所称畜禽遗传资源，是指畜禽及其卵子（蛋）、胚胎、精液、基因物质等遗传材料。

本法所称种畜禽，是指经过选育、具有种用价值、适于繁殖后代的畜禽及其卵子（蛋）、胚胎、精液等。

第七十三条 本法自 2006 年 7 月 1 日起施行。

第二部分　行 政 法 规

中华人民共和国植物新品种保护条例

（1997年3月20日中华人民共和国国务院令第213号公布　根据2013年1月31日《国务院关于修改〈中华人民共和国植物新品种保护条例〉的决定》第一次修订　根据2014年7月29日《国务院关于修改部分行政法规的决定》第二次修订）

第一章　总　　则

第一条　为了保护植物新品种权，鼓励培育和使用植物新品种，促进农业、林业的发展，制定本条例。

第二条　本条例所称植物新品种，是指经过人工培育的或者对发现的野生植物加以开发，具备新颖性、特异性、一致性和稳定性并有适当命名的植物品种。

第三条　国务院农业、林业行政部门（以下统称审批机关）按照职责分工共同负责植物新品种权申请的受理和审查并对符合本条例规定的植物新品种授予植物新品种权（以下称品种权）。

第四条　完成关系国家利益或者公共利益并有重大应用价值的植物新品种育种的单位或者个人，由县级以上人民政府或者有关部门给予奖励。

第五条　生产、销售和推广被授予品种权的植物新品种（以下称授权品种），应当按照国家有关种子的法律、法规的规定审定。

第二章　品种权的内容和归属

第六条　完成育种的单位或者个人对其授权品种，享有排他的独占权。任何单位或者个人未经品种权所有人（以下称品种权人）许可，不得为商业目的生产或者销售该授权品种的繁殖材料，不得为商业目的将该授权品种的繁殖材料重复使用于生产另一品种的繁殖材料；但是，本条例另有规定的除外。

第七条　执行本单位的任务或者主要是利用本单位的物质条件所完成的职务育种，植物新品种的申请权属于该单位；非职务育种，植物新品种的申请权属于完成育种的个人。申请被批准后，品种权属于申请人。

委托育种或者合作育种，品种权的归属由当事人在合同中约定；没有合同约定的，品种权属于受委托完成或者共同完成育种的单位或者个人。

第八条　一个植物新品种只能授予一项品种权。两个以上的申请人分别就同一个植物新品种申请品种权的，品种权授予最先申请的人；同时申请的，品种权授予最先完成该植物新品种育种的人。

第九条 植物新品种的申请权和品种权可以依法转让。

中国的单位或者个人就其在国内培育的植物新品种向外国人转让申请权或者品种权的，应当经审批机关批准。

国有单位在国内转让申请权或者品种权的，应当按照国家有关规定报经有关行政主管部门批准。

转让申请权或者品种权的，当事人应当订立书面合同，并向审批机关登记，由审批机关予以公告。

第十条 在下列情况下使用授权品种的，可以不经品种权人许可，不向其支付使用费，但是不得侵犯品种权人依照本条例享有的其他权利：

（一）利用授权品种进行育种及其他科研活动；

（二）农民自繁自用授权品种的繁殖材料。

第十一条 为了国家利益或者公共利益，审批机关可以作出实施植物新品种强制许可的决定，并予以登记和公告。

取得实施强制许可的单位或者个人应当付给品种权人合理的使用费，其数额由双方商定；双方不能达成协议的，由审批机关裁决。

品种权人对强制许可决定或者强制许可使用费的裁决不服的，可以自收到通知之日起3个月内向人民法院提起诉讼。

第十二条 不论授权品种的保护期是否届满，销售该授权品种应当使用其注册登记的名称。

第三章 授予品种权的条件

第十三条 申请品种权的植物新品种应当属于国家植物品种保护名录中列举的植物的属或者种。植物品种保护名录由审批机关确定和公布。

第十四条 授予品种权的植物新品种应当具备新颖性。新颖性，是指申请品种权的植物新品种在申请日前该品种繁殖材料未被销售，或者经育种者许可，在中国境内销售该品种繁殖材料未超过1年；在中国境外销售藤本植物、林木、果树和观赏树木品种繁殖材料未超过6年，销售其他植物品种繁殖材料未超过4年。

第十五条 授予品种权的植物新品种应当具备特异性。特异性，是指申请品种权的植物新品种应当明显区别于在递交申请以前已知的植物品种。

第十六条 授予品种权的植物新品种应当具备一致性。一致性，是指申请品种权的植物新品种经过繁殖，除可以预见的变异外，其相关的特征或者特性一致。

第十七条 授予品种权的植物新品种应当具备稳定性。稳定性，是指申请品种权的植物新品种经过反复繁殖后或者在特定繁殖周期结束时，其相关的特征或者特性保持不变。

第十八条 授予品种权的植物新品种应当具备适当的名称,并与相同或者相近的植物属或者种中已知品种的名称相区别。该名称经注册登记后即为该植物新品种的通用名称。

下列名称不得用于品种命名:

(一)仅以数字组成的;

(二)违反社会公德的;

(三)对植物新品种的特征、特性或者育种者的身份等容易引起误解的。

第四章 品种权的申请和受理

第十九条 中国的单位和个人申请品种权的,可以直接或者委托代理机构向审批机关提出申请。

中国的单位和个人申请品种权的植物新品种涉及国家安全或者重大利益需要保密的,应当按照国家有关规定办理。

第二十条 外国人、外国企业或者外国其他组织在中国申请品种权的,应当按其所属国和中华人民共和国签订的协议或者共同参加的国际条约办理,或者根据互惠原则,依照本条例办理。

第二十一条 申请品种权的,应当向审批机关提交符合规定格式要求的请求书、说明书和该品种的照片。

申请文件应当使用中文书写。

第二十二条 审批机关收到品种权申请文件之日为申请日;申请文件是邮寄的,以寄出的邮戳日为申请日。

第二十三条 申请人自在外国第一次提出品种权申请之日起 12 个月内,又在中国就该植物新品种提出品种权申请的,依照该外国同中华人民共和国签订的协议或者共同参加的国际条约,或者根据相互承认优先权的原则,可以享有优先权。

申请人要求优先权的,应当在申请时提出书面说明,并在 3 个月内提交经原受理机关确认的第一次提出的品种权申请文件的副本;未依照本条例规定提出书面说明或者提交申请文件副本的,视为未要求优先权。

第二十四条 对符合本条例第二十一条规定的品种权申请,审批机关应当予以受理,明确申请日、给予申请号,并自收到申请之日起 1 个月内通知申请人缴纳申请费。

对不符合或者经修改仍不符合本条例第二十一条规定的品种权申请,审批机关不予受理,并通知申请人。

第二十五条 申请人可以在品种权授予前修改或者撤回品种权申请。

第二十六条 中国的单位或者个人将国内培育的植物新品种向国外申请品种权的,应当按照职责分工向省级人民政府农业、林业行政部门登记。

第五章　品种权的审查与批准

第二十七条　申请人缴纳申请费后，审批机关对品种权申请的下列内容进行初步审查：

（一）是否属于植物品种保护名录列举的植物属或者种的范围；

（二）是否符合本条例第二十条的规定；

（三）是否符合新颖性的规定；

（四）植物新品种的命名是否适当。

第二十八条　审批机关应当自受理品种权申请之日起6个月内完成初步审查。对经初步审查合格的品种权申请，审批机关予以公告，并通知申请人在3个月内缴纳审查费。

对经初步审查不合格的品种权申请，审批机关应当通知申请人在3个月内陈述意见或者予以修正；逾期未答复或者修正后仍然不合格的，驳回申请。

第二十九条　申请人按照规定缴纳审查费后，审批机关对品种权申请的特异性、一致性和稳定性进行实质审查。

申请人未按照规定缴纳审查费的，品种权申请视为撤回。

第三十条　审批机关主要依据申请文件和其他有关书面材料进行实质审查。审批机关认为必要时，可以委托指定的测试机构进行测试或者考察业已完成的种植或者其他试验的结果。

因审查需要，申请人应当根据审批机关的要求提供必要的资料和该植物新品种的繁殖材料。

第三十一条　对经实质审查符合本条例规定的品种权申请，审批机关应当作出授予品种权的决定，颁发品种权证书，并予以登记和公告。

对经实质审查不符合本条例规定的品种权申请，审批机关予以驳回，并通知申请人。

第三十二条　审批机关设立植物新品种复审委员会。

对审批机关驳回品种权申请的决定不服的，申请人可以自收到通知之日起3个月内，向植物新品种复审委员会请求复审。植物新品种复审委员会应当自收到复审请求书之日起6个月内作出决定，并通知申请人。

申请人对植物新品种复审委员会的决定不服的，可以自接到通知之日起15日内向人民法院提起诉讼。

第三十三条　品种权被授予后，在自初步审查合格公告之日起至被授予品种权之日止的期间，对未经申请人许可，为商业目的生产或者销售该授权品种的繁殖材料的单位和个人，品种权人享有追偿的权利。

第六章　期限、终止和无效

第三十四条　品种权的保护期限，自授权之日起，藤本植物、林木、果树和观赏树木为

20 年,其他植物为 15 年。

第三十五条 品种权人应当自被授予品种权的当年开始缴纳年费,并且按照审批机关的要求提供用于检测的该授权品种的繁殖材料。

第三十六条 有下列情形之一的,品种权在其保护期限届满前终止:

(一)品种权人以书面声明放弃品种权的;

(二)品种权人未按照规定缴纳年费的;

(三)品种权人未按照审批机关的要求提供检测所需的该授权品种的繁殖材料的;

(四)经检测该授权品种不再符合被授予品种权时的特征和特性的。

品种权的终止,由审批机关登记和公告。

第三十七条 自审批机关公告授予品种权之日起,植物新品种复审委员会可以依据职权或者依据任何单位或者个人的书面请求,对不符合本条例第十四条、第十五条、第十六条和第十七条规定的,宣告品种权无效;对不符合本条例第十八条规定的,予以更名。宣告品种权无效或者更名的决定,由审批机关登记和公告,并通知当事人。

对植物新品种复审委员会的决定不服的,可以自收到通知之日起 3 个月内向人民法院提起诉讼。

第三十八条 被宣告无效的品种权视为自始不存在。

宣告品种权无效的决定,对在宣告前人民法院作出并已执行的植物新品种侵权的判决、裁定,省级以上人民政府农业、林业行政部门作出并已执行的植物新品种侵权处理决定,以及已经履行的植物新品种实施许可合同和植物新品种权转让合同,不具有追溯力;但是,因品种权人的恶意给他人造成损失的,应当给予合理赔偿。

依照前款规定,品种权人或者品种权转让人不向被许可实施人或者受让人返还使用费或者转让费,明显违反公平原则的,品种权人或者品种权转让人应当向被许可实施人或者受让人返还全部或者部分使用费或者转让费。

第七章 罚 则

第三十九条 未经品种权人许可,以商业目的生产或者销售授权品种的繁殖材料的,品种权人或者利害关系人可以请求省级以上人民政府农业、林业行政部门依据各自的职权进行处理,也可以直接向人民法院提起诉讼。

省级以上人民政府农业、林业行政部门依据各自的职权,根据当事人自愿的原则,对侵权所造成的损害赔偿可以进行调解。调解达成协议的,当事人应当履行;调解未达成协议的,品种权人或者利害关系人可以依照民事诉讼程序向人民法院提起诉讼。

省级以上人民政府农业、林业行政部门依据各自的职权处理品种权侵权案件时,为维护社会公共利益,可以责令侵权人停止侵权行为,没收违法所得和植物品种繁殖材料;货值金额 5 万元以上的,可处货值金额 1 倍以上 5 倍以下的罚款;没有货值金额或者货值金额 5 万元以下的,根据情节轻重,可处 25 万元以下的罚款。

第四十条 假冒授权品种的，由县级以上人民政府农业、林业行政部门依据各自的职权责令停止假冒行为，没收违法所得和植物品种繁殖材料；货值金额5万元以上的，处货值金额1倍以上5倍以下的罚款；没有货值金额或者货值金额5万元以下的，根据情节轻重，处25万元以下的罚款；情节严重，构成犯罪的，依法追究刑事责任。

第四十一条 省级以上人民政府农业、林业行政部门依据各自的职权在查处品种权侵权案件和县级以上人民政府农业、林业行政部门依据各自的职权在查处假冒授权品种案件时，根据需要，可以封存或者扣押与案件有关的植物品种的繁殖材料，查阅、复制或者封存与案件有关的合同、账册及有关文件。

第四十二条 销售授权品种未使用其注册登记的名称的，由县级以上人民政府农业、林业行政部门依据各自的职权责令限期改正，可以处1000元以下的罚款。

第四十三条 当事人就植物新品种的申请权和品种权的权属发生争议的，可以向人民法院提起诉讼。

第四十四条 县级以上人民政府农业、林业行政部门的及有关部门的工作人员滥用职权、玩忽职守、徇私舞弊、索贿受贿，构成犯罪的，依法追究刑事责任；尚不构成犯罪的，依法给予行政处分。

第八章 附 则

第四十五条 审批机关可以对本条例施行前首批列入植物品种保护名录的和本条例施行后新列入植物品种保护名录的植物属或者种的新颖性要求作出变通性规定。

第四十六条 本条例自1997年10月1日起施行。

农业转基因生物安全管理条例

（2001年5月23日中华人民共和国国务院令第304号公布　根据2011年1月8日国务院令第588号《国务院关于废止和修改部分行政法规的决定》修订　根据2017年10月7日国务院令第687号《国务院关于修改部分行政法规的决定》第二次修订）

第一章 总 则

第一条 为了加强农业转基因生物安全管理，保障人体健康和动植物、微生物安全，保护生态环境，促进农业转基因生物技术研究，制定本条例。

第二条 在中华人民共和国境内从事农业转基因生物的研究、试验、生产、加工、经营和进口、出口活动,必须遵守本条例。

第三条 本条例所称农业转基因生物,是指利用基因工程技术改变基因组构成,用于农业生产或者农产品加工的动植物、微生物及其产品,主要包括:

(一)转基因动植物(含种子、种畜禽、水产苗种)和微生物;

(二)转基因动植物、微生物产品;

(三)转基因农产品的直接加工品;

(四)含有转基因动植物、微生物或者其产品成分的种子、种畜禽、水产苗种、农药、兽药、肥料和添加剂等产品。

本条例所称农业转基因生物安全,是指防范农业转基因生物对人类、动植物、微生物和生态环境构成的危险或者潜在风险。

第四条 国务院农业行政主管部门负责全国农业转基因生物安全的监督管理工作。

县级以上地方各级人民政府农业行政主管部门负责本行政区域内的农业转基因生物安全的监督管理工作。

县级以上各级人民政府有关部门依照《中华人民共和国食品安全法》的有关规定,负责转基因食品安全的监督管理工作。

第五条 国务院建立农业转基因生物安全管理部际联席会议制度。

农业转基因生物安全管理部际联席会议由农业、科技、环境保护、卫生、外经贸、检验检疫等有关部门的负责人组成,负责研究、协调农业转基因生物安全管理工作中的重大问题。

第六条 国家对农业转基因生物安全实行分级管理评价制度。

农业转基因生物按照其对人类、动植物、微生物和生态环境的危险程度,分为Ⅰ、Ⅱ、Ⅲ、Ⅳ四个等级。具体划分标准由国务院农业行政主管部门制定。

第七条 国家建立农业转基因生物安全评价制度。

农业转基因生物安全评价的标准和技术规范,由国务院农业行政主管部门制定。

第八条 国家对农业转基因生物实行标识制度。

实施标识管理的农业转基因生物目录,由国务院农业行政主管部门商国务院有关部门制定、调整并公布。

第二章 研究与试验

第九条 国务院农业行政主管部门应当加强农业转基因生物研究与试验的安全评价管理工作,并设立农业转基因生物安全委员会,负责农业转基因生物的安全评价工作。

农业转基因生物安全委员会由从事农业转基因生物研究、生产、加工、检验检疫以及卫生、环境保护等方面的专家组成。

第十条 国务院农业行政主管部门根据农业转基因生物安全评价工作的需要,可以委托具备检测条件和能力的技术检测机构对农业转基因生物进行检测。

第十一条 从事农业转基因生物研究与试验的单位，应当具备与安全等级相适应的安全设施和措施，确保农业转基因生物研究与试验的安全，并成立农业转基因生物安全小组，负责本单位农业转基因生物研究与试验的安全工作。

第十二条 从事Ⅲ、Ⅳ级农业转基因生物研究的，应当在研究开始前向国务院农业行政主管部门报告。

第十三条 农业转基因生物试验，一般应当经过中间试验、环境释放和生产性试验三个阶段。

中间试验，是指在控制系统内或者控制条件下进行的小规模试验。

环境释放，是指在自然条件下采取相应安全措施所进行的中规模的试验。

生产性试验，是指在生产和应用前进行的较大规模的试验。

第十四条 农业转基因生物在实验室研究结束后，需要转入中间试验的，试验单位应当向国务院农业行政主管部门报告。

第十五条 农业转基因生物试验需要从上一试验阶段转入下一试验阶段的，试验单位应当向国务院农业行政主管部门提出申请；经农业转基因生物安全委员会进行安全评价合格的，由国务院农业行政主管部门批准转入下一试验阶段。

试验单位提出前款申请，应当提供下列材料：

（一）农业转基因生物的安全等级和确定安全等级的依据；

（二）农业转基因生物技术检测机构出具的检测报告；

（三）相应的安全管理、防范措施；

（四）上一试验阶段的试验报告。

第十六条 从事农业转基因生物试验的单位在生产性试验结束后，可以向国务院农业行政主管部门申请领取农业转基因生物安全证书。

试验单位提出前款申请，应当提供下列材料：

（一）农业转基因生物的安全等级和确定安全等级的依据；

（二）生产性试验的总结报告；

（三）国务院农业行政主管部门规定的试验材料、检测方法等其他材料。

国务院农业行政主管部门收到申请后，应当委托具备检测条件和能力的技术检测机构进行检测，并组织农业转基因生物安全委员会进行安全评价；安全评价合格的，方可颁发农业转基因生物安全证书。

第十七条 转基因植物种子、种畜禽、水产苗种，利用农业转基因生物生产的或者含有农业转基因生物成分的种子、种畜禽、水产苗种、农药、兽药、肥料和添加剂等，在依照有关法律、行政法规的规定进行审定、登记或者评价、审批前，应当依照本条例第十六条的规定取得农业转基因生物安全证书。

第十八条 中外合作、合资或者外方独资在中华人民共和国境内从事农业转基因生物研究与试验的，应当经国务院农业行政主管部门批准。

第三章　生产与加工

第十九条　生产转基因植物种子、种畜禽、水产苗种,应当取得国务院农业行政主管部门颁发的种子、种畜禽、水产苗种生产许可证。

生产单位和个人申请转基因植物种子、种畜禽、水产苗种生产许可证,除应当符合有关法律、行政法规规定的条件外,还应当符合下列条件:

(一)取得农业转基因生物安全证书并通过品种审定;

(二)在指定的区域种植或者养殖;

(三)有相应的安全管理、防范措施;

(四)国务院农业行政主管部门规定的其他条件。

第二十条　生产转基因植物种子、种畜禽、水产苗种的单位和个人,应当建立生产档案,载明生产地点、基因及其来源、转基因的方法以及种子、种畜禽、水产苗种流向等内容。

第二十一条　单位和个人从事农业转基因生物生产、加工的,应当由国务院农业行政主管部门或者省、自治区、直辖市人民政府农业行政主管部门批准。具体办法由国务院农业行政主管部门制定。

第二十二条　从事农业转基因生物生产、加工的单位和个人,应当按照批准的品种、范围、安全管理要求和相应的技术标准组织生产、加工,并定期向所在地县级人民政府农业行政主管部门提供生产、加工、安全管理情况和产品流向的报告。

第二十三条　农业转基因生物在生产、加工过程中发生基因安全事故时,生产、加工单位和个人应当立即采取安全补救措施,并向所在地县级人民政府农业行政主管部门报告。

第二十四条　从事农业转基因生物运输、贮存的单位和个人,应当采取与农业转基因生物安全等级相适应的安全控制措施,确保农业转基因生物运输、贮存的安全。

第四章　经　　营

第二十五条　经营转基因植物种子、种畜禽、水产苗种的单位和个人,应当取得国务院农业行政主管部门颁发的种子、种畜禽、水产苗种经营许可证。

经营单位和个人申请转基因植物种子、种畜禽、水产苗种经营许可证,除应当符合有关法律、行政法规规定的条件外,还应当符合下列条件:

(一)有专门的管理人员和经营档案;

(二)有相应的安全管理、防范措施;

(三)国务院农业行政主管部门规定的其他条件。

第二十六条　经营转基因植物种子、种畜禽、水产苗种的单位和个人,应当建立经营档案,载明种子、种畜禽、水产苗种的来源、贮存、运输和销售去向等内容。

第二十七条 在中华人民共和国境内销售列入农业转基因生物目录的农业转基因生物，应当有明显的标识。

列入农业转基因生物目录的农业转基因生物，由生产、分装单位和个人负责标识；未标识的，不得销售。经营单位和个人在进货时，应当对货物和标识进行核对。经营单位和个人拆开原包装进行销售的，应当重新标识。

第二十八条 农业转基因生物标识应当载明产品中含有转基因成分的主要原料名称；有特殊销售范围要求的，还应当载明销售范围，并在指定范围内销售。

第二十九条 农业转基因生物的广告，应当经国务院农业行政主管部门审查批准后，方可刊登、播放、设置和张贴。

第五章　进口与出口

第三十条 从中华人民共和国境外引进农业转基因生物用于研究、试验的，引进单位应当向国务院农业行政主管部门提出申请；符合下列条件的，国务院农业行政主管部门方可批准：

（一）具有国务院农业行政主管部门规定的申请资格；

（二）引进的农业转基因生物在国（境）外已经进行了相应的研究、试验；

（三）有相应的安全管理、防范措施。

第三十一条 境外公司向中华人民共和国出口转基因植物种子、种畜禽、水产苗种和利用农业转基因生物生产的或者含有农业转基因生物成分的植物种子、种畜禽、水产苗种、农药、兽药、肥料和添加剂的，应当向国务院农业行政主管部门提出申请；符合下列条件的，国务院农业行政主管部门方可批准试验材料入境并依照本条例的规定进行中间试验、环境释放和生产性试验：

（一）输出国家或者地区已经允许作为相应用途并投放市场；

（二）输出国家或者地区经过科学试验证明对人类、动植物、微生物和生态环境无害；

（三）有相应的安全管理、防范措施。

生产性试验结束后，经安全评价合格，并取得农业转基因生物安全证书后，方可依照有关法律、行政法规的规定办理审定、登记或者评价、审批手续。

第三十二条 境外公司向中华人民共和国出口农业转基因生物用作加工原料的，应当向国务院农业行政主管部门提出申请，提交国务院农业行政主管部门要求的试验材料、检测方法等材料；符合下列条件，经国务院农业行政主管部门委托的、具备检测条件和能力的技术检测机构检测确认对人类、动植物、微生物和生态环境不存在危险，并经安全评价合格的，由国务院农业行政主管部门颁发农业转基因生物安全证书：

（一）输出国家或者地区已经允许作为相应用途并投放市场；

（二）输出国家或者地区经过科学试验证明对人类、动植物、微生物和生态环境无害；

（三）有相应的安全管理、防范措施。

第三十三条 从中华人民共和国境外引进农业转基因生物的，或者向中华人民共和国出口农业转基因生物的，引进单位或者境外公司应当凭国务院农业行政主管部门颁发的农业转基因生物安全证书和相关批准文件，向口岸出入境检验检疫机构报检；经检疫合格后，方可向海关申请办理有关手续。

第三十四条 农业转基因生物在中华人民共和国过境转移的，应当遵守中华人民共和国有关法律、行政法规的规定。

第三十五条 国务院农业行政主管部门应当自收到申请人申请之日起270日内作出批准或者不批准的决定，并通知申请人。

第三十六条 向中华人民共和国境外出口农产品，外方要求提供非转基因农产品证明的，由口岸出入境检验检疫机构根据国务院农业行政主管部门发布的转基因农产品信息，进行检测并出具非转基因农产品证明。

第三十七条 进口农业转基因生物，没有国务院农业行政主管部门颁发的农业转基因生物安全证书和相关批准文件的，或者与证书、批准文件不符的，作退货或者销毁处理。进口农业转基因生物不按照规定标识的，重新标识后方可入境。

第六章 监督检查

第三十八条 农业行政主管部门履行监督检查职责时，有权采取下列措施：

（一）询问被检查的研究、试验、生产、加工、经营或者进口、出口的单位和个人、利害关系人、证明人，并要求其提供与农业转基因生物安全有关的证明材料或者其他资料；

（二）查阅或者复制农业转基因生物研究、试验、生产、加工、经营或者进口、出口的有关档案、账册和资料等；

（三）要求有关单位和个人就有关农业转基因生物安全的问题作出说明；

（四）责令违反农业转基因生物安全管理的单位和个人停止违法行为；

（五）在紧急情况下，对非法研究、试验、生产、加工、经营或者进口、出口的农业转基因生物实施封存或者扣押。

第三十九条 农业行政主管部门工作人员在监督检查时，应当出示执法证件。

第四十条 有关单位和个人对农业行政主管部门的监督检查，应当予以支持、配合，不得拒绝、阻碍监督检查人员依法执行职务。

第四十一条 发现农业转基因生物对人类、动植物和生态环境存在危险时，国务院农业行政主管部门有权宣布禁止生产、加工、经营和进口，收回农业转基因生物安全证书，销毁有关存在危险的农业转基因生物。

第七章 罚则

第四十二条 违反本条例规定，从事Ⅲ、Ⅳ级农业转基因生物研究或者进行中间试验，未向国务院农业行政主管部门报告的，由国务院农业行政主管部门责令暂停研究或者中间试验，限期改正。

第四十三条 违反本条例规定，未经批准擅自从事环境释放、生产性试验的，已获批准但未按照规定采取安全管理、防范措施的，或者超过批准范围进行试验的，由国务院农业行政主管部门或者省、自治区、直辖市人民政府农业行政主管部门依据职权，责令停止试验，并处1万元以上5万元以下的罚款。

第四十四条 违反本条例规定，在生产性试验结束后，未取得农业转基因生物安全证书，擅自将农业转基因生物投入生产和应用的，由国务院农业行政主管部门责令停止生产和应用，并处2万元以上10万元以下的罚款。

第四十五条 违反本条例第十八条规定，未经国务院农业行政主管部门批准，从事农业转基因生物研究与试验的，由国务院农业行政主管部门责令立即停止研究与试验，限期补办审批手续。

第四十六条 违反本条例规定，未经批准生产、加工农业转基因生物或者未按照批准的品种、范围、安全管理要求和技术标准生产、加工的，由国务院农业行政主管部门或者省、自治区、直辖市人民政府农业行政主管部门依据职权，责令停止生产或者加工，没收违法生产或者加工的产品及违法所得；违法所得10万元以上的，并处违法所得1倍以上5倍以下的罚款；没有违法所得或者违法所得不足10万元的，并处10万元以上20万元以下的罚款。

第四十七条 违反本条例规定，转基因植物种子、种畜禽、水产苗种的生产、经营单位和个人，未按照规定制作、保存生产、经营档案的，由县级以上人民政府农业行政主管部门依据职权，责令改正，处1000元以上1万元以下的罚款。

第四十八条 违反本条例规定，未经国务院农业行政主管部门批准，擅自进口农业转基因生物的，由国务院农业行政主管部门责令停止进口，没收已进口的产品和违法所得；违法所得10万元以上的，并处违法所得1倍以上5倍以下的罚款；没有违法所得或者违法所得不足10万元的，并处10万元以上20万元以下的罚款。

第四十九条 违反本条例规定，进口、携带、邮寄农业转基因生物未向口岸出入境检验检疫机构报检的，由口岸出入境检验检疫机构比照进出境动植物检疫法的有关规定处罚。

第五十条 违反本条例关于农业转基因生物标识管理规定的，由县级以上人民政府农业行政主管部门依据职权，责令限期改正，可以没收非法销售的产品和违法所得，并可以处1万元以上5万元以下的罚款。

第五十一条 假冒、伪造、转让或者买卖农业转基因生物有关证明文书的，由县级以上人民政府农业行政主管部门依据职权，收缴相应的证明文书，并处2万元以上10万元以下的罚款；构成犯罪的，依法追究刑事责任。

第五十二条 违反本条例规定，在研究、试验、生产、加工、贮存、运输、销售或者进口、出口农业转基因生物过程中发生基因安全事故，造成损害的，依法承担赔偿责任。

第五十三条 国务院农业行政主管部门或者省、自治区、直辖市人民政府农业行政主管部门违反本条例规定核发许可证、农业转基因生物安全证书以及其他批准文件的,或者核发许可证、农业转基因生物安全证书以及其他批准文件后不履行监督管理职责的,对直接负责的主管人员和其他直接责任人员依法给予行政处分;构成犯罪的,依法追究刑事责任。

第八章 附 则

第五十四条 本条例自公布之日起施行。

中华人民共和国畜禽遗传资源进出境和对外合作研究利用审批办法

(2008 年 8 月 28 日中华人民共和国国务院令第 533 号公布)

第一条 为了加强对畜禽遗传资源进出境和对外合作研究利用的管理,保护和合理利用畜禽遗传资源,防止畜禽遗传资源流失,促进畜牧业持续健康发展,根据《中华人民共和国畜牧法》,制定本办法。

第二条 从境外引进畜禽遗传资源,向境外输出或者在境内与境外机构、个人合作研究利用列入畜禽遗传资源保护名录的畜禽遗传资源,应当遵守《中华人民共和国畜牧法》,并依照本办法的规定办理审批手续。

第三条 本办法所称畜禽,是指列入依照《中华人民共和国畜牧法》第十一条规定公布的畜禽遗传资源目录的畜禽。

本办法所称畜禽遗传资源,是指畜禽及其卵子(蛋)、胚胎、精液、基因物质等遗传材料。

第四条 从境外引进畜禽遗传资源,应当具备下列条件:

(一)引进的目的明确、用途合理;

(二)符合畜禽遗传资源保护和利用规划;

(三)引进的畜禽遗传资源来自非疫区;

(四)符合进出境动植物检疫和农业转基因生物安全的有关规定,不对境内畜禽遗传资源和生态环境安全构成威胁。

第五条 拟从境外引进畜禽遗传资源的单位,应当向其所在地的省、自治区、直辖市人民政府畜牧兽医行政主管部门提出申请,并提交畜禽遗传资源买卖合同或者赠与协议。

引进种用畜禽遗传资源的，还应当提交下列资料：

（一）种畜禽生产经营许可证；

（二）出口国家或者地区法定机构出具的种畜系谱或者种禽代次证明；

（三）首次引进的，同时提交种用畜禽遗传资源的产地、分布、培育过程、生态特征、生产性能、群体存在的主要遗传缺陷和特有疾病等资料。

第六条 向境外输出列入畜禽遗传资源保护名录的畜禽遗传资源，应当具备下列条件：

（一）用途明确；

（二）符合畜禽遗传资源保护和利用规划；

（三）不对境内畜牧业生产和畜禽产品出口构成威胁；

（四）国家共享惠益方案合理。

第七条 拟向境外输出列入畜禽遗传资源保护名录的畜禽遗传资源的单位，应当向其所在地的省、自治区、直辖市人民政府畜牧兽医行政主管部门提出申请，并提交下列资料：

（一）畜禽遗传资源买卖合同或者赠与协议；

（二）与境外进口方签订的国家共享惠益方案。

第八条 在境内与境外机构、个人合作研究利用列入畜禽遗传资源保护名录的畜禽遗传资源，应当具备下列条件：

（一）研究目的、范围和合作期限明确；

（二）符合畜禽遗传资源保护和利用规划；

（三）知识产权归属明确、研究成果共享方案合理；

（四）不对境内畜禽遗传资源和生态环境安全构成威胁；

（五）国家共享惠益方案合理。

在境内与境外机构、个人合作研究利用畜禽遗传资源的单位，应当是依法取得法人资格的中方教育科研机构、中方独资企业。

第九条 拟在境内与境外机构、个人合作研究利用列入畜禽遗传资源保护名录的畜禽遗传资源的单位，应当向其所在地的省、自治区、直辖市人民政府畜牧兽医行政主管部门提出申请，并提交下列资料：

（一）项目可行性研究报告；

（二）合作研究合同；

（三）与境外合作者签订的国家共享惠益方案。

第十条 禁止向境外输出或者在境内与境外机构、个人合作研究利用我国特有的、新发现未经鉴定的畜禽遗传资源以及国务院畜牧兽医行政主管部门禁止出口的其他畜禽遗传资源。

第十一条 省、自治区、直辖市人民政府畜牧兽医行政主管部门，应当自收到畜禽遗传资源引进、输出或者对外合作研究利用申请之日起20个工作日内完成审核工作，并将审核意见和申请资料报国务院畜牧兽医行政主管部门审批。

第十二条 国务院畜牧兽医行政主管部门，应当自收到畜禽遗传资源引进、输出或者对外合作研究利用审核意见和申请资料之日起20个工作日内，对具备本办法第四条、第六条、第八条规定条件的，签发审批表；对不具备条件的，书面通知申请人，并说明理由。其中，对输出或者在境内与境外机构、个人合作研究利用列入畜禽遗传资源保护名录的畜禽遗传资源，或者首次引进畜禽遗传资源的，国务院畜牧兽医行政主管部门应当自收到审核意见和申请资料之日起3个工作日内，将审核意见和申请资料送国家畜禽遗传资源委员会评估或者评审。评估或者评审时间不计入审批期限。

第十三条 国务院畜牧兽医行政主管部门在20个工作日内不能做出审批决定的，经本部门负责人批准，可以延长10个工作日。延长期限的理由应当告知申请人。

第十四条 畜禽遗传资源引进、输出审批表的有效期为6个月；需要延续的，申请人应当在有效期届满10个工作日前向原审批机关申请延续。延续期不得超过3个月。

第十五条 从境外引进畜禽遗传资源、向境外输出列入畜禽遗传资源保护名录的畜禽遗传资源的单位，凭审批表办理检疫手续。海关凭出入境检验检疫部门出具的进出境货物通关单办理验放手续。从境外引进畜禽遗传资源、向境外输出列入畜禽遗传资源保护名录的畜禽遗传资源的单位，应当自海关放行之日起10个工作日内，将实际引进、输出畜禽遗传资源的数量报国务院畜牧兽医行政主管部门备案。国务院畜牧兽医行政主管部门应当定期将有关资料抄送国务院环境保护行政主管部门。

第十六条 在对外合作研究利用过程中需要更改研究目的和范围、合作期限、知识产权归属、研究成果共享方案或者国家共享惠益方案的，在境内与境外机构、个人合作研究利用列入畜禽遗传资源保护名录的畜禽遗传资源的单位，应当按照原申请程序重新办理审批手续。

第十七条 省、自治区、直辖市人民政府畜牧兽医行政主管部门应当对引进的畜禽遗传资源进行跟踪评价，组织专家对引进的畜禽遗传资源的生产性能、健康状况、适应性以及对生态环境和本地畜禽遗传资源的影响等进行测定、评估，并及时将测定、评估结果报国务院畜牧兽医行政主管部门。

发现引进的畜禽遗传资源对境内畜禽遗传资源、生态环境有危害或者可能产生危害的，国务院畜牧兽医行政主管部门应当商有关主管部门，采取相应的安全控制措施。

第十八条 在境内与境外机构、个人合作研究利用列入畜禽遗传资源保护名录的畜禽遗传资源的单位，应当于每年12月31日前，将合作研究利用畜禽遗传资源的情况报所在地的省、自治区、直辖市人民政府畜牧兽医行政主管部门。省、自治区、直辖市人民政府畜牧兽医行政主管部门应当对合作研究利用情况提出审核意见，一并报国务院畜牧兽医行政主管部门备案。

第十九条 与畜禽遗传资源引进、输出和对外合作研究利用的单位以及与境外机构或者个人有利害关系的人员，不得参与对有关申请的评估、评审以及对进境畜禽遗传资源的测定、评估工作。

第二十条 我国的畜禽遗传资源信息，包括重要的畜禽遗传家系和特定地区遗传资源及其数据、资料、样本等，未经国务院畜牧兽医行政主管部门许可，任何单位或者个人不得向境外机构和个人转让。

第二十一条 畜牧兽医行政主管部门工作人员在畜禽遗传资源引进、输出和对外合作研究利用审批过程中玩忽职守、滥用职权、徇私舞弊的，依法给予处分；构成犯罪的，依法追究刑事责任。

第二十二条 依照本办法的规定参与评估、评审、测定的专家，利用职务上的便利收取他人财物或者谋取其他利益，或者出具虚假意见的，没收违法所得，依法给予处分；构成犯罪的，依法追究刑事责任。

第二十三条 申请从境外引进畜禽遗传资源，向境外输出或者在境内与境外机构、个人合作研究利用列入畜禽遗传资源保护名录的畜禽遗传资源的单位，隐瞒有关情况或者提供虚假资料的，由省、自治区、直辖市人民政府畜牧兽医行政主管部门给予警告，3 年内不再受理该单位的同类申请。

第二十四条 以欺骗、贿赂等不正当手段取得批准从境外引进畜禽遗传资源，向境外输出或者在境内与境外机构、个人合作研究利用列入畜禽遗传资源保护名录的畜禽遗传资源的，由国务院畜牧兽医行政主管部门撤销批准决定，没收有关畜禽遗传资源和违法所得，并处以 1 万元以上 5 万元以下罚款，10 年内不再受理该单位的同类申请；构成犯罪的，依法追究刑事责任。

第二十五条 未经审核批准，从境外引进畜禽遗传资源，或者在境内与境外机构、个人合作研究利用列入畜禽遗传资源保护名录的畜禽遗传资源，或者在境内与境外机构、个人合作研究利用未经国家畜禽遗传资源委员会鉴定的新发现的畜禽遗传资源的，依照《中华人民共和国畜牧法》的有关规定追究法律责任。

第二十六条 未经审核批准，向境外输出列入畜禽遗传资源保护名录的畜禽遗传资源的，依照《中华人民共和国海关法》的有关规定追究法律责任。海关应当将扣留的畜禽遗传资源移送省、自治区、直辖市人民政府畜牧兽医行政主管部门处理。

第二十七条 向境外输出或者在境内与境外机构、个人合作研究利用列入畜禽遗传资源保护名录的畜禽遗传资源，违反国家保密规定的，依照《中华人民共和国保守国家秘密法》的有关规定追究法律责任。

第二十八条 本办法自 2008 年 10 月 1 日起施行。

植物检疫条例

（1983年1月3日中华人民共和国国务院发布　根据1992年5月13日国务院令第98号《国务院关于修改〈植物检疫条例〉的决定》修订　根据2017年10月7日国务院令第687号《国务院关于修改部分行政法规的决定》第二次修订）

第一条　为了防止为害植物的危险性病、虫、杂草传播蔓延，保护农业、林业生产安全，制定本条例。

第二条　国务院农业主管部门、林业主管部门主管全国的植物检疫工作，各省、自治区、直辖市农业主管部门、林业主管部门主管本地区的植物检疫工作。

第三条　县级以上地方各级农业主管部门、林业主管部门所属的植物检疫机构，负责执行国家的植物检疫任务。

植物检疫人员进入车站、机场、港口、仓库以及其他有关场所执行植物检疫任务，应穿着检疫制服和佩带检疫标志。

第四条　凡局部地区发生的危险性大、能随植物及其产品传播的病、虫、杂草，应定为植物检疫对象。农业、林业植物检疫对象和应施检疫的植物、植物产品名单，由国务院农业主管部门、林业主管部门制定。各省、自治区、直辖市农业主管部门、林业主管部门可以根据本地区的需要，制定本省、自治区、直辖市的补充名单，并报国务院农业主管部门、林业主管部门备案。

第五条　局部地区发生植物检疫对象的，应划为疫区，采取封锁、消灭措施，防止植物检疫对象传出；发生地区已比较普遍的，则应将未发生地区划为保护区，防止植物检疫对象传入。

疫区应根据植物检疫对象的传播情况、当地的地理环境、交通状况以及采取封锁、消灭措施的需要来划定，其范围应严格控制。

在发生疫情的地区，植物检疫机构可以派人参加当地的道路联合检查站或者木材检查站；发生特大疫情时，经省、自治区、直辖市人民政府批准，可以设立植物检疫检查站，开展植物检疫工作。

第六条　疫区和保护区的划定，由省、自治区、直辖市农业主管部门、林业主管部门提出，报省、自治区、直辖市人民政府批准，并报国务院农业主管部门、林业主管部门备案。

疫区和保护区的范围涉及两省、自治区、直辖市以上的，由有关省、自治区、直辖市农业主管部门、林业主管部门共同提出，报国务院农业主管部门、林业主管部门批准后划定。

疫区、保护区的改变和撤销的程序，与划定时同。

第七条　调运植物和植物产品，属于下列情况的，必须经过检疫：

（一）列入应施检疫的植物、植物产品名单的，运出发生疫情的县级行政区域之前，必须经过检疫；

（二）凡种子、苗木和其他繁殖材料，不论是否列入应施检疫的植物、植物产品名单和运往何地，在调运之前，都必须经过检疫。

第八条 按照本条例第七条的规定必须检疫的植物和植物产品，经检疫未发现植物检疫对象的，发给植物检疫证书。发现有植物检疫对象、但能彻底消毒处理的，托运人应按植物检疫机构的要求，在指定地点作消毒处理，经检查合格后发给植物检疫证书；无法消毒处理的，应停止调运。

植物检疫证书的格式由国务院农业主管部门、林业主管部门制定。

对可能被植物检疫对象污染的包装材料、运载工具、场地、仓库等，也应实施检疫。如已被污染，托运人应按植物检疫机构的要求处理。

因实施检疫需要的车船停留、货物搬运、开拆、取样、储存、消毒处理等费用，由托运人负责。

第九条 按照本条例第七条的规定必须检疫的植物和植物产品，交通运输部门和邮政部门一律凭植物检疫证书承运或收寄。植物检疫证书应随货运寄。具体办法由国务院农业主管部门、林业主管部门会同铁道、交通、民航、邮政部门制定。

第十条 省、自治区、直辖市间调运本条例第七条规定必须经过检疫的植物和植物产品的，调入单位必须事先征得所在地的省、自治区、直辖市植物检疫机构同意，并向调出单位提出检疫要求；调出单位必须根据该检疫要求向所在地的省、自治区、直辖市植物检疫机构申请检疫。对调入的植物和植物产品，调入单位所在地的省、自治区、直辖市的植物检疫机构应当查验检疫证书，必要时可以复检。

省、自治区、直辖市内调运植物和植物产品的检疫办法，由省、自治区、直辖市人民政府规定。

第十一条 种子、苗木和其他繁殖材料的繁育单位，必须有计划地建立无植物检疫对象的种苗繁育基地、母树林基地。试验、推广的种子、苗木和其他繁殖材料，不得带有植物检疫对象。植物检疫机构应实施产地检疫。

第十二条 从国外引进种子、苗木，引进单位应当向所在地的省、自治区、直辖市植物检疫机构提出申请，办理检疫审批手续。但是，国务院有关部门所属的在京单位从国外引进种子、苗木，应当向国务院农业主管部门、林业主管部门所属的植物检疫机构提出申请，办理检疫审批手续。具体办法由国务院农业主管部门、林业主管部门制定。

从国外引进、可能潜伏有危险性病、虫的种子、苗木和其他繁殖材料，必须隔离试种，植物检疫机构应进行调查、观察和检疫，证明确实不带危险性病、虫的，方可分散种植。

第十三条 农林院校和试验研究单位对植物检疫对象的研究，不得在检疫对象的非疫区进行。因教学、科研确需在非疫区进行时，应当遵守国务院农业主管部门、林业主管部门的规定。

第十四条 植物检疫机构对于新发现的检疫对象和其他危险性病、虫、杂草，必须及时查清情况，立即报告省、自治区、直辖市农业主管部门、林业主管部门，采取措施，彻底消灭，并报告国务院农业主管部门、林业主管部门。

第十五条 疫情由国务院农业主管部门、林业主管部门发布。

第十六条 按照本条例第五条第一款和第十四条的规定，进行疫情调查和采取消灭措施所需的紧急防治费和补助费，由省、自治区、直辖市在每年的植物保护费、森林保护费或者国营农场生产费中安排。特大疫情的防治费，国家酌情给予补助。

第十七条 在植物检疫工作中作出显著成绩的单位和个人，由人民政府给予奖励。

第十八条 有下列行为之一的，植物检疫机构应当责令纠正，可以处以罚款；造成损失的，应当负责赔偿；构成犯罪的，由司法机关依法追究刑事责任：

（一）未依照本条例规定办理植物检疫证书或者在报检过程中弄虚作假的；

（二）伪造、涂改、买卖、转让植物检疫单证、印章、标志、封识的；

（三）未依照本条例规定调运、隔离试种或者生产应施检疫的植物、植物产品的；

（四）违反本条例规定，擅自开拆植物、植物产品包装，调换植物、植物产品，或者擅自改变植物、植物产品的规定用途的；

（五）违反本条例规定，引起疫情扩散的。

有前款第（一）、（二）、（三）、（四）项所列情形之一，尚不构成犯罪的，植物检疫机构可以没收非法所得。

对违反本条例规定调运的植物和植物产品，植物检疫机构有权予以封存、没收、销毁或者责令改变用途。销毁所需费用由责任人承担。

第十九条 植物检疫人员在植物检疫工作中，交通运输部门和邮政部门有关工作人员在植物、植物产品的运输、邮寄工作中，徇私舞弊、玩忽职守的，由其所在单位或者上级主管机关给予行政处分；构成犯罪的，由司法机关依法追究刑事责任。

第二十条 当事人对植物检疫机构的行政处罚决定不服的，可以自接到处罚决定通知书之日起十五日内，向作出行政处罚决定的植物检疫机构的上级机构申请复议；对复议决定不服的，可以自接到复议决定书之日起十五日内向人民法院提起诉讼。当事人逾期不申请复议或者不起诉又不履行行政处罚决定的，植物检疫机构可以申请人民法院强制执行或者依法强制执行。

第二十一条 植物检疫机构执行检疫任务可以收取检疫费，具体办法由国务院农业主管部门、林业主管部门制定。

第二十二条 进出口植物的检疫，按照《中华人民共和国进出境动植物检疫法》的规定执行。

第二十三条 本条例的实施细则由国务院农业主管部门、林业主管部门制定。各省、自治区、直辖市可根据本条例及其实施细则，结合当地具体情况，制定实施办法。

第二十四条 本条例自发布之日起施行。国务院批准，农业部一九五七年十二月四日发布的《国内植物检疫试行办法》同时废止。

第三部分　部门规章

农作物种质资源管理办法

（2003 年 7 月 8 日中华人民共和国农业部令第 30 号公布，根据 2004 年 7 月 1 日中华人民共和国农业部令第 38 号修订）

第一章 总 则

第一条 为了加强农作物种质资源的保护，促进农作物种质资源的交流和利用，根据《中华人民共和国种子法》的规定，制定本办法。

第二条 在中华人民共和国境内从事农作物种质资源收集、整理、鉴定、登记、保存、交流、利用和管理等活动，适用本办法。

第三条 本办法所称农作物种质资源，是指选育农作物新品种的基础材料，包括农作物的栽培种、野生种和濒危稀有种的繁殖材料，以及利用上述繁殖材料人工创造的各种遗传材料，其形态包括果实、籽粒、苗、根、茎、叶、芽、花、组织、细胞和 DNA、DNA 片段及基因等有生命的物质材料。

第四条 农业部设立国家农作物种质资源委员会，研究提出国家农作物种质资源发展战略和方针政策，协调全国农作物种质资源的管理工作。委员会办公室设在农业部种植业管理司，负责委员会的日常工作。

各省、自治区、直辖市农业行政主管部门可根据需要，确定相应的农作物种质资源管理单位。

第五条 农作物种质资源工作属于公益性事业，国家及地方政府有关部门应当采取措施，保障农作物种质资源工作的稳定和经费来源。

第六条 国家对在农作物种质资源收集、整理、鉴定、登记、保存、交流、引进、利用和管理过程中成绩显著的单位和个人，给予表彰和奖励。

第二章 农作物种质资源收集

第七条 国家有计划地组织农作物种质资源普查、重点考察和收集工作。因工程建设、环境变化等情况可能造成农作物种质资源灭绝的，应当及时组织抢救收集。

第八条 禁止采集或者采伐列入国家重点保护野生植物名录的野生种、野生近缘种、濒危稀有种和保护区、保护地、种质圃内的农作物种质资源。

因科研等特殊情况需要采集或者采伐列入国家重点保护野生植物名录的野生种、野生近缘种、濒危稀有种种质资源的，应当按照国务院及农业部有关野生植物管理的规定，办理审批手续；需要采集或者采伐保护区、保护地、种质圃内种质资源的，应当经建立该保护区、保护地、种质圃的农业行政主管部门批准。

第九条 农作物种质资源的采集数量应当以不影响原始居群的遗传完整性及其正常生长为标准。

第十条 未经批准，境外人员不得在中国境内采集农作物种质资源。中外科学家联合考察我国农作物种质资源的，应当提前6个月报经农业部批准。

采集的农作物种质资源需要带出境外的，应当按照本办法的规定办理对外提供农作物种质资源审批手续。

第十一条 收集种质资源应当建立原始档案，详细记载材料名称、基本特征特性、采集地点和时间、采集数量、采集人等。

第十二条 收集的所有农作物种质资源及其原始档案应当送交国家种质库登记保存。

第十三条 申请品种审定的单位和个人，应当将适量繁殖材料（包括杂交亲本繁殖材料）交国家种质库登记保存。

第十四条 单位和个人持有国家尚未登记保存的种质资源的，有义务送交国家种质库登记保存。

当事人可以将种质资源送交当地农业行政主管部门或者农业科研机构，地方农业行政主管部门或者农业科研机构应当及时将收到的种质资源送交国家种质库登记保存。

第三章 农作物种质资源鉴定、登记和保存

第十五条 对收集的所有农作物种质资源应当进行植物学类别和主要农艺性状鉴定。

农作物种质资源的鉴定实行国家统一标准制度，具体标准由农业部根据国家农作物种质资源委员会的建议制定和公布。

农作物种质资源的登记实行统一编号制度，任何单位和个人不得更改国家统一编号和名称。

第十六条 农作物种质资源保存实行原生境保存和非原生境保存相结合的制度。原生境保存包括建立农作物种质资源保护区和保护地，非原生境保存包括建立各种类型的种质库、种质圃及试管苗库。

第十七条 农业部在农业植物多样性中心、重要农作物野生种及野生近缘植物原生地以及其他农业野生资源富集区，建立农作物种质资源保护区或者保护地。

第十八条 农业部建立国家农作物种质库，包括长期种质库及其复份库、中期种质库、种质圃及试管苗库。

长期种质库负责全国农作物种质资源的长期保存；复份库负责长期种质库贮存种质的备份保存；中期种质库负责种质的中期保存、特性鉴定、繁殖和分发；种质圃及试管苗库负责无性繁殖作物及多年生作物种质的保存、特性鉴定、繁殖和分发。

国家和地方有关部门应当采取措施,保障国家种质库的正常运转和种质资源安全。

第十九条 各省、自治区、直辖市农业行政主管部门根据需要建立本地区的农作物种质资源保护区、保护地、种质圃和中期种质库。

第四章 农作物种质资源繁殖和利用

第二十条 国家鼓励单位和个人从事农作物种质资源研究和创新。

第二十一条 国家长期种质库保存的种质资源属国家战略资源,未经农业部批准,任何单位和个人不得动用。

因国家中期种质库保存的种质资源绝种,需要从国家长期种质库取种繁殖的,应当报农业部审批。

国家长期种质库应当定期检测库存种质资源,当库存种质资源活力降低或数量减少影响种质资源安全时,应当及时繁殖补充。

第二十二条 国家中期种质库应当定期繁殖更新库存种质资源,保证库存种质资源活力和数量;国家种质圃应当定期更新复壮圃存种质资源,保证圃存种质资源的生长势。国家有关部门应保障其繁殖更新费用。

第二十三条 农业部根据国家农作物种质资源委员会的建议,定期公布可供利用的农作物种质资源目录,并评选推荐优异种质资源。

因科研和育种需要目录中农作物种质资源的单位和个人,可以向国家中期种质库、种质圃提出申请。对符合国家中期种质库、种质圃提供种质资源条件的,国家中期种质库、种质圃应当迅速、免费向申请者提供适量种质材料。如需收费,不得超过繁种等所需的最低费用。

第二十四条 从国家获取的种质资源不得直接申请新品种保护及其他知识产权。

第二十五条 从国家中期种质库、种质圃获取种质资源的单位和个人应当及时向国家中期种质库、种质圃反馈种质资源利用信息,对不反馈信息者,国家中期种质库、种质圃有权不再向其提供种质资源。

国家中期种质库、种质圃应当定期向国家农作物种质资源委员会办公室上报种质资源发放和利用情况。

第二十六条 各省、自治区、直辖市农业行政主管部门可以根据本办法和本地区实际情况,制定本地区的农作物种质资源发放和利用办法。

第五章 农作物种质资源国际交流

第二十七条 国家对农作物种质资源享有主权,任何单位和个人向境外提供种质资源,应当经所在地省、自治区、直辖市农业行政主管部门审核,报农业部审批。

第二十八条 对外提供农作物种质资源实行分类管理制度,农业部定期修订分类管理目录。

第二十九条 对外提供农作物种质资源按以下程序办理：

（一）对外提供种质资源的单位和个人按规定的格式及要求填写《对外提供农作物种质资源申请表》（见附件一），提交对外提供种质资源说明，向农业部提出申请。

（二）农业部应当在收到审核意见之日起20日内作出审批决定。审批通过的，开具《对外提供农作物种质资源准许证》（见附件二），加盖“农业部对外提供农作物种质资源审批专用章”。

（三）对外提供种质资源的单位和个人持《对外提供农作物种质资源准许证》到检疫机关办理检疫审批手续。

（四）《对外提供农作物种质资源准许证》和检疫通关证明作为海关放行依据。

第三十条 对外合作项目中包括农作物种质资源交流的，应当在签订合作协议前，办理对外提供农作物种质资源审批手续。

第三十一条 国家鼓励单位和个人从境外引进农作物种质资源。

第三十二条 从境外引进新物种的，应当进行科学论证，采取有效措施，防止可能造成的生态危害和环境危害。引进前，报经农业部批准，引进后隔离种植1个以上生育周期，经评估，证明确实安全和有利用价值的，方可分散种植。

第三十三条 单位和个人从境外引进种质资源，应当依照有关植物检疫法律、行政法规的规定，办理植物检疫手续。引进的种质资源，应当隔离试种，经植物检疫机构检疫，证明确实不带危险性病、虫及杂草的，方可分散种植。

第三十四条 国家实行引种统一登记制度。引种单位和个人应当在引进种质资源入境之日起一年之内向国家农作物种质资源委员会办公室申报备案，并附适量种质材料供国家种质库保存。

当事人可以将引种信息和种质资源送交当地农业行政主管部门或者农业科研机构，地方农业行政主管部门或者农业科研机构应当及时向国家农作物种质资源委员会办公室申报备案，并将收到的种质资源送交国家种质库保存。

第三十五条 引进的种质资源，由国家农作物种质资源委员会统一编号和译名，任何单位和个人不得更改国家引种编号和译名。

第六章 农作物种质资源信息管理

第三十六条 国家农作物种质资源委员会办公室应当加强农作物种质资源的信息管理工作，包括种质资源收集、鉴定、保存、利用、国际交流等动态信息，为有关部门提供信息服务，保护国家种质资源信息安全。

第三十七条 负责农作物种质资源收集、鉴定、保存、登记等工作的单位，有义务向国家农作物种质资源委员会办公室提供相关信息，保障种质资源信息共享。

第七章 罚 则

第三十八条 违反本办法规定，未经批准私自采集或者采伐国家重点保护的天然种质资源的，按照《种子法》第六十一条的规定予以处罚。

第三十九条 违反本办法规定，未经批准动用国家长期种质库贮存的种质资源的，对直接负责的主管人员和其他直接责任人员，依法给予行政处分。

第四十条 违反本办法规定，未经批准向境外提供或者从境外引进种质资源的，按照《种子法》第六十三条的规定予以处罚。

第四十一条 违反本办法规定，农业行政主管部门或者农业科研机构未及时将收到的单位或者个人送交的国家未登记的种质资源及境外引种种质资源送交国家种质库保存的，或者引进境外种质资源未申报备案的，由本单位或者上级主管部门责令改正，对直接负责的主管人员和其他直接责任人员，可以依法给予行政处分。

第八章 附 则

第四十二条 中外科学家联合考察的农作物种质资源，对外提供的农作物种质资源，以及从境外引进的农作物种质资源，属于列入国家重点保护野生植物名录的野生种、野生近缘种、濒危稀有种的，除按本办法办理审批手续外，还应按照《野生植物保护条例》、《农业野生植物保护办法》的规定，办理相关审批手续。

第四十三条 本办法自2003年10月1日起施行。1997年3月28日农业部发布的《进出口农作物种子（苗）管理暂行办法》有关种质资源进出口管理的内容同时废止。

附件1：对外提供农作物种质资源申请表（略）

附件2：对外提供农作物种质资源许可证（略）

主要农作物品种审定办法

（2016年7月8日中华人民共和国农业部令2016年第4号公布，根据2019年4月25日中华人民共和国农业农村部令2019年第2号修订）

第一章 总 则

第一条 为科学、公正、及时地审定主要农作物品种，根据《中华人民共和国种子法》（以下简称《种子法》），制定本办法。

第二条 在中华人民共和国境内的主要农作物品种审定，适用本办法。

第三条 本办法所称主要农作物，是指稻、小麦、玉米、棉花、大豆。

第四条 省级以上人民政府农业主管部门应当采取措施，加强品种审定工作监督管理。省级人民政府农业主管部门应当完善品种选育、审定工作的区域协作机制，促进优良品种的选育和推广。

第二章 品种审定委员会

第五条 农业部设立国家农作物品种审定委员会，负责国家级农作物品种审定工作。省级人民政府农业主管部门设立省级农作物品种审定委员会，负责省级农作物品种审定工作。

农作物品种审定委员会建立包括申请文件、品种审定试验数据、种子样品、审定意见和审定结论等内容的审定档案，保证可追溯。

第六条 品种审定委员会由科研、教学、生产、推广、管理、使用等方面的专业人员组成。委员应当具有高级专业技术职称或处级以上职务，年龄一般在55岁以下。每届任期5年，连任不得超过两届。

品种审定委员会设主任1名，副主任2～5名。

第七条 品种审定委员会设立办公室，负责品种审定委员会的日常工作，设主任1名，副主任1～2名。

第八条 品种审定委员会按作物种类设立专业委员会，各专业委员会由9～23人的单数组成，设主任1名，副主任1～2名。

省级品种审定委员会对本辖区种植面积小的主要农作物，可以合并设立专业委员会。

第九条 品种审定委员会设立主任委员会，由品种审定委员会主任和副主任、各专业委员会主任、办公室主任组成。

第三章 申请和受理

第十条 申请品种审定的单位、个人（以下简称申请者），可以直接向国家农作物品种审定委员会或省级农作物品种审定委员会提出申请。

在中国境内没有经常居所或者营业场所的境外机构和个人在境内申请品种审定的，应当委托具有法人资格的境内种子企业代理。

第十一条 申请者可以单独申请国家级审定或省级审定，也可以同时申请国家级审定和省级审定，还可以同时向几个省、自治区、直辖市申请审定。

第十二条 申请审定的品种应当具备下列条件：

（一）人工选育或发现并经过改良；

（二）与现有品种（已审定通过或本级品种审定委员会已受理的其他品种）有明显区别；

（三）形态特征和生物学特性一致；

（四）遗传性状稳定；

（五）具有符合《农业植物品种命名规定》的名称；

（六）已完成同一生态类型区2个生产周期以上、多点的品种比较试验。其中，申请国家级品种审定的，稻、小麦、玉米品种比较试验每年不少于20个点，棉花、大豆品种比较试验每年不少于10个点，或具备省级品种审定试验结果报告；申请省级品种审定的，品种比较试验每年不少于5个点。

第十三条 申请品种审定的，应当向品种审定委员会办公室提交以下材料：

（一）申请表，包括作物种类和品种名称，申请者名称、地址、邮政编码、联系人、电话号码、传真、国籍，品种选育的单位或者个人（以下简称育种者）等内容；

（二）品种选育报告，包括亲本组合以及杂交种的亲本血缘关系、选育方法、世代和特性描述；品种（含杂交种亲本）特征特性描述、标准图片，建议的试验区域和栽培要点；品种主要缺陷及应当注意的问题；

（三）品种比较试验报告，包括试验品种、承担单位、抗性表现、品质、产量结果及各试验点数据、汇总结果等；

（四）转基因棉花品种还应当提供农业转基因生物安全证书；

（五）品种和申请材料真实性承诺书。

第十四条 品种审定委员会办公室在收到申请材料45日内作出受理或不予受理的决定，并书面通知申请者。

对于符合本办法第十二条、第十三条规定的，应当受理，并通知申请者在30日内提供试验种子。对于提供试验种子的，由办公室安排品种试验。逾期不提供试验种子的，视为撤回申请。

对于不符合本办法第十二条、第十三条规定的，不予受理。申请者可以在接到通知后30日内陈述意见或者对申请材料予以修正，逾期未陈述意见或者修正的，视为撤回申请；修正后仍然不符合规定的，驳回申请。

第十五条 品种审定委员会办公室应当在申请者提供的试验种子中留取标准样品，交农业部植物品种标准样品库保存。

第四章 品种试验

第十六条 品种试验包括以下内容：

（一）区域试验；

（二）生产试验；

（三）品种特异性、一致性和稳定性测试（以下简称DUS测试）。

第十七条 国家级品种区域试验、生产试验由全国农业技术推广服务中心组织实施，省级品种区域试验、生产试验由省级种子管理机构组织实施。

品种试验组织实施单位应当充分听取品种审定申请人和专家意见，合理设置试验组别，优化试验点布局，科学制定试验实施方案，并向社会公布。

第十八条 区域试验应当对品种丰产性、稳产性、适应性、抗逆性等进行鉴定，并进行品质分析、DNA 指纹检测、转基因检测等。

每一个品种的区域试验，试验时间不少于两个生产周期，田间试验设计采用随机区组或间比法排列。同一生态类型区试验点，国家级不少于 10 个，省级不少于 5 个。

第十九条 生产试验在区域试验完成后，在同一生态类型区，按照当地主要生产方式，在接近大田生产条件下对品种的丰产性、稳产性、适应性、抗逆性等进一步验证。

每一个品种的生产试验点数量不少于区域试验点，每一个品种在一个试验点的种植面积不少于 300 平方米，不大于 3000 平方米，试验时间不少于一个生产周期。

第一个生产周期综合性状突出的品种，生产试验可与第二个生产周期的区域试验同步进行。

第二十条 区域试验、生产试验对照品种应当是同一生态类型区同期生产上推广应用的已审定品种，具备良好的代表性。

对照品种由品种试验组织实施单位提出，品种审定委员会相关专业委员会确认，并根据农业生产发展的需要适时更换。

省级农作物品种审定委员会应当将省级区域试验、生产试验对照品种报国家农作物品种审定委员会备案。

第二十一条 区域试验、生产试验、DUS 测试承担单位应当具备独立法人资格，具有稳定的试验用地、仪器设备、技术人员。

品种试验技术人员应当具有相关专业大专以上学历或中级以上专业技术职称、品种试验相关工作经历，并定期接受相关技术培训。

抗逆性鉴定由品种审定委员会指定的鉴定机构承担，品质检测、DNA 指纹检测、转基因检测由具有资质的检测机构承担。

品种试验、测试、鉴定承担单位与个人应当对数据的真实性负责。

第二十二条 品种试验组织实施单位应当会同品种审定委员会办公室，定期组织开展品种试验考察，检查试验质量、鉴评试验品种表现，并形成考察报告，对田间表现出严重缺陷的品种保留现场图片资料。

第二十三条 品种试验组织实施单位应当组织申请者代表参与区域试验、生产试验收获测产，测产数据由试验技术人员、试验承担单位负责人和申请者代表签字确认。

第二十四条 品种试验组织实施单位应当在每个生产周期结束后 45 日内召开品种试验总结会议。品种审定委员会专业委员会根据试验汇总结果、试验考察情况，确定品种是否终止试验、继续试验、提交审定，由品种审定委员会办公室将品种处理结果及时通知申请者。

第二十五条 申请者具备试验能力并且试验品种是自有品种的，可以按照下列要求自行开展品种试验：

（一）在国家级或省级品种区域试验基础上，自行开展生产试验；

（二）自有品种属于特殊用途品种的，自行开展区域试验、生产试验，生产试验可与第二个生产周期区域试验合并进行。特殊用途品种的范围、试验要求由同级品种审定委员会确定；

（三）申请者属于企业联合体、科企联合体和科研单位联合体的，组织开展相应区组的品种试验。联合体成员数量应当不少于5家，并且签订相关合作协议，按照同权同责原则，明确责任义务。一个法人单位在同一试验区组内只能参加一个试验联合体。

前款规定自行开展品种试验的实施方案应当在播种前30日内报国家级或省级品种试验组织实施单位，符合条件的纳入国家级或省级品种试验统一管理。

第二十六条 DUS测试由申请者自主或委托农业部授权的测试机构开展，接受农业部科技发展中心指导。

申请者自主测试的，应当在播种前30日内，按照审定级别将测试方案报农业部科技发展中心或省级种子管理机构。农业部科技发展中心、省级种子管理机构分别对国家级审定、省级审定DUS测试过程进行监督检查，对样品和测试报告的真实性进行抽查验证。

DUS测试所选择近似品种应当为特征特性最为相似的品种，DUS测试依据相应主要农作物DUS测试指南进行。测试报告应当由法人代表或法人代表授权签字。

第二十七条 符合农业部规定条件、获得选育生产经营相结合许可证的种子企业（以下简称育繁推一体化种子企业），对其自主研发的主要农作物品种可以在相应生态区自行开展品种试验，完成试验程序后提交申请材料。

试验实施方案应当在播种前30日内报国家级或省级品种试验组织实施单位备案。

育繁推一体化种子企业应当建立包括品种选育过程、试验实施方案、试验原始数据等相关信息的档案，并对试验数据的真实性负责，保证可追溯，接受省级以上人民政府农业主管部门和社会的监督。

第五章 审定与公告

第二十八条 对于完成试验程序的品种，申请者、品种试验组织实施单位、育繁推一体化种子企业应当在2月底和9月底前分别将稻、玉米、棉花、大豆品种和小麦品种各试验点数据、汇总结果、DUS测试报告提交品种审定委员会办公室。

品种审定委员会办公室在30日内提交品种审定委员会相关专业委员会初审，专业委员会应当在30日内完成初审。

第二十九条 初审品种时，各专业委员会应当召开全体会议，到会委员达到该专业委员会委员总数三分之二以上的，会议有效。对品种的初审，根据审定标准，采用无记名投票表决，赞成票数达到该专业委员会委员总数二分之一以上的品种，通过初审。

专业委员会对育繁推一体化种子企业提交的品种试验数据等材料进行审核，达到审定标准的，通过初审。

第三十条 初审实行回避制度。专业委员会主任的回避，由品种审定委员会办公室决定；其他委员的回避，由专业委员会主任决定。

第三十一条 初审通过的品种，由品种审定委员会办公室在30日内将初审意见及各试点试验数据、汇总结果，在同级农业主管部门官方网站公示，公示期不少于30日。

第三十二条 公示期满后，品种审定委员会办公室应当将初审意见、公示结果，提交品种审定委员会主任委员会审核。主任委员会应当在30日内完成审核。审核同意的，通过审定。

育繁推一体化种子企业自行开展自主研发品种试验，品种通过审定后，将品种标准样品提交至农业部植物品种标准样品库保存。

第三十三条 审定通过的品种，由品种审定委员会编号、颁发证书，同级农业主管部门公告。

省级审定的农作物品种在公告前，应当由省级人民政府农业主管部门将品种名称等信息报农业部公示，公示期为15个工作日。

第三十四条 审定编号为审定委员会简称、作物种类简称、年号、序号，其中序号为四位数。

第三十五条 审定公告内容包括：审定编号、品种名称、申请者、育种者、品种来源、形态特征、生育期、产量、品质、抗逆性、栽培技术要点、适宜种植区域及注意事项等。

省级品种审定公告，应当在发布后30日内报国家农作物品种审定委员会备案。

审定公告公布的品种名称为该品种的通用名称。禁止在生产、经营、推广过程中擅自更改该品种的通用名称。

第三十六条 审定证书内容包括：审定编号、品种名称、申请者、育种者、品种来源、审定意见、公告号、证书编号。

第三十七条 审定未通过的品种，由品种审定委员会办公室在30日内书面通知申请者。申请者对审定结果有异议的，可以自接到通知之日起30日内，向原品种审定委员会或者国家级品种审定委员会申请复审。品种审定委员会应当在下一次审定会议期间对复审理由、原审定文件和原审定程序进行复审。对病虫害鉴定结果提出异议的，品种审定委员会认为有必要的，安排其他单位再次鉴定。

品种审定委员会办公室应当在复审后30日内将复审结果书面通知申请者。

第三十八条 品种审定标准，由同级农作物品种审定委员会制定。审定标准应当有利于产量、品质、抗性等的提高与协调，有利于适应市场和生活消费需要的品种的推广。

省级品种审定标准，应当在发布后30日内报国家农作物品种审定委员会备案。

制定品种审定标准，应当公开征求意见。

第六章 引种备案

第三十九条 省级人民政府农业主管部门应当建立同一适宜生态区省际间品种试验

数据共享互认机制，开展引种备案。

第四十条 通过省级审定的品种，其他省、自治区、直辖市属于同一适宜生态区的地域引种的，引种者应当报所在省、自治区、直辖市人民政府农业主管部门备案。

备案时，引种者应当填写引种备案表，包括作物种类、品种名称、引种者名称、联系方式、审定品种适宜种植区域、拟引种区域等信息。

第四十一条 引种者应当在拟引种区域开展不少于 1 年的适应性、抗病性试验，对品种的真实性、安全性和适应性负责。具有植物新品种权的品种，还应当经过品种权人的同意。

第四十二条 省、自治区、直辖市人民政府农业主管部门及时发布引种备案公告，公告内容包括品种名称、引种者、育种者、审定编号、引种适宜种植区域等内容。公告号格式为：（×）引种〔×〕第×号，其中，第一个“×”为省、自治区、直辖市简称，第二个“×”为年号，第三个“×”为序号。

第四十三条 国家审定品种同一适宜生态区，由国家农作物品种审定委员会确定。省级审定品种同一适宜生态区，由省级农作物品种审定委员会依据国家农作物品种审定委员会确定的同一适宜生态区具体确定。

第七章 撤销审定

第四十四条 审定通过的品种，有下列情形之一的，应当撤销审定：

（一）在使用过程中出现不可克服严重缺陷的；

（二）种性严重退化或失去生产利用价值的；

（三）未按要求提供品种标准样品或者标准样品不真实的；

（四）以欺骗、伪造试验数据等不正当方式通过审定的。

第四十五条 拟撤销审定的品种，由品种审定委员会办公室在书面征求品种审定申请者意见后提出建议，经专业委员会初审后，在同级农业主管部门官方网站公示，公示期不少于 30 日。

公示期满后，品种审定委员会办公室应当将初审意见、公示结果，提交品种审定委员会主任委员会审核，主任委员会应当在 30 日内完成审核。审核同意撤销审定的，由同级农业主管部门予以公告。

第四十六条 公告撤销审定的品种，自撤销审定公告发布之日起停止生产、广告，自撤销审定公告发布一个生产周期后停止推广、销售。品种审定委员会认为有必要的，可以决定自撤销审定公告发布之日起停止推广、销售。

省级品种撤销审定公告，应当在发布后 30 日内报国家农作物品种审定委员会备案。

第八章 监督管理

第四十七条 农业部建立全国农作物品种审定数据信息系统，实现国家和省两级品种审定网上申请、受理，品种试验数据、审定通过品种、撤销审定品种、引种备案品种、标准样品等信息互联共享，审定证书网上统一打印。审定证书格式由国家农作物品种审定委员会统一制定。

省级以上人民政府农业主管部门应当在统一的政府信息发布平台上发布品种审定、撤销审定、引种备案、监督管理等信息，接受监督。

第四十八条 品种试验、审定单位及工作人员，对在试验、审定过程中获知的申请者的商业秘密负有保密义务，不得对外提供申请品种审定的种子或者谋取非法利益。

第四十九条 品种审定委员会委员和工作人员应当忠于职守，公正廉洁。品种审定委员会委员、工作人员不依法履行职责，弄虚作假、徇私舞弊的，依法给予处分；自处分决定作出之日起五年内不得从事品种审定工作。

第五十条 申请者在申请品种审定过程中有欺骗、贿赂等不正当行为的，三年内不受理其申请。

联合体成员单位弄虚作假的，终止联合体品种试验审定程序；弄虚作假成员单位三年内不得申请品种审定，不得再参加联合体试验；其他成员单位应当承担连带责任，三年内不得参加其他联合体试验。

第五十一条 品种测试、试验、鉴定机构伪造试验数据或者出具虚假证明的，按照《种子法》第七十二条及有关法律行政法规的规定进行处罚。

第五十二条 育繁推一体化种子企业自行开展品种试验和申请审定有造假行为的，由省级以上人民政府农业主管部门处一百万元以上五百万元以下罚款；不得再自行开展品种试验；给种子使用者和其他种子生产经营者造成损失的，依法承担赔偿责任。

第五十三条 农业部对省级人民政府农业主管部门的品种审定工作进行监督检查，未依法开展品种审定、引种备案、撤销审定的，责令限期改正，依法给予处分。

第五十四条 违反本办法规定，构成犯罪的，依法追究刑事责任。

第九章 附　　则

第五十五条 农作物品种审定所需工作经费和品种试验经费，列入同级农业主管部门财政专项经费预算。

第五十六条 转基因农作物（不含转基因棉花）品种审定办法另行制定。

第五十七条 育繁推一体化企业自行开展试验的品种和联合体组织开展试验的品种，不再参加国家级和省级试验组织实施单位组织的相应区组品种试验。

第五十八条 本办法自 2016 年 8 月 15 日起施行，农业部 2001 年 2 月 26 日发布、2007 年 11 月 8 日和 2014 年 2 月 1 日修订的《主要农作物品种审定办法》，以及 2001 年 2 月 26 日发布的《主要农作物范围规定》同时废止。

非主要农作物品种登记办法

（2017 年 3 月 30 日公布，中华人民共和国农业部令 2017 年第 1 号）

第一章 总 则

第一条 为了规范非主要农作物品种管理，科学、公正、及时地登记非主要农作物品种，根据《中华人民共和国种子法》（以下简称《种子法》），制定本办法。

第二条 在中华人民共和国境内的非主要农作物品种登记，适用本办法。

法律、行政法规和农业部规章对非主要农作物品种管理另有规定的，依照其规定。

第三条 本办法所称非主要农作物，是指稻、小麦、玉米、棉花、大豆五种主要农作物以外的其他农作物。

第四条 列入非主要农作物登记目录的品种，在推广前应当登记。

应当登记的农作物品种未经登记的，不得发布广告、推广，不得以登记品种的名义销售。

第五条 农业部主管全国非主要农作物品种登记工作，制定、调整非主要农作物登记目录和品种登记指南，建立全国非主要农作物品种登记信息平台（以下简称品种登记平台），具体工作由全国农业技术推广服务中心承担。

第六条 省级人民政府农业主管部门负责品种登记的具体实施和监督管理，受理品种登记申请，对申请者提交的申请文件进行书面审查。

省级以上人民政府农业主管部门应当采取有效措施，加强对已登记品种的监督检查，履行好对申请者和品种测试、试验机构的监管责任，保证消费安全和用种安全。

第七条 申请者申请品种登记，应当对申请文件和种子样品的合法性、真实性负责，保证可追溯，接受监督检查。给种子使用者和其他种子生产经营者造成损失的，依法承担赔偿责任。

第二章 申请、受理与审查

第八条 品种登记申请实行属地管理。一个品种只需要在一个省份申请登记。

第九条 两个以上申请者分别就同一个品种申请品种登记的，优先受理最先提出的申请；同时申请的，优先受理该品种育种者的申请。

第十条 申请者应当在品种登记平台上实名注册，可以通过品种登记平台提出登记申请，也可以向住所地的省级人民政府农业主管部门提出书面登记申请。

第十一条 在中国境内没有经常居所或者营业场所的境外机构、个人在境内申请品种登记的，应当委托具有法人资格的境内种子企业代理。

第十二条 申请登记的品种应当具备下列条件：

（一）人工选育或发现并经过改良；

（二）具备特异性、一致性、稳定性；

（三）具有符合《农业植物品种命名规定》的品种名称。

申请登记具有植物新品种权的品种，还应当经过品种权人的书面同意。

第十三条 对新培育的品种，申请者应当按照品种登记指南的要求提交以下材料：

（一）申请表；

（二）品种特性、育种过程等的说明材料；

（三）特异性、一致性、稳定性测试报告；

（四）种子、植株及果实等实物彩色照片；

（五）品种权人的书面同意材料；

（六）品种和申请材料合法性、真实性承诺书。

第十四条 本办法实施前已审定或者已销售种植的品种，申请者可以按照品种登记指南的要求，提交申请表、品种生产销售应用情况或者品种特异性、一致性、稳定性说明材料，申请品种登记。

第十五条 省级人民政府农业主管部门对申请者提交的材料，应当根据下列情况分别作出处理：

（一）申请品种不需要品种登记的，即时告知申请者不予受理；

（二）申请材料存在错误的，允许申请者当场更正；

（三）申请材料不齐全或者不符合法定形式的，应当当场或者在五个工作日内一次告知申请者需要补正的全部内容，逾期不告知的，自收到申请材料之日起即为受理；

（四）申请材料齐全、符合法定形式，或者申请者按照要求提交全部补正材料的，予以受理。

第十六条 省级人民政府农业主管部门自受理品种登记申请之日起二十个工作日内，对申请者提交的申请材料进行书面审查，符合要求的，将审查意见报农业部，并通知申请者提交种子样品。经审查不符合要求的，书面通知申请者并说明理由。

申请者应当在接到通知后按照品种登记指南要求提交种子样品；未按要求提供的，视为撤回申请。

第十七条 省级人民政府农业主管部门在二十个工作日内不能作出审查决定的，经本部门负责人批准，可以延长十个工作日，并将延长期限理由告知申请者。

第三章 登记与公告

第十八条 农业部自收到省级人民政府农业主管部门的审查意见之日起二十个工作日内进行复核。对符合规定并按规定提交种子样品的，予以登记，颁发登记证书；不予登记的，书面通知申请者并说明理由。

第十九条 登记证书内容包括：登记编号、作物种类、品种名称、申请者、育种者、品种来源、适宜种植区域及季节等。

第二十条 农业部将品种登记信息进行公告，公告内容包括：登记编号、作物种类、品种名称、申请者、育种者、品种来源、特征特性、品质、抗性、产量、栽培技术要点、适宜种植区域及季节等。

登记编号格式为：GPD + 作物种类 +（年号）+ 2 位数字的省份代号 + 4 位数字顺序号。

第二十一条 登记证书载明的品种名称为该品种的通用名称，禁止在生产、销售、推广过程中擅自更改。

第二十二条 已登记品种，申请者要求变更登记内容的，应当向原受理的省级人民政府农业主管部门提出变更申请，并提交相关证明材料。

原受理的省级人民政府农业主管部门对申请者提交的材料进行书面审查，符合要求的，报农业部予以变更并公告，不再提交种子样品。

第四章 监督管理

第二十三条 农业部推进品种登记平台建设，逐步实行网上办理登记申请与受理，在统一的政府信息发布平台上发布品种登记、变更、撤销、监督管理等信息。

第二十四条 农业部对省级人民政府农业主管部门开展品种登记工作情况进行监督检查，及时纠正违法行为，责令限期改正，对有关责任人员依法给予处分。

第二十五条 省级人民政府农业主管部门发现已登记品种存在申请文件、种子样品不实，或者已登记品种出现不可克服的严重缺陷等情形的，应当向农业部提出撤销该品种登记的意见。

农业部撤销品种登记的，应当公告，停止推广；对于登记品种申请文件、种子样品不实的，按照规定将申请者的违法信息记入社会诚信档案，向社会公布。

第二十六条 申请者在申请品种登记过程中有欺骗、贿赂等不正当行为的，三年内不受理其申请。

第二十七条 品种测试、试验机构伪造测试、试验数据或者出具虚假证明的，省级人民政府农业主管部门应当依照《种子法》第七十二条规定，责令改正，对单位处五万元以上十万元以下罚款，对直接负责的主管人员和其他直接责任人员处一万元以上五万元以下罚款；有违法所得的，并处没收违法所得；给种子使用者和其他种子生产经营者造成损失的，与种子生产经营者承担连带责任。情节严重的，依法取消品种测试、试验资格。

第二十八条 有下列行为之一的，由县级以上人民政府农业主管部门依照《种子法》第七十八条规定，责令停止违法行为，没收违法所得和种子，并处二万元以上二十万元以下罚款：

（一）对应当登记未经登记的农作物品种进行推广，或者以登记品种的名义进行销售的；

（二）对已撤销登记的农作物品种进行推广，或者以登记品种的名义进行销售的。

第二十九条 品种登记工作人员应当忠于职守，公正廉洁，对在登记过程中获知的申请者的商业秘密负有保密义务，不得擅自对外提供登记品种的种子样品或者谋取非法利益。不依法履行职责，弄虚作假、徇私舞弊的，依法给予处分；自处分决定作出之日起五年内不得从事品种登记工作。

第五章 附 则

第三十条 品种适应性、抗性鉴定以及特异性、一致性、稳定性测试，申请者可以自行开展，也可以委托其他机构开展。

第三十一条 本办法自2017年5月1日起施行。

农业植物品种命名规定

（2012年3月14日公布，中华人民共和国农业部令2012年第2号）

第一条 为规范农业植物品种命名，加强品种名称管理，保护育种者和种子生产者、经营者、使用者的合法权益，根据《中华人民共和国种子法》、《中华人民共和国植物新品种保护条例》和《农业转基因生物安全管理条例》，制定本规定。

第二条 申请农作物品种审定、农业植物新品种权和农业转基因生物安全评价的农业植物品种及其直接应用的亲本的命名，应当遵守本规定。

其他农业植物品种的命名，参照本规定执行。

第三条 农业部负责全国农业植物品种名称的监督管理工作。

县级以上地方人民政府农业行政主管部门负责本行政区域内农业植物品种名称的监督管理工作。

第四条 农业部建立农业植物品种名称检索系统，供品种命名、审查和查询使用。

第五条 一个农业植物品种只能使用一个名称。

相同或者相近的农业植物属内的品种名称不得相同。

相近的农业植物属见附件。

第六条 申请人应当书面保证所申请品种名称在农作物品种审定、农业植物新品种权和农业转基因生物安全评价中的一致性。

第七条 相同或者相近植物属内的两个以上品种，以同一名称提出相关申请的，名称授予先申请的品种,后申请的应当重新命名;同日申请的,名称授予先完成培育的品种,后完成培育的应当重新命名。

第八条 品种名称应当使用规范的汉字、英文字母、阿拉伯数字、罗马数字或其组合。品种名称不得超过 15 个字符。

第九条 品种命名不得存在下列情形:

(一)仅以数字或者英文字母组成的;

(二)仅以一个汉字组成的;

(三)含有国家名称的全称、简称或者缩写的,但存在其他含义且不易误导公众的除外;

(四)含有县级以上行政区划的地名或者公众知晓的其他国内外地名的,但地名简称、地名具有其他含义的除外;

(五)与政府间国际组织或者其他国际国内知名组织名称相同或者近似的,但经该组织同意或者不易误导公众的除外;

(六)容易对植物品种的特征、特性或者育种者身份等引起误解的,但惯用的杂交水稻品种命名除外;

(七)夸大宣传的;

(八)与他人驰名商标、同类注册商标的名称相同或者近似,未经商标权人同意的;

(九)含有杂交、回交、突变、芽变、花培等植物遗传育种术语的;

(十)违反国家法律法规、社会公德或者带有歧视性的;

(十一)不适宜作为品种名称的或者容易引起误解的其他情形。

第十条 有下列情形之一的,属于容易对植物品种的特征、特性引起误解的情形:

(一)易使公众误认为该品种具有某种特性或特征,但该品种不具备该特性或特征的;

(二)易使公众误认为只有该品种具有某种特性或特征,但同属或者同种内的其他品种同样具有该特性或特征的;

(三)易使公众误认为该品种来源于另一品种或者与另一品种有关,实际并不具有联系的;

(四)其他容易对植物品种的特征、特性引起误解的情形。

第十一条 有下列情形之一的,属于容易对育种者身份引起误解的情形:

(一)品种名称中含有另一知名育种者名称的;

(二)品种名称与另一已经使用的知名系列品种名称近似的;

(三)其他容易对育种者身份引起误解的情形。

第十二条 有下列情形之一的,视为品种名称相同:

(一)读音或者字义不同但文字相同的;

(二)仅以名称中数字后有无“号”字区别的;

(三)其他视为品种名称相同的情形。

第十三条 品种的中文名称译成英文时，应当逐字音译，每个汉字音译的第一个字母应当大写。

品种的外文名称译成中文时，应当优先采用音译；音译名称与已知品种重复的，采用意译；意译仍有重复的，应当另行命名。

第十四条 农业植物品种名称不符合本规定的，申请人应当在指定的期限内予以修改。逾期未修改或者修改后仍不符合规定的，驳回该申请。

第十五条 申请农作物品种审定、农业植物新品种权和农业转基因生物安全评价的农业植物品种，在公告前应当在农业部网站公示，公示期为 15 个工作日。省级审定的农作物品种在公告前，应当由省级人民政府农业行政主管部门将品种名称等信息报农业部公示。

农业部对公示期间提出的异议进行审查，并将异议处理结果通知异议人和申请人。

第十六条 公告后的品种名称不得擅自更改。确需更改的，报原审批单位审批。

第十七条 销售农业植物种子，未使用公告品种名称的，由县级以上人民政府农业行政主管部门按照《种子法》第五十九条的规定处罚。

第十八条 申请人以同一品种申请农作物品种审定、农业植物新品种权和农业转基因生物安全评价过程中，通过欺骗、贿赂等不正当手段获取多个品种名称的，除由审批机关撤销相应的农作物品种审定、农业植物新品种权、农业转基因生物安全评价证书外，三年内不再受理该申请人相应申请。

第十九条 本规定施行前已取得品种名称的农业植物品种，可以继续使用其名称。对有多个名称的在用品种，由农业部组织品种名称清理并重新公告。

本规定施行前已受理但尚未批准的农作物品种审定、农业植物新品种权和农业转基因生物安全评价申请，其品种名称不符合本规定要求的，申请人应当在指定期限内重新命名。

第二十条 本规定自 2012 年 4 月 15 日起施行。

附件：

相近的农业植物属

编号	相近的农业植物属	拉丁文
1	黑麦属	Secale
	黑小麦属	Triticale
	小麦属	Triticum
2	黍属	Panicum
	狗尾草属	Setaria

续表

编号	相近的农业植物属	拉丁文
3	翦股颖属	Agrostis
	鸭茅属	Dactylis
	羊茅属	Festuca
	羊茅黑麦草属	Festulolium
	黑麦草属	Lolium
	虉草属	Phalaris
	梯牧草属	Phleum
	早熟禾属	Poa
4	百脉根属	Lotus
	苜蓿属	Medicago
	驴食豆属	Onobrychis
	车轴草属	Trifolium
5	菊苣属	Cichorium
	莴苣属	Lactuca
6	矮牵牛属	Petunia
	小花矮牵牛属	Calibrachoa
7	茼蒿属	Chrysanthemum
	亚菊属	Ajania
8	驼舌草属	Goniolimon
	补血草属	Limonium
	裸穗花属	Psylliostachys

注:表中列举的植物属,同编号内的植物品种名称不得相同。表以外的植物属种,以属为分类单位,在同一属内,植物品种名称不得相同。

中华人民共和国植物新品种保护条例实施细则（农业部分）

（2007 年 9 月 19 日中华人民共和国农业部令第 5 号公布，根据 2011 年 12 月 31 日中华人民共和国农业部令 2011 年第 4 号修订，根据 2014 年 4 月 25 日中华人民共和国农业部令 2014 年第 3 号修订）

第一章　总　　则

第一条　根据《中华人民共和国植物新品种保护条例》（以下简称《条例》），制定本细则。

第二条　农业植物新品种包括粮食、棉花、油料、麻类、糖料、蔬菜（含西甜瓜）、烟草、桑树、茶树、果树（干果除外）、观赏植物（木本除外）、草类、绿肥、草本药材、食用菌、藻类和橡胶树等植物的新品种。

第三条　依据《条例》第三条的规定，农业部为农业植物新品种权的审批机关，依照《条例》规定授予农业植物新品种权（以下简称品种权）。

农业部植物新品种保护办公室（以下简称品种保护办公室），承担品种权申请的受理、审查等事务，负责植物新品种测试和繁殖材料保藏的组织工作。

第四条　对危害公共利益、生态环境的植物新品种不授予品种权。

第二章　品种权的内容和归属

第五条　《条例》所称繁殖材料是指可繁殖植物的种植材料或植物体的其他部分，包括籽粒、果实和根、茎、苗、芽、叶等。

第六条　申请品种权的单位或者个人统称为品种权申请人；获得品种权的单位或者个人统称为品种权人。

第七条　《条例》第七条所称执行本单位任务所完成的职务育种是指下列情形之一：

（一）在本职工作中完成的育种；

（二）履行本单位交付的本职工作之外的任务所完成的育种；

（三）退职、退休或者调动工作后，3 年内完成的与其在原单位承担的工作或者原单位分配的任务有关的育种。

《条例》第七条所称本单位的物质条件是指本单位的资金、仪器设备、试验场地以及单位所有的尚未允许公开的育种材料和技术资料等。

第八条 《条例》第八条所称完成新品种育种的人是指完成新品种育种的单位或者个人(以下简称育种者)。

第九条 完成新品种培育的人员(以下简称培育人)是指对新品种培育作出创造性贡献的人。仅负责组织管理工作、为物质条件的利用提供方便或者从事其他辅助工作的人不能被视为培育人。

第十条 一个植物新品种只能被授予一项品种权。

一个植物新品种由两个以上申请人分别于同一日内提出品种权申请的,由申请人自行协商确定申请权的归属;协商不能达成一致意见的,品种保护办公室可以要求申请人在指定期限内提供证据,证明自己是最先完成该新品种育种的人。逾期未提供证据的,视为撤回申请;所提供证据不足以作为判定依据的,品种保护办公室驳回申请。

第十一条 中国的单位或者个人就其在国内培育的新品种向外国人转让申请权或者品种权的,应当向农业部申请审批。

转让申请权或者品种权的,当事人应当订立书面合同,向农业部登记,由农业部予以公告,并自公告之日起生效。

第十二条 有下列情形之一的,农业部可以作出实施品种权的强制许可决定:

(一)为了国家利益或者公共利益的需要;

(二)品种权人无正当理由自己不实施,又不许可他人以合理条件实施的;

(三)对重要农作物品种,品种权人虽已实施,但明显不能满足国内市场需求,又不许可他人以合理条件实施的。

申请强制许可的,应当向农业部提交强制许可请求书,说明理由并附具有关证明文件各一式两份。

农业部自收到请求书之日起20个工作日内作出决定。需要组织专家调查论证的,调查论证时间不得超过3个月。同意强制许可请求的,由农业部通知品种权人和强制许可请求人,并予以公告;不同意强制许可请求的,通知请求人并说明理由。

第十三条 依照《条例》第十一条第二款规定,申请农业部裁决使用费数额的,当事人应当提交裁决申请书,并附具未能达成协议的证明文件。农业部自收到申请书之日起3个月内作出裁决并通知当事人。

第三章 授予品种权的条件

第十四条 依照《条例》第四十五条的规定,列入植物新品种保护名录的植物属或者种,从名录公布之日起1年内提出的品种权申请,凡经过育种者许可,申请日前在中国境内销售该品种的繁殖材料未超过4年,符合《条例》规定的特异性、一致性和稳定性及命名要求的,农业部可以授予品种权。

第十五条 具有下列情形之一的,属于《条例》第十四条规定的销售:

(一)以买卖方式将申请品种的繁殖材料转移他人;

（二）以易货方式将申请品种的繁殖材料转移他人；

（三）以入股方式将申请品种的繁殖材料转移他人；

（四）以申请品种的繁殖材料签订生产协议；

（五）以其他方式销售的情形。

具有下列情形之一的，视为《条例》第十四条规定的育种者许可销售：

（一）育种者自己销售；

（二）育种者内部机构销售；

（三）育种者的全资或者参股企业销售；

（四）农业部规定的其他情形。

第十六条 《条例》第十五条所称“已知的植物品种”，包括品种权申请初审合格公告、通过品种审定或者已推广应用的品种。

第十七条 《条例》第十六条、第十七条所称“相关的特征或者特性”是指至少包括用于特异性、一致性和稳定性测试的性状或者授权时进行品种描述的性状。

第十八条 有下列情形之一的，不得用于新品种命名：

（一）仅以数字组成的；

（二）违反国家法律或者社会公德或者带有民族歧视性的；

（三）以国家名称命名的；

（四）以县级以上行政区划的地名或者公众知晓的外国地名命名的；

（五）同政府间国际组织或者其他国际国内知名组织及标识名称相同或者近似的；

（六）对植物新品种的特征、特性或者育种者的身份等容易引起误解的；

（七）属于相同或相近植物属或者种的已知名称的；

（八）夸大宣传的。

已通过品种审定的品种，或获得《农业转基因生物安全证书（生产应用）》的转基因植物品种，如品种名称符合植物新品种命名规定，申请品种权的品种名称应当与品种审定或农业转基因生物安全审批的品种名称一致。

第四章 品种权的申请和受理

第十九条 中国的单位和个人申请品种权的，可以直接或者委托代理机构向品种保护办公室提出申请。

在中国没有经常居所的外国人、外国企业或其他外国组织，向品种保护办公室提出品种权申请的，应当委托代理机构办理。

申请人委托代理机构办理品种权申请等相关事务时，应当与代理机构签订委托书，明确委托办理事项与权责。代理机构在向品种保护办公室提交申请时，应当同时提交申请人委托书。品种保护办公室在上述申请的受理与审查程序中，直接与代理机构联系。

第二十条 申请品种权的，申请人应当向品种保护办公室提交请求书、说明书和品种照片各一式两份,同时提交相应的请求书和说明书的电子文档。

请求书、说明书按照品种保护办公室规定的统一格式填写。

第二十一条 申请人提交的说明书应当包括下列内容:

(一)申请品种的暂定名称,该名称应当与请求书的名称一致;

(二)申请品种所属的属或者种的中文名称和拉丁文名称;

(三)育种过程和育种方法,包括系谱、培育过程和所使用的亲本或者其他繁殖材料来源与名称的详细说明;

(四)有关销售情况的说明;

(五)选择的近似品种及理由;

(六)申请品种特异性、一致性和稳定性的详细说明;

(七)适于生长的区域或者环境以及栽培技术的说明;

(八)申请品种与近似品种的性状对比表。

前款第(五)、(八)项所称近似品种是指在所有已知植物品种中,相关特征或者特性与申请品种最为相似的品种。

第二十二条 申请人提交的照片应当符合以下要求:

(一)照片有利于说明申请品种的特异性;

(二)申请品种与近似品种的同一种性状对比应在同一张照片上;

(三)照片应为彩色,必要时,品种保护办公室可以要求申请人提供黑白照片;

(四)照片规格为8.5厘米×12.5厘米或者10厘米×15厘米;

(五)关于照片的简要文字说明。

第二十三条 品种权申请文件有下列情形之一的,品种保护办公室不予受理:

(一)未使用中文的;

(二)缺少请求书、说明书或者照片之一的;

(三)请求书、说明书和照片不符合本细则规定格式的;

(四)文件未打印的;

(五)字迹不清或者有涂改的;

(六)缺少申请人和联系人姓名(名称)、地址、邮政编码的或者不详的;

(七)委托代理但缺少代理委托书的。

第二十四条 中国的单位或者个人将国内培育的植物新品种向国外申请品种权的,应当向所在地省级人民政府农业行政主管部门申请登记。

第二十五条 申请人依照《条例》第二十三条的规定要求优先权的,应当在申请中写明第一次提出品种权申请的申请日、申请号和受理该申请的国家或组织;未写明的,视为未要求优先权。申请人提交的第一次品种权申请文件副本应当经原受理机关确认。

第二十六条 在中国没有经常居所或者营业所的外国人、外国企业和外国其他组织,申请品种权或者要求优先权的,品种保护办公室认为必要时,可以要求其提供下列文件:

(一)申请人是个人的,其国籍证明;

（二）申请人是企业或者其他组织的，其营业所或者总部所在地的证明；

（三）外国人、外国企业、外国其他组织的所属国，承认中国单位和个人可以按照该国国民的同等条件，在该国享有品种申请权、优先权和其他与品种权有关的权利的证明文件。

第二十七条 申请人在向品种保护办公室提出品种权申请12个月内，又向国外申请品种权的，依照该国或组织同中华人民共和国签订的协议或者共同参加的国际条约，或者根据相互承认优先权的原则，可以请求品种保护办公室出具优先权证明文件。

第二十八条 依照《条例》第十九条第二款规定，中国的单位和个人申请品种权的植物新品种涉及国家安全或者重大利益需要保密的，申请人应当在申请文件中说明，品种保护办公室经过审查后作出是否按保密申请处理的决定，并通知申请人；品种保护办公室认为需要保密而申请人未注明的，仍按保密申请处理，并通知申请人。

第二十九条 申请人送交的申请品种繁殖材料应当与品种权申请文件中所描述的繁殖材料相一致，并符合下列要求：

（一）未遭受意外损害；

（二）未经过药物处理；

（三）无检疫性的有害生物；

（四）送交的繁殖材料为籽粒或果实的，籽粒或果实应当是最近收获的。

第三十条 品种保护办公室认为必要的，申请人应当送交申请品种和近似品种的繁殖材料，用于申请品种的审查和检测。申请品种属于转基因品种的，应当附具生产性试验阶段的《农业转基因生物安全审批书》或《农业转基因生物安全证书（生产应用）》复印件。

申请人应当自收到品种保护办公室通知之日起3个月内送交繁殖材料。送交繁殖材料为籽粒或果实的，应当送至品种保护办公室植物新品种保藏中心（以下简称保藏中心）；送交种苗、种球、块茎、块根等无性繁殖材料的，应当送至品种保护办公室指定的测试机构。

申请人送交的繁殖材料数量少于品种保护办公室规定的，保藏中心或者测试机构应当通知申请人，申请人应自收到通知之日起1个月内补足。特殊情况下，申请人送交了规定数量的繁殖材料后仍不能满足测试或者检测需要时，品种保护办公室有权要求申请人补交。

第三十一条 繁殖材料应当依照有关规定实施植物检疫。检疫不合格或者未经检疫的，保藏中心或者测试机构不予接收。

保藏中心或者测试机构收到申请人送交的繁殖材料后应当出具书面证明，并在收到繁殖材料之日起20个工作日内（有休眠期的植物除外）完成生活力等内容的检测。检测合格的，应当向申请人出具书面检测合格证明；检测不合格的，应当通知申请人自收到通知之日起1个月内重新送交繁殖材料并取回检测不合格的繁殖材料，申请人到期不取回的，保藏中心或者测试机构应当销毁。

申请人未按规定送交繁殖材料的，视为撤回申请。

第三十二条 保藏中心和测试机构对申请品种的繁殖材料负有保密的责任，应当防止繁殖材料丢失、被盗等事故的发生，任何人不得更换检验合格的繁殖材料。发生繁殖材料丢失、被盗、更换的，依法追究有关人员的责任。

第五章 品种权的审查与批准

第三十三条 在初步审查、实质审查、复审和无效宣告程序中进行审查和复审人员有下列情形之一的，应当自行回避，当事人或者其他利害关系人可以要求其回避：

（一）是当事人或者其代理人近亲属的；

（二）与品种权申请或者品种权有直接利害关系的；

（三）与当事人或者其代理人有其他关系，可能影响公正审查和审理的。

审查人员的回避由品种保护办公室决定，复审人员的回避由植物新品种复审委员会主任决定。

第三十四条 一件植物品种权申请包括两个以上新品种的，品种保护办公室应当要求申请人提出分案申请。申请人在指定期限内对其申请未进行分案修正或者期满未答复的，视为撤回申请。

申请人按照品种保护办公室要求提出的分案申请，可以保留原申请日；享有优先权的，可保留优先权日。但不得超出原申请文件已有内容的范围。

分案申请应当依照《条例》及本细则的规定办理相关手续。

分案申请的请求书中应当写明原申请的申请号和申请日。原申请享有优先权的，应当提交原申请的优先权文件副本。

第三十五条 品种保护办公室对品种权申请的下列内容进行初步审查：

（一）是否符合《条例》第二十七条规定；

（二）选择的近似品种是否适当；申请品种的亲本或其他繁殖材料来源是否公开。

品种保护办公室应当将审查意见通知申请人。品种保护办公室有疑问的，可要求申请人在指定期限内陈述意见或者补正；申请人期满未答复的，视为撤回申请。申请人陈述意见或者补正后，品种保护办公室认为仍然不符合规定的，应当驳回其申请。

第三十六条 除品种权申请文件外，任何人向品种保护办公室提交的与品种权申请有关的材料，有下列情形之一的，视为未提出：

（一）未使用规定的格式或者填写不符合要求的；

（二）未按照规定提交证明材料的。

当事人当面提交材料的，受理人员应当当面说明材料存在的缺陷后直接退回；通过邮局提交的，品种保护办公室应当将视为未提出的审查意见和原材料一起退回；邮寄地址不清的，采用公告方式退回。

第三十七条 自品种权申请之日起至授予品种权之日前，任何人均可以对不符合《条例》第八条、第十三至第十八条以及本细则第四条规定的品种权申请，向品种保护办公室提出异议，并提供相关证据和说明理由。未提供相关证据的，品种保护办公室不予受理。

第三十八条 未经品种保护办公室批准，申请人在品种权授予前不得修改申请文件的下列内容：

（一）申请品种的名称、申请品种的亲本或其他繁殖材料名称、来源以及申请品种的育种方法；

（二）申请品种的最早销售时间；

（三）申请品种的特异性、一致性和稳定性内容。

品种权申请文件的修改部分，除个别文字修改或者增删外，应当按照规定格式提交替换页。

第三十九条 品种保护办公室负责对品种权申请进行实质审查，并将审查意见通知申请人。品种保护办公室可以根据审查的需要，要求申请人在指定期限内陈述意见或者补正。申请人期满未答复的，视为撤回申请。

第四十条 依照《条例》和本细则的规定，品种权申请经实质审查应当予以驳回的情形是指：

（一）不符合《条例》第八条、第十三条至第十七条规定之一的；

（二）属于本细则第四条规定的；

（三）不符合命名规定，申请人又不按照品种保护办公室要求修改的；

（四）申请人陈述意见或者补正后，品种保护办公室认为仍不符合规定的。

第四十一条 品种保护办公室发出办理授予品种权手续的通知后，申请人应当自收到通知之日起2个月内办理相关手续和缴纳第1年年费。对按期办理的，农业部授予品种权，颁发品种权证书，并予以公告。品种权自授权公告之日起生效。

期满未办理的，视为放弃取得品种权的权利。

第四十二条 农业部植物新品种复审委员会，负责审理驳回品种权申请的复审案件、品种权无效宣告案件和授权品种更名案件。具体规定由农业部另行制定。

第六章 文件的提交、送达和期限

第四十三条 依照《条例》和本细则规定提交的各种文件应当使用中文，并采用国家统一规定的科学技术术语和规范词。外国人名、地名和科学技术术语没有统一中文译文的，应当注明原文。

依照《条例》和本细则规定提交的各种证件和证明文件是外文的，应当附送中文译文；未附送的，视为未提交该证明文件。

第四十四条 当事人向品种保护办公室提交的各种文件应当打印或者印刷，字迹呈黑色，并整齐清晰。申请文件的文字部分应当横向书写，纸张只限单面使用。

第四十五条 当事人提交的各种文件和办理的其他手续，应当由申请人、品种权人、其他利害关系人或者其代表人签字或者盖章；委托代理机构的，由代理机构盖章。请求变更培育人姓名、品种权申请人和品种权人的姓名或者名称、国籍、地址、代理机构的名称和代理人姓名的，应当向品种保护办公室办理著录事项变更手续，并附具变更理由的证明材料。

第四十六条 当事人提交各种材料时，可以直接提交，也可以邮寄。邮寄时，应当使用挂号信函，不得使用包裹，一件信函中应当只包含同一申请的相关材料。邮寄的，以寄出的邮戳日为提交日。信封上寄出的邮戳日不清晰的，除当事人能够提供证明外，以品种保护办公室的收到日期为提交日。

品种保护办公室的各种文件，可以通过邮寄、直接送交或者以公告的方式送达当事人。当事人委托代理机构的，文件送交代理机构；未委托代理机构的，文件送交请求书中收件人地址及收件人或者第一署名人或者代表人。当事人拒绝接收文件的，该文件视为已经送达。

品种保护办公室邮寄的各种文件，自文件发出之日起满 15 日，视为当事人收到文件之日。

根据规定应当直接送交的文件，以交付日为送达日。文件送达地址不清，无法邮寄的，可以通过公告的方式送达当事人。自公告之日起满 2 个月，该文件视为已经送达。

第四十七条 《条例》和本细则规定的各种期限的第一日不计算在期限内。期限以年或者月计算的，以其最后一月的相应日为期限届满日；该月无相应日的，以该月最后一日为期限届满日。期限届满日是法定节假日的，以节假日后的第一个工作日为期限届满日。

第四十八条 当事人因不可抗力而耽误《条例》或者本细则规定的期限或者品种保护办公室指定的期限，导致其权利丧失的，自障碍消除之日起 2 个月内，最迟自期限届满之日起 2 年内，可以向品种保护办公室说明理由并附具有关证明文件，请求恢复其权利。

当事人因正当理由而耽误《条例》或者本细则规定的期限或者品种保护办公室指定的期限，造成其权利丧失的，可以自收到通知之日起 2 个月内向品种保护办公室说明理由，请求恢复其权利。

当事人请求延长品种保护办公室指定期限的，应当在期限届满前，向品种保护办公室说明理由并办理有关手续。

本条第一款和第二款的规定不适用《条例》第十四条、第二十三条、第三十二条第二、三款、第三十四条、第三十七条第二款规定的期限。

第四十九条 除《条例》第二十二条的规定外，《条例》所称申请日，有优先权的，指优先权日。

第七章 费用和公报

第五十条 申请品种权和办理其他手续时，应当按照国家有关规定向农业部缴纳申请费、审查费、年费。

第五十一条 《条例》和本细则规定的各种费用，可以直接缴纳，也可以通过邮局或者银行汇付。

通过邮局或者银行汇付的，应当注明品种名称，同时将汇款凭证的复印件传真或者邮寄至品种保护办公室，并说明该费用的申请号或者品种权号、申请人或者品种权人的姓名或名称、费用名称。

通过邮局或者银行汇付的，以汇出日为缴费日。

第五十二条 依照《条例》第二十四条的规定，申请人可以在提交品种权申请的同时缴纳申请费，但最迟自申请之日起1个月内缴纳申请费，期满未缴纳或者未缴足的，视为撤回申请。

第五十三条 经初步审查合格的品种权申请，申请人应当按照品种保护办公室的通知，在规定的期限内缴纳审查费。期满未缴纳或者未缴足的，视为撤回申请。

第五十四条 申请人在领取品种权证书前，应当缴纳授予品种权第1年的年费。以后的年费应当在前1年度期满前1个月内预缴。

第五十五条 品种权人未按时缴纳授予品种权第1年以后的年费，或者缴纳的数额不足的，品种保护办公室应当通知申请人自应当缴纳年费期满之日起6个月内补缴；期满未缴纳的，自应当缴纳年费期满之日起，品种权终止。

第五十六条 品种保护办公室定期发布植物新品种保护公报，公告品种权有关内容。

第八章 附 则

第五十七条 《条例》第四十条、第四十一条所称的假冒授权品种行为是指下列情形之一：

（一）印制或者使用伪造的品种权证书、品种权申请号、品种权号或者其他品种权申请标记、品种权标记；

（二）印制或者使用已经被驳回、视为撤回或者撤回的品种权申请的申请号或者其他品种权申请标记；

（三）印制或者使用已经被终止或者被宣告无效的品种权的品种权证书、品种权号或者其他品种权标记；

（四）生产或者销售本条第（一）项、第（二）项和第（三）项所标记的品种；

（五）生产或销售冒充品种权申请或者授权品种名称的品种；

（六）其他足以使他人将非品种权申请或者非授权品种误认为品种权申请或者授权品种的行为。

第五十八条 农业行政部门根据《条例》第四十一条的规定对封存或者扣押的植物品种繁殖材料，应当在30日内做出处理；情况复杂的，经农业行政部门负责人批准可以延长，延长期限不超过30日。

第五十九条 当事人因品种申请权或者品种权发生纠纷，向人民法院提起诉讼并且人民法院已受理的，可以向品种保护办公室请求中止有关程序。

依照前款规定申请中止有关程序的，应当向品种保护办公室提交申请书，并附具人民法院的有关受理文件副本。

在人民法院作出的判决生效后，当事人应当向品种保护办公室请求恢复有关程序。自请求中止之日起1年内，有关品种申请权或者品种权归属的纠纷未能结案，需要继续中止有关程序的，请求人应当在该期限内请求延长中止。期满未请求延长的，品种保护办公室可以自行恢复有关程序。

第六十条 已被视为撤回、驳回和主动撤回的品种权申请的案卷，自该品种权申请失效之日起满2年后不予保存。

已被宣告无效的品种权案卷自该品种权无效宣告之日起，终止的品种权案卷自该品种权失效之日起满3年后不予保存。

第六十一条 本细则自2008年1月1日起施行。1999年6月16日农业部发布的《中华人民共和国植物新品种保护条例实施细则(农业部分)》同时废止。

农业部植物新品种复审委员会审理规定

(2001年2月26日公布，中华人民共和国农业部令第45号)

第一章 总 则

第一条 根据《中华人民共和国植物新品种保护条例》(以下简称《条例》)、《中华人民共和国植物新品种保护条例实施细则(农业部分)》(以下简称《实施细则》)，制定本规定。

第二条 农业部植物新品种复审委员会(以下简称复审委员会)负责审理驳回品种权申请的复审案件、品种权无效宣告案件和新品种更名案件。

第三条 复审委员会依法独立行使审理权，并作出审理决定。

第二章 复审委员会的组成与职责

第四条 复审委员会设主任委员1名，副主任委员4名，秘书长1名，委员30名。

主任委员由农业部主管领导兼任，副主任委员由科教司司长和种植业管理司、产业政策与法规司、科技教育司主管副司长兼任，秘书长由农业部科教司知识产权与成果管理处负责人兼任。

第五条 复审委员会委员(简称复审委员)由农业部聘请有经验的技术、法律和行政管理人员组成。复审委员每届任期3年，可连聘连任，但最多不得超过3届。

复审委员会下设大田作物、果树、观赏植物及草类、蔬菜作物等四个复审小组，每个复审小组由若干名复审委员组成,负责复审案件的具体审理工作。

根据案件审理的需要,复审委员会可以邀请其他专家对案件涉及的内容提供咨询意见,或者委托有关单位进行技术性鉴定。

第六条 复审委员会的主要职责是:

(一)负责审理农业部植物新品种保护办公室(以下简称新品种保护办公室)在初步审查和实质审查程序中驳回品种权申请的复审请求;

(二)负责审理无效宣告和品种更名请求;

(三)依据职权宣告品种权无效,以及对授权品种予以更名。

第七条 复审委员会主任委员行使下列职权:

(一)任命复审小组组长;

(二)主持复审委员会全体会议;

(三)决定复审委员的回避;

(四)签发审理决定。

主任委员可以委托副主任委员代行部分职权。

第八条 复审小组组长负责主持复审案件和无效案件审理会议以及组织起草审理决定草案。

第九条 复审委员会秘书处设在农业部科教司知识产权与成果管理处,负责处理复审委员会的日常工作。

第三章 一般规定

第十条 中国的单位和个人请求复审或者无效宣告的,可以直接或者委托新品种保护办公室认可的具有品种权代理资格的机构向复审委员会提出符合规定格式要求的复审请求书或者无效宣告请求书。

在中国没有经常居所的外国人、外国企业或者外国其他组织,应当委托新品种保护办公室认可的具有品种权代理资格的机构办理。

第十一条 当事人委托代理机构办理的,应当提交代理人委托书一份。代理人委托书应当载明代理内容、委托权限。

第十二条 依据《实施细则》第四十四条的规定,复审委员会委托新品种保护办公室受理处代收复审请求书和无效宣告请求书及有关文件。

第十三条 复审委员会应当坚持以事实为依据,以法律为准绳,依法公正、客观地审理案件。

第十四条 当事人在复审中的法律地位一律平等。

第十五条 复审和无效宣告审理工作应当自觉接受社会监督。复审委员认为自己与本案件有利害关系的,应当申请回避。

当事人认为复审委员与本案件有利害关系或者其他关系可能影响公正审理的,在审理决定作出前,有权要求相关人员回避。相关人员是否回避由主任委员决定。

第十六条 复审委员会主要依据书面材料进行审理。但对于重大或者有重要疑难法律、技术问题或者较为复杂的案件,复审委员会可以召集双方当事人举行听证会。

当事人对自己提出的主张有举证责任,但复审委员会不受当事人所提供的证据限制,可以依据职权进行调查或者要求当事人补充证据。

第十七条 复审委员会举行听证会,应当在听证会前45天将会议日期通知当事人。当事人应当在收到通知后的5天内将参加听证会的人员名单回执交复审委员会秘书处。当事人有正当理由的,可以在听证会召开前25天请求延期,是否延期,由复审委员会决定。当事人无正当理由不提交听证会人员回执、不到会或者未经许可中途退会的,视为放弃申辩的权利。

第十八条 复审委员会决定举行听证会后,当事人可以在提交《听证会人员回执》前补充证据材料。逾期补充的证据材料,复审委员会不予考虑。

第十九条 复审委员会举行听证会时应当制作笔录。当事人或者其他参加人认为对自己陈述的记录有遗漏或者差错的,有权申请更正。笔录由到会的复审委员、当事人和其他有关人员签名或者盖章。

第二十条 复审委员会和复审小组依照少数服从多数的原则,通过投票表决作出审理决定。

当表决结果出现赞成票与反对票票数相同的情况时,负责主持会议的主任委员或者副主任委员或者复审小组组长所投的一票有决定作用。

第四章 驳回申请的复审

第二十一条 申请人对驳回品种权申请的决定不服的,可以自收到通知之日起3个月内向复审委员会提交复审请求书,请求复审。

第二十二条 秘书处对收到的复审请求书进行以下形式审查:

(一)复审请求应当属于新品种保护办公室在初步审查或者实质审查中驳回的品种权申请;

(二)复审请求不应当属于复审委员会已经审理并作出审理决定,请求人又以同一事实和理由提出复审请求的;

(三)复审请求人应当是被驳回品种权申请的全体申请人;

(四)复审请求的期限应当符合《条例》第三十二条的规定;

(五)复审请求书应当符合规定的格式要求以及符合《实施细则》第四十五条第一款规定的份数;

(六)复审请求中修改的被驳回的品种权申请文件应当符合《实施细则》第四十五条第二款的规定;

(七)复审请求人委托代理机构办理的,应当提交代理人委托书并写明委托权限等。

第二十三条 经形式审查认为复审请求不符合本规定第二十二条规定的，秘书处应当通知复审请求人在指定的期限内补正，逾期不补正的，该复审请求视为撤回。

第二十四条 对形式审查合格的复审请求，可以直接交由复审小组审理，也可以交由新品种保护办公室进行“前置审查”。

进行前置审查的，新品种保护办公室应当自收到案卷之日起30日内（特殊情况除外）提出审查意见。前置审查意见分以下三种：

（一）复审请求证据充分，理由成立，同意撤销原驳回申请的决定；

（二）复审请求人提交的申请文件修改文本克服了原申请中存在的缺陷，同意在修改文本的基础上撤销原驳回申请的决定；

（三）复审请求人陈述的意见和提交的申请文件修改文本不足以使原驳回申请的决定被撤回，坚持原驳回申请的决定。

第二十五条 新品种保护办公室在前置审查过程中，对于原始申请文件未做修改的复审请求不得提出新的驳回理由。

第二十六条 若新品种保护办公室作出的前置审查意见属于本规定第二十四条第（一）或者第（二）项两种情形之一的，复审委员会不再进行审理，可以据此作出审理决定。

若新品种保护办公室作出的前置审查意见属于本规定第二十四条第（三）项情形的，由复审小组继续进行审理。

第二十七条 复审委员会应当自收到复审请求书之日起6个月内完成复审，并作出审理决定。审理决定分为以下三种：

（一）复审请求的理由不成立，维持原驳回申请的决定，驳回复审请求；

（二）复审请求的理由成立，撤消原驳回申请的决定；

（三）品种权申请文件经复审请求人修改，克服了原驳回申请的决定所指出的缺陷，在新的文本基础上撤消原驳回决定。

第二十八条 复审请求人在复审委员会作出审理决定前可以撤回复审请求，复审程序终止。审理决定已宣布或者书面决定已经发出之后撤回的，不影响审理决定的有效性。

第二十九条 复审委员会作出的审理决定，对于改变新品种保护办公室作出的审查决定的，应当及时通知新品种保护办公室执行复审委员会的审理决定，新品种保护办公室不得以同一事实和理由再次作出与原驳回决定相同的决定，并且继续进行审批程序。

第五章 无效宣告和更名的审理

第三十条 品种权授予后，任何单位和个人均可对农业部授予的品种权提出无效宣告请求，复审委员会也可依职权直接启动无效宣告程序。

第三十一条 秘书处对收到的无效宣告请求书或者品种更名请求书进行以下形式审查：

（一）应当属于无效宣告或者品种更名的复审请求；

（二）请求人不应当以同一事实和理由对复审委员会已经审理并决定仍维持品种权或者品种名称的又提出无效宣告或者品种更名请求书；

（三）该品种权申请已经授权；

（四）请求人所提交的无效宣告或者品种更名请求书中应当说明所依据的事实和理由；

（五）请求人所提交的无效宣告或者品种更名请求书中所提出的理由应当符合《条例》第三十七条及《实施细则》第五十一条的规定；

（六）无效宣告或者品种更名请求人委托代理机构办理的，应当提交代理人委托书并写明委托内容和权限等。

第三十二条 对形式审查符合本规定第三十一条规定的无效宣告或者品种更名请求，秘书处发给"无效宣告受理通知书"或者"品种更名受理通知书"，通知请求人。对不合格的，发给"无效宣告或者品种更名不受理通知书"，并说明不受理的理由。

第三十三条 对经形式审查合格的无效宣告或者品种更名请求书，秘书处应当将副本和有关文件副本送交品种权人，品种权人应当在收到文件之日起 3 个月内陈述意见，期满不答复的，不影响复审委员会的审理。

秘书处在收到品种权人的意见陈述书后，应当将其副本转送给请求人。信件往来次数由秘书处根据案件实际情况决定。

第三十四条 复审委员会应当对无效宣告或者品种更名请求及时进行审理，并作出审理决定。无效宣告或者品种更名的审理决定有以下两种类型：

（一）无效宣告或者品种更名请求理由成立，宣告品种权无效或者品种名称更名；

（二）无效宣告或者品种更名请求理由不成立，驳回无效宣告或者品种更名请求，维持品种权有效或者品种的现有名称。

第三十五条 在无效宣告或者品种更名审理程序中，品种权人以书面形式放弃其品种权的，无效宣告或者品种更名审理程序不受影响。

第三十六条 在复审委员会对无效宣告或者品种更名请求作出决定之前，请求人可以撤回其请求。请求人撤回无效宣告或者品种更名请求的，复审程序是否终止，由复审委员会决定。

第六章 审理决定的审批与公告

第三十七条 复审委员会对审理完毕的案件均需作出书面审理决定。

第三十八条 复审小组组长负责组织起草审理决定草案。审理决定草案应当写明复审请求争议的内容、审理决定及其理由，经复审小组集体讨论通过并由组长签字后报主任委员签发。

第三十九条 审理决定除通知当事人外，还应当予以公告，并在登记簿上登记。

请求人在规定的期限内向人民法院起诉的，应当在人民法院作出的判决生效后再予以公告和登记。

第四十条 复审委员会作出的品种更名决定生效后，新品种保护办公室应当及时通知品种权人更换品种权证书。品种权人以及其他任何人不得再使用原品种名称。

第七章 附 则

第四十一条 对复审程序中各种文件的递交、送达和期限的规定按《实施细则》第七章执行。

第四十二条 本规定由农业部负责解释。

第四十三条 本规定自发布之日起施行。

农业植物新品种权侵权案件处理规定

（2002年12月30日公布，中华人民共和国农业部令第24号）

第一条 为有效处理农业植物新品种权（以下简称品种权）侵权案件，根据《中华人民共和国植物新品种保护条例》（以下简称《条例》），制定本规定。

第二条 本规定所称的品种权侵权案件是指未经品种权人许可，以商业目的生产或销售授权品种的繁殖材料以及将该授权品种的繁殖材料重复使用于生产另一品种的繁殖材料的行为。

第三条 省级以上人民政府农业行政部门负责处理本行政辖区内品种权侵权案件。

第四条 请求省级以上人民政府农业行政部门处理品种权侵权案件的，应当符合下列条件：

（一）请求人是品种权人或者利害关系人；

（二）有明确的被请求人；

（三）有明确的请求事项和具体事实、理由；

（四）属于受案农业行政部门的受案范围和管辖；

（五）在诉讼时效范围内；

（六）当事人没有就该品种权侵权案件向人民法院起诉。

第一项所称利害关系人包括品种权实施许可合同的被许可人、品种权的合法继承人。品种权实施许可合同的被许可人中，独占实施许可合同的被许可人可以单独提出请求；排他实施许可合同的被许可人在品种权人不请求的情况下，可以单独提出请求；除合同另有约定外，普通实施许可合同的被许可人不能单独提出请求。

第五条 请求处理品种权侵权案件的诉讼时效为二年，自品种权人或利害关系人得知或应当得知侵权行为之日起计算。

第六条 请求省级以上人民政府农业行政部门处理品种权侵权案件的，应当提交请求书以及所涉及品种权的品种权证书，并且按照被请求人的数量提供请求书副本。

请求书应当记载以下内容：

（一）请求人的姓名或者名称、地址，法定代表人姓名、职务。委托代理的，代理人的姓名和代理机构的名称、地址；

（二）被请求人的姓名或者名称、地址；

（三）请求处理的事项、事实和理由。

请求书应当由请求人签名或盖章。

第七条 请求符合本办法第六条规定条件的，省级以上人民政府农业行政部门应当在收到请求书之日起7日内立案并书面通知请求人，同时指定3名以上单数承办人员处理该品种权侵权案件；请求不符合本办法第六条规定条件的，省级以上人民政府农业行政部门应当在收到请求书之日起7日内书面通知请求人不予受理，并说明理由。

第八条 省级以上人民政府农业行政部门应当在立案之日起7日内将请求书及其附件的副本通过邮寄、直接送交或者其他方式送被请求人，要求其在收到之日起15日内提交答辩书，并且按照请求人的数量提供答辩书副本。被请求人逾期不提交答辩书的，不影响省级以上人民政府农业行政部门进行处理。被请求人提交答辩书的，省级以上人民政府农业行政部门应当在收到之日起7日内将答辩书副本通过邮寄、直接送交或者其他方式送请求人。

第九条 省级以上人民政府农业行政部门处理品种权侵权案件一般以书面审理为主。必要时，可以举行口头审理，并在口头审理7日前通知当事人口头审理的时间和地点。当事人无正当理由拒不参加的，或者未经允许中途退出的，对请求人按撤回请求处理，对被请求人按缺席处理。

省级以上人民政府农业行政部门举行口头审理的，应当记录参加人和审理情况，经核对无误后，由案件承办人员和参加人签名或盖章。

第十条 除当事人达成调解、和解协议，请求人撤回请求之外，省级以上人民政府农业行政部门对侵权案件应作出处理决定，并制作处理决定书，写明以下内容：

（一）请求人、被请求人的姓名或者名称、地址，法定代表人或者主要负责人的姓名、职务，代理人的姓名和代理机构的名称；

（二）当事人陈述的事实和理由；

（三）认定侵权行为是否成立的理由和依据；

（四）处理决定：认定侵权行为成立的，应当责令被请求人立即停止侵权行为，写明处罚内容；认定侵权行为不成立的，应当驳回请求人的请求；

（五）不服处理决定申请行政复议或者提起行政诉讼的途径和期限。

处理决定书应当由案件承办人员署名，并加盖省级以上人民政府农业行政部门的公章。

第十一条 省级以上人民政府农业行政部门认定侵权行为成立并作出处理决定的，

可以采取下列措施，制止侵权行为：

（一）侵权人生产授权品种繁殖材料或者直接使用授权品种的繁殖材料生产另一品种繁殖材料的，责令其立即停止生产，并销毁生产中的植物材料；已获得繁殖材料的，责令其不得销售；

（二）侵权人销售授权品种繁殖材料或者销售直接使用授权品种繁殖材料生产另一品种繁殖材料的，责令其立即停止销售行为，并且不得销售尚未售出的侵权品种繁殖材料；

（三）没收违法所得；

（四）处以违法所得5倍以下的罚款；

（五）停止侵权行为的其他必要措施。

第十二条 当事人对省级以上人民政府农业行政部门作出的处理决定不服的，可以依法申请行政复议或者向人民法院提起行政诉讼。期满不申请行政复议或者不起诉又不停止侵权行为的，省级以上人民政府农业行政部门可以申请人民法院强制执行。

第十三条 省级以上人民政府农业行政部门认定侵权行为成立的，可以根据当事人自愿的原则，对侵权所造成的损害赔偿进行调解。必要时，可以邀请有关单位和个人协助调解。

调解达成协议的，省级以上人民政府农业行政部门应当制作调解协议书，写明如下内容：

（一）请求人、被请求人的姓名或者名称、地址，法定代表人的姓名、职务。委托代理人的，代理人的姓名和代理机构的名称、地址；

（二）案件的主要事实和各方应承担的责任；

（三）协议内容以及有关费用的分担。

调解协议书由各方当事人签名或盖章、案件承办人员签名并加盖省级以上人民政府农业行政部门的公章。调解书送达后，当事人应当履行协议。

调解未达成协议的，当事人可以依法向人民法院起诉。

第十四条 侵犯品种权的赔偿数额，按照权利人因被侵权所受到的损失或者侵权人因侵权所获得的利益确定。权利人的损失或者侵权人获得的利益难以确定的，按照品种权许可使用费的1倍以上5倍以下酌情确定。

第十五条 省级以上人民政府农业行政部门或者人民法院作出认定侵权行为成立的处理决定或者判决之后，被请求人就同一品种权再次作出相同类型的侵权行为，品种权人或者利害关系人请求处理的，省级以上人民政府农业行政部门可以直接作出责令立即停止侵权行为的处理决定并采取相应处罚措施。

第十六条 农业行政部门可以按照以下方式确定品种权案件行为人的违法所得：

（一）销售侵权或者假冒他人品种权的繁殖材料的，以该品种繁殖材料销售价格乘以销售数量作为其违法所得；

（二）订立侵权或者假冒他人品种权合同的，以收取的费用作为其违法所得。

第十七条 省级以上人民政府农业行政部门查处品种权侵权案件和县级以上人民政

府农业行政部门查处假冒授权品种案件的程序，适用《农业行政处罚程序规定》。

第十八条 本办法由农业部负责解释。

第十九条 本办法自二〇〇三年二月一日起施行。

中华人民共和国农业植物品种保护名录（共十一批）

中华人民共和国农业植物新品种保护名录（第一批）

（1999年6月16日发布施行，中华人民共和国农业部令第14号）

属或者种名	学名
1. 水稻	Oryza sativa L.
2. 玉米	Zea mays L.
3. 大白菜	Brassica campestris L. ssp. Pekinensis（Lour.）Olsson
4. 马铃薯	Solanum tuberosum L.
5. 春兰	Cymbidium goeringii Rchb. f
6. 菊属	Chrysanthemum L.
7. 石竹属	Dianthus L.
8. 唐菖蒲属	Gladiolus L.
9. 紫花苜蓿	Medicago sativa L.
10. 草地早熟禾	Poa pratensis L.

中华人民共和国农业植物新品种保护名录（第二批）

（2000年3月7日发布施行，中华人民共和国农业部令第27号）

属或者种名	学名
1. 普通小麦	Triticum aestivum L.
2. 大豆	Glycine max（L.）Merrill
3. 甘蓝型油菜	Brassica napus L.
4. 花生	Arachis hypogaea L.
5. 普通番茄	Lycopersicon esculentum Mill.
6. 黄瓜	Cucumis sativus L.
7. 辣椒属	Capsicum L.

8. 梨属	Pyrus L.
9. 酸模属	Rumex L.

中华人民共和国农业植物新品种保护名录(第三批)

（2001 年 2 月 26 日发布施行，中华人民共和国农业部令第 46 号）

属或者种名	学名
1. 兰属	Cymbidium Sw.
2. 百合属	Lilium L.
3. 鹤望兰属	Strelitzia Ait.
4. 补血草属	Limonium Mill.

中华人民共和国农业植物新品种保护名录(第四批)

（2002 年 1 月 4 日发布施行，中华人民共和国农业部令第 3 号）

属或者种名	学名
1. 甘薯	Ipo moea batatas（L.）Lam.
2. 谷子	Setaria italica（L.）Beauv.
3. 桃	Prunus persica(L.)Batsch.
4. 荔枝	Litchi chinensis Sonn.
5. 普通西瓜	Citrullus lanatus（Thunb.）Matsum et Nakai
6. 普通结球甘蓝	Brassica oleracea L. var. capitata(L.)Alef. var. alba DC.
7. 食用萝卜	Raphanus sativus L. var. longipinnatus Bailey & Raphanus sativus L. var. radiculus Pers.

中华人民共和国农业植物品种保护名录(第五批)

（2003 年 8 月 5 日发布施行，中华人民共和国农业部令第 32 号）

属或者种名	学名
1. 高粱	Sorghum bicolor（L.）Moench
2. 大麦属	Hordeum L.
3. 苎麻属	Boehmeria L.
4. 苹果属	Malus Mill.
5. 柑橘属	Citrus L.
6. 香蕉	Musa acuminata Colla

7. 猕猴桃属	Actinidia Lindl.
8. 葡萄属	Vitis L.
9. 李	Prunus salicina Lindl. & P. domestica L. & P. cerasifera Ehrh.
10. 茄子	Solanum melongena L.
11. 非洲菊	Gerbera jamesonii Bolus

中华人民共和国农业植物品种保护名录(第六批)

(2005 年 5 月 20 日发布施行，中华人民共和国农业部令第 51 号)

属或者种名	学名
1. 棉属	Gossypium L.
2. 亚麻	Linum usitatissimum L.
3. 桑属	Morus L.
4. 芥菜型油菜	Brassica juncea Czern. et Coss.
5. 蚕豆	Vicia faba L.
6. 绿豆	Vigna radiata（L.）Wilczek
7. 豌豆	Pisum sativum L.
8. 菜豆	Phaseolus vulgaris L.
9. 豇豆	Vigna unguiculata（L.）Walp.
10. 大葱	Allium fistulosum L.
11. 西葫芦	Cucurbita pepo L.
12. 花椰菜	Brassica oleracea L. var. botrytis L.
13. 芹菜	Apium graveolens L.
14. 胡萝卜	Daucus carota L.
15. 白灵侧耳	Pleurotus nebrodensis（Inzenga）Quél.
16. 甜瓜	Cucumis melo L.
17. 草莓	Fragaria ananassa Duch.
18. 柱花草属	Stylosanthes Sw. ex Willd
19. 花毛茛	Ranunculus asiaticus L.
20. 华北八宝	Hylotelephium tatarinowii(Maxim.)H. Ohba
21. 雁来红	Amaranthus tricolor L.

中华人民共和国农业植物品种保护名录(第七批)

（2008 年 4 月 21 日发布，中华人民共和国农业部令第 14 号）

属或组或种	学名
1. 橡胶树	Hevea brasiliensis(Willd. ex A. de Juss.)Muell. Arg.
2. 茶组	Camellia L. Section Thea（L.）Dyer
3. 芝麻	Sesamum indicum L.
4. 木薯	Manihot esculenta Crantz
5. 甘蔗属	Saccharum L.
6. 小豆	Vigna angularis(Willd.) Ohwi et Ohashi
7. 大蒜	Allium sativum L.
8. 不结球白菜	Brassica campestrisssp. chinensis
9. 花烛属	Anthurium Schott
10. 果子蔓属	Guzmania Ruiz. & Pav.
11. 龙眼	Dimocarpus longan Lour.
12. 人参	Panax ginseng C. A. Mey.

中华人民共和国农业植物品种保护名录(第八批)

（2010 年 1 月 18 日发布，中华人民共和国农业部令第 8 号）

属或种名	学名
1. 莲	Nelumbo nucifera Gaertn.
2. 蝴蝶兰属	Phalaenopsis Bl.
3. 秋海棠属	Begonia L.
4. 凤仙花	Impatiens balsamina L.
5. 非洲凤仙花	Impatiens wallerana Hook. f.
6. 新几内亚凤仙花	Impatiens hawkeri Bull.

中华人民共和国农业植物品种保护名录(第九批)

（2013 年 4 月 11 日发布，中华人民共和国农业部令 2013 年第 1 号）

属或种名	学名
1. 芥菜	Brassica juncea（L.）Czern. et coss
2. 芥蓝	Brassica alboglabra Bailey L.
3. 枇杷	Eriobotrya japonica Lindl.
4. 樱桃	Prunus avium L.
5. 莴苣	Lactuca sativa L.
6. 三七	Panax notoginseng（Burk）F. H. Chen
7. 苦瓜	Momordica charantia L.
8. 冬瓜	Benincasa hispida Cogn.
9. 燕麦	Avena sativa L. & Avena nuda L.
10. 芒果	Mangifera indica L.
11. 万寿菊属	Tagetes L.
12. 郁金香属	Tulipa L.
13. 烟草	Nicotiana tabacum L. & Nicotiana rustica L.

中华人民共和国农业植物品种保护名录(第十批)

（2016 年 4 月 16 日发布，中华人民共和国农业部令 2016 年第 1 号）

属或种名	学名
1. 向日葵	Helianthus annuus L.
2. 荞麦属	Fagopyrum Mill.
3. 白菜型油菜	Brassica campestris L.
4. 薏苡属	Coix L.
5. 蓖麻	Ricinus communis L.
6. 菠菜	Spinacia oleracea L.
7. 南瓜	Cucurbita moschata Duch.
8. 丝瓜属	Luffa Mill.
9. 青花菜	Brassica oleracea L. var. italica Plenck
10. 洋葱	Allium Cepa L.
11. 姜	Zingiber officinale Rosc.
12. 茭白(菰)	Zizania latifolia（Griseb.）Turcz. ex Stapf.

13. 芦笋(石刁柏)	Asparagus officinalis L.
14. 山药(薯蓣)	Dioscorea alata L. ;
	Dioscorea polystachya Turcz. ;
	Dioscorea japonica Thunb.
15. 菊芋	Helianthus tuberosus L.
16. 咖啡黄葵	Abelmoschus esculentus (L.) Moench
17. 杨梅属	Myrica L.
18. 椰子	Cocos nucifera L.
19. 凤梨属	Ananas Mill.
20. 番木瓜	Carica papaya L.
21. 木菠萝(菠萝蜜)	Artocarpus heterophyllus Lam.
22. 无花果	Ficus carica L.
23. 仙客来	Cyclamen persicum Mill.
24. 一串红	Salvia splendens Ker-Gawler
25. 三色堇	Viola tricolor L.
26. 矮牵牛(碧冬茄)	Petunia hybrida Vilm.
27. 马蹄莲属	Zantedeschia Spreng.
28. 铁线莲属	Clematis L.
29. 石斛属	Dendrobium Sw.
30. 萱草属	Hemerocallis L.
31. 薰衣草属	Lavandula L.
32. 欧报春	Primula vulgaris Huds.
33. 水仙属	Narcissus L.
34. 羊肚菌属	Morchella Dill. ex Pers.
35. 香菇	Lentinula edodes (Berk.) Pegler
36. 黑木耳	Auricularia heimuer F. Wu, B. K. Cui & Y. C. Dai
37. 灵芝属	Ganoderma P. Karst.
38. 双孢蘑菇	Agaricus bisporus (J. E. Lange) Imbach
39. 枸杞属	Lycium L.
40. 天麻	Gastrodia elata Bl.
41. 灯盏花(短莛飞蓬)	Erigeron breviscapus(Vant.) Hand. -Mazz.
42. 何首乌	Fallopia multiflora(Thunb.) Harald.
43. 菘蓝	Isatis indigotica Fort.
44. 甜菊(甜叶菊)	Stevia rebaudiana Bertoni.
45. 结缕草	Zoysia japonica Steud.

中华人民共和国农业植物品种保护名录(第十一批)

（2019 年 2 月 22 日发布，中华人民共和国农业农村部令 2019 年第 1 号）

属或者种名	学名
1. 甜菜	Beta vulgaris L.
2. 稷(糜子)	Panicum miliaceum L.
3. 大麻槿(红麻)	Hibiscus cannabinus L.
4. 可可	Theobroma cacao L.
5. 苋属	Amaranthus L.
6. 狗牙根属	Cynodon Rich.
7. 鸭茅	Dactylis glomerata L.
8. 红车轴草(红三叶)	Trifolium pratense L.
9. 黑麦草属	Lolium L.
10. 羊茅属	Festuca L.
11. 狼尾草属	Pennisetum Rich.
12. 白车轴草(白三叶)	Trifolium repens L.
13. 魔芋属	Amorphophallus Bl. ex Decne.
14. 芋	Colocasia esculenta(L.) Schott
15. 荠	Capsella bursa-pastoris (L.) Medic.
16. 蕹菜(空心菜)	Ipomoea aquatica Forsk.
17. 芫荽(香菜)	Coriandrum sativum L.
18. 韭菜	Allium tuberosum Rottl. ex Spreng.
19. 紫苏	Perilla frutescens(L.) Britt.
20. 芭蕉属	Musa L.
21. 量天尺属	Hylocereus(Berg.) Britt. et Rose
22. 西番莲属	Passiflora L.
23. 梅	Prunus mume Sieb. et Zucc
24. 石蒜属	Lycoris Herb.
25. 睡莲属	Nymphaea L.
26. 天竺葵属	Pelargonium L Herit. ex Ait.
27. 鸢尾属	Iris L.
28. 芍药组	Paeonia Sect. Paeonia DC. Prodr.
29. 六出花属	Alstroemeria L.
30. 香雪兰属	Freesia Klatt
31. 蟹爪兰属	Zygocactus K. Schum.

32. 朱顶红属	Hippeastrum Herb.
33. 满天星	Gypsophila paniculata L.
34. 金针菇	Flammulina velutipes(E.) Singer
35. 蛹虫草	Cordyceps militaris(L. ex Fr.) link.
36. 长根菇	Hymenopellis raphanipes(Berk.) R. H. Pertersen
37. 猴头菌	Hericium erinaceum (Bull.) Pers.
38. 毛木耳	Auricularia cornea Ehrenb.
39. 蝉花	Isaria cicadae Miquel
40. 真姬菇	Hypsizygus marmoreus (Peck) H. E. Bigelow
41. 平菇(糙皮侧耳、弗罗里达侧耳)	Pleurotus ostreatus(Jacq.) P. Kumm. & Pleurotus floridanus Singer
42. 秀珍菇(肺形侧耳)	Pleurotus pulmonarius (Fr.) Quél.
43. 红花	Carthamus tinctorius L.
44. 淫羊藿属	Epimedium L.
45. 松果菊属	Echinacea Moench.
46. 金银花	Lonicera japonica Thumb.
47. 柴胡属	Bupleurum L.
48. 黄芪属	Astragalus L.
49. 美丽鸡血藤(牛大力)	Callerya speciosa(Champ. Ex Benth.) Schot
50. 穿心莲	Andrographis paniculata (Burm. f.) Nees
51. 丹参	Salvia miltiorrhiza Bge.
52. 黄花蒿	Artemisia annua L.
53. 砂仁	Amomum villosum Lour.

农作物种子生产经营许可管理办法

（2016年7月8日中华人民共和国农业部令2016年第5号公布，根据2017年11月30日中华人民共和国农业部令2017年第8号修订，根据2019年4月25日中华人民共和国农业农村部令2019年第2号修订）

第一章　总　　则

第一条　为加强农作物种子生产经营许可管理，规范农作物种子生产经营秩序，根据

《中华人民共和国种子法》，制定本办法。

第二条 农作物种子生产经营许可证的申请、审核、核发和监管，适用本办法。

第三条 县级以上人民政府农业主管部门按照职责分工，负责农作物种子生产经营许可证的受理、审核、核发和监管工作。

第四条 负责审核、核发农作物种子生产经营许可证的农业主管部门，应当将农作物种子生产经营许可证的办理条件、程序等在办公场所公开。

第五条 农业主管部门应当按照保障农业生产安全、提升农作物品种选育和种子生产经营水平、促进公平竞争、强化事中事后监管的原则，依法加强农作物种子生产经营许可管理。

第二章 申请条件

第六条 申请领取种子生产经营许可证的企业，应当具有与种子生产经营相适应的设施、设备、品种及人员，符合本办法规定的条件。

第七条 申请领取主要农作物常规种子或非主要农作物种子生产经营许可证的企业，应当具备以下条件：

（一）基本设施。生产经营主要农作物常规种子的，具有办公场所150平方米以上、检验室100平方米以上、加工厂房500平方米以上、仓库500平方米以上；生产经营非主要农作物种子的，具有办公场所100平方米以上、检验室50平方米以上、加工厂房100平方米以上、仓库100平方米以上；

（二）检验仪器。具有净度分析台、电子秤、样品粉碎机、烘箱、生物显微镜、电子天平、扦样器、分样器、发芽箱等检验仪器，满足种子质量常规检测需要；

（三）加工设备。具有与其规模相适应的种子加工、包装等设备。其中，生产经营主要农作物常规种子的，应当具有种子加工成套设备，生产经营常规小麦种子的，成套设备总加工能力10吨/小时以上；生产经营常规稻种子的，成套设备总加工能力5吨/小时以上；生产经营常规大豆种子的，成套设备总加工能力3吨/小时以上；生产经营常规棉花种子的，成套设备总加工能力1吨/小时以上；

（四）人员。具有种子生产、加工贮藏和检验专业技术人员各2名以上；

（五）品种。生产经营主要农作物常规种子的，生产经营的品种应当通过审定，并具有1个以上与申请作物类别相应的审定品种；生产经营登记作物种子的，应当具有1个以上的登记品种。生产经营授权品种种子的，应当征得品种权人的书面同意；

（六）生产环境。生产地点无检疫性有害生物，并具有种子生产的隔离和培育条件；

（七）农业部规定的其他条件。

第八条 申请领取主要农作物杂交种子及其亲本种子生产经营许可证的企业，应当具备以下条件：

（一）基本设施。具有办公场所200平方米以上、检验室150平方米以上、加工厂房

500 平方米以上、仓库 500 平方米以上；

（二）检验仪器。除具备本办法第七条第二项规定的条件外，还应当具有 PCR 扩增仪及产物检测配套设备、酸度计、高压灭菌锅、磁力搅拌器、恒温水浴锅、高速冷冻离心机、成套移液器等仪器设备，能够开展种子水分、净度、纯度、发芽率四项指标检测及品种分子鉴定；

（三）加工设备。具有种子加工成套设备，生产经营杂交玉米种子的，成套设备总加工能力 10 吨/小时以上；生产经营杂交稻种子的，成套设备总加工能力 5 吨/小时以上；生产经营其他主要农作物杂交种子的，成套设备总加工能力 1 吨/小时以上；

（四）人员。具有种子生产、加工贮藏和检验专业技术人员各 5 名以上；

（五）品种。生产经营的品种应当通过审定，并具有自育品种或作为第一选育人的审定品种 1 个以上，或者合作选育的审定品种 2 个以上，或者受让品种权的品种 3 个以上。生产经营授权品种种子的，应当征得品种权人的书面同意；

（六）具有本办法第七条第六项规定的条件；

（七）农业部规定的其他条件。

第九条 申请领取实行选育生产经营相结合、有效区域为全国的种子生产经营许可证的企业，应当具备以下条件：

（一）基本设施。具有办公场所 500 平方米以上，冷藏库 200 平方米以上。生产经营主要农作物种子或马铃薯种薯的，具有检验室 300 平方米以上；生产经营其他农作物种子的，具有检验室 200 平方米以上。生产经营杂交玉米、杂交稻、小麦种子或马铃薯种薯的，具有加工厂房 1000 平方米以上、仓库 2000 平方米以上；生产经营棉花、大豆种子的，具有加工厂房 500 平方米以上、仓库 500 平方米以上；生产经营其他农作物种子的，具有加工厂房 200 平方米以上、仓库 500 平方米以上；

（二）育种机构及测试网络。具有专门的育种机构和相应的育种材料，建有完整的科研育种档案。生产经营杂交玉米、杂交稻种子的，在全国不同生态区有测试点 30 个以上和相应的播种、收获、考种设施设备；生产经营其他农作物种子的，在全国不同生态区有测试点 10 个以上和相应的播种、收获、考种设施设备；

（三）育种基地。具有自有或租用（租期不少于 5 年）的科研育种基地。生产经营杂交玉米、杂交稻种子的，具有分布在不同生态区的育种基地 5 处以上、总面积 200 亩以上；生产经营其他农作物种子的，具有分布在不同生态区的育种基地 3 处以上、总面积 100 亩以上；

（四）科研投入。在申请之日前 3 年内，年均科研投入不低于年种子销售收入的 5%，同时，生产经营杂交玉米种子的，年均科研投入不低于 1500 万元；生产经营杂交稻种子的，年均科研投入不低于 800 万元；生产经营其他种子的，年均科研投入不低于 300 万元；

（五）品种。生产经营主要农作物种子的，生产经营的品种应当通过审定，并具有相应作物的作为第一育种者的国家级审定品种 3 个以上，或者省级审定品种 6 个以上（至少包含 3 个省份审定通过），或者国家级审定品种 2 个和省级审定品种 3 个以上，或者国家级审定品种 1 个和省级审定品种 5 个以上。生产经营杂交稻种子同时生产经营常规稻种子的，除具有杂交稻要求的品种条件外，还应当具有常规稻的作为第一育种者的国家级审定品种1个以上或者省级审定品种3个以上。生产经营非主要农作物种子的，应当具有相应作物的以本企业名义单独申请获得植物新品种权的品种5个以上。生产经营授权品种种子的，应当征得品种权人的书面同意；

（六）生产规模。生产经营杂交玉米种子的，近3年年均种子生产面积2万亩以上；生产经营杂交稻种子的，近3年年均种子生产面积1万亩以上；生产经营其他农作物种子的，近3年年均种子生产的数量不低于该类作物100万亩的大田用种量；

（七）种子经营。具有健全的销售网络和售后服务体系。生产经营杂交玉米种子的，在申请之日前3年内至少有1年，杂交玉米种子销售额2亿元以上或占该类种子全国市场份额的1%以上；生产经营杂交稻种子的，在申请之日前3年内至少有1年，杂交稻种子销售额1.2亿元以上或占该类种子全国市场份额的1%以上；生产经营蔬菜种子的，在申请之日前3年内至少有1年，蔬菜种子销售额8000万元以上或占该类种子全国市场份额的1%以上；生产经营其他农作物种子的，在申请之日前3年内至少有1年，其种子销售额占该类种子全国市场份额的1%以上；

（八）种子加工。具有种子加工成套设备，生产经营杂交玉米、小麦种子的，总加工能力20吨/小时以上；生产经营杂交稻种子的，总加工能力10吨/小时以上（含窝眼清选设备）；生产经营大豆种子的，总加工能力5吨/小时以上；生产经营其他农作物种子的，总加工能力1吨/小时以上。生产经营杂交玉米、杂交稻、小麦种子的，还应当具有相应的干燥设备；

（九）人员。生产经营杂交玉米、杂交稻种子的，具有本科以上学历或中级以上职称的专业育种人员10人以上；生产经营其他农作物种子的，具有本科以上学历或中级以上职称的专业育种人员6人以上。生产经营主要农作物种子的，具有专职的种子生产、加工贮藏和检验专业技术人员各5名以上；生产经营非主要农作物种子的，具有专职的种子生产、加工贮藏和检验专业技术人员各3名以上；

（十）具有本办法第七条第六项、第八条第二项规定的条件；

（十一）农业部规定的其他条件。

第十条 从事种子进出口业务的企业和外商投资企业申请领取种子生产经营许可证，除具备本办法规定的相应农作物种子生产经营许可证核发的条件外，还应当符合有关法律、行政法规规定的其他条件。

第十一条 申请领取种子生产经营许可证，应当提交以下材料：

（一）种子生产经营许可证申请表（式样见附件1）；

（二）单位性质、股权结构等基本情况，公司章程、营业执照复印件，设立分支机构、委托生产种子、委托代销种子以及以购销方式销售种子等情况说明；

（三）种子生产、加工贮藏、检验专业技术人员的基本情况，企业法定代表人和高级管理人员名单及其种业从业简历；

（四）种子检验室、加工厂房、仓库和其他设施的自有产权或自有资产的说明材料；办公场所自有产权证明复印件或租赁合同；种子检验、加工等设备清单和购置发票复印件；相关设施设备的情况说明及实景照片；

（五）品种审定证书复印件；生产经营授权品种种子的，提交植物新品种权证书复印件及品种权人的书面同意证明；

（六）委托种子生产合同复印件或自行组织种子生产的情况说明和证明材料；

（七）种子生产地点检疫证明；

（八）农业部规定的其他材料。

第十二条 申请领取选育生产经营相结合、有效区域为全国的种子生产经营许可证，除提交本办法第十一条所规定的材料外，还应当提交以下材料：

（一）自有科研育种基地证明或租用科研育种基地的合同复印件；

（二）品种试验测试网络和测试点情况说明，以及相应的播种、收获、烘干等设备设施的自有产权证明复印件及实景照片；

（三）育种机构、科研投入及育种材料、科研活动等情况说明和证明材料，育种人员基本情况；

（四）近三年种子生产地点、面积和基地联系人等情况说明和证明材料；

（五）种子经营量、经营额及其市场份额的情况说明和证明材料；

（六）销售网络和售后服务体系的建设情况。

第三章 受理、审核与核发

第十三条 种子生产经营许可证实行分级审核、核发。

（一）从事主要农作物常规种子生产经营及非主要农作物种子经营的，其种子生产经营许可证由企业所在地县级以上地方农业主管部门核发；

（二）从事主要农作物杂交种子及其亲本种子生产经营以及实行选育生产经营相结合、有效区域为全国的种子企业，其种子生产经营许可证由企业所在地县级农业主管部门审核，省、自治区、直辖市农业主管部门核发；

（三）从事农作物种子进出口业务的，其种子生产经营许可证由企业所在地省、自治区、直辖市农业主管部门审核，农业部核发。

第十四条 农业主管部门对申请人提出的种子生产经营许可申请，应当根据下列情况分别作出处理：

（一）不需要取得种子生产经营许可的，应当即时告知申请人不受理；

（二）不属于本部门职权范围的，应当即时作出不予受理的决定，并告知申请人向有关部门申请；

（三）申请材料存在可以当场更正的错误的，应当允许申请人当场更正；

（四）申请材料不齐全或者不符合法定形式的，应当当场或者在五个工作日内一次告知申请人需要补正的全部内容，逾期不告知的，自收到申请材料之日起即为受理；

（五）申请材料齐全、符合法定形式，或者申请人按照要求提交全部补正申请材料的，应当予以受理。

第十五条 审核机关应当对申请人提交的材料进行审查,并对申请人的办公场所和种子加工、检验、仓储等设施设备进行实地考察,查验相关申请材料原件。

审核机关应当自受理申请之日起二十个工作日内完成审核工作。具备本办法规定条件的,签署审核意见,上报核发机关;审核不予通过的,书面通知申请人并说明理由。

第十六条 核发机关应当自受理申请或收到审核意见之日起二十个工作日内完成核发工作。核发机关认为有必要的,可以进行实地考察并查验原件。符合条件的,发给种子生产经营许可证并予公告;不符合条件的,书面通知申请人并说明理由。

选育生产经营相结合、有效区域为全国的种子生产经营许可证,核发机关应当在核发前在中国种业信息网公示五个工作日。

第四章 许可证管理

第十七条 种子生产经营许可证设主证、副证(式样见附件2)。主证注明许可证编号、企业名称、统一社会信用代码、住所、法定代表人、生产经营范围、生产经营方式、有效区域、有效期至、发证机关、发证日期;副证注明生产种子的作物种类、种子类别、品种名称及审定(登记)编号、种子生产地点等内容。

(一)许可证编号为"__(××××)农种许字(××××)第××××号"。"__"上标注生产经营类型,A为实行选育生产经营相结合,B为主要农作物杂交种子及其亲本种子,C为其他主要农作物种子,D为非主要农作物种子,E为种子进出口,F为外商投资企业;第一个括号内为发证机关所在地简称,格式为"省地县";第二个括号内为首次发证时的年号;"第××××号"为四位顺序号;

(二)生产经营范围按生产经营种子的作物名称填写,蔬菜、花卉、麻类按作物类别填写;

(三)生产经营方式按生产、加工、包装、批发、零售或进出口填写;

(四)有效区域。实行选育生产经营相结合的种子生产经营许可证的有效区域为全国。其他种子生产经营许可证的有效区域由发证机关在其管辖范围内确定;

(五)生产地点为种子生产所在地,主要农作物杂交种子标注至县级行政区域,其他作物标注至省级行政区域。

种子生产经营许可证加注许可信息代码。许可信息代码应当包括种子生产经营许可相关内容,由发证机关打印许可证书时自动生成。

第十八条 种子生产经营许可证载明的有效区域是指企业设立分支机构的区域。

种子生产地点不受种子生产经营许可证载明的有效区域限制,由发证机关根据申请人提交的种子生产合同复印件及无检疫性有害生物证明确定。

种子销售活动不受种子生产经营许可证载明的有效区域限制,但种子的终端销售地应当在品种审定、品种登记或标签标注的适宜区域内。

第十九条 种子生产经营许可证有效期为五年。

在有效期内变更主证载明事项的，应当向原发证机关申请变更并提交相应材料，原发证机关应当依法进行审查，办理变更手续。

在有效期内变更副证载明的生产种子的品种、地点等事项的，应当在播种三十日前向原发证机关申请变更并提交相应材料，申请材料齐全且符合法定形式的，原发证机关应当当场予以变更登记。

种子生产经营许可证期满后继续从事种子生产经营的，企业应当在期满六个月前重新提出申请。

第二十条 在种子生产经营许可证有效期内，有下列情形之一的，发证机关应当注销许可证，并予以公告：

（一）企业停止生产经营活动一年以上的；

（二）企业不再具备本办法规定的许可条件，经限期整改仍达不到要求的。

第五章 监督检查

第二十一条 有下列情形之一的，不需要办理种子生产经营许可证：

（一）农民个人自繁自用常规种子有剩余，在当地集贸市场上出售、串换的；

（二）在种子生产经营许可证载明的有效区域设立分支机构的；

（三）专门经营不再分装的包装种子的；

（四）受具有种子生产经营许可证的企业书面委托生产、代销其种子的。

前款第一项所称农民，是指以家庭联产承包责任制的形式签订农村土地承包合同的农民；所称当地集贸市场，是指农民所在的乡（镇）区域。农民个人出售、串换的种子数量不应超过其家庭联产承包土地的年度用种量。违反本款规定出售、串换种子的，视为无证生产经营种子。

第二十二条 种子生产经营者在种子生产经营许可证载明有效区域设立的分支机构，应当在取得或变更分支机构营业执照后十五个工作日内向当地县级农业主管部门备案。备案时应当提交分支机构的营业执照复印件、设立企业的种子生产经营许可证复印件以及分支机构名称、住所、负责人、联系方式等材料（式样见附件3）。

第二十三条 专门经营不再分装的包装种子或者受具有种子生产经营许可证的企业书面委托代销其种子的，应当在种子销售前向当地县级农业主管部门备案，并建立种子销售台账。备案时应当提交种子销售者的营业执照复印件、种子购销凭证或委托代销合同复印件，以及种子销售者名称、住所、经营方式、负责人、联系方式、销售地点、品种名称、种子数量等材料（式样见附件4）。种子销售台账应当如实记录销售种子的品种名称、种子数量、种子来源和种子去向。

第二十四条 受具有种子生产经营许可证的企业书面委托生产其种子的，应当在种子播种前向当地县级农业主管部门备案。备案时应当提交委托企业的种子生产经营许可证复印件、委托生产合同,以及种子生产者名称、住所、负责人、联系方式、品种名称、生产地点、生产面积等材料(式样见附件5)。受托生产杂交玉米、杂交稻种子的,还应当提交与生产所在地农户、农民合作组织或村委会的生产协议。

第二十五条 种子生产经营者应当建立包括种子田间生产、加工包装、销售流通等环节形成的原始记载或凭证的种子生产经营档案,具体内容如下:

(一)田间生产方面:技术负责人,作物类别、品种名称、亲本(原种)名称、亲本(原种)来源,生产地点、生产面积、播种日期、隔离措施、产地检疫、收获日期、种子产量等。委托种子生产的,还应当包括种子委托生产合同。

(二)加工包装方面:技术负责人,品种名称、生产地点,加工时间、加工地点、包装规格、种子批次、标签标注,入库时间、种子数量、质量检验报告等。

(三)流通销售方面:经办人,种子销售对象姓名及地址、品种名称、包装规格、销售数量、销售时间、销售票据。批量购销的,还应包括种子购销合同。

种子生产经营者应当至少保存种子生产经营档案五年,确保档案记载信息连续、完整、真实,保证可追溯。档案材料含有复印件的,应当注明复印时间并经相关责任人签章。

第二十六条 种子生产经营者应当按批次保存所生产经营的种子样品,样品至少保存该类作物两个生产周期。

第二十七条 申请人故意隐瞒有关情况或者提供虚假材料申请种子生产经营许可证的,农业主管部门应当不予许可,并将申请人的不良行为记录在案,纳入征信系统。申请人在一年内不得再次申请种子生产经营许可证。

申请人以欺骗、贿赂等不正当手段取得种子生产经营许可证的,农业主管部门应当撤销种子生产经营许可证,并将申请人的不良行为记录在案,纳入征信系统。申请人在三年内不得再次申请种子生产经营许可证。

第二十八条 农业主管部门应当对种子生产经营行为进行监督检查,发现不符合本办法的违法行为,按照《中华人民共和国种子法》有关规定进行处理。

核发、撤销、吊销、注销种子生产经营许可证的有关信息,农业主管部门应当依法予以公布,并在中国种业信息网上及时更新信息。

对管理过程中获知的种子生产经营者的商业秘密,农业主管部门及其工作人员应当依法保密。

第二十九条 上级农业主管部门应当对下级农业主管部门的种子生产经营许可行为进行监督检查。有下列情形的,责令改正,对直接负责的主管人员和其他直接责任人依法给予行政处分;构成犯罪的,依法移送司法机关追究刑事责任:

(一)未按核发权限发放种子生产经营许可证的;

(二)擅自降低核发标准发放种子生产经营许可证的;

(三)其他未依法核发种子生产经营许可证的。

第六章 附 则

第三十条 本办法所称种子生产经营，是指种植、采收、干燥、清选、分级、包衣、包装、标识、贮藏、销售及进出口种子的活动；种子生产是指繁（制）种的种植、采收的田间活动。

第三十一条 本办法所称种子加工成套设备，是指主机和配套系统相互匹配并固定安装在加工厂房内，实现种子精选、包衣、计量和包装基本功能的加工系统。主机主要包括风筛清选机（风选部分应具有前后吸风道，双沉降室；筛选部分应具有三层以上筛片）、比重式清选机和电脑计量包装设备；配套系统主要包括输送系统、储存系统、除尘系统、除杂系统和电控系统。

第三十二条 本办法规定的科研育种、生产、加工、检验、贮藏等设施设备，应为申请企业自有产权或自有资产，或者为其绝对控股子公司的自有产权或自有资产。办公场所应在种子生产经营许可证核发机关所辖行政区域，可以租赁。对申请企业绝对控股子公司的自有品种可以视为申请企业的自有品种。申请企业的绝对控股子公司不可重复利用上述办证条件申请办理种子生产经营许可证。

第三十三条 本办法所称不再分装的包装种子，是指按有关规定和标准包装的、不再分拆的最小包装种子。分装种子的，应当取得种子生产经营许可证，保证种子包装的完整性，并对其所分装种子负责。

有性繁殖作物的籽粒、果实，包括颖果、荚果、蒴果、核果等以及马铃薯微型脱毒种薯应当包装。无性繁殖的器官和组织、种苗以及不宜包装的非籽粒种子可以不包装。

种子包装应当符合有关国家标准或者行业标准。

第三十四条 转基因农作物种子生产经营许可管理规定，由农业部另行制定。

第三十五条 申请领取鲜食、爆裂玉米的种子生产经营许可证的，按非主要农作物种子的许可条件办理。

第三十六条 生产经营无性繁殖的器官和组织、种苗、种薯以及不宜包装的非籽粒种子的，应当具有相适应的设施、设备、品种及人员，具体办法由省级农业主管部门制定，报农业部备案。

第三十七条 没有设立农业主管部门的行政区域，种子生产经营许可证由上级行政区域农业主管部门审核、核发。

第三十八条 种子生产经营许可证由农业部统一印制，相关表格格式由农业部统一制定。种子生产经营许可证的申请、受理、审核、核发和打印，以及种子生产经营备案管理，在中国种业信息网统一进行。

第三十九条 本办法自2016年8月15日起施行。农业部2011年8月22日公布、2015年4月29日修订的《农作物种子生产经营许可管理办法》（农业部令2011年第3号）和2001年2月26日公布的《农作物商品种子加工包装规定》（农业部令第50号）同时废止。

本办法施行之日前已取得的农作物种子生产、经营许可证有效期不变，有效期在本办法发布之日至2016年8月15日届满的企业，其原有种子生产、经营许可证的有效期自动延展至2016年12月31日。

本办法施行之日前已取得农作物种子生产、经营许可证且在有效期内，申请变更许可证载明事项的，按本办法第十三条规定程序办理。

附件：1. 农作物种子生产经营许可证申请表（式样）
2. 农作物种子生产经营许可证（式样）
3. 农作物种子生产经营备案表（分支机构）（式样）
4. 农作物种子生产经营备案表（经营代销种子/经营不分装种子）（式样）
5. 农作物种子生产经营备案表（种子生产者）（式样）

附件1

农作物种子生产经营许可证申请表（式样）

（　　）农种申字（　　）第　　号

<table>
<tr><td colspan="2">申请单位名称</td><td colspan="3"></td></tr>
<tr><td colspan="2">统一社会信用代码</td><td colspan="3"></td></tr>
<tr><td colspan="2">注册地址</td><td colspan="3"></td></tr>
<tr><td colspan="2">通讯地址</td><td colspan="3"></td></tr>
<tr><td colspan="2">法定代表人</td><td></td><td>法定代表人身份证号</td><td></td></tr>
<tr><td colspan="2">联系人</td><td></td><td>联系电话</td><td></td></tr>
<tr><td colspan="2">邮政编码</td><td></td><td>电子邮箱</td><td></td></tr>
<tr><td rowspan="6">基本情况</td><td>种子生产人员</td><td>名</td><td>加工贮藏人员</td><td>名</td></tr>
<tr><td>种子检验人员</td><td>名</td><td>科研育种人员</td><td>名</td></tr>
<tr><td>检验仪器</td><td>台</td><td>检验室面积</td><td>平方米</td></tr>
<tr><td>加工成套设备</td><td>吨/小时</td><td>加工厂房面积</td><td>平方米</td></tr>
<tr><td>仓库面积</td><td>平方米</td><td>办公场所面积</td><td>平方米</td></tr>
<tr><td>科研室面积</td><td>平方米</td><td>生产基地面积</td><td>亩</td></tr>
</table>

续表

<table>
<tr><td rowspan="8">申请事项</td><td>生产经营范围</td><td colspan="5"></td></tr>
<tr><td>生产经营方式</td><td colspan="5"></td></tr>
<tr><td>生产经营区域</td><td colspan="5"></td></tr>
<tr><td>作物种类</td><td>品种名称</td><td>品种审定（登记）编号</td><td>植物新品种权号</td><td>生产地点</td><td>加工包装地点</td></tr>
<tr><td></td><td></td><td></td><td></td><td></td><td></td></tr>
<tr><td></td><td></td><td></td><td></td><td></td><td></td></tr>
<tr><td></td><td></td><td></td><td></td><td></td><td></td></tr>
<tr><td></td><td></td><td></td><td></td><td></td><td></td></tr>
<tr><td colspan="3">申请单位：

负责人（签章）
年　月　日</td><td colspan="4">审核机关：

负责人（签章）
年　月　日</td></tr>
</table>

注：申请生产经营种子的作物种类和品种较多的，可另附页。
本表一式三份，申请单位一份、受理机关二份。

附件 2

（许可信息代码标注位置）

农作物种子生产经营许可证（主证式样）

许可证编号：____（　　）农种许字（　　）第　　号

企业名称：
住所：
法定代表人：
生产经营范围：
生产经营方式：
有效区域：
有效期至：
统一社会信用代码：

发证机关（盖章）
年　月　日

（许可信息代码标注位置）

农作物种子生产经营许可证（副证式样）

企业名称：　　　　　　　　　　　许可证编号：（　　）农种许字（　　）第　号
发证日期：　　　　　　　　　　　有效期至：

作物种类	种子类别	品种名称	品种审定（登记）编号	种子生产地点	备注

经办人（签章）：　　　　　　　　　　打印日期：______年____月____日

附件3

农作物种子生产经营备案表（式样）

（类型：分支机构）

分支机构名称：________________　统一社会信用代码：________________
住　　　所：________________　种子生产经营区域：________________
负　责　人：______（签章）______　联　系　方　式：________________
设立企业的种子生产经营许可证编号：________________
备案日期：______年____月____日
备案机关：________________农业主管部门（盖章）
本表一式三份，分支机构一份、备案机关二份。

附件4

农作物种子生产经营备案表（式样）

（类型：经营代销种子/经营不分装种子）

备案者名称：________________　统一社会信用代码：________________
住　　　所：________________　种子销售地点：________________
负　责　人：______（签章）______　联　系　电　话：________________
备案日期：______年____月____日

备案机关:________________农业主管部门(盖章)

序号	作物种类	种子类别	品种名称	种子数量(公斤)	备注

本表一式三份,种子经营者一份、备案机关二份。

附件5

农作物种子生产经营备案表(式样)

(类型:种子生产者)

生产者名称:________________ 类　　别:　企业/农户　

身份证号码:________________ 住　　所:________________

负　责　人:　(签章)　 联系电话:________________

备案日期:________年____月____日

备案机关:________________农业主管部门(盖章)

序号	作物种类	种子类别	品种名称	生产地点	生产面积(亩)	委托企业			备注
						单位名称	种子生产经营许可证号码	统一社会信用代码	

本表一式三份,种子生产者一份、备案机关二份。

农作物种子标签和使用说明管理办法

(2016年7月8日公布,中华人民共和国农业部令2016年第6号)

第一章　总　　则

第一条　为了规范农作物种子标签和使用说明的管理,维护种子生产经营者、使用者的合法权益,保障种子质量和农业生产安全,根据《中华人民共和国种子法》,制定本办法。

第二条　在中华人民共和国境内销售的农作物种子应当附有种子标签和使用说明。

种子标签和使用说明标注的内容应当与销售的种子相符，符合本办法的规定，不得作虚假或者引人误解的宣传。

第三条 种子生产经营者负责种子标签和使用说明的制作，对其标注内容的真实性和种子质量负责。

第四条 县级以上人民政府农业主管部门负责农作物种子标签和使用说明的监督管理工作。

第二章 种子标签

第五条 种子标签是指印制、粘贴、固定或者附着在种子、种子包装物表面的特定图案及文字说明。

第六条 种子标签应当标注下列内容：

（一）作物种类、种子类别、品种名称；

（二）种子生产经营者信息，包括种子生产经营者名称、种子生产经营许可证编号、注册地地址和联系方式；

（三）质量指标、净含量；

（四）检测日期和质量保证期；

（五）品种适宜种植区域、种植季节；

（六）检疫证明编号；

（七）信息代码。

第七条 属于下列情形之一的，种子标签除标注本办法第六条规定内容外，应当分别加注以下内容：

（一）主要农作物品种，标注品种审定编号；通过两个以上省级审定的，至少标注种子销售所在地省级品种审定编号；引种的主要农作物品种，标注引种备案公告文号；

（二）授权品种，标注品种权号；

（三）已登记的农作物品种，标注品种登记编号；

（四）进口种子，标注进口审批文号及进口商名称、注册地址和联系方式；

（五）药剂处理种子，标注药剂名称、有效成分、含量及人畜误食后解决方案；依据药剂毒性大小，分别注明“高毒”并附骷髅标志、“中等毒”并附十字骨标志、“低毒”字样；

（六）转基因种子，标注“转基因”字样、农业转基因生物安全证书编号。

第八条 作物种类明确至植物分类学的种。

种子类别按照常规种和杂交种标注。类别为常规种的按照育种家种子、原种、大田用种标注。

第九条 品种名称应当符合《农业植物品种命名规定》，一个品种只能标注一个品种名称。审定、登记的品种或授权保护的品种应当使用经批准的品种名称。

第十条 种子生产经营者名称、种子生产经营许可证编号、注册地地址应当与农作物种子生产经营许可证载明内容一致;联系方式为电话、传真,可以加注网络联系方式。

第十一条 质量指标是指生产经营者承诺的质量标准,不得低于国家或者行业标准规定;未制定国家标准或行业标准的,按企业标准或者种子生产经营者承诺的质量标准进行标注。

第十二条 质量指标按照质量特性和特性值进行标注。

质量特性按照下列规定进行标注:

(一)标注品种纯度、净度、发芽率和水分,但不宜标注水分、芽率、净度等指标的无性繁殖材料、种苗等除外;

(二)脱毒繁殖材料按品种纯度、病毒状况和脱毒扩繁代数进行标注;

(三)国家标准、行业标准或农业部对某些农作物种子有其他质量特性要求的,应当加注。

特性值应当标明具体数值,品种纯度、净度、水分百分率保留一位小数,发芽率保留整数。

第十三条 净含量是指种子的实际重量或者数量,标注内容由“净含量”字样、数字、法定计量单位(kg 或者 g)或者数量单位(粒或者株)三部分组成。

第十四条 检测日期是指生产经营者检测质量特性值的年月,年月分别用四位、两位数字完整标示,采用下列示例:检测日期:2016 年 05 月。

质量保证期是指在规定贮存条件下种子生产经营者对种子质量特性值予以保证的承诺时间。标注以月为单位,自检测日期起最长时间不得超过十二个月,采用下列示例:质量保证期 6 个月。

第十五条 品种适宜种植区域不得超过审定、登记公告及省级农业主管部门引种备案公告公布的区域。审定、登记以外作物的适宜区域由生产经营者根据试验确定。

种植季节是指适宜播种的时间段,由生产经营者根据试验确定,应当具体到日,采用下列示例:5 月 1 日至 5 月 20 日。

第十六条 检疫证明编号标注产地检疫合格证编号或者植物检疫证书编号。

进口种子检疫证明编号标注引进种子、苗木检疫审批单编号。

第十七条 信息代码以二维码标注,应当包括品种名称、生产经营者名称或进口商名称、单元识别代码、追溯网址等信息。二维码格式及生成要求由农业部另行制定。

第三章 使用说明

第十八条 使用说明是指对种子的主要性状、主要栽培措施、适应性等使用条件的说明以及风险提示、技术服务等信息。

第十九条 使用说明应当包括下列内容:

(一)品种主要性状;

(二)主要栽培措施;

（三）适应性；

（四）风险提示；

（五）咨询服务信息。

除前款规定内容外，有下列情形之一的，还应当增加相应内容：

（一）属于转基因种子的，应当提示使用时的安全控制措施；

（二）使用说明与标签分别印制的，应当包括品种名称和种子生产经营者信息。

第二十条 品种主要性状、主要栽培措施应当如实反映品种的真实状况，主要内容应当与审定或登记公告一致。通过两个以上省级审定的主要农作物品种，标注内容应当与销售地所在省级品种审定公告一致；引种标注内容应当与引种备案信息一致。

第二十一条 适应性是指品种在适宜种植地区内不同年度间产量的稳定性、丰产性、抗病性、抗逆性等特性，标注值不得高于品种审定、登记公告载明的内容。审定、登记以外作物适应性的说明，参照登记作物有关要求执行。

第二十二条 风险提示包括种子贮藏条件以及销售区域主要病虫害、高低温、倒伏等因素对品种引发风险的提示及注意事项。

第四章 制作要求

第二十三条 种子标签可以与使用说明合并印制。种子标签包括使用说明全部内容的，可不另行印制使用说明。

第二十四条 应当包装的种子，标签应当直接印制在种子包装物表面。可以不包装销售的种子，标签可印制成印刷品粘贴、固定或者附着在种子上，也可以制成印刷品，在销售种子时提供给种子使用者。

第二十五条 标注文字除注册商标外，应当使用国家语言工作委员会公布的现行规范化汉字。标注的文字、符号、数字的字体高度不得小于1.8毫米。同时标注的汉语拼音或者外文的，字体应当小于或者等于相应的汉字字体。信息代码不得小于2平方厘米。

品种名称应放在显著位置，字号不得小于标签标注的其它文字。

第二十六条 印刷内容应当清晰、醒目、持久，易于辨认和识读。标注字体、背景和底色应当与基底形成明显的反差，易于识别；警示标志和说明应当醒目，其中“高毒”以红色字体印制。

第二十七条 检疫证明编号、检测日期、质量保证期，可以采用喷印、压印等印制方式。

第二十八条 作物种类和种子类别、品种名称、品种审定或者登记编号、净含量、种子生产经营者名称、种子生产经营许可证编号、注册地地址和联系方式、“转基因”字样、警示标志等信息，应当在同一版面标注。

第二十九条 本办法第二十四条规定的印刷品，应当为长方形，长和宽不得小于11厘米×7厘米。印刷品制作材料应当有足够的强度，确保不易损毁或字迹变得模糊、脱落。

第三十条 进口种子应当在原标签外附加符合本办法规定的中文标签和使用说明，使用进(出)口审批表批准的品种中文名称和英文名称、生产经营者。

第五章 监督管理

第三十一条 法律、行政法规没有特别规定的，种子标签和使用说明不得有下列内容：

(一)在品种名称前后添加修饰性文字；

(二)种子生产经营者、进口商名称以外的其他单位名称；

(三)不符合广告法、商标法等法律法规规定的描述；

(四)未经认证合格使用认证标识；

(五)其他带有夸大宣传、引人误解或者虚假的文字、图案等信息。

第三十二条 标签缺少品种名称，视为没有种子标签。

使用说明缺少品种主要性状、适应性或风险提示的，视为没有使用说明。

以剪切、粘贴等方式修改或者补充标签内容的，按涂改标签查处。

第三十三条 县级以上人民政府农业主管部门应当加强监督检查，发现种子标签和使用说明不符合本办法规定的，按照《中华人民共和国种子法》的相关规定进行处罚。

第六章 附　　则

第三十四条 本办法自2017年1月1日起施行。农业部2001年2月26日发布的《农作物种子标签管理办法》同时废止。

农作物种子质量监督抽查管理办法

(2005年3月10日公布，中华人民共和国农业部令第50号)

第一章 总　　则

第一条 为了加强农作物种子质量监督管理，维护种子市场秩序，规范农作物种子质量监督抽查(以下简称监督抽查)工作，根据《中华人民共和国种子法》(以下简称《种子法》)及有关法律、行政法规的规定，制定本办法。

第二条 本办法所称监督抽查是指由县级以上人民政府农业行政主管部门组织有关种子管理机构和种子质量检验机构对生产、销售的农作物种子进行扦样、检验，并按规定对抽查结果公布和处理的活动。

第三条 农业行政主管部门负责监督抽查的组织实施和结果处理。农业行政主管部门委托的种子质量检验机构和(或)种子管理机构(以下简称承检机构)负责抽查样品的扦样工作,种子质量检验机构(以下简称检验机构)负责抽查样品的检验工作。

第四条 监督抽查的样品,由被抽查企业无偿提供,扦取样品的数量不得超过检验的合理需要。

第五条 被抽查企业应当积极配合监督抽查工作,无正当理由不得拒绝监督抽查。

第六条 监督抽查所需费用列入农业行政主管部门的预算,不得向被抽查企业收取费用。

第七条 农业行政主管部门已经实施监督抽查的企业,自扦样之日起六个月内,本级或下级农业行政主管部门对该企业的同一作物种子不得重复进行监督抽查。

第二章 监督抽查计划和方案确定

第八条 农业部负责制定全国监督抽查规划和本级监督抽查计划,县级以上地方人民政府农业行政主管部门根据全国规划和当地实际情况制定相应监督抽查计划。

监督抽查对象重点是当地重要农作物种子以及种子使用者、有关组织反映有质量问题的农作物种子。

农业行政主管部门可以根据实际情况,对种子质量单项或几项指标进行监督抽查。

第九条 农业行政主管部门根据计划向承检机构下达监督抽查任务。承检机构根据监督抽查任务,制定抽查方案,并报农业行政主管部门审查。

抽查方案应当科学、公正、符合实际。

抽查方案应当包括扦样、检验依据、检验项目、判定依据、被抽查企业名单、经费预算、抽查时间及结果报送时间等内容。

确定被抽查企业时,应当突出重点并具有一定的代表性。

第十条 农业行政主管部门审查通过抽查方案后,向承检机构开具《种子质量监督抽查通知书》。

《种子质量监督抽查通知书》是通知企业接受监督抽查的证明,应当说明被抽查企业、作物种类、扦样人员和单位等,承检机构凭此通知书到企业扦样,并交企业留存。

第十一条 承检机构接受监督抽查任务后,应当组织有关人员学习有关法律法规和监督抽查规定,熟悉监督抽查方案,对扦样及检验过程中可能出现的问题提出合理的解决预案,并做好准备工作。

各有关单位和个人对监督抽查中确定的被抽查企业和作物种类以及承检机构、扦样人员等应当严格保密,禁止以任何形式和名义事先向被抽查企业泄露。

第三章 扦　　样

第十二条 执行监督抽查任务的扦样人员由承检机构指派。到被抽查企业进行扦样时，扦样人员不得少于两名，其中至少有一名持种子检验员证的扦样员。

第十三条 扦样人员扦样前，应当向被抽查企业出示《种子质量监督抽查通知书》和有效身份证件，说明监督抽查的性质和扦样方法、检验项目、检验依据、判定依据等内容；了解被抽查企业的种子生产、经营情况，必要时可要求被抽查企业出示有关档案资料，以确定所抽查品种、样品数量等事项。

第十四条 抽查的样品应当从市场上销售或者仓库内待销的商品种子中扦取，并保证样品具有代表性。

有下列情形之一的，不得扦样：

（一）被抽查企业无《种子质量监督抽查通知书》所列农作物种子的；

（二）有证据证明拟抽查的种子不是用于销售的；

（三）有证据证明生产的种子用于出口，且出口合同对其质量有明确约定的。

第十五条 有下列情形之一的，被抽查企业可以拒绝接受扦样：

（一）扦样人员少于两人的；

（二）扦样人员中没有持证扦样员的；

（三）扦样人员姓名、单位与《种子质量监督抽查通知书》不符的；

（四）扦样人员应当携带的《种子质量监督抽查通知书》和有效身份证件等不齐全的；

（五）被抽查企业、作物种类与《种子质量监督抽查通知书》不一致的；

（六）上级或本级农业行政主管部门六个月内对该企业的同一作物种子进行过监督抽查的。

第十六条 扦样按国家标准《农作物种子检验规程——扦样》执行。

扦样人员封样时，应当有防拆封措施，以保证样品的真实性。

第十七条 扦样工作结束后，扦样人员应当填写扦样单。扦样单中的被抽查企业名称、通讯地址、电话，所扦作物种类、品种名称、生产年月、种子批重、种子批号，扦样日期、扦样数量、执行标准、检验项目、检验依据、结果判定依据等内容应当逐项填写清楚。被抽查企业如有需要特别陈述的事项，可在备注栏中加以说明。

第十八条 扦样单应当有扦样人员和被抽查企业负责人或者其授权的人员签字，并加盖被抽查企业的公章。扦样单一式三份，承检机构和被抽查企业各留存一份，报送下达任务的农业行政主管部门一份。

第十九条 被抽查企业无《种子质量监督抽查通知书》所列农作物种子的，应当出具书面证明材料。扦样人员应当在查阅有关材料和检查有关场所后予以确认，并在证明材料上签字。

第二十条 被抽查企业无正当理由拒绝接受扦样或拒绝在扦样单上签字盖章的，扦样人员应当阐明拒绝监督抽查的后果和处理措施；必要时可以由企业所在地农业行政主管部门予以协调，如企业仍不接受抽查，扦样人员应当及时向下达任务的农业行政主管部门报告情况，对该企业按照拒绝监督抽查处理。

第二十一条 在市场上扦取的样品，如果经销单位与标签标注的生产商不一致的，承检机构应当及时通知种子生产商，并由该企业出具书面证明材料，以确认样品的生产商。生产商在接到通知七日内不予回复的，视为所扦种子为标签标注企业的产品。

第四章　检验和结果报送

第二十二条　承担监督抽查检验工作的检验机构应当符合《种子法》的有关规定，具备相应的检测条件和能力，并经省级以上人民政府农业行政主管部门考核合格。

农业部组织的监督抽查检验工作由农业部考核合格的检验机构承担。

第二十三条　检验机构应当制定监督抽查样品的接收、入库、领用、检验、保存及处置程序，并严格执行。

监督抽查的样品应当妥善保存至监督抽查结果发布后三个月。

第二十四条　检验机构应当按国家标准《农作物种子检验规程》进行检测，保证检验工作科学、公正、准确。

检验原始记录应当按规定如实填写，保证真实、准确、清晰，不得随意涂改，并妥善保存备查。

第二十五条　检验机构依据《种子法》第四十六条的规定和相关种子技术规范的强制性要求，并根据国家标准《农作物种子检验规程》所规定的容许误差对种子质量进行判定。

第二十六条　检验结束后，检验机构应当及时向被抽查企业和生产商送达《种子质量监督抽查结果通知单》。

检验机构可以在部分检验项目完成后，及时将检验结果通知被抽查企业。

第二十七条　被抽查企业或者生产商对检验结果有异议的，应当在接到《种子质量监督抽查结果通知单》或者单项指标检验结果通知之日起十五日内，向下达任务的农业行政主管部门提出书面报告，并抄送检验机构。逾期未提出异议的，视为认可检验结果。

第二十八条　下达任务的农业行政主管部门应当对企业提出的异议进行审查，并将处理意见告知企业。需要进行复验的，应当及时安排。

第二十九条　复验一般由原检验机构承担，特殊情况下，可以由下达任务的农业行政主管部门委托其他检验机构承担。

复验结果与原检验结果不一致的，复验费用由原检验机构承担。

第三十条　复验按照原抽查方案，根据实际情况可以在原样品基础上或者采用备用样品进行。

净度、发芽率和水分等质量指标采用备用样品进行复验，品种真实性和纯度在原种植小区基础上进行复查，特殊情况下，也可以重新种植鉴定。

第三十一条　检验机构完成检验任务后，应当及时出具检验报告，送达被抽查企业。在市场上扦取的样品，应当同时送达生产商。

检验报告内容应当齐全，检验依据和检验项目与抽查方案一致，数据准确，结论明确。

第三十二条　承检机构完成抽查任务后，应当在规定时间内将监督抽查结果报送下达任务的农业行政主管部门。

第三十三条 监督抽查结果主要包括以下内容：

（一）监督抽查总结；

（二）检验结果汇总表；

（三）监督抽查质量较好企业名单、不合格种子生产经营企业名单、拒绝接受监督抽查企业名单；

（四）企业提出异议、复验等问题的处理情况说明；

（五）其他需要说明的情况。

第五章 监督抽查结果处理

第三十四条 下达任务的农业行政主管部门应当及时汇总结果，在农业系统或者向相关企业通报，并视情况通报被抽查企业所在地农业行政主管部门。

省级以上农业行政主管部门可以向社会公告监督抽查结果。

第三十五条 不合格种子生产经营企业，由下达任务的农业行政主管部门或企业所在地农业行政主管部门，依据《种子法》有关规定予以处罚。

对不合格种子生产经营企业，应当作为下次监督抽查的重点。连续两次监督抽查有不合格种子的企业，应当提请有关发证机关吊销该企业的种子生产许可证、种子经营许可证，并向社会公布。

第三十六条 不合格种子生产经营企业应当按照下列要求进行整改：

（一）限期追回已经销售的不合格种子；

（二）立即对不合格批次种子进行封存，作非种用处理或者重新加工，经检验合格后方可销售；

（三）企业法定代表人向全体职工通报监督抽查情况，制定整改方案，落实整改措施；

（四）查明产生不合格种子的原因，查清质量责任，对有关责任人进行处理；

（五）对未抽查批次的种子进行全面清理，不合格种子不得销售；

（六）健全和完善质量保证体系，并按期提交整改报告；

（七）接受农业行政主管部门组织的整改复查。

第三十七条 拒绝接受依法监督抽查的，给予警告，责令改正；拒不改正的，被监督抽查的种子按不合格种子处理，下达任务的农业行政主管部门予以通报。

第六章 监督抽查管理

第三十八条 参与监督抽查的工作人员，应当严格遵守国家法律、法规，秉公执法、不徇私情，对被抽查的作物种类和企业名单严守秘密。

第三十九条 检验机构应当如实上报检验结果和检验结论，不得瞒报、谎报，并对检验工作负责。

检验机构在承担监督抽查任务期间，不得接受被抽查企业种子样品的委托检验。

第四十条 承检机构应当符合《种子法》第五十六条的规定，不得从事种子生产、经营活动。

承检机构不得利用种子质量监督抽查结果参与有偿活动，不得泄露抽查结果及有关材料，不得向企业颁发抽查合格证书。

第四十一条 检验机构和参与监督抽查的工作人员伪造、涂改检验数据，出具虚假检验结果和结论的，按照《种子法》第六十二条、第六十八条的规定处理。

第四十二条 检验机构和参与监督抽查的工作人员违反本办法第三十八条、第三十九条第二款、第四十条规定，由农业行政主管部门责令限期改正，暂停其种子质量检验工作；情节严重的，收回有关证书和证件，取消从事种子质量检验资格；对有关责任人员依法给予行政处分，构成犯罪的，依法追究刑事责任。

第七章 附 则

第四十三条 本办法自 2005 年 5 月 1 日起实施。

农作物种子质量检验机构考核管理办法

（2019 年 8 月 27 日公布，中华人民共和国农业农村部令 2019 年第 3 号）

第一章 总 则

第一条 为了加强农作物种子质量检验机构（以下简称“种子检验机构”）管理，规范种子检验机构考核工作，保证检验能力，根据《中华人民共和国种子法》，制定本办法。

第二条 本办法所称考核，是指省级人民政府农业农村主管部门（以下简称“考核机关”）依据有关法律、法规、标准和技术规范的规定，对种子检验机构的检测条件、能力等资质进行考评和核准的活动。

第三条 从事下列活动的种子检验机构，应当经过考核合格：

（一）为行政机关作出的行政决定、司法机关作出的裁判、仲裁机构作出的仲裁裁决等出具有证明作用的数据、结果的；

（二）为社会经济活动出具有证明作用的数据、结果的；

（三）其他依法应当经过考核合格的。

第四条 省级人民政府农业农村主管部门负责本行政区域内种子检验机构的考核、

监管、技术指导等工作。

农业农村部负责制定种子检验机构考核相关标准，监督、指导考核工作。具体工作由全国农业技术推广服务中心承担。

第五条 种子检验机构考核应当遵循统一规范、客观公正、科学准确、公开透明的原则，采取文件审查、现场评审和能力验证相结合的方式，实行考核要求、考核程序、证书标志、监督管理统一的制度。

种子检验机构考核的申请、受理、公示、证书打印等通过中国种业大数据平台办理。

第二章 申请与受理

第六条 申请考核的种子检验机构应当具备下列条件：

（一）依法成立并能够承担相应法律责任的法人或者其他组织；

（二）具有与其从事检验活动相适应的检验技术人员和管理人员；

（三）具有不少于100平方米的固定工作场所，工作环境满足检验要求；

（四）具备与申请检验活动相匹配的检验设备设施；

（五）具有有效运行且保证其检验活动独立、公正、科学、诚信的管理体系；

（六）符合有关法律法规或者标准、技术规范规定的特殊要求。

第七条 申请种子检验机构考核的，应当向考核机关提交下列材料，并对所提交材料的真实性负责：

（一）申请书（按附录A格式填写）；

（二）满足检验能力所需办公场所、仪器设备等说明材料；

（三）检验技术人员和管理人员数量与基本情况说明材料；

（四）质量管理体系文件，包括质量手册、程序文件、作业指导书等材料；

（五）检验报告2份（按附录B要求制作）。

第八条 办公场所、仪器说明材料包括场所面积、结构，仪器名称、数量、型号、功能等。

人员说明材料主要包括人员数量、姓名及接受教育程度和工作经历。

第九条 质量手册包括以下内容：

（一）种子检验机构负责人对手册发布的声明及签名；

（二）公正性声明、质量方针声明；

（三）种子检验机构概况、范围、术语定义、组织机构；

（四）资源管理、检验实施和质量管理及其支持性程序等。

第十条 程序文件是质量手册的支持性文件，包括以下内容：

（一）公正性和保密程序；

（二）人员培训管理程序；

（三）仪器设备管理维护程序；

（四）仪器设备和标准物质检定校准确认程序；

（五）合同评审、外部服务和供应管理程序；

（六）样品管理程序；

（七）数据保护程序、检验报告和 CASL（中国合格种子检验机构，China Accredited Seed Laboratory）标志使用管理程序；

（八）文件控制程序；

（九）记录控制和质量控制程序；

（十）内部审核、申诉投诉处理、不符合工作控制、纠正和预防措施控制、管理评审等程序。

第十一条 作业指导书包括扦取和制备样品的工作规范、使用仪器设备的操作规程、指导检验过程及数据处理的方法细则等。

第十二条 考核机关对申请人提出的申请材料，应当根据下列情况分别作出处理：

（一）申请材料不齐全或者不符合法定形式的，当场或在 5 个工作日内一次告知申请人需要补正的全部内容，逾期不告知的，自收到申请材料之日起即为受理，业务办理系统中将自动显示为受理状态；

（二）申请材料存在可以更正的错误的，允许申请人即时更正；

（三）申请材料齐全、符合法定形式，或者申请人按照要求提交全部补正材料的，予以受理。

第三章 考 核

第十三条 考核机关受理申请后应当组织考核，进行能力验证和现场考评。

能力验证时间由考核机关和申请人商定。能力验证合格后，考核机关应当及时组织现场考评。

第十四条 能力验证采取比对试验法，应根据申请检验项目的范围设计。

能力验证的样品由考核机关组织制备，制备应按照已实施标准或规范性文件要求执行。

申请人应当在规定时间内完成项目检验，并报送检验结果。

第十五条 考核机关应当建立考评专家库。

考评专家可以从全国范围内遴选，应当具备副高以上专业技术职称或四级主任科员以上职级，从事种子检验或管理工作 5 年以上，熟悉考核程序和技术规范。

第十六条 考核机关应当从考评专家库中抽取不少于 3 名专家组成专家组，并指定考评组组长。

考评专家组实行组长负责制，对种子检验机构开展现场考评，制作考评报告。

第十七条 现场考评应当包括以下内容：

（一）质量管理体系文件、能力验证结果、检验报告的规范性和准确性；

（二）办公场所、检验场所和仪器设备设施条件；

（三）废弃物处理情况；

（四）检验操作情况。

第十八条 质量管理体系文件、检验报告应当完整、真实、有效、适宜，符合相关标准或规程。

检验报告和能力验证的结果应当准确。

第十九条 办公场所应满足开展检测工作的基本需求。

检验场所应当有预防超常温度、湿度、灰尘、电磁干扰或其它超常情况发生的保护措施；有关规定对环境控制条件有要求的，应当安装适宜的设备进行监测、控制和记录。

第二十条 仪器设备、电气线路和管道布局应当合理，符合安全要求。

互有影响或者互不相容的区域应当进行有效隔离。需要限制活动的区域应明确标示。

第二十一条 仪器设备应当满足扦样、样品制备、检验、贮存、数据处理与分析等工作需要，有完善的管理程序和档案，重要设备由专人管理；用于检验的仪器设备，还应当达到规定的准确度和规范要求。

仪器设备档案应当包括以下内容：

（一）仪器设备名称，制造商名称、型号和编号或者其他唯一性标识、放置地点；

（二）接收、启用日期和验收记录；

（三）制造商提供的资料或者使用说明书；

（四）历次检定、校准报告和确认记录；

（五）使用和维护记录；

（六）仪器设备损坏、故障、改装或者修理记录。

第二十二条 标准样品、标准溶液等标准物质的质量应当稳定，有安全运输、存放、使用、处置的规范程序和防止污染、损坏的措施。

危害性废弃物管理、处理应当符合国家有关规定。

第二十三条 检验操作程序、数据处理应当符合有关国家标准、行业标准或规范性文件规定。

第二十四条 考评专家组在现场考评中发现有不符合考评要求的，应当书面通知申请人限期整改，整改期限不得超过 30 个工作日。逾期未按要求整改，或整改后仍不符合要求的，相应的考评项目应当判定为不合格。

第二十五条 考评专家组应当在考核结束后 2 个工作日内出具考核报告。考核报告经专家组成员半数以上通过并由专家组全体成员签字后生效。对考核报告有不同意见的，应当予以注明。

第二十六条 考核机关应当自受理申请之日起 20 个工作日内完成考核，申请人整改和能力验证时间不计算在内。能力验证时间不得超过 45 个工作日。

第四章 审查与决定

第二十七条 考核机关根据考核报告结论作出考核决定。对符合要求的,考核机关应当在中国种业大数据平台公示考核结果,公示时间不得少于7个工作日;经公示无异议的或异议已得到妥善处理的,考核机关应颁发种子检验机构合格证书。对不符合要求的,书面通知申请人并说明理由。

第二十八条 合格证书有效期为6年。合格证书应当载明机构名称、证书编号、检验范围、有效期限、考核机关。

证书编号格式为"×中种检字××××第×××号",其中"×"为省、自治区、直辖市简称,"××××"为年号,"×××"为证书序号。

检验范围应当包括检验项目、检验内容、适用范围等内容。

第二十九条 考核合格的种子检验机构,由考核机关予以公告。

第五章 变更与延续

第三十条 有下列情形之一的,种子检验机构应当向考核机关申请办理变更手续:

(一)机构名称或地址发生变更的;

(二)检验范围发生变化的;

(三)依法需要办理变更的其他事项。

机构名称或地址发生变更的,当场办理变更手续。

第三十一条 种子检验机构新增检验项目或者变更检验内容的,应当按照本办法规定申请考核。考核机关应当简化程序,对新增项目或变更检验内容所需仪器、场所及检验能力进行考核。

第三十二条 合格证书有效期届满后需要继续从事本办法第三条规定活动内容的,应当在有效期届满6个月前向考核机关提出延续申请。

第六章 监督管理

第三十三条 种子检验机构从事本办法第三条第一项、第二项检验服务,应当在其出具的检验报告上标注CASL标志。

第三十四条 省级以上农业农村主管部门根据需要对考核通过的种子检验机构进行现场检查或能力验证,种子检验机构应当予以配合,不得拒绝。

第三十五条 在合格证书有效期内,种子检验机构不再从事检验范围内的种子检验服务或者自愿申请终止的,应当向考核机关申请办理合格证书注销手续。

第三十六条 合格证书有效期届满,未申请延续或依法不予延续批准的,考核机关应当予以注销。

第三十七条 考评专家在考核活动中，有下列情形之一的，考核机关可以根据情节轻重，作出告诫、暂停或者取消其从事考核活动的处理：

（一）未按照规定的要求和时间开展考核的；

（二）与所考核的种子检验机构有利害关系或者可能对公正性产生影响，未进行回避的；

（三）透露工作中所知悉的国家秘密、商业秘密或者技术秘密的；

（四）向所考核的种子检验机构谋取不正当利益的；

（五）出具虚假或者不实的考核结论的。

第三十八条 种子检验机构有下列情形之一的，省级以上农业农村主管部门责令其暂停对外开展种子检验工作：

（一）拒绝接受监督检查的；

（二）监督检查不合格的；

（三）未按本办法规定办理变更手续的。

被暂停开展检验活动的种子检验机构在3个月内实施了有效整改，经考核机关确认后，可以恢复对外开展种子检验活动。

第三十九条 种子检验机构有下列情形之一的，由考核机关撤销资格：

（一）以欺骗、贿赂等不正当手段骗取合格证书的；

（二）伪造检验记录、数据或者出具虚假结果和证明的；

（三）超出检验范围出具标注CASL标志检验报告的；

（四）超过暂停规定期限仍不能确认恢复检验工作的；

（五）以种子检验机构的名义向社会推荐或者以监制等方式参与种子经营活动，经督促仍不改正的或者造成恶劣影响的；

（六）连续两次能力验证结果不合格的。

被撤销资格的种子检验机构，3年内不得申请考核。

第七章 附　　则

第四十条 种子检验机构合格证书和CASL标志的格式由农业农村部统一规定（按附录C格式和附录D格式制作）。

第四十一条 本办法自2019年10月1日起施行。原农业部2008年1月2日发布，2013年12月31日修订的《农作物种子质量检验机构考核管理办法》和《农业部关于印发〈农作物种子质量检验机构考核准则〉等文件的通知》（农农发〔2008〕16号）同时废止。

附录：A. 农作物种子质量检验机构资格考核申请书

B. 农作物种子质量检验报告

C. 农作物种子质量检验机构合格证书格式

D. 农作物种子质量检验机构合格标志

食用菌菌种管理办法

（2006 年 3 月 27 日中华人民共和国农业部令第 62 号公布，2013 年 12 月 31 日中华人民共和国农业部令 2013 年第 5 号、2014 年 4 月 25 日中华人民共和国农业部令 2014 年第 3 号、2015 年 4 月 29 日中华人民共和国农业部令 2015 年第 1 号修订）

第一章　总　　则

第一条　为保护和合理利用食用菌种质资源，规范食用菌品种选育及食用菌菌种（以下简称菌种）的生产、经营、使用和管理，根据《中华人民共和国种子法》，制定本办法。

第二条　在中华人民共和国境内从事食用菌品种选育和菌种生产、经营、使用、管理等活动，应当遵守本办法。

第三条　本办法所称菌种是指食用菌菌丝体及其生长基质组成的繁殖材料。

菌种分为母种（一级种）、原种（二级种）和栽培种（三级种）三级。

第四条　农业部主管全国菌种工作。县级以上地方人民政府农业（食用菌，下同）行政主管部门负责本行政区域内的菌种管理工作。

第五条　县级以上地方人民政府农业行政主管部门应当加强食用菌种质资源保护和良种选育、生产、更新、推广工作，鼓励选育、生产、经营相结合。

第二章　种质资源保护和品种选育

第六条　国家保护食用菌种质资源，任何单位和个人不得侵占和破坏。

第七条　禁止采集国家重点保护的天然食用菌种质资源。确因科研等特殊情况需要采集的，应当依法申请办理采集手续。

第八条　任何单位和个人向境外提供食用菌种质资源（包括长有菌丝体的栽培基质及用于菌种分离的子实体），应当报农业部批准。

第九条　从境外引进菌种，应当依法检疫，并在引进后 30 日内，送适量菌种至中国农业微生物菌种保藏管理中心保存。

第十条　国家鼓励和支持单位和个人从事食用菌品种选育和开发，鼓励科研单位与企业相结合选育新品种，引导企业投资选育新品种。

选育的新品种可以依法申请植物新品种权，国家保护品种权人的合法权益。

第十一条 食用菌品种选育（引进）者可自愿向全国农业技术推广服务中心申请品种认定。全国农业技术推广服务中心成立食用菌品种认定委员会，承担品种认定的技术鉴定工作。

第十二条 食用菌品种名称应当规范。具体命名规则由农业部另行规定。

第三章 菌种生产和经营

第十三条 从事菌种生产经营的单位和个人，应当取得《食用菌菌种生产经营许可证》。

仅从事栽培种经营的单位和个人，可以不办理《食用菌菌种生产经营许可证》，但经营者要具备菌种的相关知识，具有相应的菌种贮藏设备和场所，并报县级人民政府农业行政主管部门备案。

第十四条 母种和原种《食用菌菌种生产经营许可证》，由所在地县级人民政府农业行政主管部门审核，省级人民政府农业行政主管部门核发，报农业部备案。

栽培种《食用菌菌种生产经营许可证》由所在地县级人民政府农业行政主管部门核发，报省级人民政府农业行政主管部门备案。

第十五条 申请母种和原种《食用菌菌种生产经营许可证》的单位和个人，应当具备下列条件：

（一）生产经营母种注册资本 100 万元以上，生产经营原种注册资本 50 万元以上；

（二）省级人民政府农业行政主管部门考核合格的检验人员 1 名以上、生产技术人员 2 名以上；

（三）有相应的灭菌、接种、培养、贮存等设备和场所，有相应的质量检验仪器和设施。生产母种还应当有做出菇试验所需的设备和场所。

（四）生产场地环境卫生及其他条件符合农业部《食用菌菌种生产技术规程》要求。

第十六条 申请栽培种《食用菌菌种生产经营许可证》的单位和个人，应当具备下列条件：

（一）注册资本 10 万元以上；

（二）省级人民政府农业行政主管部门考核合格的检验人员 1 名以上、生产技术人员 1 名以上；

（三）有必要的灭菌、接种、培养、贮存等设备和场所，有必要的质量检验仪器和设施；

（四）栽培种生产场地的环境卫生及其他条件符合农业部《食用菌菌种生产技术规程》要求。

第十七条 申请《食用菌菌种生产经营许可证》，应当向县级人民政府农业行政主管部门提交下列材料：

（一）食用菌菌种生产经营许可证申请表；

（二）营业执照复印件；

（三）菌种检验人员、生产技术人员资格证明；

（四）仪器设备和设施清单及产权证明，主要仪器设备的照片；

（五）菌种生产经营场所照片及产权证明；

（六）品种特性介绍；

（七）菌种生产经营质量保证制度。

申请母种生产经营许可证的品种为授权品种的，还应当提供品种权人（品种选育人）授权的书面证明。

第十八条 县级人民政府农业行政主管部门受理母种和原种的生产经营许可申请后，可以组织专家进行实地考查，但应当自受理申请之日起20日内签署审核意见，并报省级人民政府农业行政主管部门审批。省级人民政府农业行政主管部门应当自收到审核意见之日起20日内完成审批。符合条件的，发给生产经营许可证；不符合条件的，书面通知申请人并说明理由。

县级人民政府农业行政主管部门受理栽培种生产经营许可申请后，可以组织专家进行实地考查，但应当自受理申请之日起20日内完成审批。符合条件的，发给生产经营许可证；不符合条件的，书面通知申请人并说明理由。

第十九条 菌种生产经营许可证有效期为3年。有效期满后需继续生产经营的，被许可人应当在有效期满2个月前，持原证按原申请程序重新办理许可证。

在菌种生产经营许可证有效期内，许可证注明项目变更的，被许可人应当向原审批机关办理变更手续，并提供相应证明材料。

第二十条 菌种按级别生产，下一级菌种只能用上一级菌种生产，栽培种不得再用于扩繁菌种。

获得上级菌种生产经营许可证的单位和个人，可以从事下级菌种的生产经营。

第二十一条 禁止无证或者未按许可证的规定生产经营菌种；禁止伪造、涂改、买卖、租借《食用菌菌种生产经营许可证》。

第二十二条 菌种生产单位和个人应当按照农业部《食用菌菌种生产技术规程》生产，并建立菌种生产档案，载明生产地点、时间、数量、培养基配方、培养条件、菌种来源、操作人、技术负责人、检验记录、菌种流向等内容。生产档案应当保存至菌种售出后2年。

第二十三条 菌种经营单位和个人应当建立菌种经营档案，载明菌种来源、贮存时间和条件、销售去向、运输、经办人等内容。经营档案应当保存至菌种销售后2年。

第二十四条 销售的菌种应当附有标签和菌种质量合格证。标签应当标注菌种种类、品种、级别、接种日期、保藏条件、保质期、菌种生产经营许可证编号、执行标准及生产者名称、生产地点。标签标注的内容应当与销售菌种相符。

菌种经营者应当向购买者提供菌种的品种种性说明、栽培要点及相关咨询服务，并对菌种质量负责。

第四章　菌种质量

第二十五条　农业部负责制定全国菌种质量监督抽查规划和本级监督抽查计划，县级以上地方人民政府农业行政主管部门负责对本行政区域内菌种质量的监督，根据全国规划和当地实际情况制定本级监督抽查计划。

菌种质量监督抽查不得向被抽查者收取费用。禁止重复抽查。

第二十六条　县级以上人民政府农业行政主管部门可以委托菌种质量检验机构对菌种质量进行检验。

承担菌种质量检验的机构应当具备相应的检测条件和能力，并经省级人民政府有关主管部门考核合格。

第二十七条　菌种质量检验机构应当配备菌种检验员。菌种检验员应当具备以下条件：

（一）具有相关专业大专以上文化水平或者具有中级以上专业技术职称；

（二）从事菌种检验技术工作3年以上；

（三）经省级人民政府农业行政主管部门考核合格。

第二十八条　禁止生产、经营假、劣菌种。

有下列情形之一的，为假菌种：

（一）以非菌种冒充菌种；

（二）菌种种类、品种、级别与标签内容不符的。

有下列情形之一的，为劣菌种：

（一）质量低于国家规定的种用标准的；

（二）质量低于标签标注指标的；

（三）菌种过期、变质的。

第五章　进出口管理

第二十九条　从事菌种进出口的单位，除具备菌种生产经营许可证以外，还应当依照国家外贸法律、行政法规的规定取得从事菌种进出口贸易的资格。

第三十条　申请进出口菌种的单位和个人，应当填写《进（出）口菌种审批表》，经省级人民政府农业行政主管部门批准后，依法办理进出口手续。

菌种进出口审批单有效期为3个月。

第三十一条　进出口菌种应当符合下列条件：

（一）属于国家允许进出口的菌种质资源；

（二）菌种质量达到国家标准或者行业标准；

（三）菌种名称、种性、数量、原产地等相关证明真实完备；

（四）法律、法规规定的其他条件。

第三十二条 申请进出口菌种的单位和个人应当提交下列材料：

（一）《食用菌菌种生产经营许可证》复印件、营业执照副本和进出口贸易资格证明；

（二）食用菌品种说明；

（三）符合第三十一条规定条件的其他证明材料。

第三十三条 为境外制种进口菌种的，可以不受本办法第二十九条限制，但应当具有对外制种合同。进口的菌种只能用于制种，其产品不得在国内销售。

从境外引进试验用菌种及扩繁得到的菌种不得作为商品菌种出售。

第六章 附 则

第三十四条 违反本办法规定的行为，依照《中华人民共和国种子法》的有关规定予以处罚。

第三十五条 本办法所称菌种种性是指食用菌品种特性的简称，包括对温度、湿度、酸碱度、光线、氧气等环境条件的要求，抗逆性、丰产性、出菇迟早、出菇潮数、栽培周期、商品质量及栽培习性等农艺性状。

第三十六条 野生食用菌菌种的采集和进出口管理，应当按照《农业野生植物保护办法》的规定，办理相关审批手续。

第三十七条 本办法自2006年6月1日起施行。1996年7月1日农业部发布的《全国食用菌菌种暂行管理办法》（农农发〔1996〕6号）同时废止，依照《全国食用菌菌种暂行管理办法》领取的菌种生产、经营许可证自有效期届满之日起失效。

蚕种管理办法

（2006年6月28日发布，中华人民共和国农业部令第68号）

第一章 总 则

第一条 为了保护和合理利用蚕遗传资源，规范蚕种生产经营行为，维护蚕品种选育者和蚕种生产经营者、使用者的合法权益，促进蚕桑业持续健康发展，根据《中华人民共和国畜牧法》，制定本办法。

第二条 从事蚕品种资源保护、新品种选育和推广、蚕种生产经营和管理等活动，适用本办法。

本办法所称蚕种指桑蚕种和柞蚕种，包括原原母种、原原种、原种和一代杂交种；本办法所称蚕种生产包括蚕种繁育、冷藏和浸酸。

第三条 农业部负责全国蚕种的管理工作；县级以上地方人民政府农业（蚕业）行政主管部门负责本行政区域内的蚕种管理工作。

第四条 县级以上人民政府农业（蚕业）行政主管部门应当依照《中华人民共和国畜牧法》的规定，安排资金，支持良种繁育，改善生产条件，加强蚕种场建设，促进蚕种生产健康发展。

第五条 蚕种生产、经营者可以依法自愿成立行业协会。行业协会应当为成员提供信息、技术、营销、培训等服务，加强行业自律，维护成员和行业合法权益。

第二章 蚕遗传资源保护、品种选育与审定

第六条 蚕遗传资源保护以国家为主，鼓励和支持有关单位、个人依法发展蚕遗传资源保护事业。

第七条 农业部负责组织蚕遗传资源的调查，发布国家蚕遗传资源状况报告，制定全国蚕遗传资源保护和利用规划，公布国家级蚕遗传资源保护名录。

省级人民政府农业（蚕业）行政主管部门制定和公布省级蚕遗传资源保护名录，并报农业部备案。

第八条 省级以上人民政府农业（蚕业）行政主管部门确定的蚕遗传资源保育单位（蚕种质资源库）承担蚕遗传资源保护任务。未经省级以上人民政府农业（蚕业）行政主管部门批准，不得擅自处理受保护的蚕遗传资源。

蚕遗传资源保育单位应当按照省级以上人民政府农业（蚕业）行政主管部门的有关规定，采集新增的蚕遗传材料，有关单位和个人应当提供新增加的蚕遗传材料。

提供新增加的蚕遗传材料，有权获得适当经济补偿。

第九条 禁止除杂交一代蚕品种以外的蚕遗传资源出口。

因交换需要出口蚕遗传资源的，应当向省级人民政府农业（蚕业）行政主管部门提出申请，同时提出国家共享惠益方案。省级人民政府农业（蚕业）行政主管部门应当自受理申请之日起二十个工作日内完成审核，并报农业部批准。农业部在二十个工作日内做出审批决定，不予批准的，书面通知申请人并说明理由。

引进蚕遗传资源，应当办理检疫手续，并在引进后三十日内向农业部备案。

对外合作研究利用蚕遗传资源的，按照国务院规定的畜禽遗传资源对外合作研究利用的审批办法审批。

第十条 国家扶持蚕品种选育和优良品种推广使用，支持企业、院校、科研机构和技术推广单位开展联合育种，建立蚕良种繁育体系，推进蚕种科技进步。

第十一条 新选育的蚕品种在推广应用前应当通过国家级或者省级审定。

未经审定或者审定未通过的蚕品种，不得生产、经营或者发布广告推广。

农业部和蚕茧产区省级人民政府农业（蚕业）行政主管部门分别设立由专业人员组成的蚕品种审定委员会，负责蚕遗传资源的鉴定、评估和蚕品种的审定。

第十二条 通过国家级审定的蚕品种,由农业部公告,可以在全国适宜的生态区域推广。通过省级审定的蚕品种,由省级人民政府农业(蚕业)行政主管部门公告,可以在本行政区域内推广。相邻省、自治区、直辖市属于同一适宜生态区的地域,经所在地省级人民政府农业(蚕业)行政主管部门同意后可以引进饲养。

审定未通过的蚕品种,申请人有异议的,可以向原蚕品种审定委员会或者上一级蚕品种审定委员会申请复审。

第十三条 利用转基因技术选育的蚕品种和引进的转基因蚕遗传资源,还应当执行国家有关农业转基因生物安全管理的规定。

第十四条 新选育或者引进的蚕品种,需要在申请审定前进行小规模(每季1000张或者1000把蚕种以内)中试的,应当经试验所在地省级人民政府农业(蚕业)行政主管部门同意。

第三章 蚕种生产经营

第十五条 蚕种生产分为三级繁育(原原种、原种、一代杂交种)和四级制种(原原母种、原原种、原种、一代杂交种)。

从事蚕种生产、经营活动的,应当取得蚕种生产、经营许可证。

第十六条 申请蚕种生产许可证,应当具备下列条件:

(一)符合国家与区域蚕业发展规划要求;

(二)有与蚕种生产能力相适应的桑园(柞林)或者稳定安全的原蚕饲育区;

(三)有与蚕种生产相适应的资金和检验等设施;

(四)有与蚕种生产相适应的专业技术人员;

(五)有能够有效控制蚕微粒子病的质量保证措施;

(六)一代杂交种年生产能力5万张以上。

申请蚕种冷藏、浸酸生产许可证,应当具备与冷藏能力相适应的冷藏库房、浸酸设备仪器、场地和相关专业技术人员。

第十七条 申请蚕种经营许可证,应当具备下列条件:

(一)有与蚕种经营规模相适应的场所、资金和保藏、检验等设施;

(二)有与蚕种经营相适应的专业技术人员;

(三)经营的蚕种应当是通过审定的品种。

第十八条 申请蚕种生产、经营许可证应当向所在地县级以上地方人民政府农业(蚕业)行政主管部门提出。受理申请的行政主管部门应当自收到申请之日起二十个工作日内完成审核,并报省级人民政府农业(蚕业)行政主管部门审批。

省级人民政府农业(蚕业)行政主管部门应当自收到申请之日起二十个工作日内做出审批决定。不予批准的,应当书面通知申请者,并说明理由。

蚕种生产、经营许可证证书样式由农业部规定。

蚕种生产、经营许可证工本费按照国务院财政、价格部门的规定执行。

第十九条 蚕种生产、经营许可证有效期为三年。期满仍需继续生产、经营的，应当在有效期满前30日按原申请程序办理审批手续。

在许可证有效期内变更许可事项的，应当及时办理变更手续。

禁止伪造、变造、转让、租借蚕种生产、经营许可证。

第二十条 发布蚕种广告的，应当提供蚕种生产、经营许可证复印件。广告内容应当符合有关法律法规的规定，注明蚕品种的审定名称，文字介绍符合该品种的实际性状。

第二十一条 销售的蚕种应当经检疫、检验合格，并附具蚕种检疫合格证明、质量合格证和标签。

蚕种标签应当注明企业（种场）名称、企业（种场）地址、品种名称、期别、批次、执行标准、卵量等内容。

第二十二条 蚕种生产、经营者应当建立蚕种生产、经营档案。

蚕种生产档案应当载明品种名称、亲本来源、繁制地点、生产数量、检疫检验结果、技术与质检负责人、销售去向等内容；蚕种经营档案应当载明蚕种来源、保藏地点、质量状况、销售去向等内容。

蚕种生产、经营档案应当保存二年以上。

第二十三条 禁止销售下列蚕种：

（一）以不合格蚕种冒充合格的蚕种；

（二）冒充其他企业（种场）名称或者品种的蚕种；

（三）未附具本办法第二十一条规定的蚕种检疫证明、蚕种质量合格证和标签的蚕种。

第二十四条 禁止原原母种、原原种、原种出口。出口经过审定的一代杂交种，应当由省级人民政府农业（蚕业）行政主管部门批准，并报农业部备案。

《蚕一代杂交种出口审批表》样式，由农业部规定。

第四章 蚕种质量

第二十五条 蚕种检疫由省级以上人民政府农业（蚕业）行政主管部门确定的蚕种检验机构承担。检疫按照国家有关规定收取费用。

检疫不合格的蚕种，由县级以上地方人民政府农业（蚕业）行政主管部门监督销毁。

第二十六条 省级以上人民政府农业（蚕业）行政主管部门应当制定蚕种质量监督抽查计划并组织实施。

农业部监督抽查的品种，省级农业（蚕业）行政主管部门不得重复抽查。监督抽查不得向被抽查者收取任何费用。

承担蚕种质量检验的机构应当符合国家规定的条件，并经有关部门考核合格。

第二十七条 发生下列情形并严重影响蚕种供应的，蚕种生产者或者经营者应当及时向所在地人民政府农业（蚕业）行政主管部门报告，并采取相应措施：

（一）微粒子病等蚕病虫害爆发；

（二）遭受严重自然灾害；

（三）生产基地受到较大面积污染和农药中毒；

（四）其他可能严重影响蚕种供应的情形。

第二十八条 由于不可抗力原因，需要使用低于国家或行业标准蚕种的，应当由所在地县级以上地方人民政府农业（蚕业）行政主管部门报经同级人民政府批准后方可使用。经营者应当向使用者说明并加强技术服务。

第五章 罚 则

第二十九条 违反本办法第八条规定，擅自处理受保护的蚕遗传资源，造成蚕遗传资源损失的，由省级以上人民政府农业（蚕业）行政主管部门处一万元以上五万元以下罚款。

第三十条 未经审批开展对外合作研究利用蚕遗传资源的，由省级以上人民政府农业（蚕业）行政主管部门责令停止违法行为，没收蚕遗传资源和违法所得，并处一万元以上五万元以下罚款。

未经审批向境外提供蚕遗传资源的，依照《中华人民共和国海关法》的有关规定追究法律责任。

第三十一条 违反本办法第十一条第二款的规定，销售、推广未经审定蚕种的，由县级以上人民政府农业（蚕业）行政主管部门责令停止违法行为，没收蚕种和违法所得；违法所得在五万元以上的，并处违法所得一倍以上三倍以下罚款；没有违法所得或者违法所得不足五万元的，并处五千元以上五万元以下罚款。

未按照本办法第二十条规定发布蚕种广告宣传的，依照《中华人民共和国广告法》的有关规定追究法律责任。

第三十二条 违反本办法有关规定，无蚕种生产、经营许可证或者违反蚕种生产、经营许可证的规定生产经营蚕种，或者转让、租借蚕种生产、经营许可证的，由县级以上人民政府农业（蚕业）行政主管部门责令停止违法行为，没收违法所得；违法所得在三万元以上的，并处违法所得一倍以上三倍以下罚款；没有违法所得或者违法所得不足三万元的，并处三千元以上三万元以下罚款。违反蚕种生产、经营许可证的规定生产经营蚕种或者转让、租借蚕种生产、经营许可证，情节严重的，并处吊销蚕种生产、经营许可证。

第三十三条 销售的蚕种未附具蚕种检疫证明、质量合格证的，由县级以上地方人民政府农业（蚕业）行政主管部门责令改正，没收违法所得，可以处二千元以下罚款。

第三十四条 违反本办法第二十三条第一项至第二项规定的，由县级以上地方人民政府农业（蚕业）行政主管部门责令停止销售，没收违法销售的蚕种和违法所得；违法所得在五万元以上的，并处违法所得一倍以上五倍以下罚款；没有违法所得或者违法所得不足五万元的，并处五千元以上五万元以下罚款；情节严重的，并处吊销蚕种生产、经营许可证。

第三十五条 农业（蚕业）行政主管部门的工作人员利用职务上的便利，收受他人财物或者谋取其他利益，对不符合法定条件的单位、个人核发许可证或者有关批准文件，不履行监督职责，或者发现违法行为不予查处的，依法给予处分。

蚕种质量检验机构及其工作人员，不按要求检疫检验或者出具虚假检疫证明、检验报告的，依法给予处分。

第三十六条 蚕种生产、经营许可证被吊销的，农业（蚕业）行政主管部门自吊销许可证之日起十日内通知工商行政管理部门。被吊销许可证的蚕种生产、经营者应当依法办理工商变更登记或者注销手续。

第六章 附　　则

第三十七条 本办法下列用语的含义：

（一）原原种是指供生产原种用的蚕种，原种是指供生产一代杂交种用的蚕种，一代杂交种是指用原蚕按规定组合杂交繁育的蚕种。

（二）原蚕是指由原种孵化而来的蚕，原蚕饲育区是指利用桑园与设施专门饲养原蚕的区域。

第三十八条 本办法自二〇〇六年七月一日起施行。

农作物种子质量纠纷田间现场鉴定办法

（2003年7月8日公布，中华人民共和国农业部令第28号）

第一条 为了规范农作物种子质量纠纷田间现场鉴定（以下简称现场鉴定）程序和方法，合理解决农作物种子质量纠纷，维护种子使用者和经营者的合法权益，根据《中华人民共和国种子法》（以下简称《种子法》）及有关法律、法规的规定，制定本办法。

第二条 本办法所称现场鉴定是指农作物种子在大田种植后，因种子质量或者栽培、气候等原因，导致田间出苗、植株生长、作物产量、产品品质等受到影响，双方当事人对造成事故的原因或者损失程度存在分歧，为确定事故原因或（和）损失程度而进行的田间现场技术鉴定活动。

第三条 现场鉴定由田间现场所在地县级以上地方人民政府农业行政主管部门所属的种子管理机构组织实施。

第四条 种子质量纠纷处理机构根据需要可以申请现场鉴定；种子质量纠纷当事人可以共同申请现场鉴定，也可以单独申请现场鉴定。

鉴定申请一般以书面形式提出，说明鉴定的内容和理由，并提供相关材料。口头提出鉴定申请的，种子管理机构应当制作笔录，并请申请人签字确认。

第五条 种子管理机构对申请人的申请进行审查，符合条件的，应当及时组织鉴定。有下列情形之一的，种子管理机构对现场鉴定申请不予受理：

（一）针对所反映的质量问题，申请人提出鉴定申请时，需鉴定地块的作物生长期已错过该作物典型性状表现期，从技术上已无法鉴别所涉及质量纠纷起因的；

（二）司法机构、仲裁机构、行政主管部门已对质量纠纷做出生效判决和处理决定的；

（三）受当前技术水平的限制，无法通过田间现场鉴定的方式来判定所提及质量问题起因的；

（四）纠纷涉及的种子没有质量判定标准、规定或者合同约定要求的；

（五）有确凿的理由判定纠纷不是由种子质量所引起的；

（六）不按规定缴纳鉴定费的。

第六条 现场鉴定由种子管理机构组织专家鉴定组进行。

专家鉴定组由鉴定所涉及作物的育种、栽培、种子管理等方面的专家组成，必要时可邀请植物保护、气象、土壤肥料等方面的专家参加。专家鉴定组名单应当征求申请人和当事人的意见，可以不受行政区域的限制。

参加鉴定的专家应当具有高级专业技术职称、具有相应的专门知识和实际工作经验、从事相关专业领域的工作5年以上。

纠纷所涉品种的选育人为鉴定组成员的，其资格不受前款条件的限制。

第七条 专家鉴定组人数应为3人以上的单数，由一名组长和若干成员组成。

第八条 专家鉴定组成员有下列情形之一的，应当回避，申请人也可以口头或者书面申请其回避：

（一）是种子质量纠纷当事人或者当事人的近亲属的；

（二）与种子质量纠纷有利害关系的；

（三）与种子质量纠纷当事人有其他关系，可能影响公正鉴定的。

第九条 专家鉴定组进行现场鉴定时，可以向当事人了解有关情况，可以要求申请人提供与现场鉴定有关的材料。

申请人及当事人应予以必要的配合，并提供真实资料和证明。不配合或者提供虚假资料和证明，对鉴定工作造成影响的，应承担由此造成的相应后果。

第十条 专家鉴定组进行现场鉴定时，应当通知申请人及有关当事人到场。专家鉴定组根据现场情况确定取样方法和鉴定步骤，并独立进行现场鉴定。

任何单位或者个人不得干扰现场鉴定工作，不得威胁、利诱、辱骂、殴打专家鉴定组成员。

专家鉴定组成员不得接受当事人的财物或者其他利益。

第十一条 有下列情况之一的，终止现场鉴定：

（一）申请人不到场的；

（二）需鉴定的地块已不具备鉴定条件的；

（三）因人为因素使鉴定无法开展的。

第十二条 专家鉴定组对鉴定地块中种植作物的生长情况进行鉴定时，应当充分考虑以下因素：

（一）作物生长期间的气候环境状况；

（二）当事人对种子处理及田间管理情况；

（三）该批种子室内鉴定结果；

（四）同批次种子在其他地块生长情况；

（五）同品种其他批次种子生长情况；

（六）同类作物其他品种种子生长情况；

（七）鉴定地块地力水平；

（八）影响作物生长的其他因素。

第十三条 专家鉴定组应当在事实清楚、证据确凿的基础上，根据有关种子法规、标准，依据相关的专业知识，本着科学、公正、公平的原则，及时作出鉴定结论。

专家鉴定组现场鉴定实行合议制。鉴定结论以专家鉴定组成员半数以上通过有效。专家鉴定组成员在鉴定结论上签名。专家鉴定组成员对鉴定结论的不同意见，应当予以注明。

第十四条 专家鉴定组应当制作现场鉴定书。现场鉴定书应当包括以下主要内容：

（一）鉴定申请人名称、地址、受理鉴定日期等基本情况；

（二）鉴定的目的、要求；

（三）有关的调查材料；

（四）对鉴定方法、依据、过程的说明；

（五）鉴定结论；

（六）鉴定组成员名单；

（七）其他需要说明的问题。

第十五条 现场鉴定书制作完成后，专家鉴定组应当及时交给组织鉴定的种子管理机构。种子管理机构应当在5日内将现场鉴定书交付申请人。

第十六条 对现场鉴定书有异议的，应当在收到现场鉴定书15日内向原受理单位上一级种子管理机构提出再次鉴定申请，并说明理由。上一级种子管理机构对原鉴定的依据、方法、过程等进行审查，认为有必要和可能重新鉴定的，应当按本办法规定重新组织专家鉴定。再次鉴定申请只能提起一次。

当事人双方共同提出鉴定申请的，再次鉴定申请由双方共同提出。当事人一方单独提出鉴定申请的，另一方当事人不得提出再次鉴定申请。

第十七条 有下列情形之一的，现场鉴定无效：

（一）专家鉴定组组成不符合本办法规定的；

（二）专家鉴定组成员收受当事人财物或者其他利益，弄虚作假的；

（三）其他违反鉴定程序，可能影响现场鉴定客观、公正的。

现场鉴定无效的，应当重新组织鉴定。

第十八条 申请现场鉴定，应当按照省级有关主管部门的规定缴纳鉴定费。

第十九条 参加现场鉴定工作的人员违反本办法的规定，接受鉴定申请人或者当事人的财物或者其他利益，出具虚假现场鉴定书的，由其所在单位或者主管部门给予行政处分；构成犯罪的，依法追究刑事责任。

第二十条 申请人、有关当事人或者其他人员干扰田间现场鉴定工作，寻衅滋事，扰乱现场鉴定工作正常进行的，依法给予治安管理处罚或者追究刑事责任。

第二十一条 委托制种发生质量纠纷，需要进行现场鉴定的，参照本办法执行。

第二十二条 本办法自2003年9月1日起施行。

《进出口农作物种子（苗）管理暂行办法》

（1997年3月28日颁布，中华人民共和国农业部令第14号）

第一章 总 则

第一条 为了进一步贯彻有关种子管理法规，加强种质资源管理，促进我国农作物种子（苗）的对外贸易与合作交流，特制定本办法。

第二条 本办法中进出口农作物种子（苗）（以下简称农作物种子）包括从国（境）外引进和向国（境）外提供研究用种质资源（以下简称进出口种质资源）、进出口生产用种子。

进出口生产用种子包括试验用种子、大田用商品种子和对外制种用种子。

第三条 从事进出口生产用种子业务和向国（境）外提供种质资源的单位应当具备中国法人资格。禁止个人从事进出口生产用种子业务和向国（境）外提供种质资源。

进出口大田用商品种子，应当具有与其进出口种子类别相符的种子生产、经营权及进出口权；没有进出口权的，由农业部指定的具有农作物种子进出口权的单位代理。

第二章 进出口种质资源的管理

第四条 向国（境）外提供种质资源，按照作物种质资源分类目录管理。属于“有条件对外交换的”和“可以对外交换的”种质资源由省级农业行政主管部门审核，送交中国农业科学院作物品种资源研究所（以下简称品资所），品资所征得农业部同意后办理审批手续；

属于“不能对外交换的”和未进行国家统一编号的种质资源不准向国（境）外提供，特殊情况需要提供的，由品资所审核，报农业部审批。

引进种质资源的单位和个人，应当向品资所登记，并附适量种子供保存和利用。

第五条 对外提供种质资源的申请和审批：

（一）向国（境）外提供种质资源的单位，向审核单位提出申请，按规定的格式及要求填写《对外交流农作物种质资源申请表》（见附件一），提交向国（境）外提供种质资源的有关情况说明。审核单位同意后，报审批单位审批。

（二）审批单位审批同意的，由品资所统一开具《对外交流农作物种质资源准许证》（见附件二），加盖“农业部对外交流农作物种质资源审批专用章”。对外提供种质资源的单位，持《对外交流农作物种质资源准许证》到植物检疫机构办理检疫审批手续。《对外交流农作物种质资源准许证》作为海关放行的依据。

第三章　进出口生产用种子的管理

第六条 进出口生产用种子，由所在地省级农业行政主管部门审核，农业部审批。

第七条 进口试验用种子应坚持少而精的原则。每个进口品种，种子以 10 亩播量，苗木以 100 株为限。

第八条 进口试验用种子应在国家或省（自治区、直辖市）农作物品种审定委员会的统一安排指导下进行种植试验。

第九条 申请进口大田用商品种子，应符合下列条件：

（一）品种应当经国家或省级农作物品种审定委员会审定通过，国内暂时没有开展审定工作而生产上又急需的农作物种类品种，应当提交至少 2 个生育周期的引种试验报告。

（二）种子质量应当达到国家标准或行业标准；对没有国家标准或行业标准的，可以在合同中约定或参考有关国际标准。

第十条 从事进口大田用商品种子业务的单位应当在每年八月底以前将下一年度进口种子计划上报所在省级农业行政主管部门，由省级农业行政主管部门审核汇总后于十月底前报农业部。

第十一条 进口对外制种用种子，不受本办法第九条限制，但繁殖的种子不得在国内销售。

第十二条 国家鼓励种子出口，但列入种质资源“不对外交换的”和未进行国家统一编号的品种及杂交作物亲本种子原则上不允许出口。特殊情况，报经农业部批准。

第十三条 进出口生产用种子的申请和审批：

（一）进出口单位向审核单位提出申请，按规定的格式及要求填写《进（出）口农作物种子（苗）审批表》（见附件三），提交进出口种子品种说明；

办理进出口对外制种用种子，应提交对外制种合同（或协议书）；

办理进出口大田用商品种子，应提交《种子经营许可证》、《营业执照》和通过品种审定、达到质量标准及种子进出口权的有关证明文件。

审核单位同意后，报审批机关审批。

（二）经审批机关审批同意，加盖"中华人民共和国农业部进出口农作物种子审批专用章"。种子进出口单位，持有效《进出口农作物种子（苗）审批表》批件到植物检疫机构办理检疫审批手续。进口农作物种子办理免税手续的，由农业部出具《动植物苗种进口免税审批证明》（见附件四），作为海关免税放行的依据。

第四章 进出口农作物种于管理的监督

第十四条 品资所应当在每季度开始的第一个月10日前，将上一季度进出口种质资源审批情况报农业部；每年1月10日前向农业部报上一年度工作总结。

第十五条 农业行政主管部门和有关部门工作人员违反本办法规定办理进出口审核、审批或检疫审批的，由本单位或上级机关给予行政处分：构成犯罪的，交由司法机关追究其刑事责任。

第五章 附 则

第十六条 《进出口农作物种子（苗）审批表》、《动植物苗种进口免税审批证明》由农业部统一印制；《对外交流农作物种质资源申请表》、《对外交流农作物种质资源准许证》由农业部委托品资所统一印制。

第十七条 《对外交流农作物种质资源申请表》、《进出口农作物种子（苗）审批表》的有效期为6个月，《动植物苗种进口免税审批证明》、《对外交流农作物种质资源准许证》的有效期为3个月，超过有效期限或需要改变进出口种子的品种、数量，进出口国家或地区的，均需重新办理审批手续。

第十八条 进出口农作物种于应办理植物检疫手续，具体办法按《中华人民共和国进出境动植物检疫法》、《中华人民共和国进出境动植物检疫法实施条例》、《植物检疫条例》、《国外引种检疫审批管理办法》及有关植物检疫规章规定办理。

第十九条 本办法由农业部负责解释。

第二十条 本办法自发布之日起施行。

注：1. 本办法附件略。

2. 2003年7月8日发布的《农作物种质资源管理办法》对《进出口农作物种子（苗）管理暂行办法》有关种质资源进出口管理的内容予以了废止。

畜禽遗传资源保种场保护区和基因库管理办法

（2006 年 6 月 5 日公布，中华人民共和国农业部令第 64 号）

第一章　总　　则

第一条　为了加强畜禽遗传资源保护与管理，根据《中华人民共和国畜牧法》的有关规定，制定本办法。

第二条　畜禽遗传资源保种场、保护区、基因库的建立或者确定、监督管理，适用本办法。

第三条　农业部负责全国畜禽遗传资源保种场、保护区、基因库的管理，并负责建立或者确定国家级畜禽遗传资源保种场、保护区和基因库。

省级人民政府畜牧行政主管部门负责本行政区域内畜禽遗传资源保种场、保护区、基因库的管理，并负责建立或者确定省级畜禽遗传资源保种场、保护区和基因库。

第四条　全国畜牧总站承担国家级畜禽遗传资源保种场、保护区、基因库的具体管理工作。

第二章　基本条件

第五条　国家级畜禽遗传资源保种场应当具备下列条件：

（一）场址在原产地或与原产地自然生态条件一致或相近的区域；

（二）场区布局合理，生产区与办公区、生活区隔离分开。办公区设技术室、资料档案室等。生产区设置饲养繁育场地、兽医室、隔离舍、畜禽无害化处理、粪污排放处理等场所，配备相应的设施设备，防疫条件符合《中华人民共和国动物防疫法》等有关规定；

（三）有与保种规模相适应的畜牧兽医技术人员。主管生产的技术负责人具备大专以上相关专业学历或中级以上技术职称；直接从事保种工作的技术人员需经专业技术培训，掌握保护畜禽遗传资源的基本知识和技能；

（四）符合种用标准的单品种基础畜禽数量要求：

猪：母猪 100 头以上，公猪 12 头以上，三代之内没有血缘关系的家系数不少于 6 个。

牛、马、驴、骆驼：母畜 150 头（匹、峰）以上，公畜 12 头（匹、峰）以上，三代之内没有血缘关系的家系数不少于 6 个。

羊：母羊 250 只以上，公羊 25 只以上，三代之内没有血缘关系的家系数不少于 6 个。

鸡:母鸡 300 只以上;公鸡不少于 30 个家系。

鸭、鹅:母禽 200 只以上;公禽不少于 30 个家系。

兔:母兔 300 只以上,公兔 60 只以上,三代之内没有血缘关系的家系数不少于 6 个。

犬:母犬 30 条以上,公犬不少于 10 条。

蜂:60 箱以上。

抢救性保护品种及其他品种的基础畜禽数量要求由国家畜禽遗传资源委员会规定。

(五)有完善的管理制度和健全的饲养、繁育、免疫等技术规程。

第六条 国家级畜禽遗传资源保护区应当具备下列条件:

(一)设在畜禽遗传资源的中心产区,范围界限明确;

(二)保护区内应有 2 个以上保种群,保种群之间的距离不小于 3 公里;蜂种保护区具有自然交尾隔离区,其中,山区隔离区半径距离不小于 12 公里,平原隔离区半径距离不小于 16 公里;

(三)保护区具备一定的群体规模,单品种资源保护数量不少于保种场群体规模的 5 倍,所保护的畜禽品种质量符合品种标准。

第七条 国家级畜禽遗传资源基因库应当具备下列条件:

(一)有固定的场所,所在地及附近地区无重大疫病发生史;

(二)有遗传材料保存库、质量检测室、技术研究室、资料档案室等;有畜禽遗传材料制作、保存、检测、运输等设备;具备防疫、防火、防盗、防震等安全设施;水源、电源、液氮供应充足;

(三)有从事遗传资源保护工作的专职技术人员。专业技术人员比例不低于 70%;从事畜禽遗传材料制作和检测工作的技术人员需经专业技术培训,并取得相应的国家职业资格证书;

(四)保存单品种遗传材料数量和质量要求:

牛羊单品种冷冻精液保存 3000 剂以上,精液质量达到国家有关标准;公畜必须符合其品种标准,级别为特级,系谱清楚,无传染性疾病和遗传疾病,三代之内没有血缘关系的家系数不少于 6 个。

牛羊单品种冷冻胚胎保存 200 枚以上,胚胎质量为 A 级;胚胎供体必须符合其品种标准,系谱清楚,无传染性疾病和遗传疾病;供体公畜为特级,供体母畜为 1 级以上,三代之内没有血缘关系的家系数不少于 6 个。

其他畜禽冷冻精液、冷冻胚胎以及其他遗传材料(组织、细胞、基因物质等)的保存数量和质量根据需要确定。

(五)有相应的保种计划和质量管理、出入库管理、安全管理、消毒防疫、重大突发事件应急预案等制度,以及遗传材料制作、保存和质量检测技术规程;有完整系统的技术档案资料;

(六)活体保种的基因库应当符合保种场条件。

第三章　建立和确定程序

第八条　建立或者确定畜禽遗传资源保种场、保护区和基因库，应当符合全国畜禽遗传资源保护和利用规划以及国家级畜禽遗传资源保护名录的要求。

第九条　从事国家级畜禽遗传资源保护名录内畜禽资源保护工作，符合本办法第二章要求的单位或者个人，可以申报国家级畜禽遗传资源保种场、保护区和基因库。

第十条　申请国家级畜禽遗传资源保种场、保护区、基因库的单位或者个人，应当于每年 3 月底前向省级人民政府畜牧行政主管部门提交下列材料：

（一）申请表（见附表）；

（二）符合第二章规定条件的说明资料；

（三）系谱、选育记录等有关证明材料；

（四）保种场和活体保种的基因库还应当提交《种畜禽生产经营许可证》复印件。

第十一条　省级人民政府畜牧行政主管部门应当自申请受理之日起 20 个工作日内完成初审，并将初审意见和相关材料报送农业部。

农业部自收到申请材料后 20 个工作日内做出决定，经审查符合条件的，确定为畜禽遗传资源保种场、保护区和基因库，并予以公告；不符合条件的，书面通知申请人并说明理由。

农业部或者省级人民政府畜牧行政主管部门必要时可组织现场审验。

第四章　监督管理

第十二条　畜禽遗传资源保种场、保护区、基因库经公告后，任何单位和个人不得擅自变更其名称、地址、性质或者保护内容；确需变更的，应当按原程序重新申请。

第十三条　县级以上畜牧技术推广机构负责畜禽遗传资源保种场、保护区、基因库的技术指导工作。

第十四条　畜禽遗传资源保种场应当严格实施保种规划，开展选种选配工作，确保保种群体的数量和质量，并准确、完整记录畜禽品种的基本信息。

第十五条　畜禽遗传资源保护区周边交通要道、重要地段，应当由所在地县级以上地方人民政府设立保护标志。

第十六条　畜禽遗传资源基因库应当根据保种计划和工作需要，定期采集、补充和更新畜禽遗传材料，并对保存的遗传材料进行备份。

第十七条　享受中央和省级财政资金支持的畜禽遗传资源保种场、保护区和基因库，未经农业部或者省级人民政府畜牧行政主管部门批准，不得擅自处理受保护的畜禽遗传资源。

第十八条　国家级畜禽遗传资源保种场、保护区、基因库应当在每年 1 月底前将上年度工作报告报送全国畜牧总站。工作报告内容包括：

（一）群体规模数量；

（二）主要性状的变化情况；

（三）保护与选育的主要工作；

（四）财政专项资金使用情况；

（五）存在的主要问题、改进措施和建议。

第十九条 全国畜牧总站负责对国家级畜禽遗传资源保种场、保护区、基因库的保种工作进行检查。发现保种工作中存在重大问题的，应当责令限期整改，并及时向农业部提出处理建议。

第二十条 有下列行为之一的，取消国家级畜禽遗传资源保种场、保护区、基因库资格：

（一）违反本办法第十七条规定，情节严重的；

（二）截留、挤占、挪用专项资金，情节严重的；

（三）擅自变更地址或者保护内容的，或者擅自变更名称、性质等且在规定期限内拒不改正的；

（四）连续两年不提交工作报告的。

第五章　附　　则

第二十一条 本办法下列用语的含义：

（一）保种场，是指有固定场所、相应技术人员、设施设备等基本条件，以活体保护为手段，以保护畜禽遗传资源为目的的单位。

（二）保护区，是指国家或地方为保护特定畜禽遗传资源，在其原产地中心产区划定的特定区域。

（三）基因库，是指在固定区域建立的，有相应人员、设施等基础条件，以低温生物学方法或活体保护为手段，保护多个畜禽遗传资源的单位。基因库保种范围包括活体、组织、胚胎、精液、卵、体细胞、基因物质等遗传材料。

第二十二条 省级畜禽遗传资源保种场、保护区、基因库的基本条件、建立或者确定程序和管理，参照本办法执行。

第二十三条 本办法自2006年7月1日起施行。

注：本办法附件略。

畜禽新品种配套系审定和畜禽遗传资源鉴定办法

（2006年6月5日公布，中华人民共和国农业部令第65号）

第一章　总　　则

第一条　为了规范畜禽新品种、配套系审定和畜禽遗传资源鉴定工作，促进优良畜禽品种选育与推广，根据《中华人民共和国畜牧法》的有关规定，制定本办法。

第二条　本办法所称畜禽新品种是指通过人工选育，主要遗传性状具备一致性和稳定性，并具有一定经济价值的畜禽群体；配套系是指利用不同品种或种群之间杂种优势，用于生产商品群体的品种或种群的特定组合；畜禽遗传资源是指未列入《中国畜禽遗传资源目录》，通过调查新发现的畜禽遗传资源。

第三条　培育的畜禽新品种、配套系和畜禽遗传资源在推广前，应当通过国家畜禽遗传资源委员会审定或者鉴定，并由农业部公告。

第四条　农业部主管全国畜禽新品种、配套系审定和畜禽遗传资源鉴定工作。

农业部国家畜禽遗传资源委员会负责畜禽新品种、配套系审定和畜禽遗传资源鉴定。国家畜禽遗传资源委员会办公室设在全国畜牧总站。

第五条　国家畜禽遗传资源委员会由科研、教学、生产、推广、管理等方面的专业人员组成，并设立牛、羊、家禽、猪、蜜蜂和其他动物等专业委员会，负责畜禽新品种、配套系审定和畜禽遗传资源鉴定的初审工作。

第二章　申请与受理

第六条　申请审定和鉴定的畜禽新品种、配套系和畜禽遗传资源，应当具备下列条件，并符合相关技术规范要求：

（一）主要特征一致、特性明显，遗传性稳定；

（二）与其他品种、配套系、畜禽遗传资源有明显区别；

（三）具有适当的名称。

畜禽新品种、配套系审定和畜禽遗传资源鉴定技术规范由农业部另行制定。

第七条　申请畜禽新品种、配套系审定的，由该品种或配套系的培育单位或者个人向所在地省级人民政府畜牧行政主管部门提出，省级人民政府畜牧行政主管部门应当在20个工作日内完成审核，并将审核意见和相关材料报送国家畜禽遗传资源委员会。

申请畜禽遗传资源鉴定的,由该资源所在地省级人民政府畜牧行政主管部门向国家畜禽遗传资源委员会提出。

在中国没有经常住所或者营业场所的外国人、外国企业或者其他组织在中国申请畜禽新品种、配套系审定的,应当委托具有法人资格的中国育种科研、生产、经营单位代理。

第八条 申请畜禽新品种、配套系审定的,应当向省级人民政府畜牧行政主管部门提交下列材料:

(一)畜禽新品种、配套系审定申请表;

(二)育种技术工作报告;

(三)新品种、配套系标准;

(四)具有法定资质的畜禽质量检验机构最近两年内出具的检测结果;

(五)中试报告或者试验单位的证明材料;

(六)声像、画册资料及必要的实物。

第九条 申请畜禽遗传资源鉴定的,应当向国家畜禽遗传资源委员会提交下列材料:

(一)畜禽遗传资源鉴定申请表;

(二)遗传资源介绍;

(三)遗传资源标准;

(四)声像、画册资料及必要的实物。

第十条 国家畜禽遗传资源委员会自收到申请材料之日起15个工作日内作出是否受理的决定,并书面通知申请人。不予受理的,应当说明理由。

第三章 审定、鉴定与公告

第十一条 国家畜禽遗传资源委员会受理申请后,应当组织专业委员会进行初审。初审专家不少于5人。

第十二条 初审可以采取下列方式:

(一)书面审查;

(二)现场考察、测试或者演示;

(三)答辩;

(四)会议讨论。

第十三条 初审结论应当经三分之二以上专家通过,不同意见应当载明。

第十四条 国家畜禽遗传资源委员会每半年召开一次专门会议,对初审结论进行讨论和表决。出席会议的委员不少于全体委员的三分之二。

表决采取无记名投票方式。同意票数超过到会委员半数的,通过审定或者鉴定。

第十五条 通过审定或者鉴定的畜禽新品种、配套系或者畜禽遗传资源,由国家畜禽遗传资源委员会在中国农业信息网(www.agri.gov.cn)公示,公示期为一个月。

公示期满无异议的,由国家畜禽遗传资源委员会颁发证书并报农业部公告。

第十六条 未通过审定或鉴定的，国家畜禽遗传资源委员会办公室应当在30个工作日内书面通知申请人。申请人有异议的，应当在接到通知后30个工作日内申请复审。国家畜禽遗传资源委员会应当在6个月内作出复审决定，并通知申请人。

第四章 中间试验

第十七条 畜禽新品种、配套系申请审定前，培育者可以进行中间试验，对品种、配套系的生产性能、适应性、抗逆性等进行验证。

第十八条 中间试验应当经试验所在地省级人民政府畜牧行政主管部门批准，培育者应当提交下列材料：

（一）新品种、配套系暂定名；

（二）新品种、配套系特征、特性；

（三）拟进行中间试验的地点、期限和规模等。

第十九条 省级人民政府畜牧行政主管部门应当自收到申请之日起15个工作日内做出是否批准的决定。决定批准的，应当明确中间试验的地点、期限、规模及培育者应承担的责任；不予批准的，书面通知申请人并说明理由。

培育者不得改变中间试验的地点、期限和规模。确需改变的，应当报原批准机关批准。

中间试验结束后，培育者应当向批准机关提交书面报告。

第五章 监督管理

第二十条 申请人隐瞒有关情况或者提供虚假材料的，不予受理，并给予警告，一年之内不得再次申请审定或者鉴定。已通过审定或者鉴定的，收回并注销证书，申请人三年之内不得再次申请审定或者鉴定。

第二十一条 已审定通过的新品种、配套系在生产推广过程中发现有重大缺陷的，经国家畜禽遗传资源委员会论证，由农业部作出停止生产、推广的决定，并予以公告，国家畜禽遗传资源委员会收回证书。

第二十二条 审定或者鉴定专家及其工作人员应当保守秘密，违反规定的，依照国家保密法有关规定处罚。

第二十三条 其他违反本办法的行为，依照《中华人民共和国畜牧法》的有关规定处罚。

第六章 附 则

第二十四条 审定或者鉴定所需的试验、检测等费用由申请人承担，具体标准按照国家有关规定执行。

第二十五条 转基因畜禽品种的培育、试验、审定，还应当符合国家有关农业转基因生物安全管理的规定。

第二十六条 本办法自2006年7月1日起施行。本办法施行前，省级人民政府畜牧行政主管部门审定通过的畜禽新品种、配套系，需要跨省推广的，应当依照本办法申请审定。

优良种畜登记规则

（2006年6月5日公布，中华人民共和国农业部令第66号）

第一条 为了培育优良种畜，提高种畜遗传质量，向社会推荐优良种畜，根据《中华人民共和国畜牧法》的有关规定，制定本规则。

第二条 本规则所称优良种畜，是指个体符合品种标准，综合鉴定等级为一级以上的种畜。

第三条 农业部主管全国优良种畜登记管理工作。省级人民政府畜牧行政主管部门主管本行政区域内优良种畜登记管理工作。

全国畜牧总站组织开展全国性优良种畜登记。省级畜牧技术推广机构组织开展本行政区域内的优良种畜登记。

畜牧行业协会配合畜牧技术推广机构实施优良种畜登记工作。

第四条 饲养《中国畜禽遗传资源目录》中牛、羊、猪、马、驴、骆驼、鹿、兔、犬等家畜的单位和个人，可以自愿申请优良种畜登记，任何机构不得强制。

第五条 申请优良种畜登记的单位和个人应当符合下列条件：

（一）取得种畜禽生产经营许可资格；

（二）畜牧主管部门备案的养殖场或者养殖小区；

（三）国家和省级畜禽遗传资源保护区内的养殖户；

（四）其他符合条件的单位和个人。

第六条 申请登记的种畜应当符合下列条件之一：

（一）双亲已登记的纯种；

（二）从国外引进已登记或者注册的原种；

（三）三代系谱记录完整的个体；

（四）其他符合优良种畜条件的个体。

第七条 申请优良种畜登记的单位和个人，应当向省级以上畜牧技术推广机构（以下简称登记机构）报送下列材料：

（一）申请表；

（二）申请报告和种畜系谱等资料；

（三）种畜照片；

（四）《种畜禽生产经营许可证》复印件。

第八条 登记机构应当自收到申请之日起30个工作日内完成审定，必要时可以组织现场审验或者技术检测。

通过审定的，予以登记公告，并由登记机构发放优良种畜证书；未通过审定的，登记机构应当书面通知申请人，并说明理由。

第九条 优良种畜登记实行一畜一卡，记录内容包括：

（一）基本情况：场（小区、站、户）名、品种、类型、个体编号、出生日期、出生地、综合鉴（评）定等级、登记时间、登记人等基础信息；

（二）系谱档案：三代系谱完整，并具有父本母本生产性能或遗传力评估的完整资料；

（三）外貌特征：种畜头部正面及左、右体侧照片各一张；

（四）生产性能：按各畜种登记卡的内容进行登记；

（五）优良种畜转让、出售、死亡、淘汰等情况。

第十条 优良种畜登记卡由专人负责填写和管理，登记信息应当录入计算机管理系统，不得随意涂改。

优良种畜登记卡等书面信息资料，至少保存5年；电子信息资料应当长期保存。

第十一条 登记的优良种畜淘汰、死亡的，畜主应当在30日内向登记机构报告。

登记的优良种畜转让、出售的，应当附优良种畜登记卡等相关资料，并办理变更手续。

第十二条 申请单位和个人以欺诈、贿赂等手段骗取登记的，撤销优良种畜登记。

已登记的种畜不再符合规定条件的，注销优良种畜登记。

第十三条 登记机构及其工作人员弄虚作假、玩忽职守造成后果的，依法给予处分；造成损失的，依法承担赔偿责任。

第十四条 本规则自2006年7月1日起施行。

畜禽标识和养殖档案管理办法

（2006年6月26日公布，中华人民共和国农业部令第67号）

第一章 总 则

第一条 为了规范畜牧业生产经营行为，加强畜禽标识和养殖档案管理，建立畜禽及畜禽产品可追溯制度，有效防控重大动物疫病，保障畜禽产品质量安全，依据《中华人民共和国畜牧法》、《中华人民共和国动物防疫法》和《中华人民共和国农产品质量安全法》，制定本办法。

第二条 本办法所称畜禽标识是指经农业部批准使用的耳标、电子标签、脚环以及其他承载畜禽信息的标识物。

第三条 在中华人民共和国境内从事畜禽及畜禽产品生产、经营、运输等活动,应当遵守本办法。

第四条 农业部负责全国畜禽标识和养殖档案的监督管理工作。

县级以上地方人民政府畜牧兽医行政主管部门负责本行政区域内畜禽标识和养殖档案的监督管理工作。

第五条 畜禽标识制度应当坚持统一规划、分类指导、分步实施、稳步推进的原则。

第六条 畜禽标识所需费用列入省级人民政府财政预算。

第二章 畜禽标识管理

第七条 畜禽标识实行一畜一标,编码应当具有唯一性。

第八条 畜禽标识编码由畜禽种类代码、县级行政区域代码、标识顺序号共 15 位数字及专用条码组成。

猪、牛、羊的畜禽种类代码分别为 1、2、3。

编码形式为:×(种类代码)-××××××(县级行政区域代码)-××××××××(标识顺序号)。

第九条 农业部制定并公布畜禽标识技术规范,生产企业生产的畜禽标识应当符合该规范规定。

省级动物疫病预防控制机构统一采购畜禽标识,逐级供应。

第十条 畜禽标识生产企业不得向省级动物疫病预防控制机构以外的单位和个人提供畜禽标识。

第十一条 畜禽养殖者应当向当地县级动物疫病预防控制机构申领畜禽标识,并按照下列规定对畜禽加施畜禽标识:

(一)新出生畜禽,在出生后 30 天内加施畜禽标识;30 天内离开饲养地的,在离开饲养地前加施畜禽标识;从国外引进畜禽,在畜禽到达目的地 10 日内加施畜禽标识。

(二)猪、牛、羊在左耳中部加施畜禽标识,需要再次加施畜禽标识的,在右耳中部加施。

第十二条 畜禽标识严重磨损、破损、脱落后,应当及时加施新的标识,并在养殖档案中记录新标识编码。

第十三条 动物卫生监督机构实施产地检疫时,应当查验畜禽标识。没有加施畜禽标识的,不得出具检疫合格证明。

第十四条 动物卫生监督机构应当在畜禽屠宰前,查验、登记畜禽标识。

畜禽屠宰经营者应当在畜禽屠宰时回收畜禽标识,由动物卫生监督机构保存、销毁。

第十五条 畜禽经屠宰检疫合格后,动物卫生监督机构应当在畜禽产品检疫标志中注明畜禽标识编码。

第十六条 省级人民政府畜牧兽医行政主管部门应当建立畜禽标识及所需配套设备的采购、保管、发放、使用、登记、回收、销毁等制度。

第十七条 畜禽标识不得重复使用。

第三章 养殖档案管理

第十八条 畜禽养殖场应当建立养殖档案，载明以下内容：

（一）畜禽的品种、数量、繁殖记录、标识情况、来源和进出场日期；

（二）饲料、饲料添加剂等投入品和兽药的来源、名称、使用对象、时间和用量等有关情况；

（三）检疫、免疫、监测、消毒情况；

（四）畜禽发病、诊疗、死亡和无害化处理情况；

（五）畜禽养殖代码；

（六）农业部规定的其他内容。

第十九条 县级动物疫病预防控制机构应当建立畜禽防疫档案，载明以下内容：

（一）畜禽养殖场：名称、地址、畜禽种类、数量、免疫日期、疫苗名称、畜禽养殖代码、畜禽标识顺序号、免疫人员以及用药记录等。

（二）畜禽散养户：户主姓名、地址、畜禽种类、数量、免疫日期、疫苗名称、畜禽标识顺序号、免疫人员以及用药记录等。

第二十条 畜禽养殖场、养殖小区应当依法向所在地县级人民政府畜牧兽医行政主管部门备案，取得畜禽养殖代码。

畜禽养殖代码由县级人民政府畜牧兽医行政主管部门按照备案顺序统一编号，每个畜禽养殖场、养殖小区只有一个畜禽养殖代码。

畜禽养殖代码由6位县级行政区域代码和4位顺序号组成，作为养殖档案编号。

第二十一条 饲养种畜应当建立个体养殖档案，注明标识编码、性别、出生日期、父系和母系品种类型、母本的标识编码等信息。

种畜调运时应当在个体养殖档案上注明调出和调入地，个体养殖档案应当随同调运。

第二十二条 养殖档案和防疫档案保存时间：商品猪、禽为2年，牛为20年，羊为10年，种畜禽长期保存。

第二十三条 从事畜禽经营的销售者和购买者应当向所在地县级动物疫病预防控制机构报告更新防疫档案相关内容。

销售者或购买者属于养殖场的，应及时在畜禽养殖档案中登记畜禽标识编码及相关信息变化情况。

第二十四条 畜禽养殖场养殖档案及种畜个体养殖档案格式由农业部统一制定。

第四章 信息管理

第二十五条 国家实施畜禽标识及养殖档案信息化管理,实现畜禽及畜禽产品可追溯。

第二十六条 农业部建立包括国家畜禽标识信息中央数据库在内的国家畜禽标识信息管理系统。

省级人民政府畜牧兽医行政主管部门建立本行政区域畜禽标识信息数据库,并成为国家畜禽标识信息中央数据库的子数据库。

第二十七条 县级以上人民政府畜牧兽医行政主管部门根据数据采集要求,组织畜禽养殖相关信息的录入、上传和更新工作。

第五章 监督管理

第二十八条 县级以上地方人民政府畜牧兽医行政主管部门所属动物卫生监督机构具体承担本行政区域内畜禽标识的监督管理工作。

第二十九条 畜禽标识和养殖档案记载的信息应当连续、完整、真实。

第三十条 有下列情形之一的,应当对畜禽、畜禽产品实施追溯:

(一)标识与畜禽、畜禽产品不符;

(二)畜禽、畜禽产品染疫;

(三)畜禽、畜禽产品没有检疫证明;

(四)违规使用兽药及其他有毒、有害物质;

(五)发生重大动物卫生安全事件;

(六)其他应当实施追溯的情形。

第三十一条 县级以上人民政府畜牧兽医行政主管部门应当根据畜禽标识、养殖档案等信息对畜禽及畜禽产品实施追溯和处理。

第三十二条 国外引进的畜禽在国内发生重大动物疫情,由农业部会同有关部门进行追溯。

第三十三条 任何单位和个人不得销售、收购、运输、屠宰应当加施标识而没有标识的畜禽。

第六章 附 则

第三十四条 违反本办法规定的,按照《中华人民共和国畜牧法》、《中华人民共和国动物防疫法》和《中华人民共和国农产品质量安全法》的有关规定处罚。

第三十五条 本办法自2006年7月1日起施行,2002年5月24日农业部发布的《动物免疫标识管理办法》(农业部令第13号)同时废止。

猪、牛、羊以外其他畜禽标识实施时间和具体措施由农业部另行规定。

家畜遗传材料生产许可办法

(2010年1月21日中华人民共和国农业部令2010年第5号发布,根据2015年10月30日中华人民共和国农业部令2015年第3号修订)

第一章 总　　则

第一条 为加强家畜冷冻精液、胚胎、卵子等遗传材料(以下简称家畜遗传材料)生产的管理,根据《中华人民共和国畜牧法》,制定本办法。

第二条 本办法所称冷冻精液,是指经超低温冷冻保存的家畜精液。

本办法所称胚胎,是指用人工方法获得的家畜早期胚胎,包括体内受精胚胎和体外受精胚胎。

本办法所称卵子,是指母畜卵巢所产生的卵母细胞,包括体外培养卵母细胞。

第三条 从事家畜遗传材料生产的单位和个人,应当依照本办法取得省级人民政府畜牧兽医行政主管部门核发的《种畜禽生产经营许可证》。

第二章 申　　报

第四条 从事家畜遗传材料生产的单位和个人,应当具备下列条件:

(一)与生产规模相适应的家畜饲养、繁育、治疗场地和家畜遗传材料生产、质量检测、产品储存、档案管理场所;

(二)与生产规模相适应的家畜饲养和遗传材料生产、检测、保存、运输等设施设备。其中,生产冷冻精液应当配备精子密度测定仪、相差显微镜、分析天平、细管精液分装机、细管印字机、精液冷冻程控仪、低温平衡柜、超低温贮存设备等仪器设备;生产胚胎和卵子应当配备超净台或洁净间、体视显微镜、超低温贮存设备等,生产体外胚胎还应当配备二氧化碳培养箱等仪器设备;

(三)种畜为通过国家畜禽遗传资源委员会审定或者鉴定的品种,或者为农业部批准引进的境外品种,并符合种用标准;

(四)体外受精取得的胚胎、使用的卵子来源明确,三代系谱清楚,供体畜符合国家规定的种畜健康标准和质量要求;

(五)饲养的种畜达到农业部规定的数量。其中,生产牛冷冻精液的合格采精种公牛数量不少于50头,生产羊冷冻精液的合格采精种公羊数量不少于100只;生产牛胚胎的一级以上基础母牛不少于200头,生产羊胚胎的一级以上基础母羊不少于300只;生产牛卵子的一级以上基础母牛不少于100头,生产羊卵子的一级以上基础母羊不少于200只;其他家畜品种的种畜饲养数量由农业部另行规定;

(六)有5名以上畜牧兽医技术人员。其中,主要技术负责人应当具有畜牧兽医类高级技术职称或者本科以上学历,并在本专业工作5年以上;产品质量检验人员应当在本专业工作2年以上,并经培训合格;初级以上技术职称或者大专以上学历的技术人员数量应当占技术人员总数的80%以上;具有提供诊疗服务的执业兽医;

(七)具备法律、行政法规和农业部规定的防疫条件;

(八)建立相应的管理规章制度,包括岗位责任制、产品质量控制和保障措施、生产销售记录制度等。

第五条 申请取得家畜遗传材料生产许可的,应当向所在地省级人民政府畜牧兽医行政主管部门提出,并提交以下材料:

(一)申请表;

(二)生产条件说明材料;

(三)家畜遗传材料供体畜的原始系谱复印件;优良种畜证书复印件;从国内引进的种畜及遗传材料提供引种场的《种畜禽生产经营许可证》复印件,从境外引进的种畜及遗传材料提供农业部审批复印件;生产卵子、胚胎的提供供体畜来源证明;

(四)仪器设备检定报告复印件;

(五)技术人员资格证书或者学历证书及培训合格证明的复印件;

(六)动物防疫条件合格证复印件;

(七)饲养、繁育、生产、质量检测、储存等管理制度;

(八)申请换发家畜遗传材料生产许可证的,应当提供近三年内家畜遗传材料的生产和销售情况;

(九)农业部规定的其他技术材料。

申请材料不齐全,或者不符合法定形式的,省级人民政府畜牧兽医行政主管部门应当当场或者自收到申请材料之日起5个工作日内,一次告知申请人需要补正的全部内容。

第六条 省级人民政府畜牧兽医行政主管部门自受理申请之日起10个工作日内完成书面审查。对通过书面审查的,组织专家现场评审。

第七条 农业部设立家畜遗传材料生产许可专家库,负责家畜遗传材料生产许可的技术支撑工作。

第三章 现场评审

第八条 现场评审实行专家组负责制。专家组由省级人民政府畜牧兽医行政主管部门指定的5名以上畜牧兽医专业高级技术职称人员组成,人数为单数,可以从农业部家畜遗传材料生产许可专家库中选取。

专家组组长负责现场评审的召集、组织和汇总现场评审意见等工作。

第九条 专家组应当对家畜遗传材料生产场所及布局、仪器设备、防疫等基本条件进行审查。

第十条 专家组应当根据家畜种用标准和全国畜牧总站公布的种公牛育种值，对家畜冷冻精液、胚胎、卵子的供体畜逐一进行评定。

第十一条 专家组应当对技术人员的相关法律法规、生产规程、产品技术标准等知识进行理论考核；对家畜冷冻精液、胚胎、卵子的完整生产流程进行考核，并随机抽取3个以上关键环节，对相关技术人员进行实际操作考核。

第十二条 专家组应当抽查30%以上的仪器设备，对设备的性能与分辨率、完好率、操作规程、使用记录、检测情况等内容进行核查。

第十三条 申请人应当在专家组的监督下，对每头供体畜生产的冷冻精液、3%供体畜生产的胚胎和卵子进行现场随机取样封存，送具有法定资质的种畜禽质量检验机构检测。

第十四条 现场评审完成后，专家组应当形成书面评审意见，由专家组成员签字确认。

评审意见书包括以下内容：

（一）申报材料核查情况；

（二）生产基本条件审查结论；

（三）家畜遗传材料供体评定结果；

（四）技术人员理论和实际操作考核结果；

（五）家畜饲养、繁育和遗传材料生产、产品质量控制、质量检测等规章制度落实情况。

评审意见一式三份，一份交申请人保存，两份报省级人民政府畜牧兽医行政主管部门。

第十五条 现场评审应当自书面审查通过之日起40个工作日内完成。

第四章 审批及监督管理

第十六条 省级人民政府畜牧兽医行政主管部门自收到现场评审意见和家畜遗传材料质量检测报告后10个工作日内，决定是否发放《种畜禽生产经营许可证》。不予发放的，书面通知申请人，并说明理由。

第十七条 有下列情形之一的，不予发放《种畜禽生产经营许可证》：

（一）现场评审不合格的；

（二）冷冻精液质量检测合格的供体畜数量低于本办法第四条第五项规定的；

（三）送检的胚胎或者卵子质量检测不合格的。

第十八条 省级人民政府畜牧兽医行政主管部门在核发生产家畜冷冻精液的《种畜禽生产经营许可证》的同时，公布合格供体畜的编号。

家畜冷冻精液生产单位和个人在许可证有效期内新增供体畜的，应当及时向省级人民政府畜牧兽医行政主管部门申报。省级人民政府畜牧兽医行政主管部门按照本办法的规定组织对供体畜进行现场评审及冷冻精液质量检测，符合规定条件的，公布供体畜编号。

未经公布编号的供体畜，不得投入生产。

生产单位和个人应当及时淘汰冷冻精液不合格的供体畜。拒不淘汰的，由省级人民政府畜牧兽医行政主管部门公布不合格供体畜的编号，并依法予以处罚。

第十九条 省级人民政府畜牧兽医行政主管部门核发的家畜遗传材料《种畜禽生产经营许可证》有效期3年。期满继续从事家畜遗传材料生产的，申请人应当在许可证有效期满5个月前，依照本办法规定重新提出申请。

第二十条 已取得家畜遗传材料《种畜禽生产经营许可证》的单位和个人，申请扩大家畜遗传材料生产范围时，省级人民政府畜牧兽医行政主管部门可在组织现场评审环节适当简化相关程序。

第二十一条 省级人民政府畜牧兽医行政主管部门应当自发放家畜遗传材料《种畜禽生产经营许可证》起20个工作日内，将现场评审、质量检测报告、批准发放家畜遗传材料《种畜禽生产经营许可证》公告等有关材料报农业部备案。

第二十二条 农业部可以对取得家畜遗传材料《种畜禽生产经营许可证》的单位和个人实施监督检查和质量抽查，对不符合要求的，通报所在地省级人民政府畜牧兽医行政主管部门处理，必要时由农业部依法处理。

第二十三条 县级以上人民政府畜牧兽医行政主管部门依法对家畜遗传材料生产活动实施监督检查和质量抽查，对违反本办法从事家畜遗传材料生产活动的，依照《中华人民共和国畜牧法》的有关规定处罚。

第五章 附　　则

第二十四条 不从事家畜遗传材料生产、只从事经营活动的单位和个人，应当依照省级人民政府的规定取得《种畜禽生产经营许可证》。

第二十五条 本办法自2010年3月1日起施行。1998年11月5日农业部发布的《〈种畜禽生产经营许可证〉管理办法》(农业部令第4号)同时废止。

中华人民共和国水生野生动物利用特许办法

（1999 年 6 月 24 日中华人民共和国农业部令第 15 号公布，2004 年 7 月 1 日中华人民共和国农业部令第 38 号、2010 年 11 月 26 日中华人民共和国农业部令 2010 年第 11 号、2013 年 12 月 31 日中华人民共和国农业部令 2013 年第 5 号、2017 年 11 月 30 日中华人民共和国农业部令 2017 年第 8 号、2019 年 4 月 25 日中华人民共和国农业农村部令 2019 年第 2 号修订）

第一章 总 则

第一条 为保护、发展和合理利用水生野生动物资源，加强水生野生动物的保护与管理，规范水生野生动物利用特许证件的发放及使用，根据《中华人民共和国野生动物保护法》、《中华人民共和国水生野生动物保护实施条例》的规定，制定本办法。

第二条 凡需要捕捉、人工繁育以及展览、表演、出售、收购、进出口等利用水生野生动物或其制品的，按照本办法实行特许管理。

除第三十六条、第三十八条外，本办法所称水生野生动物，是指珍贵、濒危的水生野生动物；所称水生野生动物产品，是指珍贵、濒危水生野生动物的任何部分及其衍生物。

第三条 农业部主管全国水生野生动物利用特许管理工作，负责国家一级保护水生野生动物的捕捉、水生野生动物或其制品进出口和国务院规定由农业部负责的国家重点水生野生动物的人工繁育和出售购买利用其活体及制品活动的审批。

省级人民政府渔业主管部门负责本行政区域内除国务院对审批机关另有规定的国家重点保护水生野生动物或其制品利用特许审批；县级以上地方人民政府渔业行政主管部门负责本行政区域内水生野生动物或其制品特许申请的审核。

第四条 农业部组织国家濒危水生野生动物物种科学委员会，对水生野生动物保护与管理提供咨询和评估。

审批机关在批准人工繁育、经营利用以及重要的进出口水生野生动物或其制品等特许申请前，应当委托国家濒危水生野生动物物种科学委员会对特许申请进行评估。评估未获通过的，审批机关不得批准。

第五条 申请水生野生动物或其制品利用特许的单位和个人，必须填报《水生野生动物利用特许证件申请表》（以下简称《申请表》）。《申请表》可向所在地县级以上渔业行政主管部门领取。

第六条 经审批机关批准的，可以按规定领取水生野生动物利用特许证件。

水生野生动物利用特许证件包括《水生野生动物特许猎捕证》(以下简称《猎捕证》)、《水生野生动物人工繁育许可证》(以下简称《人工繁育证》)、《水生野生动物经营利用许可证》(以下简称《经营利用证》)。

第七条 各级渔业行政主管部门及其所属的渔政监督管理机构,有权对本办法的实施情况进行监督检查,被检查的单位和个人应当给予配合。

第二章 捕捉管理

第八条 禁止捕捉、杀害水生野生动物。因科研、教学、人工繁育、展览、捐赠等特殊情况需要捕捉水生野生动物的,必须办理《猎捕证》。

第九条 申请捕捉国家一级保护水生野生动物的,申请人应当将《申请表》和证明材料报所在地省级人民政府渔业行政主管部门签署意见。省级人民政府渔业行政主管部门应当在20日内签署意见,并报农业部审批。

需要跨省捕捉国家一级保护水生野生动物的,申请人应当将《申请表》和证明材料报所在地省级人民政府渔业行政主管部门签署意见。所在地省级人民政府渔业行政主管部门应当在20日内签署意见,并转送捕捉地省级人民政府渔业行政主管部门签署意见。捕捉地省级人民政府渔业行政主管部门应当在20日内签署意见,并报农业部审批。

农业部自收到省级人民政府渔业行政主管部门报送的材料之日起40日内作出是否发放特许猎捕证的决定。

第十条 申请捕捉国家二级保护水生野生动物的,申请人应当将《申请表》和证明材料报所在地县级人民政府渔业行政主管部门签署意见。所在地县级人民政府渔业行政主管部门应当在20日内签署意见,并报省级人民政府渔业行政主管部门审批。

省级人民政府渔业行政主管部门应当自收到县级人民政府渔业行政主管部门报送的材料之日起40日内作出是否发放猎捕证的决定。

需要跨省捕捉国家二级保护水生野生动物的,申请人应当将《申请表》和证明材料报所在地省级人民政府渔业行政主管部门签署意见。所在地省级人民政府渔业行政主管部门应当在20日内签署意见,并转送捕捉地省级人民政府渔业行政主管部门审批。

捕捉地省级人民政府渔业行政主管部门应当自收到所在地省级人民政府渔业行政主管部门报送的材料之日起40日内作出是否发放猎捕证的决定。

第十一条 有下列情形之一的,不予发放《猎捕证》:

(一)申请人有条件以合法的非捕捉方式获得申请捕捉对象或者达到其目的的;

(二)捕捉申请不符合国家有关规定,或者申请使用的捕捉工具、方法以及捕捉时间、地点不当的;

(三)根据申请捕捉对象的资源现状不宜捕捉的。

第十二条 取得《猎捕证》的单位和个人,在捕捉作业以前,必须向捕捉地县级渔业行政主管部门报告,并由其所属的渔政监督管理机构监督进行。

捕捉作业必须按照《猎捕证》规定的种类、数量、地点、期限、工具和方法进行，防止误伤水生野生动物或破坏其生存环境。

第十三条 捕捉作业完成后，捕捉者应当立即向捕捉地县级渔业行政主管部门或其所属的渔政监督管理机构申请查验。捕捉地县级渔业行政主管部门或渔政监督管理机构应及时对捕捉情况进行查验，收回《猎捕证》，并及时向发证机关报告查验结果、交回《猎捕证》。

第三章 人工繁育管理

第十四条 国家支持有关科学研究机构因物种保护目的人工繁育国家重点保护水生野生动物。

前款规定以外的人工繁育国家重点保护水生野生动物实行许可制度。人工繁育国家重点保护水生野生动物的，应当经省级人民政府渔业主管部门批准，取得《人工繁育许可证》，但国务院对批准机关另有规定的除外。

第十五条 申请《人工繁育证》，应当具备以下条件：

（一）有适宜人工繁育水生野生动物的固定场所和必要的设施；

（二）具备与人工繁育水生野生动物种类、数量相适应的资金、技术和人员；

（三）具有充足的人工繁育水生野生动物的饲料来源。

第十六条 国务院规定由农业部批准的国家重点保护水生野生动物的人工繁育许可，向省级人民政府渔业行政主管部门提出申请。省级人民政府渔业行政主管部门应当自申请受理之日起20日内完成初步审查，并将审查意见和申请人的全部申请材料报农业部审批。

农业部应当自收到省级人民政府渔业行政主管部门报送的材料之日起15日内作出是否发放人工繁育许可证的决定。

除国务院规定由农业部批准以外的国家重点保护水生野生动物的人工繁育许可，应当向省级人民政府渔业主管部门申请。

省级人民政府渔业行政主管部门应当自申请受理之日起20日内作出是否发放人工繁育证的决定。

第十七条 人工繁育水生野生动物的单位和个人，必须按照《人工繁育证》的规定进行人工繁育活动。

需要变更人工繁育种类的，应当按照本办法第十七条规定的程序申请变更手续。经批准后，由审批机关在《人工繁育证》上作变更登记。

第十八条 禁止将人工繁育的水生野生动物或其制品进行捐赠、转让、交换。因特殊情况需要捐赠、转让、交换的，申请人应当向《人工繁育证》发证机关提出申请，由发证机关签署意见后，按本办法第三条的规定报批。

第十九条 接受捐赠、转让、交换的单位和个人，应当凭批准文件办理有关手续，并妥善养护与管理接受的水生野生动物或其制品。

第二十条 取得《人工繁育证》的单位和个人，应当遵守以下规定：

（一）遵守国家和地方野生动物保护法律法规和政策；

（二）用于人工繁育的水生野生动物来源符合国家规定；

（三）建立人工繁育物种档案和统计制度；

（四）定期向审批机关报告水生野生动物的生长、繁殖、死亡等情况；

（五）不得非法利用其人工繁育的水生野生动物或其制品；

（六）接受当地渔业行政主管部门的监督检查和指导。

第四章 经营管理

第二十一条 禁止出售、购买、利用国家重点保护水生野生动物及其制品。因科学研究、人工繁育、公众展示展演、文物保护或者其他特殊情况，需要出售、购买、利用水生野生动物及其制品的，应当经省级人民政府渔业主管部门或其授权的渔业主管部门审核批准，并按照规定取得和使用专用标识，保证可追溯。

第二十二条 国务院规定由农业部批准的国家重点保护水生野生动物或者其制品的出售、购买、利用许可，申请人应当将《申请表》和证明材料报所在地省级人民政府渔业行政主管部门签署意见。所在地省级人民政府渔业行政主管部门应当在20日内签署意见，并报农业部审批。

除国务院规定由农业部批准以外的国家重点保护水生野生动物或者其制品的出售、购买、利用许可，应当向省级人民政府渔业主管部门申请。

出售、购买、利用国家二级保护水生野生动物或其制品的，应当向省级人民政府渔业行政主管部门申请。

省级人民政府渔业行政主管部门应当自受理之日起20日内作出是否发放经营利用证的决定。

第二十三条 申请《经营利用证》，应当具备下列条件：

（一）出售、购买、利用的水生野生动物物种来源清楚或稳定；

（二）不会造成水生野生动物物种资源破坏；

（三）不会影响国家野生动物保护形象和对外经济交往。

第二十四条 经批准出售、购买、利用水生野生动物或其制品的单位和个人，应当持《经营利用证》到出售、收购所在地的县级以上渔业行政主管部门备案后方可进行出售、购买、利用活动。

第二十五条 出售、购买、利用水生野生动物或其制品的单位和个人，应当遵守以下规定：

（一）遵守国家和地方有关野生动物保护法律法规和政策；

（二）利用的水生野生动物或其制品来源符合国家规定；

（三）建立出售、购买、利用水生野生动物或其制品档案；

（四）接受当地渔业行政主管部门的监督检查和指导。

第二十六条 地方各级渔业行政主管部门应当对水生野生动物或其制品的经营利用建立监督检查制度，加强对经营利用水生野生动物或其制品的监督管理。

第五章 进出口管理

第二十七条 出口国家重点保护的水生野生动物或者其产品，进出口中国参加的国际公约所限制进出口的水生野生动物或者其产品的，应当向农业部申请，农业部应当自申请受理之日起20日内作出是否同意进出口的决定。

动物园因交换动物需要进口第一款规定的野生动物的，农业部在批准前，应当经国务院建设行政主管部门审核同意。

第二十八条 属于贸易性进出口活动的，必须由具有商品进出口权的单位承担，并取得《经营利用证》后方可进行。没有商品进出口权和《经营利用证》的单位，审批机关不得受理其申请。

第二十九条 从国外引进水生野生动物的，应当向农业部申请，农业部应当自申请受理之日起20日内作出是否同意引进的决定。

第三十条 出口水生野生动物或其制品的，应当具备下列条件：

（一）出口的水生野生动物物种和含水生野生动物成分产品中物种原料的来源清楚；

（二）出口的水生野生动物是合法取得；

（三）不会影响国家野生动物保护形象和对外经济交往；

（四）出口的水生野生动物资源量充足，适宜出口；

（五）符合我国水产种质资源保护规定。

第三十一条 进口水生野生动物或其制品的，应当具备下列条件：

（一）进口的目的符合我国法律法规和政策；

（二）具备所进口水生野生动物活体生存必需的养护设施和技术条件；

（三）引进的水生野生动物活体不会对我国生态平衡造成不利影响或产生破坏作用；

（四）不影响国家野生动物保护形象和对外经济交往。

第六章 附　　则

第三十二条 违反本办法规定的，由县级以上渔业行政主管部门或其所属的渔政监督管理机构依照野生动物保护法律、法规进行查处。

第三十三条 经批准捕捉、人工繁育以及展览、表演、出售、收购、进出口等利用水生野生动物或其制品的单位和个人，应当依法缴纳水生野生动物资源保护费。缴纳办法按国家有关规定执行。

水生野生动物资源保护费专用于水生野生动物资源的保护管理、科学研究、调查监测、宣传教育、人工繁育与增殖放流等。

第三十四条 外国人在我国境内进行有关水生野生动物科学考察、标本采集、拍摄电影、录像等活动的，应当向水生野生动物所在地省级渔业行政主管部门提出申请。省级渔业行政主管部门应当自申请受理之日起20日内作出是否准予其活动的决定。

第三十五条 本办法规定的《申请表》和水生野生动物利用特许证件由农业部统一制订。已发放仍在使用的许可证件由原发证机关限期统一进行更换。

除《猎捕证》一次有效外，其它特许证件应按年度进行审验，有效期最长不超过五年。有效期届满后，应按规定程序重新报批。

各省、自治区、直辖市渔业行政主管部门应当根据本办法制定特许证件发放管理制度，建立档案，严格管理。

第三十六条 《濒危野生动植物种国际贸易公约》附录一中的水生野生动物或其制品的国内管理，按照本办法对国家一级保护水生野生动物的管理规定执行。

《濒危野生动植物种国际贸易公约》附录二、附录三中的水生野生动物或其制品的国内管理，按照本办法对国家二级保护水生野生动物的管理规定执行。

地方重点保护的水生野生动物或其制品的管理，可参照本办法对国家二级保护水生野生动物的管理规定执行。

第三十七条 本办法由农业部负责解释。

第三十八条 本办法自1999年9月1日起施行。

农业行政处罚程序规定

（2006年4月25日中华人民共和国农业部令第63号公布，根据2011年12月31日《农业部关于修订部分规章和规范性文件的决定》修订）

第一章 总 则

第一条 为规范农业行政处罚，保障和监督农业行政主管部门有效实施行政管理，保护公民、法人和其他组织的合法权益，根据《中华人民共和国行政处罚法》（以下简称行政处罚法）和有关法律、法规的规定，结合农业系统实际，制定本规定。

第二条 农业行政处罚应当遵守行政处罚法和有关法律、法规、规章及本规定。

第三条 本规定所称农业行政主管部门，是指种植业、畜牧（草原）、兽医、渔业、农垦、乡镇企业、饲料工业和农业机械化等行政主管机关。

本规定所称农业行政处罚机关，是指依法行使行政处罚权的县级以上人民政府的农业行政主管部门和法律、法规授权的农业管理机构。

第四条 法律、法规授权的农业管理机构在法定授权范围内实施行政处罚，并对该行为的后果承担法律责任。

农业行政主管部门依法设立的农业行政综合执法机构具体承担农业行政处罚工作。

未设立农业行政综合执法机构的，农业行政主管部门根据法律、法规或规章的规定，可以委托符合行政处罚法第十九条规定的农业管理机构实施行政处罚。

第五条 农业行政综合执法机构和受委托的农业管理机构应当以农业行政主管部门的名义实施农业行政处罚。农业行政主管部门对受委托的农业管理机构实施行政处罚行为应当进行监督，并对该行为的后果承担法律责任。

第六条 上级农业行政处罚机关应当加强对下级农业行政处罚机关实施行政处罚的监督检查。

第二章　农业行政处罚的管辖

第七条 农业行政处罚由违法行为发生地的农业行政处罚机关管辖。

第八条 县级农业行政处罚机关管辖本行政区域内的行政违法案件。

设区的市、自治州的农业行政处罚机关和省级农业行政处罚机关管辖本行政区域内重大、复杂的行政违法案件。

农业部及其所属的经法律、法规授权的农业管理机构管辖全国或所辖区域内重大、复杂的行政违法案件。

第九条 渔业行政处罚机关管辖本辖区范围内发生的和上级部门指定管辖的渔业违法案件。

渔业行政处罚有下列情况之一的，适用“谁查获谁处理”的原则：

（一）违法行为发生在共管区、叠区的；

（二）违法行为发生在管辖权不明确或者有争议的区域的；

（三）违法行为发生地与查获地不一致的。

第十条 对当事人的同一违法行为，两个以上农业行政处罚机关都有管辖权的，应当由先立案的农业行政处罚机关管辖。

第十一条 上级农业行政处罚机关在必要时可以管辖下级农业行政处罚机关管辖的行政处罚案件。

下级农业行政处罚机关认为行政处罚案件重大复杂或者本地不宜管辖，可以报请上一级农业行政处罚机关管辖。

第十二条 农业行政处罚机关对管辖发生争议的，应当协商解决。协商不成的，报请共同上一级农业行政处罚机关指定管辖。

第十三条 农业行政处罚机关发现受理的行政处罚案件不属于自己管辖的，应当移送有管辖权的行政处罚机关处理。

受移送的农业行政处罚机关如果认为移送不当，应当报请共同上一级农业行政处罚机关指定管辖,不得再自行移送。

第十四条 上级农业行政处罚机关在收到报请管辖或指定管辖的请示后,应当在十日内作出书面决定。

第十五条 县级以上地方农业行政处罚机关在办理跨行政区域案件时,需要其他农业行政处罚机关协查的,可以发送协查函。有关农业行政处罚机关应当予以协助并及时书面告知协查结果。

第十六条 农业行政处罚机关在办理案件时,对需要其他部门作出吊销有关许可证、批准文号、营业执照等行政处罚决定的,应当将查处结果告知作出许可决定的部门并提出处理建议。

第十七条 违法行为涉嫌构成犯罪的,农业行政处罚机关应当将案件移送司法机关,依法追究刑事责任,不得以行政处罚代替刑罚。

第三章 农业行政处罚的决定

第十八条 公民、法人或者其他组织违反农业行政管理秩序的行为,依法应当给予行政处罚的,农业行政处罚机关必须查明事实;违法事实不清的,不得给予行政处罚。

第十九条 执法人员调查处理农业行政处罚案件时,应当向当事人或者有关人员出示执法证件。有统一执法服装或执法标志的应当着装或佩戴执法标志。

农业行政执法证件由农业部统一制定,省级以上农业行政主管部门法制工作机构负责执法证件的发放和管理工作。

第二十条 农业行政处罚机关在作出农业行政处罚决定前,应当告知当事人作出行政处罚的事实、理由及依据,并告知当事人依法享有的权利。

农业行政处罚机关必须充分听取当事人的意见,对当事人提出的事实、理由及证据,应当进行复核;当事人提出的事实、理由或者证据成立的,农业行政处罚机关应当采纳。

农业行政处罚机关不得因当事人申辩而加重处罚。

第二十一条 农业行政处罚程序分为简易程序和一般程序。

第一节 简易程序

第二十二条 违法事实确凿并有法定依据,对公民处以五十元以下、对法人或者其他组织处以一千元以下罚款或者警告的行政处罚的,可以当场作出农业行政处罚决定。

第二十三条 当场作出行政处罚决定时应当遵守下列程序:

(一)向当事人表明身份,出示执法证件;

(二)当场查清违法事实,收集和保存必要的证据;

(三)告知当事人违法事实、处罚理由和依据,并听取当事人陈述和申辩;

(四)填写《当场处罚决定书》,当场交付当事人,并应当告知当事人,如不服行政处罚决定,可以依法申请行政复议或者提起行政诉讼。

第二十四条 执法人员应当在作出当场处罚决定之日起、渔业执法人员应当自抵岸之日起二日内将《当场处罚决定书》报所属农业行政处罚机关备案。

第二节 一般程序

第二十五条 实施农业行政处罚，除适用简易程序的外，应当适用一般程序。

第二十六条 除依法可以当场决定行政处罚的外，执法人员经初步调查，发现公民、法人或者其他组织涉嫌有违法行为依法应当给予行政处罚的，应当填写《行政处罚立案审批表》，报本行政处罚机关负责人批准立案。

第二十七条 农业行政处罚机关应当对案件情况进行全面、客观、公正地调查，收集证据；必要时，依照法律、法规的规定，可以进行检查。

执法人员调查收集证据时不得少于二人。

证据包括书证、物证、视听资料、证人证言、当事人陈述、鉴定结论、勘验笔录和现场笔录。

第二十八条 执法人员询问证人或当事人（以下简称被询问人），应当制作《询问笔录》。笔录经被询问人阅核后，由询问人和被询问人签名或者盖章。被询问人拒绝签名或盖章的，由询问人在笔录上注明情况。

第二十九条 农业行政处罚机关为调查案件需要，有权要求当事人或者有关人员协助调查；有权依法进行现场检查或者勘验；有权要求当事人提供相应的证据资料；对重要的书证，有权进行复制。

执法人员对与案件有关的物品或者场所进行现场检查或者勘验检查时，应当通知当事人到场，制作《现场检查（勘验）笔录》，当事人拒不到场或拒绝签名盖章的，应当在笔录中注明，并可以请在场的其他人员见证。

第三十条 农业行政处罚机关在调查案件时，对需要鉴定的专门性问题，交由法定鉴定部门进行鉴定；没有法定鉴定部门的，可以提交有资质的专业机构进行鉴定。

第三十一条 农业行政处罚机关收集证据时，可以采取抽样取证的方法。

在证据可能灭失或者以后难以取得的情况下，经农业行政处罚机关负责人批准，可以先行登记保存。

农业行政处罚机关可以依据有关法律、法规的规定，对涉案场所、设施或者财物采取查封、扣押等强制措施。

第三十二条 农业行政处罚机关对证据进行抽样取证、登记保存或者采取查封、扣押等强制措施，应当通知当事人到场；当事人不到场的，应当邀请其他人员到场见证并签名或盖章；当事人拒绝签名或盖章的，应当予以注明。农业行政处罚机关实施查封、扣押等强制措施的，还应当遵守《中华人民共和国行政强制法》的有关规定。

对抽样取证、登记保存、查封扣押的物品，农业行政处罚机关应当制作《抽样取证凭证》、《证据登记保存清单》、《查封（扣押）决定书》和《查封（扣押）清单》。

第三十三条 农业行政处罚机关抽样送检的，应当将检测结果及时告知当事人。

非从生产单位直接抽样的，农业行政处罚机关可以向产品标注生产单位发送《产品确认通知书》。

第三十四条 先行登记保存物品时，就地由当事人保存的，当事人或者有关人员不得使用、销售、转移、损毁或者隐匿。

就地保存可能妨害公共秩序、公共安全，或者存在其他不适宜就地保存情况的，可以异地保存。对异地保存的物品，农业行政处罚机关应当妥善保管。

第三十五条 农业行政处罚机关对先行登记保存的证据，应当在七日内作出下列处理决定并告知当事人：

（一）需要进行技术检验或者鉴定的，送交有关部门检验或者鉴定；

（二）对依法应予没收的物品，依照法定程序处理；

（三）对依法应当由有关部门处理的，移交有关部门；

（四）为防止损害公共利益，需要销毁或者无害化处理的，依法进行处理；

（五）不需要继续登记保存的，解除登记保存。

第三十六条 案件调查人员与本案有利害关系或者其他关系可能影响公正处理的，应当申请回避，当事人也有权向农业行政处罚机关申请要求回避。

案件调查人员的回避，由农业行政处罚机关负责人决定；农业行政处罚机关负责人的回避由集体讨论决定。

回避未被决定前，不得停止对案件的调查处理。

第三十七条 执法人员在调查结束后，认为案件事实清楚，证据充分，应当制作《案件处理意见书》，报农业行政处罚机关负责人审批。

案情复杂或者有重大违法行为需要给予较重行政处罚的，应当由农业行政处罚机关负责人集体讨论决定。

第三十八条 在作出行政处罚决定之前，农业行政处罚机关应当制作《行政处罚事先告知书》，送达当事人，告知拟给予的行政处罚内容及其事实、理由和依据，并告知当事人可以在收到告知书之日起三日内，进行陈述、申辩。符合听证条件的，告知当事人可以要求听证。

当事人无正当理由逾期未提出陈述、申辩或者要求听证的，视为放弃上述权利。

第三十九条 农业行政处罚机关应当及时对当事人的陈述、申辩或者听证情况进行审查，认为违法事实清楚，证据确凿，决定给予行政处罚的，应当制作《行政处罚决定书》。

第四十条 在边远、水上和交通不便的地区按一般程序实施处罚时，执法人员可以采用通讯方式报请处罚机关负责人批准立案和对调查结果及处理意见进行审查。报批记录必须存档备案。

当事人可当场向执法人员进行陈述和申辩。不提出陈述和申辩的，视为放弃此权利。

本条不适用于应当由农业行政处罚机关负责人集体讨论决定的案件。

第四十一条 农业行政处罚案件自立案之日起，应当在三个月内作出处理决定；特殊情况下三个月内不能作出处理的，报经上一级农业行政处罚机关批准可以延长至一年。

对专门性问题需要鉴定的，所需时间不计算在办案期限内。

第三节　听证程序

第四十二条　农业行政处罚机关作出责令停产停业、吊销许可证或者执照、较大数额罚款的行政处罚决定前，应当告知当事人有要求举行听证的权利。当事人要求听证的，农业行政处罚机关应当组织听证。

前款所指的较大数额罚款，地方农业行政处罚机关按省级人大常委会或者人民政府规定的标准执行；农业部及其所属的经法律、法规授权的农业管理机构对公民罚款超过三千元、对法人或其他组织罚款超过三万元属较大数额罚款。

第四十三条　听证由拟作出行政处罚的农业行政处罚机关组织。具体实施工作由其法制工作机构或者相应机构负责。

第四十四条　当事人要求听证的，应当在收到《行政处罚事先告知书》之日起三日内向听证机关提出。

第四十五条　听证机关应当在举行听证会的七日前送达《行政处罚听证会通知书》，告知当事人举行听证的时间、地点、听证主持人名单及可以申请回避和可以委托代理人等事项。

当事人应当按期参加听证。当事人有正当理由要求延期的，经听证机关批准可以延期一次；当事人未按期参加听证并且未事先说明理由的，视为放弃听证权利。

第四十六条　听证参加人由听证主持人、听证员、书记员、案件调查人员、当事人及其委托代理人组成。

听证主持人、听证员、书记员应当由听证机关负责人指定的法制工作机构工作人员或其他相应工作人员等非本案调查人员担任。

当事人委托代理人参加听证的，应当提交授权委托书。

第四十七条　除涉及国家秘密、商业秘密或个人隐私外，听证应当公开举行。

第四十八条　当事人在听证中的权利和义务：

（一）有权对案件涉及的事实、适用法律及有关情况进行陈述和申辩；

（二）有权对案件调查人员提出的证据质证并提出新的证据；

（三）如实回答主持人的提问；

（四）遵守听证会场纪律，服从听证主持人指挥。

第四十九条　听证按下列程序进行：

（一）听证书记员宣布听证会场纪律、当事人的权利和义务。听证主持人宣布案由，核实听证参加人名单，宣布听证开始；

（二）案件调查人员提出当事人的违法事实、出示证据，说明拟作出的农业行政处罚的内容及法律依据；

（三）当事人或其委托代理人对案件的事实、证据、适用的法律等进行陈述、申辩和质证，可以向听证会提交新的证据；

（四）听证主持人就案件的有关问题向当事人、案件调查人员、证人询问；

（五）案件调查人员、当事人或其委托代理人相互辩论；

（六）当事人或其委托代理人作最后陈述；

（七）听证主持人宣布听证结束。听证笔录交当事人和案件调查人员审核无误后签字或者盖章。

第五十条 听证结束后，听证主持人应当依据听证情况，制作《行政处罚听证会报告书》，连同听证笔录，报农业行政处罚机关负责人审查。

第五十一条 听证机关组织听证，不得向当事人收取费用。

第四章 农业行政处罚决定的送达和执行

第五十二条 《行政处罚决定书》应当在宣告后当场交付当事人；当事人不在场的，应当在七日内送达当事人，并由当事人在《送达回证》上签名或者盖章；当事人不在的，可以交给其成年家属或者所在单位代收，并在送达回证上签名或者盖章。

当事人或者代收人拒绝接收、签名、盖章的，送达人可以邀请有关基层组织或者其所在单位的有关人员到场，说明情况，把《行政处罚决定书》留在其住处或者单位，并在送达回证上记明拒绝的事由、送达的日期，由送达人、见证人签名或者盖章，即视为送达。

直接送达农业行政处罚文书有困难的，可委托其他农业行政处罚机关代为送达，也可以邮寄、公告送达。

邮寄送达的，挂号回执上注明的收件日期为送达日期；公告送达的，自发出公告之日起经过六十天，即视为送达。

第五十三条 除本规定第五十四、第五十五条规定外，农业行政处罚机关不得自行收缴罚款。决定罚款的农业行政处罚机关或执法人员应当书面告知当事人向指定的银行缴纳罚款。

第五十四条 依照本规定第二十二条的规定当场作出农业行政处罚决定，有下列情形之一的，执法人员可以当场收缴罚款：

（一）依法给予二十元以下罚款的；

（二）不当场收缴事后难以执行的。

第五十五条 在边远、水上、交通不便地区，农业行政处罚机关及其执法人员依照本规定第二十二条、第三十九条的规定作出罚款决定后，当事人向指定的银行缴纳罚款确有困难，经当事人提出，农业行政处罚机关及其执法人员可以当场收缴罚款。

第五十六条 农业行政处罚机关及其执法人员当场收缴罚款的，应当向当事人出具省级财政部门统一制发的罚款收据，不出具财政部门统一制发的罚款收据的，当事人有权拒绝缴纳罚款。

第五十七条 执法人员当场收缴的罚款，应当自返回行政处罚机关所在地之日起二日内，交至农业行政处罚机关；在水上当场收缴的罚款，应当自抵岸之日起二日内交至农业行政处罚机关；农业行政处罚机关应当在二日内将罚款交至指定的银行。

第五十八条 农业行政处罚决定依法作出后，当事人对行政处罚决定不服申请行政复议或者提起行政诉讼的，除法律另有规定外，行政处罚决定不停止执行。

第五十九条 对需要继续行驶的农业机械、渔业船舶实施暂扣或者吊销证照的行政处罚，农业行政处罚机关在实施行政处罚的同时，应当发给当事人相应的证明，允许农业机械、渔业船舶驶往预定或指定的地点。

第六十条 对生效的农业行政处罚决定，当事人拒不履行的，作出农业行政处罚决定的农业行政处罚机关依法可以采取下列措施：

（一）到期不缴纳罚款的，每日按罚款数额的百分之三加处罚款；

（二）根据法律规定，将查封、扣押的财物拍卖抵缴罚款；

（三）申请人民法院强制执行。

第六十一条 当事人确有经济困难，需要延期或者分期缴纳罚款的，当事人应当书面申请，经作出行政处罚决定的机关批准，可以暂缓或者分期缴纳。

第六十二条 除依法应当予以销毁的物品外，依法没收的非法财物必须按照国家有关规定处理。

罚款、没收的违法所得或者拍卖非法财物的款项，必须全部上缴国库，农业行政处罚机关或者个人不得以任何形式截留、私分或者变相私分。

第六十三条 农业行政处罚案件终结后，案件调查人员应填写《行政处罚结案报告》，经农业行政处罚机关负责人批准后结案。

第五章 立卷归档

第六十四条 农业行政处罚机关应当按照下列要求及时将案件材料立卷归档：

（一）一案一卷；

（二）文书齐全，手续完备；

（三）案卷应当按顺序装订。

第六十五条 案件立卷归档后，任何单位和个人不得私自增加或者抽取案卷材料，不得修改案卷内容。

第六章 附　　则

第六十六条 农业行政处罚机关及其执法人员违反本规定的，按照行政处罚法和有关规定追究法律责任。

第六十七条 农业行政处罚基本文书格式由农业部统一制定。省级农业行政主管部门可以根据地方性法规、规章和工作需要，调整有关内容或补充相应文书，报农业部备案。

第六十八条 本规定自2006年7月1日起实施。1997年10月25日农业部发布的

《农业行政处罚程序规定》同时废止。

农业行政许可听证程序规定

（2004 年 6 月 28 日公布，中华人民共和国农业部令第 35 号）

第一章 总 则

第一条 为了规范农业行政许可听证程序，保护公民、法人和其他组织的合法权益，根据《行政许可法》，制定本规定。

第二条 农业行政机关起草法律、法规和省、自治区、直辖市人民政府规章草案以及实施行政许可，依法举行听证的，适用本规定。

第三条 听证由农业行政机关法制工作机构组织。听证主持人、听证员由农业行政机关负责人指定。

第四条 听证应当遵循公开、公平、公正的原则。

第二章 设定行政许可听证

第五条 农业行政机关起草法律、法规和省、自治区、直辖市人民政府规章草案，拟设定行政许可的，在草案提交立法机关审议前，可以采取听证的形式听取意见。

第六条 农业行政机关应当在举行听证 30 日前公告听证事项、报名方式、报名条件、报名期限等内容。

第七条 符合农业行政机关规定条件的公民、法人和其他组织，均可申请参加听证，也可推选代表参加听证。

农业行政机关应当从符合条件的报名者中确定适当比例的代表参加听证，确定的代表应当具有广泛性、代表性，并将代表名单向社会公告。

农业行政机关应当在举行听证 7 日前将听证通知和听证材料送达代表。

第八条 听证按照下列程序进行：

（一）听证主持人介绍法律、法规、政府规章草案设定行政许可的必要性以及实施行政许可的主体、程序、条件、期限和收费等情况；

（二）听证代表分别对设定行政许可的必要性以及实施行政许可的主体、程序、条件、期限和收费等情况提出意见；

（三）听证应当制作笔录，详细记录听证代表提出的各项意见。

第九条 农业行政机关将法律、法规和省、自治区、直辖市人民政府规章草案提交立法机关审议时，应当说明举行听证和采纳意见的情况。

第三章　实施行政许可听证

第一节　一般规定

第十条　有下列情形之一的，农业行政机关在作出行政许可决定前，应当举行听证：

（一）农业法律、法规、规章规定实施行政许可应当举行听证的；

（二）农业行政机关认为其他涉及公共利益的重大行政许可需要听证的；

（三）行政许可直接涉及申请人与他人之间重大利益关系，申请人、利害关系人在法定期限内申请听证的。

第十一条　听证由一名听证主持人、两名听证员组织，也可视具体情况由一名听证主持人组织。

审查行政许可申请的工作人员不得作为该许可事项的听证主持人或者听证员。

第十二条　听证主持人、听证员有下列情形之一的，应当自行回避，申请人、利害关系人也可以申请其回避：

（一）与行政许可申请人、利害关系人或其委托代理人有近亲属关系的；

（二）与该行政许可申请有其他直接利害关系，可能影响听证公正进行的。

听证主持人、听证员的回避由农业行政机关负责人决定，记录员的回避由听证主持人决定。

第十三条　行政许可申请人、利害关系人可以亲自参加听证，也可以委托 1～2 名代理人参加听证。

由代理人参加听证的，应当向农业行政机关提交由委托人签名或者盖章的授权委托书。授权委托书应当载明委托事项及权限，并经听证主持人确认。

委托代理人代为放弃行使听证权的，应当有委托人的特别授权。

第十四条　记录员应当将听证的全部内容制作笔录，由听证主持人、听证员、记录员签名。

听证笔录应当经听证代表或听证参加人确认无误后当场签名或者盖章。拒绝签名或者盖章的，听证主持人应当在听证笔录上注明。

第十五条　农业行政机关应当根据听证笔录，作出行政许可决定。

法制工作机构应当在听证结束后 5 日内，提出对行政许可事项处理意见，报本行政机关负责人决定。

第二节　依职权听证程序

第十六条　农业行政机关对本规定第十条第一款第（一）、（二）项所列行政许可事项举行听证的，应当在举行听证 30 日前，依照第六条的规定向社会公告有关内容，并依照第七条的规定确定听证代表，送达听证通知和材料。

第三节 依申请听证程序

第十七条 符合本规定第十条第一款第(三)项规定的申请人、利害关系人,应当在被告知听证权利后5日内向农业行政机关提出听证申请。逾期未提出的,视为放弃听证。放弃听证的,应当书面记载。

第十八条 听证申请包括以下内容:

(一)听证申请人的姓名和住址,或者法人、其他组织的名称、地址、法定代表人或者主要负责人姓名;

(二)申请听证的具体事项;

(三)申请听证的依据、理由。

听证申请人还应当同时提供相关材料。

第十九条 法制工作机构收到听证申请后,应当对申请材料进行审查;申请材料不齐备的,应当一次告知当事人补正。

有下列情形之一的,不予受理:

(一)非行政许可申请人或利害关系人提出申请的;

(二)超过5日期限提出申请的;

(三)其他不符合申请听证条件的。

不予受理的,应当书面告知不予受理的理由。

第二十条 法制工作机构审核后,对符合听证条件的,应当制作《行政许可听证通知书》,在举行听证7日前送达行政许可申请人、利害关系人。

《行政许可听证通知书》应当载明下列事项:

(一)听证事项;

(二)听证时间、地点;

(三)听证主持人、听证员姓名、职务;

(四)注意事项。

第二十一条 听证应当在收到符合条件的听证申请之日起20日内举行。

行政许可申请人、利害关系人应当按时参加听证;无正当理由不到场的,或者未经听证主持人允许中途退场的,视为放弃听证。放弃听证的,记入听证笔录。

第二十二条 承办行政许可的机构在接到《行政许可听证通知书》后,应当指派人员参加听证。

第二十三条 听证按照下列程序进行:

(一)听证主持人宣布听证开始,宣读听证纪律,核对听证参加人身份,宣布案由,宣布听证主持人、记录员名单;

(二)告知听证参加人的权利和义务,询问申请人、利害关系人是否申请回避;

(三)承办行政许可机构指派的人员提出其所了解掌握的事实,提供审查意见的证据、理由;

（四）申请人、利害关系人进行申辩，提交证据材料；

（五）听证主持人、听证员询问听证参加人、证人和其他有关人员；

（六）听证参加人就颁发行政许可的事实和法律问题进行辩论，对有关证据材料进行质证；

（七）申请人、利害关系人最后陈述；

（八）听证主持人宣布听证结束。

第二十四条 有下列情形之一的，可以延期举行听证：

（一）因不可抗力的事由致使听证无法按期举行的；

（二）行政许可申请人、利害关系人临时申请回避，不能当场决定的；

（三）应当延期的其他情形。

延期听证的，应当书面通知听证参加人。

第二十五条 有下列情形之一的，中止听证：

（一）申请人、利害关系人在听证过程中提出了新的事实、理由和依据，需要调查核实的；

（二）申请听证的公民死亡、法人或者其他组织终止，尚未确定权利、义务承受人的；

（三）应当中止听证的其他情形。

中止听证的，应当书面通知听证参加人。

第二十六条 延期、中止听证的情形消失后，由法制工作机构决定恢复听证，并书面通知听证参加人。

第二十七条 有下列情形之一的，终止听证：

（一）申请听证的公民死亡，没有继承人，或者继承人放弃听证的；

（二）申请听证的法人或者其他组织终止，承受其权利的法人或者其他组织放弃听证的；

（三）行政许可申请人、利害关系人明确放弃听证或者被视为放弃听证的；

（四）应当终止听证的其他情形。

第四章 附 则

第二十八条 听证不得向当事人收取任何费用。听证经费列入本部门预算。

第二十九条 法律、法规授权组织实施农业行政许可需要举行听证的，参照本规定执行。

第三十条 本规定的期限以工作日计算，不含法定节假日。

第三十一条 本规定自2004年7月1日起施行。

外商投资准入特别管理措施(负面清单)(2019年版)

（2019年6月30日发布，中华人民共和国国家发展和改革委员会、商务部令第25号）

说　明

一、《外商投资准入特别管理措施(负面清单)》(以下简称《外商投资准入负面清单》)统一列出股权要求、高管要求等外商投资准入方面的特别管理措施。《外商投资准入负面清单》之外的领域,按照内外资一致原则实施管理。

二、《外商投资准入负面清单》对部分领域列出了取消或放宽准入限制的过渡期,过渡期满后将按时取消或放宽其准入限制。

三、境外投资者不得作为个体工商户、个人独资企业投资人、农民专业合作社成员,从事投资经营活动。

四、境外投资者不得投资《外商投资准入负面清单》中禁止外商投资的领域;投资《外商投资准入负面清单》之内的非禁止投资领域,须进行外资准入许可;投资有股权要求的领域,不得设立外商投资合伙企业。

五、境内公司、企业或自然人以其在境外合法设立或控制的公司并购与其有关联关系的境内公司,涉及外商投资项目和企业设立及变更事项的,按照现行规定办理。

六、《外商投资准入负面清单》中未列出的文化、金融等领域与行政审批、资质条件、国家安全等相关措施,按照现行规定执行。

七、《内地与香港关于建立更紧密经贸关系的安排》及其后续协议、《内地与澳门关于建立更紧密经贸关系的安排》及其后续协议、《海峡两岸经济合作框架协议》及其后续协议、我国与有关国家签订的自由贸易区协议和投资协定、我国参加的国际条约对符合条件的投资者有更优惠开放措施的,按照相关协议或协定的规定执行。在自由贸易试验区等特殊经济区域对符合条件的投资者实施更优惠开放措施的,按照相关规定执行。

八、《外商投资准入负面清单》由发展改革委、商务部会同有关部门负责解释。

外商投资准入特别管理措施(负面清单)(2019 年版)

序号	特别管理措施
一、农、林、牧、渔业	
1	小麦、玉米新品种选育和种子生产须由中方控股。
2	禁止投资中国稀有和特有的珍贵优良品种的研发、养殖、种植以及相关繁殖材料的生产(包括种植业、畜牧业、水产业的优良基因)。
3	禁止投资农作物、种畜禽、水产苗种转基因品种选育及其转基因种子(苗)生产。
4	禁止投资中国管辖海域及内陆水域水产品捕捞。
二、采矿业	
5	禁止投资稀土、放射性矿产、钨勘查、开采及选矿。
三、制造业	
6	出版物印刷须由中方控股。
7	禁止投资放射性矿产冶炼、加工,核燃料生产。
8	禁止投资中药饮片的蒸、炒、炙、煅等炮制技术的应用及中成药保密处方产品的生产。
9	除专用车、新能源汽车外,汽车整车制造的中方股比不低于 50%,同一家外商可在国内建立两家及两家以下生产同类整车产品的合资企业。(2020 年取消商用车制造外资股比限制。2022 年取消乘用车制造外资股比限制以及同一家外商可在国内建立两家及两家以下生产同类整车产品的合资企业的限制)
10	卫星电视广播地面接收设施及关键件生产。
四、电力、热力、燃气及水生产和供应业	
11	核电站的建设、经营须由中方控股。
12	城市人口 50 万以上的城市供排水管网的建设、经营须由中方控股。
五、批发和零售业	
13	禁止投资烟叶、卷烟、复烤烟叶及其他烟草制品的批发、零售。
六、交通运输、仓储和邮政业	
14	国内水上运输公司须由中方控股。
15	公共航空运输公司须由中方控股,且一家外商及其关联企业投资比例不得超过 25%,法定代表人须由中国籍公民担任。
16	通用航空公司的法定代表人须由中国籍公民担任,其中农、林、渔业通用航空公司限于合资,其他通用航空公司限于中方控股。
17	民用机场的建设、经营须由中方相对控股。
18	禁止投资空中交通管制。

续表

序号	特别管理措施
19	禁止投资邮政公司、信件的国内快递业务。
七、信息传输、软件和信息技术服务业	
20	电信公司：限于中国入世承诺开放的电信业务，增值电信业务的外资股比不超过50%（电子商务、国内多方通信、存储转发类、呼叫中心除外），基础电信业务须由中方控股。
21	禁止投资互联网新闻信息服务、网络出版服务、网络视听节目服务、互联网文化经营（音乐除外）、互联网公众发布信息服务（上述服务中，中国入世承诺中已开放的内容除外）。
八、金融业	
22	证券公司的外资股比不超过51%，证券投资基金管理公司的外资股比不超过51%。（2021 年取消外资股比限制）
23	期货公司的外资股比不超过51%。（2021 年取消外资股比限制）
24	寿险公司的外资股比不超过51%。（2021 年取消外资股比限制）
九、租赁和商务服务业	
25	禁止投资中国法律事务（提供有关中国法律环境影响的信息除外），不得成为国内律师事务所合伙人。
26	市场调查限于合资、合作，其中广播电视收听、收视调查须由中方控股。
27	禁止投资社会调查。
十、科学研究和技术服务业	
28	禁止投资人体干细胞、基因诊断与治疗技术开发和应用。
29	禁止投资人文社会科学研究机构。
30	禁止投资大地测量、海洋测绘、测绘航空摄影、地面移动测量、行政区域界线测绘，地形图、世界政区地图、全国政区地图、省级及以下政区地图、全国性教学地图、地方性教学地图、真三维地图和导航电子地图编制，区域性的地质填图、矿产地质、地球物理、地球化学、水文地质、环境地质、地质灾害、遥感地质等调查。
十一、教育	
31	学前、普通高中和高等教育机构限于中外合作办学，须由中方主导（校长或者主要行政负责人应当具有中国国籍，理事会、董事会或者联合管理委员会的中方组成人员不得少于1/2）。
32	禁止投资义务教育机构、宗教教育机构。
十二、卫生和社会工作	
33	医疗机构限于合资、合作。
十三、文化、体育和娱乐业	
34	禁止投资新闻机构（包括但不限于通讯社）。

续表

序号	特别管理措施
35	禁止投资图书、报纸、期刊、音像制品和电子出版物的编辑、出版、制作业务。
36	禁止投资各级广播电台(站)、电视台(站)、广播电视频道(率)、广播电视传输覆盖网(发射台、转播台、广播电视卫星、卫星上行站、卫星收转站、微波站、监测台及有线广播电视传输覆盖网等),禁止从事广播电视视频点播业务和卫星电视广播地面接收设施安装服务。
37	禁止投资广播电视节目制作经营(含引进业务)公司。
38	禁止投资电影制作公司、发行公司、院线公司以及电影引进业务。
39	禁止投资文物拍卖的拍卖公司、文物商店和国有文物博物馆。
40	禁止投资文艺表演团体。

自由贸易试验区外商投资准入特别管理措施(负面清单)(2019年版)

(2019年6月30日发布,中华人民共和国国家发展和改革委员会、商务部令第26号)

说　　明

一、《自由贸易试验区外商投资准入特别管理措施(负面清单)》(以下简称《自贸试验区负面清单》)统一列出股权要求、高管要求等外商投资准入方面的特别管理措施,适用于自由贸易试验区。《自贸试验区负面清单》之外的领域,按照内外资一致原则实施管理。

二、《自贸试验区负面清单》对部分领域列出了取消或放宽准入限制的过渡期,过渡期满后将按时取消或放宽其准入限制。

三、境外投资者不得作为个体工商户、个人独资企业投资人、农民专业合作社成员,从事投资经营活动。

四、境外投资者不得投资《自贸试验区负面清单》中禁止外商投资的领域;投资《自贸试验区负面清单》之内的非禁止投资领域,须进行外资准入许可;投资有股比要求的领域,不得设立外商投资合伙企业。

五、境内公司、企业或自然人以其在境外合法设立或控制的公司并购与其有关联关系的境内公司,涉及外商投资项目和企业设立及变更事项的,按照现行规定办理。

六、《自贸试验区负面清单》中未列出的文化、金融等领域与行政审批、资质条件、国家安全等相关措施,按照现行规定执行。

七、《内地与香港关于建立更紧密经贸关系的安排》及其后续协议、《内地与澳门关于建立更紧密经贸关系的安排》及其后续协议、《海峡两岸经济合作框架协议》及其后续协议、我国与有关国家签订的自由贸易区协议和投资协定、我国参加的国际条约对符合条件的投资者有更优惠开放措施的，按照相关协议或协定的规定执行。

八、《自贸试验区负面清单》由发展改革委、商务部会同有关部门负责解释。

自由贸易试验区外商投资准入特别管理措施（负面清单）(2019 年版)

序号	特别管理措施
一、农、林、牧、渔业	
1	小麦、玉米新品种选育和种子生产的中方股比不低于34%。
2	禁止投资中国稀有和特有的珍贵优良品种的研发、养殖、种植以及相关繁殖材料的生产（包括种植业、畜牧业、水产业的优良基因）。
3	禁止投资农作物、种畜禽、水产苗种转基因品种选育及其转基因种子（苗）生产。
二、采矿业	
4	禁止投资稀土、放射性矿产、钨勘查、开采及选矿。（未经允许，禁止进入稀土矿区或取得矿山地质资料、矿石样品及生产工艺技术。）
三、制造业	
5	禁止投资中药饮片的蒸、炒、炙、煅等炮制技术的应用及中成药保密处方产品的生产。
6	除专用车、新能源汽车外，汽车整车制造的中方股比不低于50%，同一家外商可在国内建立两家及两家以下生产同类整车产品的合资企业。（2020 年取消商用车制造外资股比限制。2022 年取消乘用车制造外资股比限制以及同一家外商可在国内建立两家及两家以下生产同类整车产品的合资企业的限制）
7	卫星电视广播地面接收设施及关键件生产。
四、电力、热力、燃气及水生产和供应业	
8	核电站的建设、经营须由中方控股。
9	城市人口 50 万以上的城市供排水管网的建设、经营须由中方控股。
五、批发和零售业	
10	禁止投资烟叶、卷烟、复烤烟叶及其他烟草制品的批发、零售。
六、交通运输、仓储和邮政业	

续表

序号	特别管理措施
11	国内水上运输公司须由中方控股。(且不得经营或租用中国籍船舶或者舱位等方式变相经营国内水路运输业务及其辅助业务;水路运输经营者不得使用外国籍船舶经营国内水路运输业务,但经中国政府批准,在国内没有能够满足所申请运输要求的中国籍船舶,并且船舶停靠的港口或者水域为对外开放的港口或者水域的情况下,水路运输经营者可以在中国政府规定的期限或者航次内,临时使用外国籍船舶经营中国港口之间的海上运输和拖航。)
12	公共航空运输公司须由中方控股,且一家外商及其关联企业投资比例不得超过25%,法定代表人须由中国籍公民担任。(只有中国公共航空运输企业才能经营国内航空服务,并作为中国指定承运人提供定期和不定期国际航空服务。)
13	通用航空公司的法定代表人须由中国籍公民担任,其中农、林、渔业通用航空公司限于合资,其他通用航空公司限于中方控股。
14	民用机场的建设、经营须由中方相对控股。
15	禁止投资空中交通管制。
16	禁止投资邮政公司(和经营邮政服务)、信件的国内快递业务。
七、信息传输、软件和信息技术服务业	
17	电信公司:限于中国入世承诺开放的电信业务,增值电信业务的外资股比不超过50%(电子商务、国内多方通信、存储转发类、呼叫中心除外),基础电信业务须由中方控股(且经营者须为依法设立的专门从事基础电信业务的公司)。上海自贸试验区原有区域〔28.8平方公里〕试点政策推广至所有自贸试验区执行。
18	禁止投资互联网新闻信息服务、网络出版服务、网络视听节目服务、互联网文化经营(音乐除外)、互联网公众发布信息服务(上述服务中,中国入世承诺中已开放的内容除外)。
八、金融业	
19	证券公司的外资股比不超过51%,证券投资基金管理公司的外资股比不超过51%。(2021年取消外资股比限制)
20	期货公司的外资股比不超过51%。(2021年取消外资股比限制)
21	寿险公司的外资股比不超过51%。(2021年取消外资股比限制)
九、租赁和商务服务业	
22	禁止投资中国法律事务(提供有关中国法律环境影响的信息除外),不得成为国内律师事务所合伙人。(外国律师事务所只能以代表机构的方式进入中国,且不得聘用中国执业律师,聘用的辅助人员不得为当事人提供法律服务;如在华设立代表机构、派驻代表,须经中国司法行政部门许可。)
23	市场调查限于合资、合作,其中广播电视收听、收视调查须由中方控股。
24	禁止投资社会调查。

续表

序号	特别管理措施
十、科学研究和技术服务业	
25	禁止投资人体干细胞、基因诊断与治疗技术开发和应用。
26	禁止投资人文社会科学研究机构。
27	禁止投资大地测量、海洋测绘、测绘航空摄影、地面移动测量、行政区域界线测绘，地形图、世界政区地图、全国政区地图、省级及以下政区地图、全国性教学地图、地方性教学地图、真三维地图和导航电子地图编制，区域性的地质填图、矿产地质、地球物理、地球化学、水文地质、环境地质、地质灾害、遥感地质等调查。
十一、教育	
28	学前、普通高中和高等教育机构限于中外合作办学，须由中方主导（校长或者主要行政负责人应当具有中国国籍（且在中国境内定居），理事会、董事会或者联合管理委员会的中方组成人员不得少于1/2）。（外国教育机构、其他组织或者个人不得单独设立以中国公民为主要招生对象的学校及其他教育机构（不包括非学制类职业技能培训），但是外国教育机构可以同中国教育机构合作举办以中国公民为主要招生对象的教育机构。）
29	禁止投资义务教育机构、宗教教育机构。
十二、卫生和社会工作	
30	医疗机构限于合资、合作。
十三、文化、体育和娱乐业	
31	禁止投资新闻机构（包括但不限于通讯社）。（外国新闻机构在中国境内设立常驻新闻机构、向中国派遣常驻记者，须经中国政府批准。外国通讯社在中国境内提供新闻的服务业务须由中国政府审批。中外新闻机构业务合作，须中方主导，且须经中国政府批准。）
32	禁止投资图书、报纸、期刊、音像制品和电子出版物的编辑、出版、制作业务。（但经中国政府批准，在确保合作中方的经营主导权和内容终审权并遵守中国政府批复的其他条件下，中外出版单位可进行新闻出版中外合作出版项目。未经中国政府批准，禁止在中国境内提供金融信息服务。）
33	禁止投资各级广播电台（站）、电视台（站）、广播电视频道（率）、广播电视传输覆盖网（发射台、转播台、广播电视卫星、卫星上行站、卫星收转站、微波站、监测台及有线广播电视传输覆盖网等），禁止从事广播电视视频点播业务和卫星电视广播地面接收设施安装服务。（对境外卫星频道落地实行审批制度。）
34	禁止投资广播电视节目制作经营（含引进业务）公司。（引进境外影视剧和以卫星传送方式引进其他境外电视节目由广电总局指定的单位申报。对中外合作制作电视剧（含电视动画片）实行许可制度。）
35	禁止投资电影制作公司、发行公司、院线公司以及电影引进业务。（但经批准，允许中外企业合作摄制电影。）

续表

序号	特别管理措施
36	禁止投资文物拍卖的拍卖公司、文物商店和国有文物博物馆。（禁止不可移动文物及国家禁止出境的文物转让、抵押、出租给外国人。禁止设立与经营非物质文化遗产调查机构；境外组织或个人在中国境内进行非物质文化遗产调查和考古调查、勘探、发掘，应采取与中国合作的形式并经专门审批许可。）
37	文艺表演团体须由中方控股。

第四部分　地方种业法规

四川省农作物种子管理条例

（1984年9月2日四川省第六届人民代表大会常务委员会第八次会议通过　根据1991年5月28日四川省第七届人民代表大会常务委员会第二十三次会议关于修改《四川省农作物种子管理条例》的决定第一次修正　2001年9月22日四川省第九届人民代表大会常务委员会第二十五次会议修订　根据2006年9月28日四川省第十届人民代表大会常务委员会第二十三次会议关于修改《四川省农作物种子管理条例》的决定第二次修正　2018年5月31日四川省第十三届人民代表大会常务委员会第四次会议修订）

第一条　为了保护和合理利用农作物种质资源，规范品种选育、种子生产经营和管理行为，维护种子生产经营者、使用者的合法权益，促进现代种业发展，保障供种安全和粮食安全，根据《中华人民共和国种子法》，结合四川省实际，制定本条例。

第二条　四川省行政区域内从事农作物品种选育、种子生产经营和监督管理等活动，适用本条例。

本条例所称农作物种质资源，是指选育农作物新品种的基础材料，包括各种农作物的栽培种、野生种的繁殖材料以及利用上述繁殖材料人工创造的各种农作物的遗传材料。

本条例所称农作物品种，是指经过人工选育或者发现并经过改良，形态特征和生物学特性一致，遗传性状相对稳定的农作物群体。

本条例所称农作物种子，是指农作物的种植材料或者繁殖材料，包括籽粒、果实、根、茎、苗、芽、叶、花等。

第三条　县级以上地方人民政府应当加强农作物种子工作的组织领导，并将农作物种子行政管理、监督和执法所需费用列入同级人民政府预算。

乡镇人民政府应当确定人员负责本行政区域内农作物种子管理工作。

第四条　县级以上地方人民政府农业主管部门主管本行政区域内农作物种子工作，其所属的种子管理机构承担具体监督管理工作。

县级以上地方人民政府有关部门按照各自职责，做好农作物种子监督管理工作。

第五条　省人民政府应当根据乡村振兴战略和现代农业产业发展需要，制定农作物种业发展规划并组织实施。

第六条　省人民政府应当按照国家规定建立种子储备制度，储备的种子主要用于发生灾害时的生产需要和余缺调剂，保障农业生产安全。对储备的种子应当定期检验和更新。

第七条　农作物新品种保护依照植物新品种保护有关法律和行政法规规定执行。

第八条 省人民政府农业主管部门应当组织开展地方特色种质资源的普查、收集、整理、鉴定、登记、保存、交流和利用等工作,根据需要建立种质资源库、种质资源保护区、种质资源保护地。

占用种质资源库、种质资源保护区、种质资源保护地的,需经原设立机关同意。

第九条 主要农作物品种在推广应用前应当通过国家级或者省级审定。

省人民政府农业主管部门应当依法设立农作物品种审定委员会,负责主要农作物品种的省级审定工作。审定办法按照国家和省农业主管部门相关规定执行。

第十条 主要农作物品种审定应当进行品种试验。品种试验包括区域试验、生产试验和品种特异性、一致性、稳定性测试。

省级品种区域试验和生产试验由省人民政府农业主管部门所属的种子管理机构组织实施。品种特异性、一致性、稳定性测试由申请者自主开展,或者委托国务院农业主管部门授权的测试机构开展,具体办法按照国务院农业主管部门的规定执行。

第十一条 在本省审定通过的品种有下列情形之一的,经省农作物品种审定委员会审核同意撤销审定,由省人民政府农业主管部门发布公告:

(一)在使用过程中出现不可克服严重缺陷的;

(二)种性严重退化的;

(三)失去生产利用价值的;

(四)未按照要求提供品种标准样品或者标准样品不真实的;

(五)以欺骗、伪造试验数据等不正当方式通过审定的。

第十二条 属于同一适宜生态区的其他省、自治区、直辖市审定的主要农作物品种,引种到本省的,引种者应当报省人民政府农业主管部门备案。

引种者应当在拟引进种植区域开展不少于一年的适应性、抗病性试验,引种品种抗病性指标应当达到本省品种审定相关标准。

引种者对品种的真实性、安全性和适应性负责。

第十三条 在本省引种备案的品种有下列情形之一的,由省人民政府农业主管部门撤销引种备案并发布公告:

(一)在使用过程中出现不可克服严重缺陷的;

(二)种性严重退化的;

(三)失去生产利用价值的;

(四)标准样品不真实的;

(五)以欺骗、伪造试验数据等不正当方式备案的;

(六)被原品种审定机构撤销审定的。

第十四条 列入国务院农业主管部门非主要农作物登记目录的品种,在推广前应当登记。

未列入国务院农业主管部门非主要农作物登记目录的品种,符合特异性、一致性、稳定性要求的,选育者可以向省人民政府农业主管部门申请认定。

第十五条 通过国家级或者省级审定的品种，在本省审定或者引种的，只能使用原审定名称。

通过审定、引种备案、登记和认定的品种，其包装标识和宣传广告不得更改品种名称。

品种名称、审定编号、引种编号、登记编号、认定编号应当印制在种子包装物最大版面表面上部，品种名称字体应当显著、突出，单字面积应当大于其他标识文字单字面积的一倍，字体颜色与背底形成明显反差。

第十六条 有下列情形之一的农作物品种，不得发布广告、推广、销售：

（一）应当审定的农作物品种未经审定的；

（二）通过审定或者引种备案的主要农作物品种不在适宜种植区域内的；

（三）经省级以上农业主管部门公告撤销审定的；

（四）经省人民政府农业主管部门公告撤销引种备案的。

第十七条 种子生产经营者应当申请取得种子生产经营许可证，法律另有规定的除外。其配备的种子生产技术人员、种子检验人员、加工贮藏人员应当具备相应的生产、检验和加工贮藏能力。

农作物种子生产经营许可管理按照国务院农业主管部门有关规定执行。

第十八条 种子生产经营者应当按照国务院农业主管部门有关规定，建立和保存包括种子来源、产地、数量、质量、销售去向、销售日期和有关责任人员等内容的生产经营档案，保证可追溯。

第十九条 对栽培、气候、区域等条件有特定要求或者有特殊、专用用途的种子，种子经营者应当向种子使用者提供相应栽培措施和使用条件的书面说明，并可以通过其他方式向种子使用者提供帮助。

由于不可抗力，为生产需要必须使用低于国家或者地方规定标准的农作物种子的，应当经用种地县级以上地方人民政府批准。种子标签应当注明种子的实际质量指标和使用方法。

第二十条 禁止生产经营假、劣种子。县级以上地方人民政府农业主管部门和有关部门依法打击生产经营假、劣农作物种子的违法行为，保护种子使用者合法权益，维护公平竞争的市场秩序。

第二十一条 经营不再分装的包装种子的，或者受具有种子生产经营许可证的企业书面委托代销其种子的，以及种子生产经营企业按规定设立的分支机构销售种子的经营者，应当将从业人员、种子保管和经营场所等情况向当地人民政府农业主管部门备案。

具有种子生产经营许可证的种子经营者委托代销种子的，委托和被委托双方应当签订书面委托代销协议。

本条第一款所列种子经营者应当查验销售种子的标签和使用说明，并向购种者出具购种凭证。

第二十二条 省人民政府农业主管部门应当对主要农作物品种审定进行监督管理，组织开展试验品种特征特性和质量鉴定。

第二十三条 种子质量检验机构应当具备相应的种子检测条件和检测能力，并经省人民政府农业主管部门考核合格。种子质量检验机构应当配备种子检验员。种子检验员应当具有相关专业学历，具备相应的种子检验能力。

第二十四条 种子使用者与种子生产经营者对种子质量产生争议的，可以向田间现场所在地县级以上地方人民政府农业主管部门所属的种子管理机构申请田间现场鉴定。

第二十五条 种子使用者因种子质量问题与种子生产经营者产生纠纷的，可以与种子生产经营者协商解决，也可以依法向当地人民政府农业主管部门投诉、举报、申请调解，或者通过诉讼途径解决。

第二十六条 从事转基因农作物种子的研究、试验、生产、加工、经营、使用和进口、出口活动严格按照国家规定执行。

县级以上地方人民政府农业主管部门应当按照国家规定加强对转基因农作物种子的监督管理。

第二十七条 从境外、其他省、自治区、直辖市引进种子和种质资源，生产、调运种子等应当符合国家有关规定并接受检疫。

第二十八条 县级以上地方人民政府应当对种质资源保护、品种选育、品种试验、育种理论与方法研究、种子生产、加工仓储、种子储备和新品种展示、示范推广、育种平台建设等方面给予扶持。支持种业企业改善科研育种条件，引进、创制新材料、新技术。引导社会资金投资种业，促进现代种业发展。

第二十九条 县级以上地方人民政府应当根据需要建立农作物种子科研和生产基地，实行严格保护制度并加强监督管理。具体办法由省人民政府制定。

第三十条 县级以上地方人民政府应当鼓励和引导金融机构为种子生产经营和收储提供信贷支持。

第三十一条 省人民政府、制种基地所在地市（州）、县（市、区）人民政府根据实际情况支持开展种子生产保险，通过补贴保险费等措施支持发展种业保险。

第三十二条 县级以上地方人民政府农业主管部门应当支持推广使用高效安全的制种技术和先进适用的制种机械，并按照国家有关规定给予农机具购置补贴。

第三十三条 县级以上地方人民政府农业主管部门所属的种子管理机构应当采取以下措施促进本行政区域种业发展：

（一）根据本行政区域农业生产发展需要，进行新品种田间展示、示范，适时发布展示、示范结果；

（二）对本行政区域种植品种的安全性进行监测，并及时发布预警公告；

（三）推进种子生产基地建设；

（四）开展种子法律法规宣传和种子从业人员培训工作。

第三十四条 鼓励种子行业协会组织开展科技联合攻关、品种筛选试验。鼓励种子生产经营企业积极开展商业化育种、成果转化与应用。

第三十五条 违反本条例第十五条规定情形之一的，由县级以上地方人民政府农业主管部门责令改正，并处二千元以上二万元以下的罚款。

第三十六条 违反本条例第十六条第二项规定，对通过审定但不在适宜种植区域内的农作物品种进行推广、销售的，由县级以上地方人民政府农业主管部门责令停止违法行为，没收违法所得和种子，并处二万元以上二十万元以下的罚款。

第三十七条 违反本条例规定的行为，《中华人民共和国种子法》等法律、法规已有处罚规定的，按照其规定给予处罚。

第三十八条 本条例自2018年7月1日起施行。

广西壮族自治区农作物种子管理条例

（1995年7月29日广西壮族自治区第八届人民代表大会常务委员会第十六次会议通过 根据1997年12月4日广西壮族自治区第八届人民代表大会常务委员会第三十一次会议《关于修改〈广西壮族自治区农作物种子管理条例〉的决定》第一次修正 2001年5月26日广西壮族自治区第九届人民代表大会常务委员会第二十四次会议修订 根据2004年6月3日广西壮族自治区第十届人民代表大会常务委员会第八次会议《关于修改〈广西壮族自治区农作物种子管理条例〉的决定》第二次修正 根据2010年9月29日广西壮族自治区第十一届人民代表大会常务委员会第十七次会议《关于修改部分法规的决定》第三次修正 根据2016年11月30日广西壮族自治区第十二届人民代表大会常务委员会第二十六次会议《关于废止和修改部分地方性法规的决定》第四次修正）

目　　录

第一章 总 则

第一条 为了保护和合理利用种质资源，规范品种选育和种子生产、经营、使用行为，维护品种选育者和种子生产者、经营者、使用者的合法权益，提高种子质量水平，推动种子产业化，促进种植业的发展，根据《中华人民共和国种子法》，结合本自治区实际，制定本条例。

第二条 本条例所称农作物种子（以下简称种子），是指用于农业生产的粮、油、蔗、果、菜、茶、桑、麻、烟、棉、绿肥、药、花卉以及其他农作物的籽粒、果实和根、茎、苗、芽、叶等种植材料或者繁殖材料。

第三条 在本自治区行政区域内，从事品种选育和种子生产、经营、使用、管理以及检验、检疫的单位和个人，必须遵守本条例。

第四条 鼓励从事农业生产的单位和个人采用良种。种子使用者有权按照自己的意愿购买种子。

第五条 各级人民政府应当把种质资源保护工作和良种选育、生产、更新、推广列入农业生产发展规划。鼓励和扶持科研单位、学校、科技人员研究开发和依法经营、推广农作物优良新品种；鼓励品种选育和种子生产、经营相结合。

第六条 县级以上人民政府农业主管部门主管本行政区域内的种子管理工作，其种子管理机构负责日常工作。

政府有关行政主管部门应按各自的职责，协助农业主管部门做好种子发展和管理工作。

第七条 县级以上人民政府农业主管部门种子管理的主要职责是：

（一）贯彻落实国家和自治区有关种子的法律、法规、规章和方针政策；

（二）研究提出并组织实施种子发展建设规划和年度计划；

（三）组织开展主要农作物品种审定推广前的试验以及品种真实性鉴定，组织新良种和种子新技术的试验示范及推广应用；

（四）核发、管理种子生产经营许可证，查处违法生产、经营种子的单位和个人；

（五）负责农作物品种及种子生产、经营、质量的监督管理，组织建立健全良种繁育体系和种子质量控制体系，组织开展种子质量认证工作；

（六）负责种子行业的统计及种业信息网的建设和管理；

（七）组织落实救灾备荒种子贮备任务；

（八）负责与种子管理有关的工作人员培训及技术交流。

第八条 国有农业科研、教学院所（良种场）是国家繁育良种和新品种选育、试验、示范的重要基地。任何单位和个人不得侵占农业科研、教学院所（良种场）的土地、房屋、设备、资金、产品。确因国家建设需要用地的，按有关规定办理。

第九条 自治区人民政府设立专项资金，用于扶持良种选育和推广。

各级人民政府应当扶持种子产业的发展，在财政、税收等方面给予优惠，减免杂交水稻、杂交玉米种子田粮食定购任务。

第二章 种质资源管理

第十条 农作物种质资源受法律保护，任何单位和个人都不得侵占、破坏。对名、特、优、珍的种质资源和野生种质资源，应当注意保存和有计划地开发利用。

第十一条 自治区人民政府农业主管部门应当建立种质资源库、种质资源保护区或者种质资源保护地。

本自治区行政区域内的农作物种质资源的搜集、整理、鉴定、保存和利用工作，由自治区人民政府农业主管部门授权的农业科研、教学单位具体负责。

第十二条 从境外引进农作物种质资源的单位和个人，必须按规定将适量的引进种子及其说明送自治区人民政府农业主管部门授权的农业科研、教学单位登记和保存。

第十三条 任何单位和个人从境外引种，必须按照国家的有关规定办理引种申报、审批、报检手续，并进行隔离检疫试种。

第十四条 任何单位和个人向境外提供（包括交换、出售、赠送、援助）农作物种质资源，应当按国务院农业主管部门的有关规定办理报批手续。

第三章 品种选育和审定

第十五条 农作物新品种的选育，由县级以上人民政府农业主管部门根据国家需要和市场需求，会同有关部门组织有关科研、教学、生产单位进行。

鼓励单位和个人选育和开发农作物新品种。

第十六条 主要农作物品种在推广前，应当通过国家级或者自治区级审定。申请者可以直接申请自治区级审定或者国家级审定。未经审定或者审定未通过的主要农作物品种，不得发布广告；不得经营、推广。

第十七条 申请审定的品种应当具备下列条件：

（一）人工选育或者发现并经改良的；

（二）与现有品种有明显区别；

（三）遗传性状稳定；

（四）形态特征一致；

（五）具有适当的名称。

第十八条 申请自治区级审定品种，申请单位或者个人应缴纳品种审定费。收费办法由自治区人民政府农业主管部门提出，自治区物价、财政主管部门制定。

第十九条 审定通过的新品种，由农作物品种审定委员会发给品种审定合格证书，并由自治区人民政府农业主管部门予以公布，可以在本行政区域内适宜的生态区域推广。

第二十条 自治区对部分非主要农作物按照国家规定实行品种登记和推广前登记制度。列入非主要农作物登记目录的品种未经登记的，不得经营和推广，不得发布广告。

第四章 种子生产经营

第二十一条 从事种子进出口业务的农作物种子生产经营许可证，由自治区人民政府农业主管部门审核，报国务院农业主管部门核发。

从事主要农作物杂交种子及其亲本种子生产经营以及实行选育生产经营相结合，符合国务院农业主管部门规定条件的种子企业的种子生产经营许可证，由生产经营者所在地县级人民政府农业主管部门审核，自治区人民政府农业主管部门核发。

前两款规定以外的其他农作物种子的生产经营许可证，由生产经营者所在地县级人民政府农业主管部门核发。

只从事非主要农作物种子生产的，不需要办理种子生产经营许可证。

禁止伪造、变造、买卖、租借种子生产经营许可证。

第二十二条 商品种子经营者应当在种子标签或者说明书上，向种子使用者提供种子的简要性状、主要栽培措施、使用条件的说明，并在种子经营场所提供有关咨询服务，对种子质量负责。

任何单位和个人不得非法干预种子经营者的自主经营权。

第二十三条 农民个人自繁自用的常规种子有剩余的，可以在集贸市场上出售，不需要办理种子生产经营许可证。其具体管理按自治区人民政府有关规定执行。

第二十四条 种子经销双方签订种子购销合同后，应严格履行。

种子购销双方对成交的每批可封存的种子，应当共同取样封存，各自保留样品，所封存样品保存到该批种子用于生产收获无疑议之后。

第二十五条 承印种子包装物、标签的企业和个人，应当向委托印制者索取种子生产经营许可证、检疫证明以及与需要印制内容相关的证件和证明，并按相关证件和证明的有关内容印制，无相关证件和证明的，不得承印。

第二十六条 取得种子生产经营许可证的经营者，可以在许可证规定的有效区域内，以书面形式委托其他单位或者个人代销其种子。委托双方必须签订载明代销的品种、数量、期限及双方权利、义务、责任的代销协议书，受委托方凭代销协议书和委托方的种子生产经营许可证副本，到工商行政管理部门办理或者变更营业执照后，方可代销种子，并应当在办理或者变更营业执照之日起 15 日内，向当地县级以上人民政府农业主管部门备案。

禁止超种子生产经营许可证的有效区域范围委托代销种子。

第二十七条 接受委托进行种子代销者，应当按委托者所提供的品种和数量代销，不得超委托范围经销其他应办理种子生产经营许可证才能经营的种子。种子使用者因种子质量问题遭受损失的，可以向种子代销者要求赔偿，也可直接向委托代销者要求赔偿。非责任方赔偿后,有权向责任方追偿。

第二十八条 专门经营不再分装的包装种子者,应到工商行政管理部门办理或者变更营业执照后,方可经营,并应在办理或者变更营业执照之日起15日内,向当地县级以上人民政府农业主管部门备案。不得将种子拆包销售。

第二十九条 禁止任何单位和个人向无种子生产经营许可证者提供主要农作物亲本种子。

第三十条 禁止任何单位和个人经营、代销来自无种子生产经营许可证者的种子。

第五章 种子检验和检疫

第三十一条 自治区范围内的种子质量监督抽查检验、统一监督检验、定期监督检验由自治区人民政府农业主管部门统一规划和组织实施。

自治区种子质量检验机构经自治区或者国务院有关主管部门考核合格的,可以承担本自治区内的种子质量检验工作。设区的市种子质量检验机构经自治区有关主管部门考核合格的,可以承担本行政区域内的种子质量检验工作。

市、县人民政府农业主管部门在本行政区域内,可以组织种子质量监督抽查检验。

在国家和自治区规定的监督检查周期内,对同一批种子任何部门不得重复监督检查,违法重复安排检查的,生产经营者有权拒绝检查。

第三十二条 生产、经营的商品种子必须经过检验,质量应当符合种子质量标准。

禁止销售未经检验或者检验不合格的商品种子。

第三十三条 种子质量检验机构和种子质量标准检验室,应当配备种子检验员。

种子检验员应当具备以下条件:

(一)具有相关专业中等专业技术学校毕业以上文化水平;

(二)从事种子检验技术工作三年以上。

种子检验员在进行种子检验时,应当执行《农作物种子检验规程》等国家标准。

第三十四条 任何单位和个人不得出具虚假的检验证明。

第三十五条 种子检疫由植物检疫机构依照《中华人民共和国植物检疫条例》和《中华人民共和国进出境动植物检疫法》执行。

第六章 种子贮备

第三十六条 建立以种子企业为主体、财政资金为保障、市场化运作的种子贮备制度。贮备种子的数量和品种,由县级以上人民政府农业主管部门提出方案,报同级人民政府批准。动用贮备种子的,应当报同级人民政府批准。

第三十七条 救灾备荒的种子由各级人民政府农业主管部门组织贮备。

第三十八条 贮备种子应当分品种入库,定期检验,确保种子质量。无灾无荒情况下，贮备的种子应当在下一年推陈贮新。

第三十九条 贮备救灾备荒种子所造成的政策性亏损，由同级财政部门按有关规定给予补贴。

第七章 种子的行政管理

第四十条 农业主管部门与种子生产经营机构在人员和财务上必须分开。种子生产经营机构不得参与和从事种子行政管理工作；农业主管部门及其工作人员不得参与和从事种子生产、经营活动。

第四十一条 农业主管部门在种子的行政管理过程中可以行使下列职权：

（一）对违法生产、经营场所实施检查；

（二）查阅、复印当事人有关的合同、发票、账簿以及其它有关资料；

（三）依法作出行政处罚决定。

第八章 法律责任

第四十二条 违反本条例规定，向无相应种子生产经营许可证者提供主要农作物亲本种子的，由县级以上人民政府农业主管部门责令限期收回，吊销种子生产经营许可证，没收种子和违法所得，处以违法所得一倍以上三倍以下罚款；没有违法所得的，处以一千元以上三万元以下罚款。

第四十三条 违反本条例规定，有下列行为之一的，由县级以上人民政府农业主管部门责令改正，没收种子和违法所得，处以违法所得一倍以上三倍以下罚款；没有违法所得的，处以一千元以上一万元以下罚款；造成使用者经济损失的，依法赔偿损失；构成犯罪的，依法追究刑事责任：

（一）超种子生产经营许可证的有效区域范围委托代销种子的；

（二）受委托的种子代销者违反规定超范围经营种子的；

（三）专门经营不再分装的包装种子者违反规定将包装种子拆包销售的；

（四）经营、代销来自无种子生产经营许可证者的；

（五）销售未经检验或者检验不合格的商品种子的。

第四十四条 违反本条例规定，经营、推广应当审定而未经审定通过的品种种子的，由县级以上人民政府农业主管部门责令停止种子的经营、推广，没收种子和违法所得，并处以二万元以上二十万元以下罚款；造成使用者经济损失的，依法赔偿损失；构成犯罪的，依法追究刑事责任。

第四十五条 违反本条例规定，出具虚假检验证明的，与种子生产者、销售者承担连带责任；并依法追究责任机构和单位及其有关责任人的责任，取消责任检验员的种子检验员资格；构成犯罪的，依法追究刑事责任。

第四十六条 非法干预种子经营者的自主经营权给经营者造成损失的，应当根据经营者损失的程度承担相应的赔偿责任。

第四十七条 拒绝、阻碍种子管理、检验、检疫人员依法执行公务的，由公安部门依照《中华人民共和国治安管理处罚法》处罚；构成犯罪的，依法追究刑事责任。

第四十八条 种子行政管理、检验、检疫人员滥用职权、玩忽职守、徇私舞弊的，或者种子行政管理人员违反本条例规定从事种子生产、经营活动的，给予行政处分；构成犯罪的，依法追究刑事责任。

第九章 附 则

第四十九条 草种、食用菌种的种质资源管理和选育、生产、经营、使用、管理等活动，参照本条例执行。

第五十条 本条例自2001年6月1日起施行。

安徽省农作物种子管理条例

（1997年6月7日安徽省第八届人民代表大会常务委员会第三十一次会议通过 根据2002年5月24日安徽省第九届人民代表大会常务委员会第三十次会议《关于修改〈安徽省农作物种子管理条例〉的决定》第一次修正 根据2017年7月28日安徽省第十二届人民代表大会常务委员会第三十九次会议关于修改《安徽省实施〈中华人民共和国森林法〉办法》等九部地方性法规的决定第二次修正）

第一章 总 则

第一条 为了加强农作物种子管理，保护和利用种质资源，保证种子质量，规范种子选育、生产、经营和使用行为，维护种子选育者、生产者、经营者和使用者的合法权益，促进农业结构调整和农业生产的发展，根据《中华人民共和国种子法》（以下简称《种子法》）等法律、行政法规，结合本省实际，制定本条例。

第二条 本条例所称农作物种子（以下简称种子），是指农作物的种植材料或者繁殖材料，包括籽粒、果实、根、茎、苗、芽、叶、花等。

本条例所称主要农作物，是指稻、小麦、玉米、棉花、大豆。

第三条 本条例适用于本省行政区域内种子的选育、生产、经营和管理。

第四条 县级以上人民政府农业行政主管部门主管本行政区域内种子工作，其所属的种子管理机构受委托具体负责种子管理工作。

第五条 省人民政府设立专项资金，用于扶持良种选育、试验和推广。市、县人民政府可以根据需要，设立专项资金。

省人民政府建立种子储备制度，主要用于发生灾害时的生产需要及余缺调剂，保障农业生产安全。种子储备的具体办法按照国务院的规定执行。

第六条 各级人民政府应当鼓励采用新的科学技术，加快新品种的选育、生产和推广，对在种子工作中成绩显著的单位和个人给予表彰奖励。

第二章 种质资源保存和利用

第七条 省人民政府农业行政主管部门应当加强对农作物种质资源的保护和管理，授权农业科研、教学等单位建立品种资源库和资源档案，做好种质资源搜集、整理、鉴定、登记、保存和利用工作。

第八条 鼓励单位和个人从省外引进种质资源。对引进的种质资源应当进行检疫，并将有关资料及适量种子报省人民政府农业行政主管部门授权的单位鉴定、登记和保存。利用引进的种质资源应当征得引进者的同意。

从境外引进或者向境外提供种质资源，应当按国家有关规定办理。

第三章 品种选育、审定与登记

第九条 各级人民政府鼓励单位、个人选育和开发新品种，在资金、信贷等方面给予扶持。选育新品种应当注重多样性、优质性和安全性。

省人民政府应当建立专业化异地育种基地，加强对异地育种、鉴定工作的统一管理，在基础设施等方面，给予必要的资金扶持。

第十条 主要农作物品种在推广应用前应当通过国家级或者省级审定，申请者可以直接申请省级审定或者国家级审定。

省人民政府农业行政主管部门设立由种子科研、教学、生产、推广、管理、使用等方面的专业人员组成的农作物品种审定委员会，承担本省范围内主要农作物品种的审定工作，建立包括申请文件、审定试验数据、种子样品、审定专家个人审定意见和审定结论等内容的审定档案，保证可追溯。

省农作物品种审定委员会对申报的主要农作物品种，应当在品种试验结束后六个月内完成审定工作。通过省级审定的主要农作物品种，由省农作物品种审定委员会发给证书，并由省人民政府农业行政主管部门予以公告。在审定通过的品种依法公布的相关信息中应当包括审定意见情况，接受监督。

第十一条 通过国家级或者省级审定的农作物品种经公告，可以在本省适宜的生态区域推广。与本省属于同一适宜生态区域的其他省、自治区、直辖市审定通过的农作物品种可以引种，引种者应当将引种的品种和区域报省人民政府农业行政主管部门备案。

第十二条 对部分非主要农作物实行品种登记制度。列入非主要农作物登记目录的品种在推广前应当登记。

申请者申请农作物品种登记，依照《中华人民共和国种子法》和国务院农业行政主管部门的规定执行。

第十三条 应当审定的农作物品种未经审定的，不得发布广告、推广、销售。应当登记的农作物品种未经登记的，不得发布广告、推广，不得以登记品种的名义销售。

第十四条 省级审定通过的农作物品种出现不可克服的严重缺陷等情形不宜继续推广、销售的，经省农作物品种审定委员会审核确认后，撤销审定，由省农业行政主管部门发布公告，停止推广、销售。

第十五条 农作物新品种权受法律保护，实行有偿转让。

第四章 种子生产

第十六条 主要农作物的商品种子生产实行许可制度，具体办法按照《种子法》的规定执行。

第十七条 种子生产者应当执行种子生产技术规程和种苗产地检疫规程。

第十八条 种子生产者应当建立种子生产档案，接受种子管理机构的监督检查。

种子生产档案保存年限按国家规定执行。

第十九条 各级人民政府应当鼓励单位和个人建立相对稳定的良种生产基地，实行专业化生产。

第五章 种子经营

第二十条 种子经营实行许可制度，具体办法按照《种子法》的规定执行。

第二十一条 种子经营者在种子生产经营许可证载明的有效区域设立分支机构的，专门经营不再分装的包装种子的，或者受具有种子生产经营许可证的种子经营者书面委托代销其种子的，不需要办理种子生产经营许可证，但应当向当地农业行政主管部门备案。

专门经营不再分装的包装种子的，不得将种子拆包销售。

受委托代销种子的，不得再次委托。

第二十二条 种子经营者应当建立种子经营档案，并接受种子管理机构的监督检查。

种子经营档案包括种子来源、销售去向、质量检测以及加工、包装、储运等内容。

种子经营档案保存年限按国家规定执行。

第二十三条 发布种子广告，其内容应当符合《中华人民共和国种子法》和有关广告的法律、法规规定，主要性状描述等应当与审定、登记公告一致。

第六章 种 子 质 量

第二十四条 县级以上人民政府农业行政主管部门负责本行政区域内种子质量的监督检查。

农业行政主管部门可以委托种子质量检验机构对种子质量进行检验。

种子质量检验机构应当具备相应的检测条件和能力，并经省级以上人民政府有关主管部门考核合格。

第二十五条 种子检疫应当按照有关植物检疫法律、行政法规的规定执行。

第二十六条 种子生产、经营者应当建立种子质量检验制度。生产、经营的商品种子应当达到国家或者省规定的种用标准，不得掺杂掺假，以次充好。

第七章 种子行政管理

第二十七条 农业行政主管部门依法履行种子监督检查职责时，有权采取下列措施：

（一）进入生产、经营场所进行现场检查；

（二）对种子进行取样测试、试验或者检验；

（三）查阅、复制有关合同、票据、账簿、生产经营档案及其他有关资料；

（四）查封、扣押有证据证明违法生产、经营的种子，以及用于违法生产、经营的工具、设备及运输工具等；

（五）查封违法从事种子生产、经营活动的场所。

农业行政主管部门不得擅自公开和泄漏被检查者的商业秘密。

第二十八条 种子执法人员应当经省人民政府农业行政主管部门培训，考核合格后发给证书，持证上岗；执行公务时，应当佩带执法标志，出示执法证件，使用省人民政府农业行政主管部门监制的执法文书。

第二十九条 种子管理机构与生产经营单位在人员和财务上应当分开。种子管理工作经费同级财政应当给予保障。

农业行政主管部门、种子管理机构及其工作人员不得参与和从事种子生产、经营活动；种子生产经营单位不得参与和从事种子行政管理工作。

第三十条 县以上人民政府农业行政主管部门应当为种子生产者、经营者、使用者提供信息、咨询、培训、良种良法技术等服务，建立健全种子违法行为举报奖励制度，及时查处违法行为，依法维护当事人的合法权益。

第八章 法 律 责 任

第三十一条 违反本条例规定的行为，《种子法》等法律、法规规定给予处罚的，按照其规定给予处罚。

第三十二条 违反本条例规定,发布虚假广告,欺骗和误导消费者,使购买种子的消费者的合法权益受到损害的,由广告主依法承担民事责任;广告经营者、广告发布者明知或者应知广告虚假仍设计、制作、发布的,应当依法承担连带责任。

第三十三条 农业行政主管部门、种子管理机构及其工作人员有下列行为之一的,对直接负责的主管人员或者其他直接责任人员,依法给予处分;构成犯罪的,依法追究刑事责任;给种子生产者、经营者、使用者造成损失的,依法赔偿损失:

(一)不按规定核发种子生产、经营许可证的;

(二)非法干预种子生产者、经营者、使用者自主权的;

(三)参与或者从事种子生产、经营活动的;

(四)擅自公开和泄漏被检查者商业秘密的;

(五)对种子行政违法行为不予处理的。

第九章 附　　则

第三十四条 本条例自1997年10月1日起施行。

贵州省农作物种子管理条例

(2002年9月29日贵州省第九届人民代表大会常务委员会第三十一次会议通过)

第一条 为加强农作物种子管理,保证种子质量,维护农作物品种选育者和种子生产者、经营者、使用者的合法权益,促进农业生产的发展,根据《中华人民共和国种子法》(以下简称《种子法》)和有关法律、法规的规定,结合本省实际,制定本条例。

第二条 在本省行政区域内从事农作物品种选育和种子生产、经营、使用、管理等活动,适用本条例。

第三条 本条例所称农作物种子,是指农作物的种植材料或者繁殖材料,包括籽粒、果实和根、茎、苗、芽、叶等。

第四条 县级以上人民政府农业行政主管部门主管本行政区域内的农作物种子工作,其所属的农作物种子管理机构负责农作物种子管理的具体工作。

县级以上人民政府其他有关行政主管部门按照各自职责,协同做好农作物种子管理工作。

第五条 省人民政府设立种子专项资金,用于扶持良种选育、试验和推广。

县级以上人民政府应当扶持种子产业的发展,鼓励和支持种质资源保护和良种选育、生产、更新、推广工作，表彰和奖励在种质资源保护和良种选育、推广等工作中成绩显著的单位和个人。

第六条 省、市、州人民政府和地区行政公署应当贮备一定数量的救灾备荒种子。贮备计划和贮备种子的动用，由同级人民政府或者地区行政公署批准。

第七条 省人民政府农业行政主管部门设立由科研、教学、生产、推广、管理、使用等方面专业人员组成的农作物品种审定委员会，承担主要农作物品种的审定、认定工作。

主要农作物品种在推广应用前，应当通过省农作物品种审定委员会审定。审定通过的新品种，由省农作物品种审定委员会颁发审定证书，并由省人民政府农业行政主管部门公告后，方可在省内适宜的种植区域推广。

经省人民政府农业行政主管部门同意并公告，相邻省审定通过的属于同一适宜种植区域的主要农作物品种可以引种。

第八条 非主要农作物品种推广前，应当由培育者或者引种者进行试验，试验成功后方可推广。

非主要农作物种子销售前，应当将种子的来源、质量指标、特征特性、适宜种植区域及植物检疫等材料报经营所在地县级以上人民政府农业行政主管部门备案。

第九条 从境外引进农作物种子的单位和个人，必须按照国家的有关规定办理引种申报、审批、报检手续，并进行隔离检疫试种。

第十条 具有种子质量检验资质的机构，承担本行政区域内的种子质量检验工作，负责农业行政主管部门安排的种子质量监督检验，受理委托检验。

第十一条 主要农作物的商品种子生产和农作物种子经营实行许可制度，其生产许可证和经营许可证分级审批发放。

主要农作物杂交种子及其亲本种子、常规种原种种子的生产、经营许可证，由种子生产者或者经营者所在地县级人民政府农业行政主管部门审核，省人民政府农业行政主管部门核发。

主要农作物常规种子生产、经营许可证和非主要农作物种子经营许可证，由生产者或者经营者所在地县级以上人民政府农业行政主管部门核发。

非主要农作物种子生产许可证，实行自愿申请原则。

第十二条 主要农作物种子生产许可证由直接组织种子生产的单位或者个人提出申请；委托农民或者其他经济组织生产的，由委托方提出申请。农作物种子经营许可证由经营者提出申请。

第十三条 申请领取主要农作物种子生产许可证，应当符合《种子法》的规定，并具备以下条件：

（一）生产杂交种子的，注册资本500万元以上；生产常规种子（含原种）和杂交亲本种子的，注册资本100万元以上；

（二）具有种子检验用房50平方米以上，种子检验仪器设备达到省人民政府农业行政主管部门规定的种子标准检验室条件；

（三）具有种子仓库、加工房和营业场所共300平方米以上；种子晒场500平方米以上或者种子烘干设备；

（四）具有种子检验员2名以上；熟悉种子生产技术的农业技术人员3名以上，其中具有农业中级技术职称的人员1名以上。

第十四条 申请领取主要农作物种子生产许可证，应当提供以下材料：

（一）生产许可证申请表；

（二）注册资本证明；

（三）种子晒场情况介绍或者种子烘干设备的照片及产权证明或者使用权证明；

（四）种子检验室和种子检验仪器设备清单、照片及产权证明或者使用权证明；

（五）种子仓库、加工房和营业场所的照片及产权证明或者使用权证明；

（六）种子检验人员、种子生产技术人员的资格证明；

（七）具有繁殖种子的隔离和培育条件的介绍材料、无检疫对象的证明；

（八）种子生产所在地出具的种子生产证明（含品种、面积）；

（九）申请生产品种的介绍；品种为授权品种的，应当提供品种权人同意的书面证明或者品种转让合同；属转基因品种的，应当提供农业转基因生物安全证明；

（十）种子生产质量保证制度。

第十五条 申请领取主要农作物杂交种子及其亲本种子、常规种原种种子生产、经营许可证的，按以下程序办理：

（一）申请人向生产、经营所在地县级人民政府农业行政主管部门提出申请；

（二）受理申请的县级人民政府农业行政主管部门应当在收到申请材料之日起30日内完成审核工作。对符合条件的，签署审核意见，上报省人民政府农业行政主管部门；审核未通过的，书面通知申请人并说明原因；

（三）省人民政府农业行政主管部门应当在收到审核意见之日起30日内完成审批工作。对符合条件的，发给种子生产、经营许可证；对不符合条件的，书面通知申请人并说明原因。

第十六条 申请领取主要农作物常规种子生产、经营许可证、非主要农作物种子经营许可证的，直接向生产、经营所在地县级以上人民政府农业行政主管部门提出申请。受理申请的农业行政主管部门应当在收到申请材料之日起30日内完成审查工作。对符合条件的，核发相应证件；对不符合条件的，书面通知申请人并说明原因。

第十七条 申请领取主要农作物杂交种子以外的农作物种子经营许可证，应当符合《种子法》的规定，并具备以下条件：

（一）注册资本100万元以上；

（二）能够满足种子检验需要的检验室和必要的种子检验仪器设备；

（三）具有与种子经营相适应的种子加工设备；

（四）具有种子仓库、加工房和营业场所共100平方米以上；

（五）种子检验人员、贮藏保管人员各1名以上。

第十八条 申请领取主要农作物杂交种子经营许可证，应当符合《种子法》的规定，并具备以下条件：

（一）注册资本500万元以上；

（二）具有种子检验用房50平方米以上，种子检验仪器设备达到省人民政府农业行政主管部门规定的标准检验室条件；

（三）具有种子精选机、种子计量包装机、种子包衣机等种子加工设备各1台以上；

（四）具有种子仓库、加工房和营业场所共300平方米以上；

（五）种子检验人员2名以上，种子贮藏保管人员和种子加工技术人员各1名以上。

第十九条 申请领取农作物种子经营许可证，应当提供以下材料：

（一）农作物种子经营许可证申请表；

（二）注册资本证明；

（三）种子检验室和种子检验仪器设备清单、照片及产权证明或者使用权证明；

（四）种子加工设备的清单、照片及产权证明或者使用权证明；

（五）种子仓库、加工房和营业场所的照片及产权证明或者使用权证明；

（六）种子检验人员、贮藏保管人员、加工技术人员的资格证明；

（七）属转基因品种的，应当提供农业转基因生物安全证明。

第二十条 专门经营不再分装的包装种子，或者受具有农作物种子经营许可证的种子经营者委托代销种子的，应当持有关材料报经营所在地县级人民政府农业行政主管部门备案登记。对符合条件的，农业行政主管部门应当在收到材料之日起7日内予以备案登记，并发给备案登记证明；对不符合条件的，应当书面答复并说明原因。

第二十一条 种子经营者按照第二十条的规定报农业行政主管部门备案登记时，应当提供以下材料：

（一）固定经营场所的产权证明或者使用权证明；

（二）营业执照；

（三）拟经营种子的品种介绍，包括品种的简要性状、主要栽培措施、适宜种植的区域等；

（四）专门经营不再分装的包装种子的，应当提供拟经营种子的品种、数量、来源及种子供应者的经营许可证、营业执照复印件；

（五）受委托代销种子的，应当提供双方签订的代销协议书、委托方填写的委托书及委托方的种子经营许可证、营业执照复印件。

第二十二条 专门经营不再分装的包装种子或者受委托代销种子的种子经营者销售种子时，应当出示备案登记证明，并向购种者出具有效凭证。禁止再委托其他单位和个人代销种子。

种子经营者委托代销种子应当使用省人民政府农业行政主管部门统一印制的委托书。

第二十三条 对具有特定的栽培、海拔、气候要求或者属特殊、专用用途的种子,种子经营者应当向使用者提供相应的栽培措施、使用条件和适宜种植区域的说明。

第二十四条 销售的农作物种子应当附有标签。属转基因品种的,应当依法标注。

由于不可抗力的原因,经用种地县级以上人民政府批准,使用低于国家或者地方规定种用标准农作物种子的,经营者应当在种子标签中注明种子的实际质量指标和使用方法。

第二十五条 禁止生产、经营假、劣种子,禁止无证或者超越许可证规定的范围生产、经营种子。

第二十六条 违反本条例第八条第一款规定的,由县级以上人民政府农业行政主管部门责令停止引种、推广,可以并处1000元以下罚款。

第二十七条 违反本条例第二十二条、第二十三条规定,有下列行为之一的,由县级以上人民政府农业行政主管部门或者工商行政主管部门责令改正;有违法所得的,没收违法所得,并处以违法所得1倍的罚款,但最少不得低于1000元;没有违法所得的,可以处1000元以上1万元以下罚款:

(一)未出示备案登记证明销售种子的;

(二)未向购种者出具有效凭证的;

(三)再次委托其他单位或者个人代销种子的;

(四)未向种子使用者提供相应的栽培措施、使用条件和适宜种植区域说明的。

第二十八条 违反本条例第二十五条规定的,由县级以上人民政府有关行政主管部门按照国家有关法律、法规的规定处罚。给种子使用者造成损失的,应当依法赔偿购种价款、有关费用和可得利益损失。

第二十九条 农业行政主管部门违反本条例规定,对不具备条件的种子生产、经营单位和个人核发或者越权核发种子生产、经营许可证、办理备案登记的,所核发的种子生产、经营许可证和备案登记证明无效,对直接负责的主管人员和其他直接责任人员,依法给予行政处分;给种子生产者、经营者、使用者造成损失的,应当依法赔偿。

第三十条 农业行政主管部门的工作人员在种子管理工作中,徇私舞弊、玩忽职守、滥用职权,尚不构成犯罪的,对直接负责的主管人员和其他直接责任人员,依法给予行政处分。

第三十一条 本条例自2002年12月1日起施行。

辽宁省农作物种子管理条例

（2002年11月29日辽宁省第九届人民代表大会常务委员会第三十四次会议通过　根据2004年6月30日辽宁省第十届人民代表大会常务委员会第十二次会议《关于修改〈辽宁省农作物种子管理条例〉的决定》第一次修正　根据2011年11月24日辽宁省第十一届人民代表大会常务委员会第二十六次会议《关于修改部分地方性法规的决定》第二次修正　根据2015年9月25日辽宁省第十二届人民代表大会常务委员会第二十一次会议《关于修改部分地方性法规的决定》第三次修正　根据2018年3月27日辽宁省第十三届人民代表大会常务委员会第二次会议《关于修改〈辽宁省实施《中华人民共和国森林法》办法〉等部分地方性法规的决定》第四次修正）

第一条　为了加强农作物种子管理，规范品种选育和种子生产、经营行为，维护品种选育者和种子生产者、经营者、使用者合法权益，根据《中华人民共和国种子法》（以下简称《种子法》）和有关法律、法规，结合我省实际，制定本条例。

第二条　在我省行政区域内从事农作物品种选育和种子生产、经营、使用、管理等活动，适用《种子法》和本条例。

第三条　省、市、县（含县级市、区，下同）农业行政主管部门主管本行政区域内农作物种子工作，其所属的种子管理机构具体负责种子管理工作。

农业行政主管部门、种子管理机构及其工作人员不得参与和从事种子生产、经营活动。

第四条　省、市、县人民政府应当将种子管理工作经费列入同级财政预算。

第五条　县级以上地方人民政府应当制定种子发展规划，并按照国家有关规定在财政、信贷和税收等方面采取措施，保证规划的实施。

省人民政府设立专项资金，用于扶持良种选育、推广和特殊情况下的种子扩繁。具体管理办法按照国务院规定执行。

第六条　省人民政府建立种子储备制度，主要用于发生灾害时的生产需要，保障农业生产安全。储备救灾备荒种子产生的政策性亏损，由财政予以补贴。具体办法按照国务院规定执行。

第七条　省农业行政主管部门应当建立种质资源库、种质资源保护区或者种质资源保护地，依法保护、开放利用名、特、优种质资源和野生种质资源。

第八条　县级以上地方人民政府应当鼓励和支持单位或者个人从事良种选育和开发，保护科研成果，依法保障选育者的合法利益。

第九条 主要农作物品种在推广应用前应当通过国家级或者省级审定。

第十条 属于同一适宜生态区的其他省、自治区、直辖市审定的主要农作物品种引种我省的，引种者应当将引种的品种和区域报省农业行政主管部门备案。

第十一条 取得种子生产许可证的单位或者个人，可以委托乡村集体经济组织、其他经济组织或者农民生产种子，生产种子前，双方应当签订书面合同。合同约定生产的种子应当符合国家种用质量标准；国家没有规定种用质量标准的，合同当事人应当约定质量标准。

第十二条 符合国家种用质量标准或者合同约定种用质量标准的种子，应当按合同收购。

对达不到国家种用质量标准或者合同约定种用质量标准的种子，取得种子生产许可证的单位或者个人应当报告种子生产所在地的种子管理机构，并在其监督下报废、收购、转商，不得冒充种子销售。

第十三条 鼓励单位和个人建立稳定的种子生产基地，推进种子专业化、标准化生产。

种子生产应当具备与种子生产相适应的生产条件，执行种子生产技术规程和检验、检疫规程，保证种子质量。

任何单位和个人不得在种子生产基地从事危害种子生产的活动。

第十四条 农民个人自繁、自用的常规种子有剩余的，可以在集贸市场上出售、串换，不需要办理种子经营许可证。

出售、串换主要农作物常规种子的，应当将品种的名称、数量向当地种子管理机构备案；种子管理机构应当出具出售、串换证明。

第十五条 除《种子法》和本条例规定之外，其他无种子经营许可证的单位或者个人不得收购、销售种子。

第十六条 种子广告的发布，依据《种子法》和有关广告法律、法规执行。

第十七条 经省有关主管部门考核合格的种子质量检验机构，承担种子质量检验工作。

因种子质量产生纠纷的，当事人可以向所在地种子质量检验机构提出检验申请。当事人对检验结果有异议的，可以在收到检验结果之日起十五日内，向上级种子质量检验机构提出复检。

申请检验的，按有关规定交纳检验费用。

第十八条 种子执法人员查处种子生产、经营违法行为时，可以查阅、复制、摘录有关合同、发票、账簿、检验结果、标签等相关资料，现场检查种子生产、经营、贮藏场所。

种子管理机构可以对种子质量进行抽查，抽查不得收取费用。

第十九条 种子执法人员执行职务时，应当统一标志并出示行政执法证件。

任何单位和个人不得拒绝、阻碍种子执法人员依法执行职务。

第二十条 省种子管理机构应当按照国家规定，对种子经营、检验人员进行培训和考核。

第二十一条 农业行政主管部门应当建立举报制度，接受投诉和举报，对举报有功者予以奖励。

第二十二条 违反本条例第十三条第三款规定，在种子生产基地从事危害种子生产活动的，由农业行政主管部门责令停止侵害；给使用者、生产者造成经济损失的，应当依法承担赔偿责任。

第二十三条 违反本条例规定，无种子生产经营许可证收购、销售种子的，由县以上农业行政主管部门责令改正，没收种子和违法所得；违法生产经营的货值金额不足一万元的，并处三千元以上三万元以下罚款；货值金额一万元以上的，并处货值金额三倍以上五倍以下罚款。

第二十四条 种子质量检验机构出具虚假检验证明的，与种子生产者、销售者承担连带责任；并依法追究种子质量检验机构及其有关责任人的行政责任；构成犯罪的，依法追究刑事责任。

第二十五条 种子使用者因种子质量问题受到损失的，出售种子的经营者应当予以赔偿；经营者赔偿后，属于种子生产者或者其他经营者责任的，经营者有权向生产者或者其他经营者追偿。赔偿额包括购种价款、有关费用和可得利益损失。

前款所称可得利益损失，是指因种子造成的该作物实际产量与所在县当年统计平均产量的减产部分，按当年当地同类作物市场平均价格确定。

第二十六条 农业行政主管部门、种子管理机构及其工作人员有下列行为之一的，由其所在单位或者上级主管部门给予行政处分；构成犯罪的，依法追究刑事责任：

（一）参与和从事种子生产、经营活动；

（二）违反规定条件发放或者拒绝发放种子生产、经营许可证；

（三）核发许可证滥收费；

（四）侵犯农民生产经营自主权及其他合法权益。

第二十七条 种子生产合同、代销协议示范文本，由省农业行政主管部门会同省工商行政管理部门制定。

第二十八条 本条例自2003年2月1日起施行。1991年5月28日辽宁省人大常委会通过的《辽宁省农作物种子管理条例》同时废止。

山西省农作物种子条例

（2003年11月30日山西省第十届人民代表大会常务委员会第七次会议通过　根据2011年12月1日山西省第十一届人民代表大会常务委员会第二十六次会议关于修改部分地方性法规的决定修正　2018年11月30日山西省第十三届人民代表大会常务委员会第七次会议修订）

第一章　总　　则

第一条 为了保护和合理利用农作物种质资源，提高农作物种子质量，规范品种选育，维护种子生产经营者、使用者的合法权益，发展现代农作物种业，保障粮食安全，根据《中华人民共和国种子法》等法律、行政法规，结合本省实际，制定本条例。

第二条 在本省行政区域内从事农作物种质资源保护、品种选育、种子生产经营和管理等活动，适用本条例。

本条例所称农作物种子，是指农作物的种植材料或者繁殖材料，包括籽粒、果实、根、茎、苗、芽、叶、花等。

第三条 省人民政府应当根据现代农业发展需要，制定农作物种业发展规划并组织实施。

省人民政府应当建立农作物种子储备制度。储备的农作物种子主要用于发生灾害时的生产需要及余缺调剂，保障农业生产安全。对储备的农作物种子应当定期检验和更新。

第四条 县级以上人民政府应当加强农作物种子工作的组织领导，建立农作物种子管理工作保障机制，将所需经费纳入同级财政预算。

第五条 县级以上人民政府农业农村主管部门主管本行政区域内农作物种子工作，其他有关部门依照法定职责做好相关工作。

第六条 县级以上人民政府应当对在种质资源保护和品种选育、推广等工作中成绩显著的单位和个人予以表彰和奖励。

第二章 农作物种质资源保护

第七条 农作物种质资源依法受保护，任何单位和个人不得侵占和破坏农作物种质资源。

禁止采集或者采伐国家、省重点保护的农作物天然种质资源。因科研等特殊情况需要采集或者采伐的，应当按照国家、省有关规定批准。

第八条 省人民政府农业农村主管部门负责组织普查、收集、整理、鉴定、登记、保存、交流和利用农作物种质资源，并定期公布本省重点保护和可供利用的农作物种质资源目录。

第九条 省人民政府农业农村主管部门应当对下列农作物种质资源予以重点保护：

（一）列入国家和省重点保护野生植物名录的农作物种质资源；

（二）本省特有的天然农作物种质资源；

（三）具有特色优势或者特殊价值的农作物种质资源；

（四）其他需要保护的农作物种质资源。

第十条 省人民政府农业农村主管部门应当建立农作物种质资源库、农作物种质资源保护区、农作物种质资源保护地。需要占用的，应当经省人民政府农业农村主管部门同意。

第十一条 农作物种质资源库、农作物种质资源保护区、农作物种质资源保护地的种质资源属公共资源，依法开放利用。

鼓励科研育种机构、种子企业利用优异种质资源开展种质创新、新品种选育等工作。

第三章　农作物品种审定、登记、认定

第十二条　主要农作物品种在推广前应当通过国家级或者省级审定；未经审定的，不得发布广告、推广、销售。

第十三条　申请省级审定的主要农作物品种应当具备下列条件：

（一）人工选育或者发现并经过改良；

（二）与现有品种有明显区别；

（三）形态特征和生物学特性一致；

（四）遗传性状稳定；

（五）具有符合《农业植物品种命名规定》的名称；

（六）已完成同一生态类型区两个生产周期以上、每个生产周期不少于五个点的品种比较试验。

第十四条　主要农作物品种审定应当进行品种试验。品种试验包括区域试验，生产试验和品种特异性、一致性、稳定性测试。

第十五条　省级审定通过的主要农作物品种，由省人民政府农业农村主管部门发布公告，省农作物品种审定委员会颁发审定证书。

审定公告内容包括：审定编号、品种名称、作物种类、申请单位、育种单位、品种来源、形态特征、生育期、产量、品质、抗逆性、栽培技术要点、适宜种植区域等。

审定证书内容包括：审定编号、品种名称、作物种类、申请单位、育种单位、选育人员、品种来源、审定意见、公告号、证书编号等。

第十六条　省级审定未通过的主要农作物品种，申请人有异议的，可以向省农作物品种审定委员会申请复审。

第十七条　审定通过的主要农作物品种，可以在审定公告的适宜种植区域推广。

生态条件复杂的县（市、区），当地人民政府农业农村主管部门所属的种子管理机构可以进行生态适应性试验，具体确定审定品种的适宜推广区域。

第十八条　省级审定通过的主要农作物品种，有下列情形之一的，经省农作物品种审定委员会审核同意撤销审定，由省人民政府农业农村主管部门发布公告，停止推广、销售：

（一）在使用过程中出现不可克服的严重缺陷的；

（二）种性严重退化或者失去生产利用价值的；

（三）标准样品不真实的；

（四）以欺骗、伪造试验数据等不正当方式通过审定的。

第十九条　属于同一适宜生态区的其他省、自治区、直辖市审定的主要农作物品种引种到本省的，引种者应当报省人民政府农业农村主管部门备案。

省人民政府农业农村主管部门应当发布引种备案公告。

引种备案的农作物品种在使用过程中种性严重退化、失去生产价值、出现不可克服的严重缺陷或者被原品种审定机构撤销审定的,经省人民政府农业农村主管部门确认后,撤销引种备案,并发布公告,停止推广、销售。

第二十条 列入国务院农业农村主管部门非主要农作物登记目录的品种,在推广前应当依照规定程序登记;未经登记的,不得发布广告、推广,不得以登记品种的名义销售。

第二十一条 未列入国务院农业农村主管部门非主要农作物登记目录的品种,选育者可以向省人民政府农业农村主管部门申请认定。具体办法由省人民政府制定。

第四章 农作物种子生产经营

第二十二条 从事主要农作物杂交种子及其亲本种子的生产经营以及实行选育生产经营相结合,符合国务院农业农村主管部门规定条件的种子企业的农作物种子生产经营许可证,由所在地县级人民政府农业农村主管部门审核,省人民政府农业农村主管部门核发。

从事主要农作物常规种子生产经营及非主要农作物种子经营的种子企业,其农作物种子生产经营许可证由所在地县级以上人民政府农业农村主管部门核发。

农作物种子生产经营许可证的有效区域由发证机关在其管辖范围内确定。

第二十三条 有下列情形之一的,种子生产经营者不需要办理农作物种子生产经营许可证:

(一)在农作物种子生产经营许可证载明的有效区域设立分支机构的;

(二)专门经营不再分装的包装种子的;

(三)受具有农作物种子生产经营许可证的种子生产经营者书面委托代销其种子的;

(四)受具有农作物种子生产经营许可证的种子生产经营者书面委托生产其种子的;

(五)只从事非主要农作物种子生产的;

(六)农民个人自繁自用的常规种子有剩余,在所在地乡(镇)区域范围内出售、串换,且数量不超过其家庭联产承包土地的年度用种量的。

有前款第一项至四项情形之一的,应当向所在地县级人民政府农业农村主管部门备案。

第二十四条 农作物种子生产应当制定生产方案,建立生产档案,执行种子生产技术规程,符合种子生产原理和技术标准,遵守种子检验、检疫规程。

第二十五条 农作物种子生产经营者应当具有相应的种子检验条件和质量控制制度,对生产经营的种子进行检验;未经检验或者检验不合格的种子不得销售。

第二十六条 销售的农作物种子应当符合国家标准、行业标准或者地方标准,附有标签和使用说明。标签和使用说明的内容应当与销售的种子相符。

种子生产经营者对标签和使用说明标注内容的真实性和种子质量负责。

第二十七条 通过互联网等信息网络销售农作物种子的,经营者应当依法取得农作物种子生产经营许可证或者依法备案，建立和保存种子生产经营档案，出具纸质发票或者电子发票等购货凭证，保证可追溯。

电子商务平台经营者应当对平台内种子经营者的身份、联系方式、种子生产经营许可证或者备案文件等信息进行核验、登记，建立档案。

第二十八条 农作物种子使用者因种子质量问题或者因种子的标签和使用说明标注的内容不真实，遭受损失的，种子使用者可以向出售种子的经营者要求赔偿，也可以向种子生产者或者其他经营者要求赔偿。赔偿额包括购种价款、可得利益损失和其他损失。属于种子生产者或者其他经营者责任的，出售种子的经营者赔偿后，有权向种子生产者或者其他经营者追偿；属于出售种子的经营者责任的，种子生产者或者其他经营者赔偿后，有权向出售种子的经营者追偿。

第二十九条 农作物种子使用者因种子质量问题与种子生产经营者发生争议的，可以与种子生产经营者协商解决，也可以依法向当地人民政府农业农村主管部门投诉、举报、申请调解，或者通过诉讼途径解决。

第三十条 禁止生产经营假、劣农作物种子。

禁止以试验用种的名义推广、销售农作物种子。

第五章 农作物种子监督管理

第三十一条 县级以上人民政府应当加强对农作物种子管理工作的组织和协调，建立部门联合执法机制，采取有效措施解决农作物种子管理中的重大问题，维护种子市场秩序，保障种子生产经营者、使用者合法权益。

县级以上人民政府农业农村主管部门应当加强对本行政区域内农作物种子监督管理，打击生产经营假、劣种子的违法行为，保障农业用种安全。

第三十二条 县级以上人民政府农业农村主管部门应当对本行政区域内的农作物种子质量定期进行监督抽查，组织其所属的种子管理机构进行抽样、检验，也可以委托有资质的第三方种子质量检验机构进行检验。

县级以上人民政府农业农村主管部门所属的种子管理机构应当配备必要的种子检验设施、设备及检验技术人员。承担种子质量检验的，还应当取得省人民政府农业农村主管部门颁发的检验机构合格证书。

第三十三条 县级以上人民政府农业农村主管部门应当在政府信息平台上公开品种审定、引种备案、生产经营许可、案件查处等信息。

第三十四条 县级以上人民政府农业农村主管部门应当建立种子投诉举报制度，公开投诉举报受理方式，并及时处理。

第六章 扶持措施

第三十五条 县级以上人民政府应当加大对农作物种业发展的支持，在种质资源保护、品种选育、品种试验、品种示范推广、种子储备和制(育)种基地建设等方面给予保障、扶持。支持科研育种机构、种子企业改善科研育种条件,引进、创制新材料、新技术,加快种子繁育,提高繁育水平。

第三十六条 县级以上人民政府应当对从事农作物品种选育、生产经营的种子企业给予扶持,并鼓励和引导社会资金投资农作物种业,保障农作物优良品种的基本供应。

第三十七条 县级以上人民政府应当扶持小杂粮等本地优势特色农作物的品种选育和种子生产,推广符合产业发展需求的优良品种。

第三十八条 省人民政府应当加强农作物种子南繁基地建设和管理,协调财政、发展改革、科技、农业农村等有关部门重点扶持,推动南繁基地可持续发展。

第三十九条 省人民政府应当加强农作物种业人才培养,推进种业人才队伍创新能力建设。

鼓励科研院所、高等学校与农作物种子企业开展育种科技人员交流与合作,引导和支持育种科研人员创新创业。

第七章 法律责任

第四十条 违反本条例规定,法律、行政法规已有法律责任规定的,从其规定。

第四十一条 违反本条例第十九条规定,对已撤销引种备案的农作物品种进行推广、销售的,由县级以上人民政府农业农村主管部门责令停止违法行为,没收种子和违法所得,并处二万元以上二十万元以下罚款。

第四十二条 违反本条例第三十条第一款规定,生产经营假农作物种子的,由县级以上人民政府农业农村主管部门责令停止生产经营,没收种子和违法所得,吊销种子生产经营许可证;违法生产经营的货值金额不足一万元的,并处一万元以上十万元以下罚款;货值金额一万元以上的,并处货值金额十倍以上二十倍以下罚款。

第四十三条 违反本条例第三十条第一款规定,生产经营劣农作物种子的,由县级以上人民政府农业农村主管部门责令停止生产经营,没收种子和违法所得;违法生产经营的货值金额不足一万元的,并处五千元以上五万元以下罚款;货值金额一万元以上的,并处货值金额五倍以上十倍以下罚款;情节严重的,吊销种子生产经营许可证。

第四十四条 违反本条例第三十条第二款规定,以试验用种的名义推广、销售农作物种子的,由县级以上人民政府农业农村主管部门责令停止违法行为,没收种子和违法所得。货值在一万元以下的,并处二万元以上十万元以下罚款;货值超过一万元的,并处十万元以上二十万元以下罚款。

第四十五条 农业农村主管部门及其所属管理机构的工作人员在农作物种子管理工作中,滥用职权、玩忽职守、徇私舞弊的,依法给予处分;构成犯罪的,依法追究刑事责任。

第八章 附　　则

第四十六条 转基因农作物品种的选育、试验、审定、生产经营和推广，应当依照国家有关法律、行政法规规定执行。

第四十七条 本条例自2019年3月1日起施行。

广东省农作物种子条例

（2004年11月26日广东省第十届人民代表大会常务委员会第十四次会议通过）

第一章 总　　则

第一条 为保护和合理利用农作物种质资源，规范品种选育和种子生产、经营、使用行为，维护品种选育者和种子生产者、经营者、使用者的合法权益，提高种子质量水平，推进种子产业化，促进种植业发展，根据《中华人民共和国种子法》（以下简称《种子法》），结合本省实际，制定本条例。

第二条 在本省行政区域从事农作物品种选育、引进和种子生产、经营、使用、管理等活动，适用本条例。

本条例所称农作物种子，是指农作物的种植材料或者繁殖材料，包括籽粒、果实和根、茎、苗、芽、叶等。

第三条 县级以上人民政府农业行政主管部门主管本行政区域的农作物种子工作。种子管理的具体工作可以由县级以上人民政府农业行政主管部门委托种子管理机构负责。

工商、质监、检验检疫、交通、海关等有关行政部门按照各自的职责协同做好农作物种子工作。

第四条 农作物种子管理机构受委托履行下列主要职责：

（一）贯彻实施国家和省有关农作物种子管理的法律、法规、规章和方针政策；

（二）根据科教兴农方针和种植业发展的需要拟订种子发展规划，组织实施种子工程建设，引导种子产业化发展；

（三）组织农作物品种选育、引进、试验、示范、繁育和推广，组织落实救灾备荒种子贮备任务；

（四）监督、管理农作物种子的质量以及生产、经营活动，查处违法生产、经营种子的单位和个人，调解纠纷；

（五）负责农作物品种审定的日常工作，以及农业转基因种子安全、标识的监督管理；

（六）法律、法规规定的其他职责。

第五条 负责种子工作的管理人员不得参与和从事种子生产、经营活动。

第六条 省级人民政府设立专项资金，用于扶持良种选育和推广。

市、县人民政府根据需要可以设立专项资金。

第七条 县级以上人民政府应当把农作物种子发展规划纳入当地经济社会发展规划，并按照国家有关规定在财政、信贷、税收等方面采取有效措施，保证种子发展规划的实施。

第八条 省、市、县三级实行主要农作物种子贮备制度。各级人民政府应当按照当地自然灾害发生规律，确定用于救灾备荒种子的品种和数量并足额贮备，各级人民政府应当对种子贮备给予补贴。

第二章 农作物种质资源保护

第九条 县级以上人民政府应当建立农作物天然种质资源和人工创造种质资源的保护、管理责任制。

省人民政府农业行政主管部门应当根据保护农作物种质资源的需要，组织建立农作物种质资源库，有计划、有步骤地合理开发利用农作物种质资源。

省人民政府农业行政主管部门应当组织或者委托省级农业科研、教学单位开展农作物种质资源的普查、搜集、整理、鉴定工作，并分类、分级制定种质资源保护名录，定期公布。

第十条 省人民政府农业行政主管部门根据农作物天然种质资源分布情况，会同省国土资源行政主管部门划定农作物天然种质资源保护区、保护地，报省人民政府批准公布。

农作物天然种质资源保护区、保护地，由所在地县级人民政府管理，县级人民政府农业行政主管部门具体负责。

任何单位或者个人不得侵占、破坏保护区、保护地。因国家建设需要征用、使用农作物种质资源保护区、保护地的，应当经省人民政府批准，并依照有关土地管理法律、法规办理。

第十一条 禁止采集或者采伐国家重点保护的天然农作物种质资源。因科研等特殊情况需要采集或者采伐的，按照《种子法》第八条规定执行。

禁止私自采集或者采伐省重点保护的天然农作物种质资源。因科研、开发利用需要采集或者采伐的，应当经所在地县级人民政府审核，报省人民政府农业行政主管部门批准。

禁止损毁、非法转让、丢弃人工创造的农作物种质资源。

第十二条 向境外提供农作物种质资源或者从境外引进种质资源的，按照《种子法》

第十条规定执行。

第三章 农作物品种审定与登记

第十三条 主要农作物品种实行审定制度。

鼓励单位和个人申请非主要农作物品种省级审定。

经国家级或者省级审定通过的农作物新品种为科技成果，其奖励办法，依照国家和省的有关规定执行。

第十四条 省设立农作物品种审定委员会，负责农作物品种审定工作。其成员由科研、教学、生产、推广、管理方面的专业人员组成。

省农作物品种审定委员会根据需要，可以在具有特殊生态区域的地级市设立农作物品种审定小组，负责该区域农作物品种审定工作。

第十五条 主要农作物品种经省农作物品种审定委员会审定通过后，由省人民政府农业行政主管部门统一公告，可以在规定的适宜的生态区域推广。

未通过审定的主要农作物品种，不得发布广告，不得经营、推广。

第十六条 从相邻省、自治区引种通过审定的属于同一适宜生态区域主要农作物品种的，经地级以上市人民政府农业行政主管部门组织不少于两个生产周期的跨县多点适应性和抗病性鉴定，确认适宜本地区种植后，报省人民政府农业行政主管部门批准方可引种。

第十七条 通过审定的农作物品种，在推广过程中发现抗病性明显退化等不可克服缺点的，由省人民政府农业行政主管部门发布公告，停止该品种的生产、经营、推广。

省人民政府农业行政主管部门发布公告停止该品种的生产、经营、推广一个生产周期后，任何单位和个人不得继续生产、经营、推广。

第十八条 非主要农作物新品种实行登记制度。

实行登记的非主要农作物品种目录和登记内容由省人民政府农业行政主管部门公布。

第十九条 申请品种登记的单位和个人可以直接向省农作物品种审定委员会提出登记申请。省农作物品种审定委员会在收到申请书之日起三十日内，对符合登记条件的应当予以登记，并发给登记证明；对不符合登记条件的应当通知申请人，并说明理由。

第二十条 申请登记的品种应当具备下列条件：

（一）人工选育或者发现并经过改良；

（二）与现有主栽品种有明显区别；

（三）遗传性状稳定；

（四）形态特征和生物学特征一致；

（五）具有适当的名称；

（六）在拟推广的地区完成品种特征特性试验。

第二十一条 在本省行政区域发布农作物种子广告,应当向当地工商行政管理机关交验经所在区域县级以上人民政府农业行政主管部门核准的广告审核表后方可发布。

第四章 农作物种子生产、经营与使用

第二十二条 主要农作物种子生产许可证实行分级审批发放制度。主要农作物杂交种子及其亲本种子、常规种原种种子的生产许可证,由生产所在地县级人民政府农业行政主管部门审查后,经地级以上市人民政府农业行政主管部门审核,报省人民政府农业行政主管部门核发;其他主要农作物种子的生产许可证,由生产所在地县级以上人民政府农业行政主管部门核发。

申领主要农作物种子生产许可证的条件按照《种子法》等有关规定执行。

第二十三条 农作物种子经营许可证实行分级审批发放制度。主要农作物杂交种子及其亲本种子、常规种原种种子的农作物种子经营许可证,由种子经营者所在地县级人民政府农业行政主管部门审查后,经地级以上市人民政府农业行政主管部门审核,报省人民政府农业行政主管部门核发;其他种子的农作物种子经营许可证,由经营者所在地县级以上人民政府农业行政主管部门核发。

申领种子经营许可证的条件按照《种子法》等有关规定执行。

第二十四条 申领专门经营可以不经加工、包装种子的农作物种子经营许可证的,不需提供加工技术人员资格证明和加工设备照片及产权证明。

第二十五条 种子经营者专门经营不再分装的包装种子的,或者受具有种子经营许可证的种子经营者以书面委托代销其种子的,可以不办理农作物种子经营许可证,但应到当地工商行政管理机关办理或者申请变更登记,并向所在地县级以上人民政府农业行政主管部门备案。

第二十六条 种子经营者专门经营不再分装的包装种子或者代销种子的,应当有固定经营场所和具有与经营种子种类、数量相适应的资金,并有独立承担民事责任的能力。

具有种子经营许可证的种子经营者委托代销其种子的,委托受托双方应当签订书面委托代销协议。受托方出售种子应以委托者名义开具出售凭证,并不得再委托代销种子。

第二十七条 农民个人自繁、自用农作物常规种子有剩余,需要在集贸市场上出售的,不需要办理农作物种子经营许可证,但出售时应持本人有效证件,并开具出售凭证。

第二十八条 经营种子的单位和个人不得有下列行为:

(一)向无主要农作物种子生产许可证的生产经营者提供主要农作物杂交亲本种子;

(二)经营无种子生产许可证生产的主要农作物种子;

(三)经营应当包装而无包装的种子;

(四)拆包销售种子;

(五)销售的种子没有标签或者标签内容不符合规定。

第二十九条 种子经营者应当向种子使用者提供种子的抗病性、光温敏感性、遗传稳

定性等特征特性，以及主要栽培措施、使用条件的说明与有关咨询服务。

第三十条 种子购销双方可以约定取样封存种子，以备发生纠纷复检时使用。

第三十一条 种子使用者有权按照自己的意愿购买种子，任何单位和个人不得指定种子的品牌、销售单位，不得强行销售。

第三十二条 因种子质量问题给使用者造成损失的，出售种子的经营者应当赔偿购种价款、有关费用和可得利益损失。

可得利益损失可按该农作物在本乡镇前三年的平均产量减去实际产量并比照相同品种当年产地收购价计算，无法确定前三年平均产量的，按当年该农作物在本乡镇的实际平均产量并比照相同品种当年产地收购价计算。

第五章 农作物种子质量监管

第三十三条 县级以上人民政府农业行政主管部门负责农作物种子质量的监督。

第三十四条 县级以上人民政府农业行政主管部门可以根据需要委托农作物种子质量检测检验机构对种子质量进行检验。

承担农作物种子质量检测检验的机构应当具备相应的检测条件和能力，并通过省人民政府计量行政部门计量认证和省人民政府农业行政主管部门考核合格。

第三十五条 生产、经营的商品种子必须经过检验、检疫，其质量应当达到国家标准、行业标准或者地方标准。没有规定标准的，应当达到合同约定的标准。

第三十六条 种子生产者、经营者应当对种子质量负责，禁止生产、经营假、劣种子。

第三十七条 种子生产经营企业应当按照《种子法》等有关规定，配备符合条件的种子生产、加工、贮藏、检验技术人员。

第三十八条 县级以上人民政府农业行政主管部门实施本条例，查处种子违法案件，可以进行现场检查。对涉及生产、经营假、劣种子的行为，应当依照有关法律、法规查处。

第六章 法律责任

第三十九条 违反本条例规定，有下列行为之一的，由县级以上人民政府农业行政主管部门责令改正，没收违法所得，并处以违法所得一倍以上三倍以下罚款；没有违法所得的，处以一千元以上二万元以下罚款；构成犯罪的，依法追究刑事责任：

（一）侵占、破坏天然种质资源保护区、保护地的；

（二）未经批准私自采集或者采伐国家和省重点保护的天然种质资源的；

（三）损毁、非法转让、丢弃人工创造的农作物种质资源的。

第四十条 违反本条例规定，有下列行为之一的，由县级以上人民政府农业行政主管部门责令改正，没收种子和违法所得，并处以一万元以上五万元以下罚款：

（一）经营、推广未经审定通过的主要农作物品种种子的；

（二）在审定公告规定的适宜区域以外的区域推广种子的；

（三）省人民政府农业行政主管部门发布公告停止主要农作物品种生产、经营、推广一个生产周期后，继续生产、经营、推广的；

（四）未经批准从相邻省、自治区引种主要农作物品种的。

第四十一条 违反本条例规定，有下列行为之一的，由县级以上人民政府农业行政主管部门责令改正，没收种子和违法所得，并处以一千元以上一万元以下罚款：

（一）向无主要农作物种子生产许可证的生产经营者提供主要农作物杂交亲本种子的；

（二）经营无种子生产许可证生产的主要农作物种子的；

（三）受托代销种子者再委托代销种子的；

（四）销售未经检验、检疫种子的。

第四十二条 违反本条例规定，有下列行为之一的，由县级以上人民政府农业行政主管部门责令改正，并处以一千元以上一万元以下罚款：

（一）专门经营不再分装的包装种子或者受托代销种子者未按规定备案的；

（二）经营的种子没有标签或者标签内容不符合规定的；

（三）未向种子使用者提供种子的抗病性、光温敏感性、遗传稳定性等特征特性以及主要栽培措施、使用条件的说明的；

（四）经营应当包装而无包装的种子或者拆包销售种子的。

第四十三条 违反本条例规定，发布未经审核的农作物种子广告的，由县级以上工商行政管理机关按照有关法律、法规处理。

第四十四条 农作物种子管理机构未依照本条例规定履行职责的，由同级人民政府农业行政主管部门对主要负责人、负有责任的主管人员和其他责任人员依法给予行政处分。

第四十五条 种子行政管理人员在种子管理活动中滥用职权、玩忽职守的，或者违反本条例规定从事种子生产、经营活动的，依法给予行政处分；构成犯罪的，依法追究刑事责任。

第七章 附 则

第四十六条 本条例所称主要农作物是指稻、小麦、玉米、棉花、大豆、油菜、马铃薯以及省人民政府农业行政主管部门确定的花生等农作物。

第四十七条 本条例自2005年1月1日起施行。1996年9月25日省第八届人民代表大会常务委员会第二十四次会议通过的《广东省农作物种子管理规定》同时废止。

江西省农作物种子管理条例

（2005年3月31日江西省第十届人民代表大会常务委员会第十四次会议通过）

第一章 总 则

第一条 为了保护和合理利用农作物种质资源，规范品种选育和种子生产、经营、使用行为，维护品种选育者和种子生产者、经营者、使用者的合法权益，提高种子质量水平，推动农作物种子产业化，促进种植业的发展，根据《中华人民共和国种子法》（以下简称《种子法》）等有关法律、行政法规的规定，结合本省实际，制定本条例。

第二条 在本省行政区域内从事农作物品种选育和农作物种子生产、经营、使用、管理等活动，适用本条例。

第三条 县级以上人民政府应当根据科教兴农的方针和种植业发展的需要，制定农作物种子发展规划，并按照国家有关规定在财政、信贷和税收等方面采取措施保证规划的实施。

农作物种子管理工作经费列入同级人民政府财政预算。省人民政府应当设立专项资金，市、县人民政府根据需要可以设立专项资金，扶持良种选育和推广。

县级以上人民政府应当鼓励和扶持种质资源保护和良种选育、生产、更新、推广工作，对在种质资源保护和良种选育、推广等工作中成绩显著的单位和个人，应当给予表彰、奖励。

第四条 省人民政府应当建立主要农作物种子贮备制度，组织贮备适量救灾备荒种子。设区的市人民政府可以结合实际建立本行政区域主要农作物种子贮备制度。

种子贮备的具体办法按照国务院的规定执行。

第五条 县级以上人民政府农业行政主管部门（以下简称农业部门）主管本行政区域内农作物种子工作，其主要职责是：

（一）贯彻执行有关农作物种子的法律、法规和规章；

（二）拟订并组织实施农作物种子发展规划；

（三）负责农作物种质资源及农作物新品种的保护和管理；

（四）核发农作物种子生产许可证、经营许可证；

（五）组织农作物品种的选育、引进、试验、审定、登记及推广应用；

（六）负责农作物种子质量监督管理，监督检查农作物种子生产、经营活动，查处违法生产、经营农作物种子的行为；

（七）农作物种子管理的其他工作。农业部门所属的农作物种子管理机构负责农作物种子管理的具体工作。

工商行政管理、质量技术监督、科技、检验检疫等部门应当在各自的职责范围内，依法做好农作物种子的管理工作。

第二章 种质资源保护与品种审定

第六条 省农业部门应当加强对农作物种质资源的保护，建立省级种质资源库、种质资源保护区或者种质资源保护地，有计划地收集、整理、鉴定、登记、保存、交流和利用种质资源，并公布本省可供利用的农作物种质资源目录。

第七条 农业部门应当定期组织农作物种质资源调查，建立农作物种质资源档案，并做好本行政区域内野生农作物种质资源的原生境保存工作。

第八条 农业部门应当根据农作物种子发展规划，组织有关单位开展农作物品种选育工作，制定良种推广计划，每年至少公布一次推广品种名录。

除在本地建立农作物专业化育种基地外，省和有条件的设区的市农业部门应当利用外地气候等资源，在异地建立农作物专业化育种基地，并加强育种、鉴定工作的管理。

第九条 省农业部门应当按照国家有关规定设立农作物品种审定委员会，承担本省主要农作物品种审定工作。

主要农作物品种在推广应用前应当通过国家或者省农作物品种审定委员会审定；申请人可以直接向国家或者省农作物品种审定委员会申请主要农作物品种的审定。

第十条 主要农作物品种的审定办法，按照国家农业部门的规定执行。

选育农作物新品种的命名应当符合国家有关规定。

第十一条 引进相邻省份审定通过的主要农作物品种，经省农业部门同意，可以在本省同一适宜生态区域推广。

第十二条 申请引进相邻省份审定通过的主要农作物品种的单位或者个人，应当提交下列材料：

（一）申请书；

（二）单位或者个人身份的证明；

（三）相邻省份审定通过的主要农作物品种审定证书复印件和审定公告；

（四）符合引种技术规范的试验报告。

第十三条 省农业部门应当自受理引种申请之日起20日内，作出是否同意的决定，并书面告知引种申请人。

第十四条 通过审定和经同意引进的主要农作物品种可以在公告机关确定的适宜地区内种植推广；未通过审定或者未经同意引进的，不得发布广告，不得经营、推广。

第十五条 本省审定通过或者经同意引进的主要农作物品种，在使用过程中出现不可克服的弱点或者严重退化情况时，属审定通过的，经省农作物品种审定委员会组织审核确认后，由省农业部门发布公告，停止经营、推广；属同意引进的，经省农业部门组织审核确认后，发布公告，停止经营、推广。

第三章　种子生产

第十六条　主要农作物商品种子生产实行许可制度。从事主要农作物种子生产的单位和个人应当依法取得主要农作物种子生产许可证（以下简称种子生产许可证）。

申请种子生产许可证的品种，必须是农作物品种审定委员会审定通过或者经同意引进的品种。

种子生产许可证实行一品一证。

第十七条　农业部门按照下列规定受理、审核、审批种子生产许可证的申请：

（一）主要农作物杂交种子及其亲本种子、常规种原种种子的生产许可证的申请，由生产所在地县（市、区）农业部门受理和审核，报省农业部门审批；

（二）其他主要农作物种子生产许可证的申请，由生产所在地的市、县、区或者省农业部门受理和审批。

第十八条　申请领取种子生产许可证的单位或者个人应当提交下列材料：

（一）种子生产许可证申请表；

（二）单位主要负责人或者个人的身份证明；

（三）相应的专业种子生产和检验技术人员的证明材料；

（四）种子生产地点检疫证明；

（五）具有与种子生产相适应的资金证明；

（六）检验、仓储设施和仪器设备清单、照片及产权证明；

（七）种子晒场或者种子烘干设备照片及产权证明；

（八）种子生产质量保证制度。生产的主要农作物种子为授权品种的，还应当提交品种权人同意的书面证明或者品种转让合同。

生产的主要农作物种子为转基因品种的，还应当提交农业转基因生物安全证书。

第十九条　对本条例第十七条第一项规定的种子生产许可证的申请，县（市、区）农业部门应当自受理之日起20日内，将审核意见和申请材料报省农业部门。省农业部门应当自收到上报的审核材料之日起20日内完成审批工作，并作出是否批准的决定。

对本条例第十七条第二项规定的种子生产许可证的申请，农业部门应当自受理之日起20日内完成审批工作，并作出是否批准的决定。

负责种子生产许可证审批的农业部门，对符合规定条件的，应当发放种子生产许可证；不符合规定条件的，不予发放种子生产许可证，并书面告知申请人不予发放的理由。

农业部门应当及时公布种子生产许可证的发放情况。

第二十条　农作物种子生产单位和个人必须执行种子生产技术规程和种子检验、检疫规程，建立种子生产质量保证制度，严格按照质量标准对种子进行检验，不得将不符合质量标准的种子投放市场。

第二十一条 县级以上人民政府应当鼓励农作物种子生产单位和个人建立稳定的种子生产基地,推进种子专业化、标准化生产。

第四章 种子经营

第二十二条 农作物种子经营实行许可制度。农作物种子经营者取得农作物种子经营许可证(以下简称种子经营许可证)后,方可凭种子经营许可证向工商行政管理部门申请办理或者变更营业执照。

农民个人自繁、自用的农作物常规种子有剩余的,可以在集贸市场上出售、串换,不需要办理种子经营许可证。具体管理办法由省人民政府制定。

第二十三条 农业部门按照下列规定受理、审核、审批种子经营许可证的申请:

(一)实行农作物种子选育、生产、经营相结合并达到国家规定的注册资本金额的种子公司和从事种子进出口业务的公司的种子经营许可证的申请,由省农业部门受理和审核,报国家农业部门审批;

(二)主要农作物杂交种子及其亲本种子、常规种原种种子的经营许可证的申请,由种子经营者所在地县(市、区)农业部门受理和审核,报省农业部门审批;

(三)其他种子经营许可证的申请,由种子经营者所在地的市、县、区或者省农业部门受理和审批。

第二十四条 申请领取种子经营许可证的单位或者个人,应当提交下列材料:

(一)种子经营许可证申请表;

(二)单位主要负责人或者个人身份证明;

(三)经营场所证明;

(四)具有与种子经营相适应的资金证明;

(五)种子加工、包装、检验、仓储设施和仪器设备清单、照片及产权证明;

(六)种子检验、加工、仓储保管等技术人员的证明材料。

第二十五条 对本条例第二十三条第一项规定的种子经营许可证的申请,省农业部门应当自受理之日起20日内,将审核意见和申请材料报国家农业部门审批。

对本条例第二十三条第二项规定的种子经营许可证的申请,县(市、区)农业部门应当自受理之日起20日内,将审核意见和申请材料报省农业部门审批。省农业部门应当自收到上报的审核材料之日起20日内完成审批工作,并作出是否批准的决定。

对本条例第二十三条第三项规定的种子经营许可证的申请,农业部门应当自受理之日起20日内完成审批工作,并作出是否批准的决定。

负责种子经营许可证审批工作的农业部门,对符合规定条件的,应当发放种子经营许可证;不符合规定条件的,不予发放种子经营许可证,并书面告知申请人不予发放的理由。

农业部门应当及时公布种子经营许可证的发放情况。

第二十六条 种子经营许可证的有效区域由发证机关在其管辖范围内确定。种子经营者在种子经营许可证规定的有效区域设立分支机构的，可以不再办理种子经营许可证，但应当在办理或者变更营业执照之日起 15 日内，按照规定向当地农业部门和原发证机关备案。备案时应当提交种子经营许可证和营业执照复印件等材料。

第二十七条 具有种子经营许可证的种子经营者可以在核准的有效区域内委托其他单位或者个人代销其种子，并出具委托书。

委托方应当对其委托代销的农作物种子质量负责。受托方应当在经营场所显著位置张挂委托书，并不得再委托其他单位和个人代销。

第二十八条 受具有种子经营许可证的种子经营者的委托代销其种子，或者专门经营不再分装的包装种子的单位和个人，可以不办理种子经营许可证，但工商行政管理部门应当在其营业执照经营范围中予以注明。

受委托代销种子的，应当在办理营业执照时向工商行政管理部门提供委托书。

第二十九条 专门经营不再分装的农作物包装种子的单位和个人，应当有固定的经营场所和相应的种子技术人员。

第三十条 经营的农作物种子必须附有依法取得的植物检疫证书。对经营不再分装且已经具有植物检疫证书的包装农作物种子，不得重复检疫。但法律、行政法规另有规定的除外。

第三十一条 农作物种子经营者销售种子，应当遵守下列规定：

（一）按照《种子法》第三十五条的规定附有标签；

（二）向购种者开具销售凭证；

（三）向购种者提供种子主要性状描述、栽培措施和适宜种植区域与品种审定、引种公告一致的说明。

经营的主要农作物种子，必须是取得种子生产许可证的单位或者个人生产的种子。

受委托代销种子的，还应当在销售凭证上注明种子销售的委托方。

第三十二条 农作物种子广告内容应当符合《种子法》和有关广告法律、法规的规定，主要性状描述应当与农作物种子审定、引种公告的内容一致。

广告经营者、发布者在发布农作物种子广告时，应当查验种子生产者或者经营者提供的营业执照、种子生产许可证、种子经营许可证，以及国家或者省农业部门发布的该品种的审定、引种公告。

第五章　服务与监督

第三十三条 农业部门应当为农作物种子生产者、经营者提供信息、咨询、技术等公共服务，对取得种子生产许可证和种子经营许可证的单位和个人进行跟踪服务。

第三十四条 农业部门应当为农作物种子使用者提供供求预测信息和咨询、技术服务，引导使用优良品种，加强种子知识的宣传、培训和普及工作，增强使用者的自我保护意识。

第三十五条 农业部门、农作物种子管理机构及其工作人员不得参与和从事种子生产、经营活动；农作物种子生产、经营单位不得参与和从事种子行政管理工作。农业部门、农作物种子管理机构与生产、经营单位在人员和财务上必须分开。

第三十六条 农业部门应当制定年度农作物种子质量监督抽查计划并组织实施。农作物种子质量抽查不得收取费用，种子生产、经营者应当配合抽查。抽查结果应当及时向社会公布。

第三十七条 农业部门可以委托农作物种子质量检验机构对种子质量进行检验。

农作物种子质量检验机构应当具备下列条件：

（一）有相应的种子质量检验检测设备、设施；

（二）有3名以上符合《种子法》规定条件的种子质量检验员；

（三）法律、法规规定的其他条件。农作物种子质量检验机构应当通过省或者国家质量技术监督部门计量认证，并经省或者国家农业部门考核合格后，方可接受委托开展种子质量检验。

第三十八条 农业部门在农作物种子管理过程中依法行使下列职权：

（一）实施现场检查；

（二）查阅、复印、摘录当事人有关的生产经营档案、合同、发票、账簿、出入库凭证、货运单、检疫证书、检验结果、标签以及其他有关资料；

（三）法律、法规规定的其他职权。

第三十九条 农作物种子执法人员执行公务时，应当出示《江西省行政执法证》，使用规范的执法文书。

任何单位和个人不得拒绝、阻碍农作物种子执法人员依法执行公务。

第四十条 农业部门应当建立举报制度，接受对农作物种子违法行为的投诉和举报，并对举报有功者予以奖励。

第四十一条 农业部门及其工作人员在农作物种子管理工作中不得泄漏当事人的商业、技术秘密。

第六章 法律责任

第四十二条 种子生产者、经营者采取欺骗、贿赂等不正当手段取得种子生产许可证、种子经营许可证的，由原发证机关依法予以撤销，并处以5000元以上2万元以下罚款。该种子生产者、经营者在3年内不得再申请办理种子生产许可证、种子经营许可证。情节严重构成犯罪的，依法追究刑事责任。

第四十三条 违反本条例第三十一条规定，未向购种者开具销售凭证，或者未在销售凭证上注明种子销售委托方的，由农业部门处以200元以上1000元以下罚款。

第四十四条 农作物种子行政管理人员有下列行为之一的，由其所在单位或者上级主管机关责令改正，依法给予行政处分；情节严重构成犯罪的，依法追究刑事责任：

（一）从事种子生产、经营活动的；

（二）违反法定权限、程序执法的；

（三）在审定或者批准引进主要农作物种子时弄虚作假的；

（四）对不符合法定条件的生产者、经营者核发种子生产许可证或者种子经营许可证的；

（五）对符合法定条件的生产者、经营者不核发或者不按法定期限核发种子生产许可证或者种子经营许可证的；

（六）对经营不再分装且具有植物检疫证书的包装农作物种子违法进行重复检疫的；

（七）刁难当事人、乱收费或者索贿受贿的；

（八）其他徇私舞弊、滥用职权、玩忽职守行为。

第四十五条 农作物种子使用者因种子质量不合格或者因种子主要性状描述与审定、引种公告内容不一致而遭受损失的，有权要求种子经营者或者生产者依法予以赔偿；种子经营者赔偿后，属于种子生产者或者其他经营者责任的，种子经营者有权向生产者或者其他经营者追偿。种子生产者赔偿后，属于种子经营者责任的，种子生产者有权向经营者追偿。

种子广告经营者、发布者有过错的，依法承担民事责任。

第四十六条 除法律、行政法规另有规定外，本条例第四十五条规定的赔偿范围，包括购种价款、可得利益损失和有关费用。赔偿额的具体计算标准，双方有合同约定的，从其约定；没有约定或者约定无效的，可以按照下列方法计算：

（一）购种价款即购买种子时实际支付的货款总额。价款不明确的，按照购买种子时当地的市场价格计算；有政府定价或者政府指导价的，应当按照相关规定计算。

（二）可得利益损失，可以按照该县（市、区）统计部门出具的所在乡镇前3年单位面积同种作物的平均产值减去实际产值计算；无统计资料的，可以参照其所在乡镇当年单位面积同种作物的平均产值减去实际产值计算。

（三）有关费用包括鉴定费、误工费以及因索赔引起的其他合理费用。

第七章 附 则

第四十七条 本条例第十七条和第二十三条规定的受理、审核、审批权限，县级人民政府未设立农业部门的，由其上一级农业部门行使。

第四十八条 本条例下列用语的含义：

（一）农作物种子，是指粮食、棉花、油料（木本油料除外）、麻类、糖料、蔬菜、果树（干果类除外）、茶、花卉（木本花卉除外）、桑树、烟草、中药材（木本药材除外）、草类、绿肥、食用菌等农作物的籽粒、果实、根、茎、苗、芽、叶等种植材料或者繁殖材料。

（二）主要农作物，是指稻、小麦、玉米、棉花、大豆，以及国家和省农业部门分别确定的其他1至2种农作物。

（三）常规种子，是指能够自我繁殖、上下代之间性状稳定、种植者可以留种自用的种子。

（四）杂交种子，是指用双亲配制的杂种一代种子。杂种一代性状表现整齐一致，杂种二代性状开始出现分离，种植者不能留种自用。

第四十九条 本条例自2005年5月1日起施行。

福建省农作物种子管理条例

（2007年7月26日福建省第十届人民代表大会常务委员会第三十次会议通过）

第一章 总 则

第一条 为了加强农作物种子管理，维护品种选育者和种子生产者、经营者、使用者的合法权益，提高种子质量水平，推动种子产业化，促进农业生产发展，根据《中华人民共和国种子法》等有关法律、法规，结合本省实际，制定本条例。

第二条 在本省行政区域内从事农作物品种选育、引进和种子生产、经营、使用、管理等活动，适用本条例。

本条例所称种子，是指农作物的种植材料或者繁殖材料，包括籽粒、果实和根、茎、苗、芽、叶等。

第三条 县级以上地方人民政府农业行政主管部门主管本行政区域内的农作物种子工作，并可委托其所属的种子管理机构负责管理日常工作。

县级以上地方人民政府有关部门按照各自的职责，依法做好有关种子的监督管理工作。

第四条 省人民政府依法设立种子专项资金，市、县（区）人民政府根据需要设立种子专项资金，用于良种培育、改良、引进、示范、推广以及种质资源保护。

第五条 县级以上地方人民政府农业行政主管部门应当会同同级发展和改革行政主管部门拟定本行政区域内的种子发展规划，报同级人民政府批准后实施。

第六条 县级以上地方人民政府应当建立种子贮备制度。种子贮备经费列入同级财政预算。

省人民政府农业行政主管部门应当根据粮食安全应急需要和自然灾害预测情况，拟定全省粮食种子贮备方案，报省人民政府批准后实施。

第七条 县级以上地方人民政府应当鼓励和支持教学科研机构、良种场等单位和个人开展农作物新品种、新技术的试验、示范、推广以及优良品种的选育和开发，并对成绩显著的单位或者个人给予表彰和奖励。

选育和开发的品种得到推广应用的，育种者依法获得相应的经济利益。

任何单位或者个人不得侵占用于良种培育的土地、房屋、设备。确因公共利益需要征收征用的，应当依照有关法律规定的权限和程序办理。

第八条 鼓励引进农作物优良品种，加强闽台地区间农业合作与交流。

第二章 种质资源保护与品种管理

第九条 县级以上地方人民政府应当加强种质资源保护工作，对名、特、优、珍、稀的种质资源和天然种质资源，实施重点保护和有计划地开发利用。

第十条 省人民政府农业行政主管部门应当根据保护农作物种质资源的需要，组织建立种质资源库，严格管理制度，有计划、有步骤地合理开发利用种质资源，并分类、分级制定种质资源保护名录，定期公布。

省人民政府农业行政主管部门应当组织或者委托教学科研机构开展农作物种质资源的普查、收集、整理、鉴定、登记和保存等工作。

第十一条 省人民政府农业行政主管部门应当会同有关部门，根据农作物天然种质资源分布情况，划定天然种质资源保护区、保护地，报省人民政府批准公布。

天然种质资源保护区、保护地由所在地的县级人民政府管理，县级人民政府农业行政主管部门具体负责。

任何单位或者个人不得侵占、破坏天然种质资源保护区、保护地。确因公共利益需要征收征用种质资源保护区、保护地的，应当经省人民政府批准，并采取相应的保护措施。

第十二条 主要农作物品种依法实行审定制度。非主要农作物品种按照自愿原则进行认定。

省人民政府农业行政主管部门设立农作物品种审定委员会，负责主要农作物品种审定和非主要农作物品种认定的工作。审定委员会由教学、科研、生产、推广、管理、使用等方面的专业人员组成，其中具有高级专业技术职称人数应当占成员总数的三分之二以上。

第十三条 通过国家级审定的主要农作物品种，其审定公告规定的适宜生态区域不含本省行政区域的，应当通过本省审定后方可在本省适宜生态区域内经营、推广。

经营、推广通过品种审定的主要农作物种子的，应当在审定公告规定的适宜生态区域内进行。

第十四条 申请引种相邻省审定通过的主要农作物品种的单位和个人，应当向省人民政府农业行政主管部门提出申请，并提交下列材料：

（一）申请书；

（二）单位或者个人身份的证明；

（三）相邻省审定通过的主要农作物品种审定证明；

（四）本省农作物品种审定委员会出具的本省同一适宜生态区域品种试验报告。

省人民政府农业行政主管部门应当自收到申请之日起二十日内作出审查决定并予以

书面答复。经审查同意的,发布引种公告;不同意的,书面说明理由。

经营、推广通过相邻省品种审定的主要农作物种子的,应当在引种公告规定的适宜生态区域内进行。

第十五条 本省审定通过或者经同意引种的主要农作物品种,在使用过程中出现严重退化情况时,经农作物品种审定委员会鉴定,由省人民政府农业行政主管部门发布公告,停止该品种的生产、经营、推广。自公告发布之日起一个生产周期后,任何单位和个人不得继续该品种种子的生产、经营、推广。

第十六条 鼓励和支持对非主要农作物品种的认定工作。

申请非主要农作物品种认定的,应当提交申请书和品种试验报告。申请时尚未提交品种区域试验或者多年多点试验报告的,可以由农作物品种审定委员会组织安排品种试验,有关试验费用由申请者承担。

农作物品种审定委员会受理申请后,应当对品种的丰产性、适应性、抗逆性和品质进行评审,经评审通过的,予以认定,颁发非主要农作物品种认定证书,并由省人民政府农业行政主管部门及时向社会公布,推荐在适宜生态区域内生产、经营、推广。

第十七条 本省认定的非主要农作物品种,在使用过程中发现严重退化情况时,农作物品种审定委员会应当撤销认定,并由同级农业行政主管部门发布公告,停止推荐该品种的生产、经营、推广。

第三章 种子生产、经营与使用

第十八条 主要农作物商品种子生产依法实行许可制度。

申请主要农作物种子生产许可证的品种,必须是农作物品种审定委员会审定通过或者同意引种的品种。

第十九条 农作物种子经营依法实行许可制度。

农民个人自繁自用常规种子有剩余的,可以在集贸市场上出售、串换,不需要办理种子经营许可证。

种子经营者专门经营不再分装的包装种子的,或者受具有种子经营许可证的种子经营者书面委托代销其包装种子的,可以不办理种子经营许可证,但不得拆包销售。

委托代销包装种子经营者,不得超出种子经营许可证规定的有效区域、有效期限和经营范围委托代销。受委托代销包装种子经营者,必须在委托的范围内开展代销业务,并不得转委托。

第二十条 种子经营者在销售种子时,应当向购买者开具销售凭证,提供文字说明,并提供有关咨询服务。

种子经营者提供的文字说明应当包括品种特征特性、主要栽培措施、适宜种植区域、使用条件等。主要农作物品种的说明应当与品种审定公告、引种公告的相关内容一致。

第二十一条 任何单位和个人不得生产、经营假劣种子,不得经营无主要农作物种子生产许可证者或者无种子经营许可证者的种子。

除教学、科研以及农民自繁自用等非商品种子生产需要外，任何单位和个人不得向无主要农作物种子生产许可证者、无种子经营许可证者提供主要农作物亲本种子。

第二十二条 因种子质量问题给使用者造成损失的，出售种子的经营者应当予以赔偿，赔偿额包括购种价款、可得利益损失和有关费用。

可得利益损失计算，双方有约定的，从其约定；没有约定或者约定不明确的，可以按照该农作物使用者所在乡镇前三年的平均产量减去实际产量，并比照相同品种当年产地收购价计算；无法确定前三年平均产量的，可以按照该农作物使用者所在乡镇当年单位面积的平均产量减去实际产量，并比照相同品种当年产地收购价计算。其中，多年生农作物的可得利益损失还应当包括投产前的成本投入。

有关费用包括购买种子支出的交通费、鉴定费、误工费等。

第四章 服务与监督

第二十三条 县级以上地方人民政府农业行政主管部门应当建立健全监督制度，加强对种子生产、经营活动的监督检查，定期公布种子生产、经营许可证的发放情况，对资质条件不再符合发证要求的，应当依法撤销其种子生产经营许可。

县级以上地方人民政府农业行政主管部门依法对被许可人从事种子生产、经营活动进行监督检查时，应当将监督检查的情况和处理结果予以记录。公众有权查阅。

第二十四条 县级以上地方人民政府农业行政主管部门应当加强对种子质量的监督。农作物种子质量抽查不得收取费用，种子生产者、经营者应当配合抽查。抽查结果应当及时向社会公布。

县级以上地方人民政府农业行政主管部门可以根据需要委托农作物种子质量检验机构对种子质量进行检验。

农作物种子质量检验机构应当具备相应的检测条件和能力，并通过省人民政府计量行政部门计量认证和省人民政府农业行政主管部门考核合格。

第二十五条 县级以上地方人民政府农业行政主管部门应当制定农作物良种推广计划，定期公布适宜当地推广种植的品种目录。

县级以上地方人民政府农业行政主管部门所属的种子管理机构应当积极开展农作物新品种试验、示范、推广工作，引导生产、经营和使用优质、高产、抗病的农作物新品种。

第二十六条 县级以上地方人民政府农业行政主管部门所属的种子管理机构应当为种子生产者、经营者、使用者提供信息、咨询、技术等服务，引导使用优良品种，加强种子知识的宣传、普及工作。

第二十七条 县级以上地方人民政府农业行政主管部门应当建立举报和投诉制度，接受对违法生产、经营种子行为和有关种子质量的举报和投诉，并依法予以处理。

县级以上地方人民政府农业行政主管部门收到对违法生产、经营种子行为和有关种子质量投诉的,应当自收到投诉之日起五日内作出是否受理的决定并将意见书面告知投诉人。决定受理的,应当自受理之日起三十日内作出处理决定;决定不予受理的,应当说明理由;不属于本部门职责范围的,应当在五日内移送有管辖权的部门。投诉事项紧急的,应当立即派员调查处理。

第五章　法 律 责 任

第二十八条　违反本条例第十三条、第十四条规定,有下列行为之一的,由县级以上地方人民政府农业行政主管部门责令改正,没收种子和违法所得,并处以一万元以上五万元以下的罚款:

(一)在审定公告、引种公告规定的适宜生态区域以外的区域经营、推广主要农作物种子的;

(二)未经省人民政府农业行政主管部门同意,引种通过相邻省品种审定的主要农作物种子的。

第二十九条　违反本条例第十五条规定,省人民政府农业行政主管部门发布公告停止生产、经营、推广的主要农作物品种一个生产周期后,继续生产、经营、推广的,由县级以上地方人民政府农业行政主管部门责令改正;拒不改正的,处以五千元以上三万元以下的罚款。

第三十条　违反本条例第十九条第三款、第四款规定,有下列行为之一的,由县级以上地方人民政府农业行政主管部门责令改正,并处以一千元以上一万元以下的罚款:

(一)拆包销售依法应当包装销售种子的;

(二)超出种子经营许可证规定的有效区域、有效期限和经营范围委托代销种子的;

(三)超越委托书规定范围经营种子或者转委托的。

第三十一条　违反本条例第二十条规定,有下列行为之一的,由县级以上地方人民政府农业行政主管部门责令改正,并处以二百元以上二千元以下的罚款:

(一)种子经营者未向购买者开具销售凭证的;

(二)种子经营者未向购买者提供文字说明或者未按照规定提供文字说明的;

(三)种子经营者提供的文字说明内容与品种审定公告、引种公告的相关内容不一致的。

第三十二条　违反本条例第二十一条第一款规定,生产、经营假、劣种子的,由县级以上地方人民政府农业行政主管部门或者工商行政管理部门责令停止生产、经营,没收种子和违法所得,吊销种子生产许可证、种子经营许可证或者营业执照,并处以罚款。有违法所得的,处以违法所得五倍以上十倍以下的罚款;没有违法所得的,处以二千元以上五万元以下的罚款。构成犯罪的,依法追究刑事责任。

对以非种子冒充种子、以此种品种种子冒充他种品种种子,以及生产、经营的种子属于因变质不能作种子使用的或者带有国家规定检疫对象的有害生物的,依照前款规定从重处罚。

第三十三条 违反本条例第二十一条规定，有下列行为之一的，由县级以上地方人民政府农业行政主管部门责令限期改正，没收种子和违法所得，处以二千元以上二万元以下的罚款：

（一）经营无主要农作物种子生产许可证者的主要农作物种子的；

（二）经营无种子经营许可证者的种子的；

（三）向无主要农作物种子生产许可证者、无种子经营许可证者提供主要农作物亲本种子的。

第三十四条 从事品种试验、审定和认定工作的人员徇私舞弊、滥用职权的，依法给予行政处分；造成损失的，应当承担赔偿责任；构成犯罪的，依法追究刑事责任。

第三十五条 有关行政机关、种子管理机构及其工作人员违反本条例规定，有下列行为之一的，由所在单位或者上级主管部门责令限期改正，对负有责任的主管人员和直接责任人员依法给予行政处分；给当事人造成损失的，依法承担赔偿责任；构成犯罪的，依法追究刑事责任：

（一）对不具备条件的种子生产者、经营者核发种子生产许可证、种子经营许可证的；

（二）对具备条件的种子生产者、经营者无正当理由不核发或者变更种子生产许可证、种子经营许可证的；

（三）指定或者强迫种子使用者违反自己的意愿购买、使用种子的；

（四）发现违法行为不予查处及其他不履行法定监督管理职责的；

（五）其他徇私舞弊、滥用职权行为的。

第三十六条 违反本条例的行为，法律、法规已有处罚规定的，从其规定。

第六章 附　　则

第三十七条 本条例所称主要农作物为国家确定的稻、小麦、玉米、棉花、大豆、油菜、马铃薯，以及本省农业行政主管部门确定的甘薯、茶树。

第三十八条 转基因农作物品种的选育、引进及其种子生产、经营、使用、管理等活动按照国家有关规定执行。

第三十九条 本条例自 2007 年 10 月 1 日起施行。

河北省种子管理条例

（2018年3月29日河北省第十三届人民代表大会常务委员会第二次会议通过）

第一章 总 则

第一条 为了加强种质资源保护和利用，规范品种选育、种子生产经营和管理行为，保护植物新品种权，维护育种者、种子生产经营者和使用者的合法权益，提高种子质量，发展现代种业，促进农业和林业可持续发展，保障粮食安全，根据《中华人民共和国种子法》等法律、行政法规，结合本省实际，制定本条例。

第二条 在本省行政区域内从事种质资源保护、品种选育、种子生产经营和监督管理等活动，适用本条例。

本条例所称种子，是指农作物和林木的种植材料或者繁殖材料，包括籽粒、果实、根、茎、苗、芽、叶、花等。

第三条 县级以上人民政府农业、林业主管部门分别主管本行政区域内农作物种子和林木种子管理工作。其他有关部门依照法定职责做好相关工作。

第四条 省人民政府应当推进质量兴农战略，制定种业发展规划并组织实施。

县级以上人民政府应当加强政策引导，提升种业企业自主创新能力、企业竞争能力，强化市场监管，提高种业发展水平，突出特色品种优势，促进农民增收。

第五条 县级以上人民政府农业、林业主管部门应当实施种业提升工程，加强植物新品种的引进、推广和应用，推动农林产业质量提高。

第六条 县级以上人民政府应当制定扶持种业发展的政策措施，并设立扶持现代种业发展资金，用于种质资源保护和创新、植物新品种保护、良种选育、品种审定、生产基地建设、良种推广和监督管理等工作。

县级人民政府应当将种子管理所需经费列入财政预算。

鼓励、引导社会资本投资种业，促进现代种业的研发、生产和推广。

第七条 省人民政府农业、林业主管部门应当建立完善与北京、天津及周边区域品种选育、审定协作机制，推进优良品种的选育推广协同创新，促进种业优势互补和共赢发展。

第八条 省人民政府建立种子储备制度，主要用于发生灾害时的生产需要及余缺调剂，保障农业和林业生产安全。对储备的种子应当定期检验和更新。

第九条 县级以上人民政府农业、林业主管部门应当加强植物新品种保护工作，鼓励和支持种业科技创新、植物新品种培育及成果转化，健全知识产权服务机制，依法保护植物新品种权所有人的合法权益。

第十条 授权品种受法律保护,任何单位和个人不得侵犯。

法律、行政法规另有规定的,从其规定。

第二章 种质资源保护

第十一条 省人民政府农业、林业主管部门应当按照国家有关规定开展种质资源的普查、收集、整理、鉴定、登记、保存、交流和利用,确定并定期公布本省重点保护和可供利用的种质资源名录。

第十二条 省人民政府农业、林业主管部门应当加强种质资源库和种质资源保护区、种质资源保护地的建设和管理。

任何单位和个人不得侵占和破坏种质资源。

第十三条 县级以上人民政府农业、林业主管部门应当在种质资源保护区或者种质资源保护地设立保护标志,加强保护和管理。

第十四条 县级以上人民政府林业主管部门应当根据需要对下列林木种质资源确定保护范围:

(一)优树、良种采穗圃、种子园、母树林、省级采种基地;

(二)优良林分、优良种源等种质资源;

(三)珍稀、濒危树种的种质资源;

(四)其他具有特殊价值的种质资源。

第三章 品种选育、审定与登记

第十五条 各级人民政府应当支持科研院所、高等院校开展育种基础性、前沿性和应用技术研究以及常规作物、主要造林树种育种和无性繁殖材料选育等公益性研究,并促进科研成果转移转化。

第十六条 县级以上人民政府应当扶持本地优势特色农作物的品种选育和成果转化,推广符合产业发展需求的优良品种。

加强生态、用材、经济、能源、观赏等林木品种的选育推广。

第十七条 主要农作物品种、主要林木品种在推广前应当通过国家级或者省级审定。

省人民政府农业、林业主管部门分别设立有专业人员参加的农作物品种和林木品种审定委员会。

通过省级审定的主要农作物品种、林木良种,由品种审定委员会编号,颁发证书,省人民政府农业、林业主管部门公告。

第十八条 省农作物品种审定委员会应当在申请者提供的省级审定品种的试验种子中留取标准样品,交种质资源库保存,用作质量鉴定标准样品、种质资源创新和育种基础材料。

第十九条　在本省审定通过的主要农作物品种、林木良种有下列情形之一的，经原品种审定委员会审核确认后，撤销审定，由原公告部门发布公告，停止推广、销售：

（一）在使用过程中出现不可克服严重缺陷的；

（二）种性严重退化或者失去生产利用价值的；

（三）未按照要求提供品种标准样品或者标准样品不真实的；

（四）以欺骗、伪造试验数据等不正当方式通过审定的。

第二十条　引种通过其他省、自治区、直辖市审定属于同一适宜生态区主要农作物品种、林木良种，引种者应当将引种的品种和区域报省人民政府农业、林业主管部门备案，由省人民政府农业、林业主管部门公告。

引种主要农作物品种的引种者应当在拟引种区域内开展不少于一年的适应性、抗病性试验，对品种的真实性、安全性和适应性负责。具有植物新品种权的品种，还应当经过品种权人的同意。

引种本地区没有自然分布的林木品种，应当按照国家引种标准通过试验。

第二十一条　列入国家非主要农作物登记目录的品种在推广前应当登记。

申请品种登记的单位和个人应当向省人民政府农业主管部门提交登记申请文件和种子样品，并对其真实性负责，保证可追溯，接受监督检查。

省人民政府农业主管部门应当自受理品种登记申请之日起二十个工作日内，对申请者提交的申请文件进行书面审查，符合条件的上报国务院农业主管部门；不符合条件的应当通知申请人，并说明理由。

第二十二条　应当审定的农作物品种未经审定通过的，不得发布广告、推广、销售。

应当审定的林木品种未经审定通过的，不得作为良种推广、销售，但生产确需使用的，应当经林木品种审定委员会认定。

应当登记的农作物品种未经登记的，不得发布广告、推广，不得以登记品种的名义销售。

第四章　种子生产经营管理

第二十三条　从事种子进出口业务的种子生产经营许可证，由省人民政府农业、林业主管部门审核，国务院农业、林业主管部门核发。

从事主要农作物杂交种子及其亲本种子、林木良种种子的生产经营以及实行选育生产经营相结合，符合国务院农业、林业主管部门规定条件的种子企业的种子生产经营许可证，由生产经营者所在地人民政府农业、林业主管部门审核，省人民政府农业、林业主管部门核发。

前两款规定以外的其他种子的生产经营许可证，由生产经营者所在地县级以上人民政府农业、林业主管部门核发。

只从事非主要农作物种子和非主要林木种子生产的，不需要办理种子生产经营许可证。

第二十四条 种子生产经营者应当按照有关规定建立和保存包括种子来源、产地、数量、质量、销售去向、销售日期和有关责任人员等内容的生产经营档案，保证可追溯。

生产经营档案保存期限依照国家有关规定执行。

第二十五条 种子生产经营者销售的种子应当符合国家或者行业标准，附有标签和使用说明。标签和使用说明标注的内容应当与销售的种子相符，并对标注内容的真实性和种子质量负责。

第二十六条 专门经营不再分装的包装种子的，或者受具有种子生产经营许可证的种子生产经营者以书面委托生产、代销其种子的，不需要办理种子生产经营许可证，但应当在种子销售前向当地人民政府农业、林业主管部门备案，并执行进货检查验收制度，验明种子标签和使用说明。

第二十七条 国家、省投资或者以国家、省投资为主的造林项目和国有林业单位造林，应当根据县级以上人民政府林业主管部门制定的规划设计使用林木良种。

第二十八条 种子使用者因种子质量问题或者因种子的标签和使用说明标注的内容不真实，遭受损失的，种子使用者可以向出售种子的经营者要求赔偿，也可以向种子生产者或者其他经营者要求赔偿。赔偿额包括购种价款、可得利益损失和其他损失。属于种子生产者或者其他经营者责任的，出售种子的经营者赔偿后，有权向种子生产者或者其他经营者追偿；属于出售种子的经营者责任的，种子生产者或者其他经营者赔偿后，有权向出售种子的经营者追偿。

第五章　种子监督管理

第二十九条 县级以上人民政府农业、林业主管部门应当明确种子管理机构，依法开展农作物和林木种子的具体监督管理工作。

第三十条 省人民政府农业、林业主管部门应当在统一的政府信息发布平台上发布品种审定、撤销审定、引种备案、生产经营许可、监督管理、案件查处等信息。

第三十一条 县级以上人民政府农业、林业主管部门应当加强对种子质量的监督检查，开展品种安全性评价，可以委托种子质量检验机构对种子质量进行检验。

第三十二条 县级以上人民政府农业、林业主管部门应当加强种子生产基地监管、种子市场检查，依法查处违法生产经营种子、破坏种质资源、假冒授权品种、侵犯植物新品种权等行为。

第三十三条 县级以上人民政府农业、林业主管部门应当建立种子生产经营者信用记录，并纳入社会信用信息平台，依法向社会公开。

第三十四条 禁止生产经营假、劣种子。县级以上人民政府农业、林业主管部门和有关部门依法打击生产经营假、劣种子的违法行为，保护农民合法权益，维护公平竞争的市场秩序。

下列种子为假种子：

（一）以非种子冒充种子或者以此种品种种子冒充其他品种种子的；

（二）种子种类、品种与标签标注的内容不符或者没有标签的。

下列种子为劣种子：

（一）质量低于国家规定标准的；

（二）质量低于标签标注指标的；

（三）带有国家规定的检疫性有害生物的。

第三十五条 县级以上人民政府农业、林业主管部门应当建立种子投诉举报制度，公开投诉举报联系方式。

县级以上人民政府农业、林业主管部门及其他有关部门收到举报后，应当在规定的时限内依法处理。

第六章 扶持措施

第三十六条 省人民政府应当采取措施加强种业科技创新能力建设，促进种业科技成果转化和权益分配制度改革，维护种业科技人员的合法权益。

县级以上人民政府应当对在种质资源保护工作和良种选育、推广等工作中成绩显著的单位和个人给予奖励。

第三十七条 县级以上人民政府应当加强种业科技支撑能力和基础设施建设的投入，推广以企业为主体的农作物选育、生产和经营相结合的发展模式，鼓励企业通过并购、参股等方式提高竞争力，扶持骨干种子企业和优势特色种子企业发展，引导开展标准化生产和规模化经营。

第三十八条 县级以上人民政府应当科学规划农作物种子生产优势区域布局，建设集中、稳定的种子科研和生产基地，推进规模化、标准化、机械化、集约化建设。

对种子科研和生产基地实行严格保护制度，任何单位和个人不得侵占。

第三十九条 县级以上人民政府应当鼓励和引导金融机构为种子生产经营和收购储备提供信贷支持；支持保险机构开展种子生产保险，促进种子企业发展。

第四十条 省人民政府应当采取措施加强种业人才培养，推进创新型种业科技人才队伍建设。

鼓励科研院所、高等院校开展育种科技人员交流，引导支持育种科研人才创新创业；支持科研院所、高等院校与种子企业联合建立实习实践培训基地和科研实践工作机构，共同培养专业技术人才和高技能人才。

第四十一条 省、设区的市人民政府应当加强南繁管理，制定南繁育种发展规划，协调农业、发展改革、财政、科技等部门，统筹组织，重点扶持，加强南繁基地植物检疫和转基因安全监管工作，推动南繁基地可持续发展。

第七章　法律责任

第四十二条　县级以上人民政府有关部门及其工作人员在种子管理工作中玩忽职守、徇私舞弊、滥用职权的，依法给予处分；构成犯罪的，依法追究刑事责任。

第四十三条　违反本条例规定，给植物新品种权所有人合法权益造成损害的，依法予以赔偿；构成犯罪的，依法追究刑事责任。

第四十四条　违法本条例规定，未依法取得种子生产经营许可证生产经营种子的，依照《中华人民共和国种子法》第七十七条的规定予以处罚。

第四十五条　违反本条例规定，种子生产经营者有下列行为之一的，由县级以上人民政府农业、林业主管部门责令改正，处二千元以上五千元以下罚款；情节严重的，处五千元以上二万元以下罚款：

（一）未按规定建立、保存种子生产经营档案的；

（二）销售的种子没有使用说明或者标签的内容不符合规定的；

（三）专门经营不再分装的包装种子或者受委托生产、代销种子，未按规定备案的。

第四十六条　违反本条例规定，有下列行为之一的，由县级以上人民政府农业、林业主管部门责令停止违法行为，没收违法所得和种子，并处二万元以上五万元以下罚款；情节严重的，并处五万元以上二十万元以下罚款：

（一）对应当审定未经审定的农作物品种进行推广、销售的；

（二）作为良种推广、销售应当审定未经审定的林木品种的；

（三）推广、销售应当停止推广、销售的农作物品种或者林木良种的；

（四）对应当登记未经登记的农作物品种进行推广，或者以登记品种的名义进行销售的；

（五）对已撤销登记的农作物品种进行推广，或者以登记品种的名义进行销售的。

第四十七条　违反本条例规定，生产经营假、劣种子的，依据《中华人民共和国种子法》第七十五条、第七十六条的规定予以处罚。

第四十八条　违反本条例规定，侵占种子科研和生产基地的，责令限期改正，恢复原貌；造成损失的，依法承担赔偿责任。

第八章　附　　则

第四十九条　转基因植物品种的选育、试验、审定、生产经营和推广，依照国家有关法律、行政法规规定执行。

第五十条　本条例自2018年6月1日起施行。

吉林省农作物种子条例

（2018 年 9 月 21 日吉林省第十三届人民代表大会常务委员会第六次会议通过）

第一章 总　　则

第一条　为了保护和合理利用农作物种质资源，规范农作物品种选育、种子生产经营和管理行为，保护植物新品种权，维护农作物种子生产经营者、使用者的合法权益，提高农作物种子质量，加快发展现代农作物种业，保障供种安全、粮食安全和生态安全，促进现代农业发展，根据《中华人民共和国种子法》等相关法律、法规，结合本省实际，制定本条例。

第二条　在本省行政区域内从事农作物种质资源保护和利用、品种选育、种子生产经营和管理等活动，适用本条例。

本条例所称农作物种子（以下简称种子），是指农作物的种植材料或者繁殖材料，包括籽粒、果实和根、茎、苗、芽、叶、花等。

第三条　县级以上人民政府农业农村主管部门主管本行政区域内种子工作，其所属的农业综合执法机构或者受其委托的种子管理机构，依法开展种子执法相关工作，所需经费列入同级人民政府财政预算。

发展和改革、财政、科技、交通、市场监督管理、粮食等部门应当按照各自职责，密切配合，共同作好种子相关工作。

县级以上人民政府及其有关部门应当采取措施，加强种子执法和监督，建立种子执法联动机制，依法查处种子违法行为。

第四条　省人民政府应当推进质量兴农战略，按照现代农业发展的需要，制定农作物种业发展规划并组织实施。

第五条　省人民政府建立种子储备制度，储备的种子主要用于发生灾害时的生产需要和余缺调剂，保障农业生产安全，储备的种子应当定期检验和更新。

第六条　省人民政府设立现代农作物种业发展资金，用于支持农作物种质资源保护和利用、良种选育和推广、育种制种基地建设以及扶持选育生产经营相结合的种子企业，促进现代农作物种业快速发展。

县级以上人民政府应当奖励在农作物种质资源保护和创新、良种选育和推广等领域中成绩显著的单位和个人。

第七条　转基因农作物品种的选育、试验、审定、生产经营和推广，应当遵守国家有关法律、法规的规定。

第八条　各级人民政府应当加强对种子法和本条例的宣传，鼓励单位和个人对种子违法行为进行举报，并对查证属实的给予相应奖励。

第二章　种质资源保护和利用

第九条　农作物种质资源受法律保护，任何单位和个人不得侵占和破坏。

禁止采集或者采伐国家重点保护的农作物天然种质资源。因科研等特殊情况需要采集或者采伐的，应当依法经国务院或者省人民政府农业农村主管部门批准。

第十条　省人民政府及有关部门应当支持科研院所、高等院校和种子生产经营企业开展农作物种质资源的保护、研究和利用，建立和完善农作物种质资源保护、鉴定评价和共享利用体系，加强农作物种质资源的普查收集、保护监测、鉴定评价和创制应用工作。

第十一条　省人民政府应当建立和完善长期稳定的财政资金投入保障机制，支持农作物种质资源的保护和研究等基础性、公益性工作。

第十二条　省人民政府农业农村主管部门应当加强农作物种质资源库（圃）、种质资源保护区和种质资源保护地的建设和管理。

省人民政府农业农村主管部门应当按照国家有关规定，有计划地开展本省农作物种质资源的普查、收集、整理、鉴定、登记、保存、交流和利用，定期公布本省重点保护和可供利用的农作物种质资源名录。

因科研和育种等合法用途，需要利用农作物种质资源库中的农作物种质资源的，可以向省人民政府农业农村主管部门提出申请。对符合提供种质资源条件的，省人民政府农业农村主管部门应当及时提供，并做好跟踪记录。获取农作物种质资源的，应当及时反馈农作物种质资源的利用情况。

第十三条　任何单位和个人向境外提供农作物种质资源，或者与境外机构、个人开展合作研究以及利用本省农作物种质资源的，应当向省人民政府农业农村主管部门提出申请，并提交国家共享惠益的方案；省人民政府农业农村主管部门审核后，报国务院农业农村主管部门批准。

从境外引进农作物种质资源的，依照国务院农业农村主管部门有关规定办理。

第三章　品种选育、审定、登记与植物新品种保护

第十四条　县级以上人民政府应当加大农业科研投入，支持科研院所、高等院校重点开展育种的基础性、前沿性和应用技术研究，以及常规作物育种和无性繁殖材料选育等公益性研究；鼓励种子企业充分利用公益性研究成果，开展商业性育种自主研发与科技创新；支持基础性、前沿性和公益性育种与商业性育种联合和合作，建立技术研发平台和利益分享机制，采取多种形式促进农作物种业科技成果转化。

省人民政府及有关部门应当针对科研院所、高等院校，建立和完善符合农作物种业科技成果转化工作特点的职称评定、岗位管理、考核评价和收入分配激励约束制度，维护农

作物种业科技人员的合法权益。

育种科技成果完成人或者课题组负责人,不得阻碍职务育种科技成果的转化,不得将职务育种科技成果及其技术资料和数据占为己有;由财政资金支持为主形成的育种成果转让、许可等应当依法公开进行,禁止私自交易。

第十五条 主要农作物品种在推广应用前,应当通过国家或者省级审定。

省人民政府农业农村主管部门设立农作物品种审定委员会,承担农作物品种审定工作。

农作物品种审定委员会应当建立包括品种审定申请文件、试验数据、种子样品、审定意见和审定结论等内容的品种审定档案,保证可追溯。

第十六条 主要农作物品种审定应当进行品种试验。品种试验包括区域试验、生产试验和品种特异性、一致性、稳定性测试。

申请者具备试验能力且试验品种是自有品种的,可以按照国务院农业农村主管部门有关规定自行开展品种试验。申请本省审定的主要农作物品种的试验方案,应当在播种前三十日内报省级种子管理机构审核,符合条件的纳入省级品种试验统一管理。

符合国务院农业农村主管部门规定条件、实行选育生产经营相结合的种子企业,对其自主研发的主要农作物品种可以在相应生态区自行开展品种试验,试验方案应当在播种前三十日内报省级种子管理机构备案。

主要农作物品种试验管理办法和审定标准由省农作物品种审定委员会参照国家有关办法和标准制定。

第十七条 在本省通过审定的主要农作物品种有下列情形之一的,经省农作物品种审定委员会审核确认后,应当撤销审定,并由省人民政府农业农村主管部门发布公告,停止发布广告、推广、销售:

(一)在使用过程中出现不可克服严重缺陷的;

(二)种性严重退化或者失去生产利用价值的;

(三)未按照要求提供品种标准样品或者标准样品不真实的;

(四)以欺骗、伪造试验数据等不正当方式通过审定的。

第十八条 列入国务院农业农村主管部门制定的非主要农作物品种登记目录的品种,在推广前应当登记。

省人民政府农业农村主管部门负责品种登记的实施和监督管理,其所属的种子管理机构具体负责受理登记申请,并于受理品种登记申请之日起二十个工作日内,对申请者提交的申请文件进行书面审查,符合要求的,报国务院农业农村主管部门予以登记公告。

未列入国务院农业农村主管部门制定的非主要农作物品种登记目录的品种,符合认定标准的,选育者可以申请认定。认定具体办法由省人民政府制定。

第十九条 依法保护植物新品种权。任何单位和个人未经植物新品种权所有人许可,不得生产、繁殖或者销售该授权品种的繁殖材料;不得为商业目的将该授权品种的繁殖材料重复使用于生产另一品种的繁殖材料;但法律、行政法规另有规定的除外。

第二十条 属于同一适宜生态区的其他省、自治区、直辖市审定的主要农作物品种，引种到本省的，引种者应当报省人民政府农业农村主管部门备案，由省人民政府农业农村主管部门发布公告。

引种者应当在拟引种区域开展不少于一年的适应性、抗病性试验，对品种的真实性、安全性和适用性负责。

引种备案品种在使用过程中出现不可克服严重缺陷的、种性严重退化或者失去生产利用价值的、或者造成重大经济损失的，由省人民政府农业农村主管部门发布公告，停止发布广告、推广、销售。

第二十一条 应当审定的农作物品种未经审定的，不得发布广告、推广、销售。

应当登记的农作物品种未经登记的，不得发布广告、推广，不得以登记品种的名义销售。

第四章 种子生产经营

第二十二条 种子生产经营实行许可证制度。申请办理种子生产经营许可证的，按照有关法律、法规和国家有关规定执行。

第二十三条 申请领取具有植物新品种权的主要农作物杂交种子及其亲本种子生产经营许可证的，应当征得植物新品种权所有人同意，并签订书面转让协议。

申请领取鲜食、爆裂玉米种子生产经营许可证的，按照非主要农作物种子的许可条件办理。

第二十四条 种子生产经营许可证设主证、副证，有效期为五年。主证注明许可证编号、企业名称、统一社会信用代码、住所、法定代表人、生产经营范围、生产经营方式、有效区域、有效期限、发证机关、发证日期；副证注明生产种子的农作物种类、种子类别、品种名称及审定（登记）编号、种子生产地点等内容。副证载明的农作物种类和品种不得超越主证规定的生产经营范围。

在有效期内变更副证载明的生产种子的品种、地点等事项的，应当在播种三十日前向原发证机关申请变更并提交相应材料，申请材料齐全且符合法定形式的，原发证机关应当依法进行审查，当场办理变更手续。

第二十五条 在种子生产经营许可证有效期内，有下列情形之一的，发证机关应当注销许可证，并予以公告：

（一）企业停止生产经营活动一年以上的；

（二）企业不再具备规定的许可条件，经限期整改仍达不到要求的；

（三）企业主动提出注销申请的。

第二十六条 核发、撤销、吊销、注销种子生产经营许可证的有关信息，农业农村主管部门应当依法予以公布，并在政府信息发布平台和中国种业信息网上及时更新。

第二十七条 在种子生产经营许可证载明的有效区域设立分支机构的、专门经营不再分装的包装种子的、受具有种子生产经营许可证的企业书面委托生产、代销其种子的，不需要办理种子生产经营许可证，但应当向当地县级人民政府农业农村主管部门备案。

分支机构、专门经营不再分装的包装种子的、受委托生产、代销种子的，不得委托他人生产、代销种子。

第二十八条 只从事非主要农作物种子生产，以及农民在当地集贸市场上出售、串换个人自繁自用剩余的常规种子的，不需要办理种子生产经营许可证，但应当接受县级以上人民政府农业农村主管部门的监督管理。

第二十九条 通过网络交易种子的，种子生产经营者应当依法取得种子生产经营许可证或者依据本条例第二十七条规定向工商营业执照注册所在地县级人民政府农业农村主管部门备案，建立和保存包括种子来源、产地、数量、质量、销售去向、销售日期和有关责任人员等内容的经营档案，并提供正规购种凭证，保证可追溯。

为种子生产经营者提供网络商品交易及有关服务的电子商务第三方平台，应当与种子生产经营者签订种子质量保证书，查验其种子生产经营资格。

第三十条 农民专业合作社办理种子生产经营许可证或者依据本条例第二十七条规定办理备案的，可以从事种子生产经营。

农民专业合作社受其成员委托提供供种服务的，应当签订购种委托书，提供的种子应当符合有关法律、法规的规定，供种数量应当符合本专业合作社生产实际需要，不得超量、加价供种。

第三十一条 通过农业生产订单形式向农民或者农民专业合作社等供种的，提供的种子应当符合有关法律、法规的规定，供种者应当建立和保存包括种子来源、品种、名称、产地、数量、供种去向、有关责任人等内容的管理档案。

第三十二条 从事选育生产相结合的种子生产经营企业，应当建立稳定的种子生产基地。

种子生产基地应当有与种子生产相适应的生产条件、设施以及技术人员，具备符合技术规范要求的隔离条件。禁止种植影响种子生产基地制种的其他农作物。

第三十三条 从事种子生产经营的企业委托农民、农村集体经济组织或者其他经济组织生产种子的，双方应当签订书面合同，并在播种前向当地县级种子管理机构备案。

第三十四条 生产种子应当执行种子生产技术操作规程和种子检验、检疫规程。种子生产过程中被确认为假、劣种子的，由县级以上人民政府农业农村主管部门予以公告，责令限期改种、毁种、铲除或者监督转为商品粮。

第三十五条 从事种子生产经营的企业或者科研单位，因育种需要繁制试验品种或者亲本的，应当向种子生产基地所在地县级人民政府农业农村主管部门备案，备案内容应当包括地块位置、面积、委托生产合同等内容。

试验品种或者亲本实际种植面积不得超过备案种植面积。

第三十六条 种子生产经营者应当建立包括种子田间生产、加工包装、销售流通等环节形成的原始记载或者凭证的种子生产经营档案，种子生产经营档案应当至少保存五年，档案记载信息应当连续、完整、真实，保证可追溯。档案材料含有复印件的，应当注明复印时间并经相关责任人签章。

第三十七条 种子生产经营企业可以在种子生产经营许可证载明的有效区域内设立分支机构。分支机构应当按照生产经营许可证确定的有效区域和生产经营范围从事种子生产经营活动，不得以分支机构的名义生产、包装种子。

第三十八条 种子生产经营企业可以委托其他单位和个人代销种子。受委托方应当按照委托代销协议确定的经营范围、有效区域、品种、数量从事代销活动，不得分装销售。委托方对受委托方的委托经营行为承担连带责任。

第三十九条 种子生产经营企业在有效区域内设立分支机构的、受委托代销种子的、专门经营不再分装的包装种子的，应当有固定的经营场所，有与经营规模相适应的种子贮藏、保管设施和种子专业技术人员。

第四十条 种子生产经营者应当建立和保存包括种子品种、来源、质量、数量、销售去向、销售日期等内容的经营档案，并向购种者出具发票等购种凭证，经营档案应当保存两年以上。

第四十一条 销售的种子应当附有标签和使用说明，标签和使用说明标注的内容应当与销售的种子相符。种子包装标签和使用说明在符合有关法律、法规规定的前提下，还应当符合下列条件：

（一）通过审定的品种，包装标签和使用说明上标注的品种名称、主要性状、主要栽培措施、适应性等内容，应当与审定公告完全一致，不得标注任何与品种无关的名称和代号，引种备案品种还应当根据在本省试验的结果另行标注使用说明；

（二）品种名称应当印制在种子包装物正面表面，字体应当显著、突出，单字面积应当大于其他标识文字的单字面积的一倍以上，字体颜色与背底形成明显反差；

（三）对栽培、气候、区域等条件有特定要求或者属特殊、专用用途的种子，种子生产经营企业应当向种子使用者提供相应栽培措施和使用条件的书面说明。

第四十二条 由于不可抗力原因，为生产需要必须使用低于国家或者地方标准的种子的，应当经用种地县级以上地方人民政府批准，种子标签应当注明种子的实际质量指标和使用方法。

第四十三条 种子广告的内容应当符合有关法律、法规的规定，主要性状描述应当与审定、登记公告的内容一致，不得作虚假或者引人误解的宣传。

第五章　种子监督管理

第四十四条 县级以上人民政府农业农村主管部门应当加强对种子生产基地和种子市场的监督管理，严厉打击违法生产经营种子、侵犯植物新品种权等违法行为，提高执法和监督能力。

县级以上人民政府应当加强种子违法犯罪活动的行政执法与司法联动，完善司法与行政执法程序衔接机制和保障机制。

第四十五条 县级以上人民政府农业农村主管部门应当加强对种子质量的监督管理,指导种子生产经营企业建立种子可追溯信息系统,完善种子全程可追溯管理。

在种植前认为种子质量有问题的,种子使用者可以向县级以上人民政府农业农村主管部门投诉,接到投诉的县级以上人民政府农业农村主管部门负责调查、处理。

在种植后认为种子质量有问题的,种子使用者可以自发现之日起至作物收获前的无霜期内,向县级以上人民政府农业农村主管部门投诉,并应当保持种植作物的田间自然状态。县级以上人民政府农业农村主管部门应当依据国家有关规定组织田间现场鉴定。

申请鉴定的,应当支付鉴定费用,结案后由责任方承担。

第四十六条 省人民政府农业农村主管部门应当加强对非法转基因种子的查处。

严禁生产经营和为种植者提供非法转基因种子。

第四十七条 县级以上人民政府农业农村主管部门种子执法人员执行公务时,应当出示执法证件。种子执法人员履行监督检查职责时,有权采取下列措施:

(一)进入生产经营场所进行现场检查;

(二)对种子进行取样测试、试验或者检验;

(三)查阅、复制有关合同、票据、账簿、生产经营档案及其他有关资料;

(四)查封、扣押有证据证明违法生产经营的种子,以及用于违法生产经营的工具、设备及运输工具等;

(五)查封违法从事种子生产经营活动的场所。

被检查的单位和个人应当予以协助、配合,不得阻碍、拒绝检查和提供虚假证明。

第四十八条 县级以上人民政府农业农村主管部门应当加强对种子生产经营许可的监督管理,禁止下列行为:

(一)除种子法和本条例另有规定外,未取得种子生产经营许可证生产经营种子;

(二)以欺骗、贿赂等不正当手段取得种子生产经营许可证;

(三)违反种子生产经营许可证的规定生产经营种子;

(四)伪造、变造、买卖、租借种子生产经营许可证。

第四十九条 省人民政府农业农村主管部门应当采取措施,加强对进口种子在本行政区域内使用的监督管理,密切与进出口管理部门协作,落实国家种业安全制度。

第五十条 县级以上人民政府农业农村主管部门应当加强种子监督管理信息体系建设,在统一的政府信息发布平台上发布品种审定、品种登记、引种备案、植物新品种保护、种子生产经营许可、监督管理等信息,实现信息联通共享。

第五十一条 县级以上人民政府农业农村主管部门应当加强种子领域信用制度建设,建立种子生产经营者信用记录,并依法纳入社会信用信息平台,完善守信激励和失信惩戒机制,引导种子行业协会开展行业信用建设。

第五十二条 省人民政府农业农村主管部门应当加强对本省种子生产经营企业在省外进行种子繁育活动的监督管理。积极与有关省、自治区人民政府农业农村主管部门协调，加强执法协作，共同打击种子违法行为。

第五十三条 农业农村主管部门及其工作人员不得从事和参与种子生产经营活动。

第六章 扶持措施

第五十四条 县级以上人民政府应当加大对农作物种业发展的支持，对农作物种质资源保护和利用、品种选育、生产、示范推广、关键技术及标准研发、种子储备以及育种制种基地建设等方面给予扶持。

鼓励推广使用高效、安全的制种采种技术和先进适用的制种采种机械，种子生产经营企业、种子生产基地农户购置先进适用的制种采种机械的，按照国家有关规定给予农机具购置补贴。

县级以上人民政府鼓励和引导社会资金投资农作物种业，扶持种子企业扩大规模，提高竞争力。

第五十五条 省人民政府及有关部门支持和引导金融机构为种子生产经营和收储提供信贷支持。

第五十六条 省人民政府及有关部门支持保险机构开展种子生产保险和种子使用保险业务，通过补贴保险费等措施支持农作物种业发展。

第五十七条 省人民政府鼓励科研院所、高等院校与种子企业协同合作，引导科研成果、科研人才等要素向种子企业流动，鼓励育种科研人员创新创业，加大农作物种业人才培养力度。

第五十八条 省人民政府应当加大对我省南繁科研育种基地建设的资金投入和政策扶持，制定统一规划，引导集中连片建设，加强统筹管理，完善公共服务。

第七章 法律责任

第五十九条 违反本条例第十三条规定，未经批准向境外机构、个人提供或者与境外机构、人员开展合作研究以及利用农作物种质资源的，由省人民政府农业农村主管部门没收农作物种质资源和违法所得，并处二万元以上二十万元以下罚款。

第六十条 违反本条例第十九条规定，未经植物新品种权所有人许可，生产、繁殖或者销售该授权品种的繁殖材料的，或者为商业目的将该授权品种的繁殖材料重复使用于生产另一品种的繁殖材料的，由省人民政府农业农村主管部门责令停止侵权行为，没收违法所得和种子，货值金额不足五万元的，并处一万元以上二十五万元以下罚款；货值金额五万元以上的，并处货值金额五倍以上十倍以下罚款。

假冒授权品种的，由省人民政府农业农村主管部门责令停止假冒行为，没收违法所得和种子，货值金额不足五万元的，并处一万元以上二十五万元以下罚款；货值金额五万元以上的，并处货值金额五倍以上十倍以下罚款。

植物新品种权所有人可以依法提出损害赔偿请求。

第六十一条 违反本条例第十七条、第二十条第三款、第二十一条规定，有下列行为之一的，由县级以上人民政府农业农村主管部门责令停止违法行为，没收违法所得和种子，并处二万元以上二十万元以下罚款：

（一）推广、销售应当停止推广、销售的农作物品种的；

（二）对应当审定而未经审定的农作物品种进行推广、销售的；

（三）对应当登记而未经登记的农作物品种进行推广或者以登记品种的名义销售的。

第六十二条 违反本条例第二十条第一款、第二十七条第一款、第二十九条第一款、第三十条第一款、第三十五条第一款关于备案管理规定的，由县级以上人民政府农业农村主管部门责令改正，并处二千元以上二万元以下罚款。

违反本条例第三十五条第二款规定，超出备案种植面积生产的种子，由县级以上人民政府农业农村主管部门没收。

第六十三条 违反本条例第二十九条第一款、第三十一条、第三十六条、第四十条规定，有下列情形之一的，由县级以上人民政府农业农村主管部门责令改正，并处二千元以上二万元以下罚款：

（一）未按照规定建立、保存有关档案的；

（二）未向购种者出具发票等正规购种凭证的。

第六十四条 违反本条例第二十七条第二款、第三十七条、第三十八条规定，有下列行为之一的，由县级以上人民政府农业农村主管部门责令改正，没收违法所得和种子，违法生产经营的货值金额不足一万元的，并处三千元以上三万元以下罚款；货值金额一万元以上的，并处货值金额三倍以上五倍以下罚款：

（一）分支机构委托他人生产、代销种子的；

（二）以分支机构的名义生产、包装种子的；

（三）受委托生产、代销种子的生产经营者超出委托协议范围生产、代销种子、分装销售或者委托他人生产、代销种子的；

（四）专门经营不再分装的包装种子的经营者委托他人代销种子的。

第六十五条 违反本条例第四十一条、第四十二条规定，销售的种子没有使用说明或者标签内容不符合规定的，由县级以上人民政府农业农村主管部门责令改正，并处二千元以上二万元以下罚款。

第六十六条 品种测试、试验和种子质量检验机构伪造测试、试验、检验数据或者出具虚假证明的，由县级以上人民政府农业农村主管部门责令改正，对单位处五万元以上十万元以下罚款，对直接负责的主管人员和其他直接责任人员处一万元以上五万元以下罚款；有违法所得的，没收违法所得；给种子使用者和其他种子生产经营者造成损失的，与种子生产经营者承担连带责任；情节严重的，由省人民政府有关主管部门取消种子质量检验资格。

第六十七条 违反本条例第四十六条规定，生产经营或者为种植者提供非法转基因种子的，由省人民政府农业农村主管部门责令其停止生产经营，没收违法所得和种子；货值金额不足十万元的，并处十万以上二十万元以下罚款；货值金额十万元以上的，并处货值金额三倍以上五倍以下罚款；情节严重的，吊销种子生产经营许可证。

第六十八条 违反本条例第四十八条关于种子生产经营许可有关规定的，由县级以上人民政府农业农村主管部门责令改正，没收违法所得和种子；违法生产经营的货值金额不足一万元的，并处三千元以上三万元以下罚款；货值金额一万元以上的，并处货值金额三倍以上五倍以下罚款；情节严重的，可以吊销种子生产经营许可证。

第六十九条 农业农村主管部门及其工作人员有下列行为之一的，由本级人民政府或者上级人民政府有关部门责令改正，对负有责任的主管人员和其他直接责任人员依法给予处分：

（一）违反规定从事或者参与种子生产经营活动的；

（二）不依法做出行政许可决定的；

（三）发现违法行为或者接到对违法行为的举报不予查处的；

（四）其他未依照本条例规定履行职责的行为的。

第八章　附　　则

第七十条 人参种等农作物种质资源管理和选育、生产经营、管理等活动，参照本条例执行。

第七十一条 本条例自2019年1月1日起施行。2003年11月29日吉林省第十届人民代表大会常务委员会第六次会议通过的《吉林省农作物种子管理条例》同时废止。

海南省农作物种子管理条例

（2018年9月30日海南省第六届人民代表大会常务委员会第六次会议通过）

第一章　总　　则

第一条 为了保护和合理利用农作物种质资源，规范品种选育、种子生产经营和管理行为，促进南繁健康、持续发展，保障供种安全和粮食安全，根据《中华人民共和国种子法》等有关法律、法规，结合本省实际，制定本条例。

第二条 在本省从事农作物品种选育、种子生产经营和管理等活动，适用本条例。

第三条 县级以上人民政府应当加强农作物种子工作的组织领导，将农作物种子管理所需经费纳入同级财政预算。

县级以上人民政府农业农村主管部门主管本行政区域内农作物种子工作，依法建立种子管理机构、配备专职人员，承担具体的监督管理工作。

县级以上人民政府发展改革、财政、生态环境、公安、自然资源、住房城乡建设、交通运输、水务、市场监督管理、邮政管理等有关部门按照各自的职责，做好农作物种子监督管理工作。

乡镇人民政府应当确定相关机构或者专人负责本行政区域内农作物种子管理工作。

村（居）民委员会协助农业农村主管部门和乡镇人民政府做好农作物种子监督管理相关工作。

第四条 省人民政府应当根据乡村振兴战略和现代农业发展的需要，制定农作物种业发展规划并组织实施。

市、县、自治县人民政府可以根据省级农作物种业发展规划，结合当地实际情况，编制本地区农作物种业发展规划，报省人民政府农业农村主管部门备案，并组织实施。

第五条 县级以上人民政府应当加大对种业发展的支持，实施育繁推一体化培育工程，积极扶持地方优势特色农作物种子产业，并采取多种措施对品种选育、生产、示范推广、种质资源保护、种子储备以及育种制种基地建设等给予扶持，对在种质资源保护工作和良种选育、推广等工作中成绩显著的单位或者个人给予表彰和奖励。

第二章 种质资源保护和利用

第六条 任何单位和个人不得侵占和破坏农作物种质资源。

禁止采集或者采伐国家重点保护的农作物天然种质资源。因科研等特殊情况需要采集或者采伐的，应当经依法批准。

第七条 省人民政府农业农村主管部门负责组织对农作物种质资源的普查、收集、整理、鉴定、登记、保存、交流和利用工作，定期公布全省可供利用的农作物种质资源目录，向社会推荐优异种质资源。

鼓励科研育种机构、农产品开发和种子企业对收集保护的种质资源开展种质创新、新品种选育和产业化开发等方面的利用工作。

第八条 省人民政府农业农村主管部门可以根据需要建立农作物种质资源库、农作物种质资源保护区、农作物种质资源保护地，对下列农作物种质资源予以重点保护：

（一）列入国家和省重点保护野生植物名录的农作物种质资源；

（二）珍稀、濒危或者本省特有的野生稻、野生蔬菜、野生水果等天然农作物种质资源；

（三）具有特殊价值的农作物种质资源；

（四）其他需要保护的农作物种质资源。

第九条 农作物种质资源保护区、农作物种质资源保护地应当确定保护范围和界线，建设保护设施，设立保护标志，并向社会公告。

任何单位和个人不得擅自移动或者破坏保护设施和保护标志。

占用农作物种质资源保护区或者农作物种质资源保护地的，需报省人民政府农业农村主管部门同意。

第十条 农作物种质资源保护区和农作物种质资源保护地内禁止下列行为：

（一）非法采集或者采伐农作物种质资源；

（二）狩猎、放牧、开垦、烧荒、采矿等；

（三）倾倒废弃物、排放污水或者有毒有害物质；

（四）引进外来物种；

（五）其他危害农作物种质资源的行为。

第十一条 省人民政府农业农村主管部门应当建立农作物种质资源信息数据库。

县级以上人民政府农业农村主管部门应当定期监测农作物种质资源库、农作物种质资源保护区、农作物种质资源保护地，维护天然农作物种质资源的生长条件，保存资源的活力与遗传完整性，及时繁殖与复壮，实现安全保护。

第十二条 单位和个人因建立农作物种质资源保护区或者农作物种质资源保护地而影响生产生活的，县级以上人民政府农业农村主管部门应当按照有关规定给予适当补偿。

第十三条 向省外提供本省特有的农作物种质资源，应当向所在地的市、县、自治县人民政府农业农村主管部门备案。

第十四条 从省外或者境外引进农作物种质资源的，应当依照有关法律、法规的规定进行审批，办理植物检疫手续，在植物检疫机构监督下进行隔离试种，经风险评估确认安全后方可使用。

省人民政府农业农村主管部门应当对引进的农作物种质资源实施跟踪评价，并公布评价结果。

引进的农作物种质资源有遗传缺陷或者对本省内农作物种质资源、自然生态环境有危害或者可能产生危害的，省人民政府农业农村主管部门应当决定停止引进和推广，并会同有关部门采取相应的安全控制措施。

第十五条 省人民政府农业农村主管部门应当加强与境外种质资源相关机构的合作，开展信息与技术交流，加大优异种质资源引进和交换力度，加快推进农作物种质资源引进中转基地建设。

鼓励单位和个人依法从境外引进农作物种质资源。

第三章 品种审定、登记和推广

第十六条 主要农作物品种在推广应用前应当通过国家级或者省级审定，未经审定的，不得发布广告、推广、销售。

通过省级审定的主要农作物品种，由省人民政府农业农村主管部门公告，可以在本行政区域内适宜的生态区域推广。

在本省通过审定的主要农作物品种有下列情形之一的，经省农作物品种审定委员会审核后，应当撤销审定，由省人民政府农业农村主管部门公告，并停止推广、销售：

（一）在使用过程中出现不可克服的严重缺陷的；

（二）种性严重退化或者失去生产利用价值的；

（三）未按要求提供品种标准样品或者标准样品不真实的；

（四）以欺骗、伪造试验数据等不正当方式通过审定的。

第十七条 属于同一适宜生态区的其他省、自治区、直辖市审定的主要农作物品种引种到本省的，引种者应当报省人民政府农业农村主管部门备案。

通过引种备案的主要农作物品种应当在适宜种植区域内推广、销售。

引种备案的农作物品种在使用过程中种性严重退化、失去生产利用价值或者出现不可克服的严重缺陷，经省人民政府农业农村主管部门确认后，撤销引种备案，并向社会公告，停止推广、销售。

第十八条 列入非主要农作物登记目录的品种在推广前应当登记。

应当登记的非主要农作物品种未经登记的，不得发布广告、推广，不得以登记品种的名义销售。

第十九条 未列入非主要农作物登记目录、经人工选育或者发现并经过改良的非主要农作物新品种，符合特异性、一致性、稳定性要求的，品种选育单位或者个人可以向省人民政府农业农村主管部门申请认定。

第二十条 经审定、引种备案、登记和认定的品种名称，不得在生产、销售、推广过程中擅自更改。

第二十一条 省人民政府农业农村主管部门应当建立农作物品种种性安全跟踪评价体系，定期组织开展相关评价工作。

农作物品种种性安全跟踪评价结果可以作为品种撤销审定、登记、备案和认定的依据。

第四章 种子生产经营

第二十二条 从事农作物种子生产经营的单位和个人，除法律法规另有规定外，应当依法取得种子生产经营许可证。

第二十三条 种子生产经营者委托其他单位或者个人生产、代销种子的，委托方应当按照种子生产经营许可证确定的品种、生产经营范围与受委托方签订委托生产、代销书面协议。受委托方应当按照委托协议确定的品种和数量从事生产、代销活动，不得超过委托范围生产、代销。

任何单位和个人不得接受无种子生产经营许可证的单位和个人委托，为其生产或者代销种子。

种子在生产、包装、贮存、销售、使用等环节不得添加剧毒、高毒农药或者法律、法规禁止的其他有害物质。

第二十四条 销售的种子应当符合国家标准、行业标准或者地方标准，附有国家规定内容的标签和使用说明。

承印种子包装物、标签的企业和个人，应当向委托印制者查验种子生产经营许可证等与需要印制内容相关的证件，并按相关证件的有关内容印制。无相关证件的，不得承印。

第二十五条 禁止在本省种植、生产、加工或者经营未经批准的转基因农作物，禁止为种植者提供未经批准的转基因农作物种子。

第二十六条 种子生产经营者应当建立和保存包括种子来源、产地、数量、质量、销售去向、销售日期和有关责任人员等内容的生产经营档案，保证可追溯。种子生产经营档案记载的信息应当连续、完整、真实，不得涂改，逐步实行电子化管理。档案材料含有复印件的，应当注明复印时间并经相关责任人签章。

种子生产经营者应当按批次保存所生产经营的种子样品，样品至少保存该类作物两个生产周期。

第二十七条 通过网络交易农作物种子的，经营者应当依法取得种子生产经营许可证或者依法备案，建立和保存种子生产经营档案，出具纸质发票或者电子发票等购货凭证或者服务单据，保证可追溯。

电子商务平台应当对平台内经营者的身份、联系方式、种子生产经营许可证或者备案文件等信息进行核验、登记，建立登记档案。

第五章 南繁建设、管理和服务

第二十八条 省人民政府和南繁所在地市、县、自治县人民政府应当将南繁建设和管理纳入国民经济和社会发展规划，符合海南省总体规划和市、县、自治县总体规划，加快推进集科研、生产、销售、科技交流、成果转化为一体的服务全国的国家南繁科研育种基地（海南）（以下简称南繁基地）建设。

省人民政府和南繁所在地市、县、自治县人民政府应当将本级人民政府应当承担的南繁建设和管理经费纳入同级财政预算。

第二十九条 省和南繁所在地市、县、自治县人民政府设立南繁管理机构，负责本辖区内南繁管理和服务工作；在重点乡镇配备专职人员，在重点村（居）民委员会安排联络员，负责南繁协调服务和信息统计工作。

第三十条 省人民政府划定国家南繁科研育种保护区，保护区内设立南繁科研育种核心区，核心区内设立生物育种专区。

需要新建科研育种基地的，应当在南繁科研育种核心区内集中连片建设。

国家南繁科研育种保护区内的耕地划入永久基本农田范围予以保护，实行用途管制。任何单位和个人不得擅自改变国家南繁科研育种保护区的土地用途。

第三十一条 南繁所在地市、县、自治县人民政府和乡镇人民政府应当协调、指导国家南繁科研育种保护区土地流转工作。

南繁单位和个人选定科研、生产基地的，应当自农村土地承包经营权流转合同签订之日起三十日内，向所在地市、县、自治县南繁管理机构、乡镇人民政府和发包方备案。

第三十二条 对在国家南繁科研育种保护区内提供南繁科研育种用地的农民和相关国有土地承包人，按照有关规定给予补助。

南繁单位和南繁建设运营单位劳务用工应当优先安排供地农民和相关国有土地承包人。

南繁所在地市、县、自治县人民政府应当加大对供地农民和相关国有土地承包人的转岗培训，培养服务南繁的高技能新型职业农民。

第三十三条 从事南繁活动的单位和个人应当向所在地市、县、自治县南繁管理机构进行登记。南繁登记具体办法由省南繁管理机构制定。

南繁单位和个人委托其他单位或者个人代繁代制种子的，应当签订书面委托协议，并自书面委托协议签订之日起三十日内，将书面委托协议向所在地市、县、自治县南繁管理机构备案。

第三十四条 在南繁基地从事转基因农作物种子研究与试验的单位和个人，应当经过依法审批，并向省人民政府农业农村主管部门和省南繁管理机构备案。

省人民政府农业农村主管部门应当加强转基因农作物种子试验管理，逐步将南繁转基因农作物种子试验纳入生物育种专区管理。

第三十五条 保护南繁知识产权和商业秘密，禁止侵犯南繁单位和个人的南繁材料、品种亲本和植物新品种。

第三十六条 禁止携带列入农业植物检疫性有害生物名单的种子进入南繁基地，或者在南繁基地内进行检疫性病、虫接种和其他可能危及南繁基地农业生产安全的试验研究。

从省外或者境外引进可能潜伏有危险性病、虫、杂草及其他有害生物的种子，应当按照省南繁管理机构的要求进行隔离试种，经调查、观察和检疫，确定安全后，方可在南繁基地种植。

本条规定的农业植物检疫性有害生物名单包括国家农业植物检疫性有害生物名单和本省及其他省、自治区、直辖市补充农业植物检疫性有害生物名单。

第三十七条 南繁管理机构负责南繁基地范围内种子的检疫申报、调运等管理工作。

在南繁基地繁育的种子，应当在作物收获前二十日内向所在地市、县、自治县南繁管理机构申请产地检疫。

第三十八条 南繁管理机构应当在南繁基地内建设、管理和维护农作物病虫害及其他外来有害生物监测网络。

任何单位和个人不得侵占、损毁或者擅自移动南繁基地内的农作物病虫害监测设备设施；确需占用或者拆除的，应当重新建设或者予以补偿。

第三十九条 南繁管理机构应当建立南繁信息化管理服务平台，为从事南繁活动的单位和个人提供病、虫、杂草及其他有害生物的在线预警监测、气象服务、土壤墒情、用地管理、知识产权信息等服务。

第四十条 省人民政府和南繁所在地市、县、自治县人民政府应当按照海南省总体规划和南繁所在地市、县、自治县总体规划以及南繁规划等规划，遵循节约用地、相对集中、系统配套、公共服务的原则，合理安排和保障南繁科研、生产、生活配套设施建设用地。

南繁单位直接用于科研育种的生产、附属、配套设施用地按照农用地进行管理。

第四十一条 省人民政府和南繁所在地市、县、自治县人民政府应当加快推进南繁公共实验服务设施、执法管理基础设施、农田基础设施、水利设施等建设。

第四十二条 鼓励金融机构创新金融产品和服务方式，拓宽抵押担保物范围，为南繁科研育种提供信贷支持。

鼓励保险机构开展南繁科研育种与制种保险，健全南繁再保险机制，探索完善大灾风险分散机制。

第四十三条 省人民政府和南繁所在地市、县、自治县人民政府应当支持南繁产业发展，鼓励南繁科研成果就地转化，引进和培育各类社会化服务、科研、成果转移转化等主体。

鼓励南繁单位与国内外种业科研单位及相关企业开展科技合作与技术交流，吸引国际国内种业企业进驻南繁基地。

第四十四条 鼓励和支持建设南繁国家实验室、南繁科技城、南繁国际种业贸易中心等高端南繁产业研发与贸易组织，推动种业创新、资源集聚，促进南繁产业化、市场化、专业化、集约化、国际化发展。

第六章　种子监督管理

第四十五条 县级以上人民政府应当加强对种子管理工作的组织和协调，采取有效措施解决种子管理中的重大问题，建立农业农村、公安、自然资源、生态环境、市场监督管理、交通运输、邮政管理等有关部门的联合执法机制，维护种子管理秩序。

县级以上人民政府农业农村主管部门应当加强对本行政区域内种子质量的监督管理，建立完善种子质量追溯体系建设，打击生产经营假、劣种子的违法行为，提高监督执法能力，依法惩处侵害农民权益的种子违法行为，保障种子质量安全。

县级以上人民政府农业农村主管部门应当设立举报监督电话，接受社会监督，及时向举报人反馈查处结果。

第四十六条 省人民政府农业农村主管部门和质量技术监督部门应当制定本省农作物种子的地方标准，推进种子生产、加工标准化。

第四十七条 县级以上人民政府农业农村主管部门应当对种子生产企业加强田间质量监督，对田间质量和隔离条件达不到标准的，责令其限期整改，并监督种子生产企业对不合格的种子作改变用途处理。

第四十八条 从省外或者境外引进种子或者种质资源，应当符合国家有关规定并接受检疫。未经检疫的农作物种子和种质资源,禁止进入本省。

县级以上人民政府农业农村主管部门可以根据需要在港口、车站、机场等口岸设立种子检疫检查站,对进出本省的农作物种子和种质资源进行检疫监督检查。

港口、车站、机场等单位应当配合所在地县级以上植物检疫机构设立病虫害监测检查点,对可能给农业生产造成特别重大或者重大损失的病虫害进行监测。

第四十九条 单位和个人所繁育的农作物种子调运、推广或者销售前,应当依法向所在地植物检疫机构申请检疫,经检疫合格的签发产地检疫合格证。

农业科研单位和院校试验、示范、推广的农作物种子,应当经所在地植物检疫机构检疫,经检疫合格并签发检疫证书后,方可进行区域性试验、示范、推广。

检疫发现传染性、毁灭性检疫对象的,县级以上人民政府农业农村主管部门应当采取措施,彻底消除。

第五十条 调运或者邮寄种子的,物流企业、邮政企业、快递企业应当凭有效的植物检疫证书正本收寄或者承运。植物检疫证书应当随货运寄。无植物检疫证书的,不得调运或者邮寄。

第五十一条 在本省从事转基因农作物种子研究与试验的,应当严格按照国家规定执行,并向省人民政府农业农村主管部门备案。

第五十二条 县级以上人民政府农业农村主管部门应当建立种子生产经营企业诚信档案,每半年向社会公布诚信记录。诚信记录包括企业的基本信息、生产经营状况、服务质量、种子质量、技术措施、环境保护措施、履行合同及违法案件处理情况等内容。

第五十三条 省人民政府农业农村主管部门应当建立种业信息服务平台,加强农作物品种审定、登记、种子生产、加工、流通等各环节的信息管理,实现信息联通共享。

第七章 法律责任

第五十四条 违反本条例规定的行为,《中华人民共和国种子法》等法律、法规规定给予处罚的,按照其规定处罚。

第五十五条 违反本条例第九条第二款规定,擅自移动或者破坏农作物种质资源保护区、种质资源保护地保护设施、保护标志的,由县级以上人民政府农业农村主管部门责令停止违法行为,并可根据不同情节处五百元以上五千元以下罚款;造成损失的,依法承担赔偿责任。

违反本条例第九条第三款规定,擅自占用农作物种质资源保护区、种质资源保护地,未改变土地用途的,由县级以上人民政府农业农村主管部门责令停止违法行为,处五千元以上一万元以下罚款;情节严重的,处一万元以上五万元以下罚款;造成损失的,依法承担赔偿责任;擅自占用农作物种质资源保护区、种质资源保护地,改变土地用途的,由县级以上人民政府自然资源主管部门按照有关法律、法规规定给予处罚。

第五十六条 违反本条例第十条规定,有下列行为之一的,由县级以上人民政府农业农村主管部门责令停止违法行为，处一千元以上一万元以下罚款；情节严重的，处一万元以上五万元以下罚款；造成损失的，依法承担赔偿责任：

（一）在农作物种质资源保护区或者种质资源保护地内狩猎、放牧、开垦、烧荒、采矿的；

（二）向农作物种质资源保护区或者种质资源保护地引进外来物种的；

（三）其他危害农作物种质资源的行为。

违反本条例第十条第三项规定，在农作物种质资源保护区或者种质资源保护地内倾倒废弃物、排放污水或者有毒有害物质的，由县级以上人民政府生态环境主管部门按照有关法律、法规规定给予处罚。

第五十七条 违反本条例第十四条规定，从省外或者境外引进农作物种质资源，不按规定进行隔离试种的，由省人民政府农业农村主管部门没收种质资源，并处一万元以上五万元以下罚款。

第五十八条 违反本条例第十七条规定，有下列行为之一的，由县级以上人民政府农业农村主管部门责令停止违法行为，没收违法所得和种子，并处二万元以上二十万元以下罚款：

（一）对通过引种备案但不在适宜种植区域内推广、销售主要农作物品种的；

（二）对已撤销引种备案的农作物品种进行推广、销售的。

第五十九条 违反本条例第二十条规定，在生产、销售、推广过程中擅自更改经审定、引种备案、登记和认定的品种名称的，由县级以上人民政府农业农村主管部门责令改正，处二千元以上二万元以下罚款。

第六十条 违反本条例第二十三条规定，受委托生产、代销种子的单位或者个人，超出委托协议范围生产、代销种子的，由县级以上人民政府农业农村主管部门责令改正，没收违法所得和种子；违法生产经营的货值金额不足一万元的，并处三千元以上三万元以下罚款；货值金额一万元以上的，并处货值金额三倍以上五倍以下罚款。

第六十一条 违反本条例第二十五条规定，有下列行为之一的，由省人民政府农业农村主管部门责令停止违法行为，没收违法生产或者加工的产品及违法所得；没有违法所得或者违法所得不足十万元的，并处十万元以上二十万元以下罚款；违法所得十万元以上的，并处违法所得二倍以上五倍以下罚款：

（一）种植、生产、加工或者经营未经批准的转基因农作物的；

（二）为种植者提供未经批准的转基因农作物种子的。

第六十二条 违反本条例第二十六条规定，种子生产经营者未按规定保存生产经营的种子样品的，由县级以上人民政府农业农村主管部门责令改正，处二千元以上二万元以下罚款。

第六十三条 违反本条例第三十三条第一款规定，在本省从事南繁活动不按规定办理南繁登记的，由南繁管理机构责令改正，处一万元以上五万元以下罚款，两年内不得在本省从事南繁活动。

违反本条例第三十三条第二款规定，南繁单位和个人未将代繁代制种子的书面委托协议进行备案的，由南繁管理机构责令改正，处二千元以上二万元以下罚款。

第六十四条 违反本条例第三十四条、第五十一条规定，从事转基因农作物种子研究与试验不向省人民政府农业农村主管部门或者省南繁管理机构备案的，由省人民政府农业农村主管部门或者省南繁管理机构责令停止研究与试验，处一万元以上五万元以下罚款。

第六十五条 违反本条例第三十六条规定，有下列行为之一的，由南繁管理机构责令改正，处十万元以上二十万元以下罚款，五年内不得在本省从事南繁活动：

（一）携带列入农业植物检疫性有害生物名单的种子进入南繁基地的；

（二）在南繁基地内进行检疫性病、虫接种和其他可能危及南繁基地农业生产安全的试验研究的；

（三）从省外或者境外引进可能潜伏有危险性病、虫、杂草及其他有害生物的种子，未进行隔离试种的。

第六十六条 违反本条例第三十八条规定，侵占、损毁或者擅自移动农作物病虫害监测设备设施的，由县级以上农业农村主管部门责令停止违法行为，限期恢复原状或者采取其他补救措施，并可处五万元以下罚款；造成损失的，依法承担赔偿责任。

第六十七条 违反本条例第四十八条、第四十九条规定，有下列情形之一的，由县级以上人民政府农业农村主管部门责令改正，处一万元以上十万元以下罚款；情节严重的，处十万元以上二十万元以下罚款：

（一）引进种子或者种质资源，未按规定进行产地检疫的；

（二）调运、推广或者销售所繁育的农作物种子，未向所在地植物检疫机构申请检疫的；

（三）农业科研单位和院校试验、示范、推广的农作物种子未经检疫，进行区域性试验、示范、推广的。

第八章　附　　则

第六十八条 本条例下列用语的含义是：

（一）农作物种质资源是指选育农作物新品种的基础材料，包括各种农作物的栽培种、野生种和濒危稀有种的繁殖材料以及利用上述繁殖材料人工创造的各种农作物的遗传材料。其形态包括果实、籽粒、苗、根、茎、叶、芽、花、组织、细胞和 DNA、DNA 片段及基因等有生命的物质材料。

（二）农作物品种是指经过人工选育或者发现并经过改良，形态特征和生物学特性一致，遗传性状相对稳定的农作物群体。

（三）农作物种子是指农作物的种植材料或者繁殖材料，包括籽粒、果实、根、茎、苗、芽、叶、花等。

（四）南繁是指利用海南独特的气候条件和物种资源，从事农作物品种选育、亲本繁育、种植鉴定和种子生产等活动。

第六十九条 本条例自2018年11月1日起施行。

第五部分　规范性文件与答复

转基因棉花种子生产经营许可规定

（2016年9月18日中华人民共和国农业部公告第2436号公布，2019年4月25日中华人民共和国农业农村部令2019年第2号修订）

第一条 为加强转基因棉花种子生产经营许可管理，根据《中华人民共和国种子法》《农业转基因生物安全管理条例》《农作物种子生产经营许可管理办法》，制定本规定。

第二条 转基因棉花种子生产经营许可证，由企业所在地省级农业主管部门审核，农业部核发。

第三条 申请领取转基因棉花种子生产经营许可证的企业，应当具备以下条件：

（一）具有办公场所200平方米以上，检验室150平方米以上，加工厂房500平方米以上，仓库500平方米以上；

（二）具有转基因棉花自育品种或作为第一选育人的品种1个以上，或者合作选育的品种2个以上，或者受让品种权的品种3个以上；生产经营的品种应当通过审定并取得农业转基因生物安全证书。生产经营授权品种种子的，应当征得品种权人的书面同意；

（三）具有净度分析台、电子秤、样品粉碎机、烘箱、生物显微镜、电子天平、扦样器、分样器、发芽箱、PCR扩增仪及产物检测配套设备、酸度计、高压灭菌锅、磁力搅拌器、恒温水浴锅、高速冷冻离心机、成套移液器等仪器设备，能够开展种子水分、净度、纯度、发芽率四项指标检测及品种分子鉴定；

（四）具有种子加工成套设备，成套设备总加工能力1吨/小时以上，配备棉籽化学脱绒设备；

（五）具有种子生产、加工贮藏和检验专业技术人员各3名以上，农业转基因生物安全管理人员2名以上；

（六）种子生产地点、经营区域在农业转基因生物安全证书批准的区域内；

（七）符合棉花种子生产规程以及转基因棉花种子安全生产要求的隔离和生产条件，生产地点无检疫性有害生物；

（八）有相应的农业转基因生物安全管理、防范措施；

（九）农业部规定的其他条件。

第四条 申请转基因棉花种子生产经营许可证的企业，应当向审核机关提交以下材料：

（一）转基因棉花种子生产经营许可证申请表（式样见附件1）；

（二）单位性质、股权结构等基本情况，公司章程、营业执照复印件，设立分支机构、委托生产种子、委托代销种子以及以购销方式销售种子等情况说明；

（三）种子生产、加工贮藏、检验技术人员和农业转基因生物安全管理人员的基本情况，企业法定代表人和高级管理人员名单及其种业从业简历；

（四）种子检验室、加工厂房、仓库和其他设施的自有产权或自有资产说明材料；办公场所自有产权证明复印件或租赁合同；种子检验、加工等设备清单和购置发票复印件；相关设施设备的情况说明及实景照片；

（五）品种审定证书和农业转基因生物安全证书复印件；生产经营授权品种种子的，提交植物新品种权证书复印件及品种权人的书面同意证明；

（六）委托种子生产合同复印件或自行组织种子生产的情况说明和证明材料；

（七）种子生产地点检疫说明材料；

（八）农业转基因生物安全管理、防范措施说明；

（九）农业部规定的其他材料。

第五条 审核机关应当自受理申请之日起二十个工作日内完成审核工作。审核机关应当对申请企业的办公场所和种子加工、检验、仓储等设施设备进行实地考察，并查验相关申请材料原件。符合条件的，签署审核意见，上报核发机关；审核不予通过的，书面通知申请人并说明理由。

核发机关应当自收到申请材料和审核意见之日起二十个工作日内完成核发工作。核发机关认为有必要的，可以进行实地考察并查验原件。符合条件的，发给种子生产经营许可证并予公告；不符合条件的，书面通知申请人并说明理由。

第六条 转基因棉花种子生产经营许可证设主证、副证（式样见附件2）。主证注明许可证编号、企业名称、统一社会信用代码、住所、法定代表人、生产经营范围、生产经营方式、有效区域、有效期至、发证机关、发证日期；副证注明生产种子的作物种类、种子类别、品种名称及审定编号、转基因安全证书编号、生产地点、有效期至等。转基因棉花种子生产经营许可证加注许可信息代码。

（一）许可证编号为“G（农）农种许字（××××）第××××号”，第二个括号内为首次发证时的年号，“第××××号”为四位顺序号；

（二）生产经营方式按生产、加工、包装、批发、零售填写；

（三）生产地点为种子生产所在地，标注至县级行政区域。

第七条 转基因棉花种子生产经营许可证有效期为5年，同时不得超出农业转基因生物安全证书规定的有效期限。

在有效期内变更主证、副证载明事项的，应当按照原申请程序办理变更手续，并提供相应证明材料。

许可证期满后继续从事转基因棉花种子生产经营的，企业应当在期满六个月前重新提出申请。

第八条 转基因棉花种子生产经营许可的其他事项，按照《农作物种子生产经营许可管理办法》有关规定执行。

第九条 本规定自2016年10月18日起施行。农业部2011年9月6日公布、2015年4月29日修订的《转基因棉花种子生产经营许可规定》（农业部第1643号公告）同时废止。

本规定施行之日前已取得的转基因棉花种子生产、经营许可证有效期不变，有效期在本规定公布之日至2016年12月31日届满的企业，其原有转基因棉花种子生产、经营许可证的有效期自动延展至2016年12月31日。

附件：1. 转基因棉花种子生产经营许可证申请表（式样）

2. 转基因棉花种子生产经营许可证（式样）

附件1

转基因棉花种子生产经营许可证申请表（式样）

（　　）农种申字（　　）第　　号

<table>
<tr><td colspan="2">申请单位名称</td><td colspan="5"></td></tr>
<tr><td colspan="2">统一社会信用代码</td><td colspan="5"></td></tr>
<tr><td colspan="2">注册地址</td><td colspan="5"></td></tr>
<tr><td colspan="2">通讯地址</td><td colspan="5"></td></tr>
<tr><td colspan="2">法定代表人</td><td colspan="2"></td><td colspan="2">法定代表人身份证号</td><td></td></tr>
<tr><td colspan="2">联系人</td><td colspan="2"></td><td colspan="2">联系电话</td><td></td></tr>
<tr><td colspan="2">邮政编码</td><td colspan="2"></td><td colspan="2">电子邮箱</td><td></td></tr>
<tr><td rowspan="6">基本情况</td><td>种子生产人员</td><td colspan="2">名</td><td colspan="2">加工贮藏人员</td><td>名</td></tr>
<tr><td>种子检验人员</td><td colspan="2">名</td><td colspan="2">安全管理人员</td><td>名</td></tr>
<tr><td>检验仪器</td><td colspan="2">台</td><td colspan="2">检验室面积</td><td>平方米</td></tr>
<tr><td>加工成套设备</td><td colspan="2">吨/小时</td><td colspan="2">加工厂房面积</td><td>平方米</td></tr>
<tr><td>仓库面积</td><td colspan="2">平方米</td><td colspan="2">办公场所面积</td><td>平方米</td></tr>
<tr><td>科研室面积</td><td colspan="2">平方米</td><td colspan="2">生产基地面积</td><td>亩</td></tr>
<tr><td rowspan="8">申请事项</td><td>生产经营范围</td><td colspan="5"></td></tr>
<tr><td>生产经营方式</td><td colspan="5"></td></tr>
<tr><td>生产经营区域</td><td colspan="5"></td></tr>
<tr><td>品种名称</td><td>品种审定编号</td><td>转基因安全证书编号</td><td>植物新品种权号</td><td>生产地点</td><td>加工包装地点</td></tr>
<tr><td></td><td></td><td></td><td></td><td></td><td></td></tr>
<tr><td></td><td></td><td></td><td></td><td></td><td></td></tr>
<tr><td></td><td></td><td></td><td></td><td></td><td></td></tr>
<tr><td></td><td></td><td></td><td></td><td></td><td></td></tr>
</table>

续表

申请单位： 负责人（签章）： 年　　月　　日	审核机关： 负责人（签章）： 年　　月　　日

注：申请生产经营品种较多的，可另附页。
本表一式三份，申请单位一份、受理机关二份。

附件 2

（许可信息代码标注位置）

转基因棉花种子生产经营许可证（主证式样）

许可证编号：G（农）农种许字（　　）第　　号

企业名称：
住所：
法定代表人：
生产经营范围：
生产经营方式：
有效区域：
有效期至：
统一社会信用代码：

发证机关（盖章）
年　　月　　日

（许可信息代码标注位置）

转基因棉花种子生产经营许可证（副证式样）

企业名称： 许可证编号：G（农）农种许字（ ）第 号

发证日期： 有效期至：

作物种类	种子类别	生产经营品种				生产地点	备注
		品种名称	审定编号	转基因安全证书编号	品种有效期至		

发证机关： 日期：_______年___月___日

最高人民法院关于审理植物新品种纠纷案件若干问题的解释

（法释〔2001〕5号） （2000年12月25日最高人民法院审判委员会第1154次会议通过，2001年2月5日最高人民法院公告公布，自2001年2月14日起施行）

为依法受理和审判植物新品种纠纷案件，根据《中华人民共和国民事诉讼法》、《中华人民共和国行政诉讼法》的有关规定，现就有关问题解释如下：

第一条 人民法院受理的植物新品种纠纷案件主要包括以下几类：

（一）是否应当授予植物品种权纠纷案件；

（二）宣告授予的植物品种权无效或者维持植物品种权的纠纷案件；

（三）授予品种权的植物新品种更名的纠纷案件；

（四）实施强制许可的纠纷案件；

（五）实施强制许可使用费的纠纷案件；

（六）植物新品种申请权纠纷案件；

（七）植物品种权权利归属纠纷案件；

（八）转让植物新品种申请权和转让植物品种权的纠纷案件；

（九）侵犯植物品种权的纠纷案件；

（十）不服省级以上农业、林业行政管理部门依据职权对侵犯植物品种权处罚的纠纷案件；

（十一）不服县级以上农业、林业行政管理部门依据职权对假冒授权新品种处罚的纠纷案件。

第二条 人民法院在依法审查当事人涉及植物品种权的起诉时，只要符合《中华人民共和国民事诉讼法》第一百零八条、《中华人民共和国行政诉法》第四十一条规定的民事案件或者行政案件的起诉条件，均应当依法予以受理。

第三条 本解释第一条所列第（一）至（五）类案件，由北京市第二中级人民法院作为第一审人民法院审理；第（六）至（十一）类案件，由各省、自治区、直辖市人民政府所在地和最高人民法院指定的中级人民法院作为第一审人民法院审理。

第四条 以侵权行为地确定人民法院管辖的侵犯植物品种权的民事案件，其所称的侵权行为地，是指未经品种权所有人许可，以商业目的生产、销售该授权植物新品种的繁殖材料的所在地，或者将该授权新品种的繁殖材料重复使用于生产另一新品种的繁殖材料的所在地。

第五条 关于是否应当授予植物品种权的纠纷案件、宣告授予的植物品种权无效或者维持植物品种权的纠纷案件、授予品种权的植物新品种更名的纠纷案件，应当以行政主管机关植物新品种复审委员会为被告；关于实施强制许可的纠纷案件，应当以植物新品种审批机关为被告；关于强制许可使用费纠纷案件，应当根据原告所请求的事项和所起诉的当事人确定被告。

第六条 人民法院审理侵犯植物品种权纠纷案件，被告在答辩期间内向行政主管机关植物新品种复审委员会请求宣告该植物品种权无效的，人民法院一般不中止诉讼。

最高人民法院关于审理侵犯植物新品种权纠纷案件具体应用法律问题的若干规定

（法释〔2007〕1号）（2006年12月25日最高人民法院审判委员会第1411次会议通过，2007年1月12日最高人民法院公告公布，自2007年2月1日起施行）

为正确处理侵犯植物新品种权纠纷案件，根据《中华人民共和国民法通则》、《中华人民共和国民事诉讼法》等有关规定，结合侵犯植物新品种权纠纷案件的审判经验和实际情况，就具体应用法律的若干问题规定如下：

第一条 植物新品种权所有人（以下称品种权人）或者利害关系人认为植物新品种权受到侵犯的，可以依法向人民法院提起诉讼。

前款所称利害关系人，包括植物新品种实施许可合同的被许可人、品种权财产权利的合法继承人等。

独占实施许可合同的被许可人可以单独向人民法院提起诉讼；排他实施许可合同的被许可人可以和品种权人共同起诉，也可以在品种权人不起诉时，自行提起诉讼；普通实施许可合同的被许可人经品种权人明确授权，可以提起诉讼。

第二条 未经品种权人许可，为商业目的生产或销售授权品种的繁殖材料，或者为商业目的将授权品种的繁殖材料重复使用于生产另一品种的繁殖材料的，人民法院应当认定为侵犯植物新品种权。

被控侵权物的特征、特性与授权品种的特征、特性相同，或者特征、特性的不同是因非遗传变异所致的，人民法院一般应当认定被控侵权物属于商业目的生产或者销售授权品种的繁殖材料。

被控侵权人重复以授权品种的繁殖材料为亲本与其他亲本另行繁殖的，人民法院一般应当认定属于商业目的将授权品种的繁殖材料重复使用于生产另一品种的繁殖材料。

第三条 侵犯植物新品种权纠纷案件涉及的专门性问题需要鉴定的，由双方当事人协商确定的有鉴定资格的鉴定机构、鉴定人鉴定；协商不成的，由人民法院指定的有鉴定资格的鉴定机构、鉴定人鉴定。

没有前款规定的鉴定机构、鉴定人的，由具有相应品种检测技术水平的专业机构、专业人员鉴定。

第四条 对于侵犯植物新品种权纠纷案件涉及的专门性问题可以采取田间观察检

测、基因指纹图谱检测等方法鉴定。

对采取前款规定方法作出的鉴定结论，人民法院应当依法质证，认定其证明力。

第五条 品种权人或者利害关系人向人民法院提起侵犯植物新品种权诉讼时，同时提出先行停止侵犯植物新品种权行为或者保全证据请求的，人民法院经审查可以先行作出裁定。

人民法院采取证据保全措施时，可以根据案件具体情况，邀请有关专业技术人员按照相应的技术规程协助取证。

第六条 人民法院审理侵犯植物新品种权纠纷案件，应当依照民法通则第一百三十四条的规定，结合案件具体情况，判决侵权人承担停止侵害、赔偿损失等民事责任。

人民法院可以根据被侵权人的请求，按照被侵权人因侵权所受损失或者侵权人因侵权所得利益确定赔偿数额。被侵权人请求按照植物新品种实施许可费确定赔偿数额的，人民法院可以根据植物新品种实施许可的种类、时间、范围等因素，参照该植物新品种实施许可费合理确定赔偿数额。

依照前款规定难以确定赔偿数额的，人民法院可以综合考虑侵权的性质、期间、后果，植物新品种实施许可费的数额，植物新品种实施许可的种类、时间、范围及被侵权人调查、制止侵权所支付的合理费用等因素，在50万元以下确定赔偿数额。

第七条 被侵权人和侵权人均同意将侵权物折价抵扣被侵权人所受损失的，人民法院应当准许。被侵权人或者侵权人不同意折价抵扣的，人民法院依照当事人的请求，责令侵权人对侵权物作消灭活性等使其不能再被用作繁殖材料的处理。

侵权物正处于生长期或者销毁侵权物将导致重大不利后果的，人民法院可以不采取责令销毁侵权物的方法，但法律、行政法规另有规定的除外。

第八条 以农业或者林业种植为业的个人、农村承包经营户接受他人委托代为繁殖侵犯品种权的繁殖材料，不知道代繁物是侵犯品种权的繁殖材料并说明委托人的，不承担赔偿责任。

农作物种子南繁工作管理办法

（农农发〔2006〕3号）

第一章 总　　则

第一条 为了加强农作物种子南繁工作的管理，促进南繁事业持续、健康、有序发展，保障农业生产安全，根据《中华人民共和国种子法》、《植物检疫条例》和《农业转基因生物安全管理条例》等有关规定，制定本办法。

第二条 本办法所称南繁,是指秋冬季节到海南省从事农作物品种选育、种子生产和种植鉴定等活动。

第三条 本办法适用于从事南繁活动及相关管理工作的单位和个人。

第二章 管理机构

第四条 农业部和海南省人民政府成立国家南繁工作领导小组,组长由农业部主管副部长和海南省主管副省长担任,成员由农业部、海南省人民政府有关部门负责人以及南繁所在地人民政府、有关单位负责人组成。

第五条 国家南繁工作领导小组统一协调、指导和管理南繁工作。

国家南繁工作领导小组实行联席会议制度,不定期召开会议,研究制定南繁工作方针和南繁发展规划,研究解决南繁工作中的重大问题。

第六条 国家南繁工作领导小组在海南三亚设立国家南繁管理办公室(以下简称"国家南繁办"),负责南繁管理的日常工作。

第七条 国家南繁办主要职责:

(一)执行国家南繁工作领导小组的决定,组织实施并监督落实;

(二)协调解决南繁基地的治安、用地、用水、用电和隔离区等事宜;

(三)协助有关部门监督南繁植物检疫、种子生产、农业转基因生物安全等事项;

(四)联络、协调南繁单位之间及南繁单位与所在市县的关系,做好相关服务工作;

(五)研究提出南繁事业发展的建议;

(六)完成国家南繁工作领导小组交办的其他工作。

第八条 省、自治区、直辖市人民政府农业行政主管部门根据需要在南繁基地设立南繁管理机构,负责本行政辖区内南繁单位的联络、协调和管理工作,配合国家南繁办做好相关工作。

第九条 南繁基地所在地县(市)人民政府应当设立南繁管理领导小组,由分管农业的政府负责人担任组长,农业、公安、水务等部门负责人担任副组长,有关乡镇负责人为成员。

南繁管理领导小组办公室设在农业局,主要职责:

(一)宣传、贯彻国家及海南省有关南繁工作的政策规定;

(二)负责协调解决本辖区内南繁隔离区、委托生产(繁殖)合同、租地合同、劳务合同、用水用电等纠纷,维护南繁正常秩序;

(三)协调解决本辖区内南繁基地的治安问题,保护南繁人员的人身和财产安全;

(四)完成国家南繁办交办的工作。

第十条 南繁基地所在乡(镇、场)应当设立南繁管理办事机构,协助县(市)南繁管理领导小组办公室做好本辖区南繁管理工作。

第三章 管理服务

第十一条 从事南繁活动的单位和个人，应当到国家南繁办或本省（区、市）南繁管理机构办理南繁登记备案。国家南繁办与各省（区、市）南繁管理机构应当及时交流有关信息。

第十二条 从事南繁活动的单位和个人，应当根据《植物检疫条例》的规定办理植物检疫手续；生产主要农作物商品种子的，应当根据《中华人民共和国种子法》及有关规定办理种子生产许可证；从事农业转基因植物品种研究、试验和生产的，应当符合《农业转基因生物安全管理条例》等有关规定。

第十三条 南繁人员应当根据有关法律法规的规定，到当地公安部门办理有关流动人口登记手续。

第十四条 南繁基地县（市）、乡（镇）人民政府优先安排南繁用地、用水、用电及南繁物资。

第十五条 交通运输和邮政部门凭植物检疫证书承运和收寄南繁产品，优先安排运输和邮寄。

第四章 附 则

第十六条 国家南繁管理经费由农业部给予适当补助。

第十七条 国家投资建设的南繁基地，由农业部种植业管理司确定地租指导价，优先支持科研育种、种植鉴定等工作。

第十八条 在南繁事业中做出突出贡献的单位和个人，由农业部给予表彰。

第十九条 本办法自2006年9月1日起施行，农业部和海南省人民政府1997年9月27日印发的《农作物种子南繁工作管理办法（试行）》同时废止。

农业部、国家林业局关于台湾地区申请人在大陆申请植物新品种权的暂行规定

（2010年11月22日公布，中华人民共和国农业部、国家林业局公告第1487号）

第一条 为保护台湾地区育种者的合法权益，促进植物新品种的培育和使用，制定本规定。

第二条 台湾地区的自然人、法人向大陆植物新品种权审批机关（以下简称审批机关）申请植物新品种权（以下简称品种权）及相关事务，适用本规定。

第三条 台湾地区的品种权申请人（以下简称申请人）向审批机关提出品种权及相关事务申请的，应当委托在大陆依法设立的代理机构办理。

第四条 申请人向审批机关提交的文件应当使用简体中文，日期应当使用公历，但证明文件除外。

第五条 在2010年9月12日（含当日）后，申请人自第一次提出品种权申请之日起12个月内，又在大陆就该植物新品种提出品种权申请，申请人要求将第一次申请日视为在大陆的申请日的，应当在申请时提出书面说明，并在3个月内提交经原审批机关确认的第一次提出的品种权申请文件的副本作为证明文件。未依照本规定提出书面说明或者提交证明文件的，视为未要求此项权利。

申请人在向审批机关提出第一次品种权申请之日起12个月内，又在大陆以外提出品种权申请的，可以请求审批机关出具第一次申请日的证明文件。

第六条 经育种者许可，在大陆销售品种繁殖材料未超过1年的；或者在大陆以外销售藤本植物、林木、果树和观赏树木品种繁殖材料未超过6年，销售其他植物品种繁殖材料未超过4年的，视为申请品种未丧失新颖性。

第七条 申请文件不得含有与现行法律、法规、规章相抵触的词句。

第八条 对不符合本规定第三条、第四条的，审批机关不予受理。

对不符合本规定第七条的，审批机关应当通知申请人在指定期限内予以修改；逾期未答复或者修改后仍不符合前款规定的，驳回其申请。

第九条 品种权申请的其他事宜，依据《中华人民共和国植物新品种保护条例》、《中华人民共和国植物新品种保护条例实施细则（农业部分）》和《中华人民共和国植物新品种保护条例实施细则（林业部分）》办理。

第十条 本规定自发布之日起施行。

农业植物新品种保护名录植物繁殖材料送交数量和质量要求

第一批农业植物新品种保护名录植物繁殖材料送交数量和质量要求

植物种类	学名	数量	质量(%)		
			发芽率	净度	含水量
水稻	*Oryza sativa* L.				
(1)常规稻		2000g	85	98	13
(2)杂交种		2500g	80	98	13
(3)三系		2000g	80	98	13
玉米	*Zea mays* L.				
(1)亲本或自交系		2000g	85	99	14
(2)杂交种或开放授粉品种		3000g	85	99	14
大白菜	*Brassica campestris* L. ssp. *Pekinensis*（Lour.）*Olsson*	100g	95	99	8
紫花苜蓿	*Medicago sativa* L.	2500g	85	95	12
草地早熟禾	*Poa pratensis* L.	2000g	85	99	11
马铃薯	*Solanum tuberosum* L.	180个块茎	直径为35－55mm的健康小薯		
春兰	*Cymbidium goeringii Rchb. f*	30株	三代以上的成年苗，健康		
菊属	*Chrysanthemum* L.	50株	健康		
石竹属	*Dianthus* L.	50株	健康		
唐菖蒲属	*Gladiolus* L.	100个球茎	直径为8－10cm的球茎，健康		

注：(1)本表所列数量为最低下限；
(2)本表所列含水量为最高上限；
(3)如果是杂交种，其数量为一个测试生长季节的量。

1999.12.23

第二批农业植物新品种保护名录植物繁殖材料送交数量和质量要求

植物种类	学名	数量	质量(%)		
			发芽率	净度	含水量
普通小麦	*Triticum aestivum* L.	5000g	85	98	13
大豆	*Glycine max* (L.) Merrill	7000g	85	98	12
甘蓝型油菜	*Brassica napus* L.				
(1)亲本		300g	85	98	9
(2)杂交种或常规种		500g	85	98	9
花生	*Arachis hypogaea* L.	6000g荚果	80	98	10
普通番茄	*Lycopersicon esculentum* Mill.				
(1)亲本		50g	90	98	8
(2)杂交种或常规种		80g	90	98	8
黄瓜	*Cucumis sativus* L.				
(1)亲本		150g	90	98	8
(2)杂交种或常规种		200g	90	98	8
辣椒属	*Capsicum* L.				
(1)亲本		50g	80	98	8
(2)杂交种或常规种		100g	80	98	8
梨属	*Pyrus* L.	100个枝条	每个枝条上至少有10饱满芽,健康		
酸模属	*Rumex* L.				
(1)亲本		150g	80	98	10
(2)杂交种或常规种		300g	80	98	10

注:(1)本表所列数量、发芽率、净度为最低下限;
(2)本表所列含水量为最高上限;
(3)如果是杂交种,其数量为一个测试生长季节的量。

2000.10.30

第三批和第五批农业植物新品种保护名录植物繁殖材料送交数量和质量要求

植物种类	学名	数量	质量(%)		
			发芽率	净度	含水量
高粱	*Sorg hum bicolor* (L.) Moench				
(1)常规种		1000g	75	98	13
(2)杂交种		1000g	80	98	13
(3)三系		500g	75	98	13
(4)亲本		100g	75	98	13
大麦属	*Hordeum* L.	3000g	85	98	13
茄子	*Solanum melongena* L.	20g	80	98	7
苎麻属	*Boehmeria* L.				
(1)种子		100g	30		
(2)种苗		300 株	萝卜根直径 >0.5cm,健康		
苹果属	*Malus* Mill	50 个接穗或 20 株苗木	每个接穗至少有 10 个饱满芽,健康		
柑橘属	*Citrus* L.	10 个接穗或 10 株苗木	接穗为一年生健康枝条,每个接穗至少有 10 个芽,足够繁殖 10 株树;苗木为两年生壮苗,标明砧木种类		
香蕉	*Musa acuminata* Colla	15 个球茎	每个球茎重 1 ~ 2kg,且有 1 个侧芽。球茎不是通过组织培养取得,健康		
猕猴桃属	*Actinidia* Lindl.	30 株苗木	每株至少有 3 个芽,健康		
葡萄属	*Vitis* L.	15 株自根苗或接穗	接穗可供嫁接 15 株树,健康		
李	*Prunus salicina* Lindl. & *P. domestica* L. & *P. cerasife* Ehrh.	50 个接穗或 20 株苗木	每个接穗有 10 个饱满芽,苗高 0.8 ~ 1cm,基茎 1cm;健康		
非洲菊	*Gerbera jamesonii* Bolus	35 株幼苗	健康		

续表

植物种类	学名	数量	质量(%)		
			发芽率	净度	含水量
兰属	*Cymbidium* Sw.	15 株幼苗	健康		
百合属	*Lilium* L.	50 个种球	东方百合杂交种球茎不小于 12 ~ 14cm，亚洲、麝香百合杂交种球不小于 10 ~ 12cm。健康		
鹤望兰属	*Strelitzia* Ait.	35 株幼苗	健康		
补血草属	*Limonium* Mill.	35 株幼苗	健康		

注：(1)本表所列数量、发芽率、净度为最低下限；
(2)本表所列含水量为最高上限；
(3)如果是杂交种，其数量为一个测试生长季节的量。

2004.1.1

第四批农业植物新品种保护名录植物繁殖材料送交数量和质量要求

植物种类	学名	数量	质量(%)		
			发芽率	净度	含水量
甘薯 (1)薯块 (2)薯苗	*Ipo moea batatas* (L.) Lam.	10kg 300 株	薯块：均匀一致，单块重量 0.25 - 0.5kg，纯度不低于 99.5%，薯块完好率不低于 90.0%，健康 薯苗：均匀一致，全部为茎尖苗，至少 5 节以上，长 25cm - 35cm，纯度不低于 99.5%，健康		
谷子 (1)亲本 (2)杂交种或常规种	*Setaria italica* (L.) Beauv.	300g 500g	85 85	98 98	13 13
桃 (1)芽条 (2)枝条	*Prunus persica* (L.) Batsch.	3 个 8 个	接于砧木上，足够繁殖 15 株树(嫁接时间提供)，健康 接于砧木上，足够繁殖 15 株树(枝接时间提供)，健康		

续表

植物种类	学名	数量	质量(%)		
			发芽率	净度	含水量
荔枝	*Litchi chinensis* Sonn.	至少13个空中压条苗	提供砧木名称，若不提供，统一用怀枝做砧木；空中压条，经嫁接饭之后获得13株以上苗木，健康		
普通西瓜 (1)亲本 (2)杂交种或常规种	*Citrullus lanatus* (Thunb.) Matsum et Nakai	150g 300g	95 95	99 99	8 8
普通结球甘蓝 (1)亲本 (2)杂交种或常规种	*Brassica oleracea* L. var. *capitata* (L.) Alef. var. *abla* DC.	25g 100g	早春甘蓝:70% 其它:85%	98 98	7 7
食用萝卜 (1)亲本 (2)杂交种或常规种	*Raphanus sativus* L. var. *longipinnatus* Bailey & *Raphanus sativus* L. var. *radiculus* Pers.	200g 500g	85 85	99 99	8 8

注:(1)本表所列数量、发芽率、净度为最低下限;
(2)本表所列含水量为最高上限;
(3)如果是杂交种,其数量为一个测试生长季节的量。

2002.8.13

第六批农业植物新品种保护名录植物繁殖材料送交数量和质量要求

植物种类	学名	数量	质量(%)		
			发芽率(≥)	净度(≥)	含水量(≤)
棉属 (1)杂交种(光籽) (2)亲本(光籽)	*Gossypium* L.	3kg 2kg	80	99	12
亚麻	*Linum usitatissimum* L.	1kg	85	96	9
桑属	*Morus* L.	25株扦插苗	一年生扦插苗，苗高30cm以上，根系良好，生长正常，无病虫害，新鲜。		

续表

植物种类	学名	数量	质量(%)		
			发芽率(≥)	净度(≥)	含水量(≤)
芥菜型油菜 (1)亲本 (2)杂交种(三系) (3)常规种	*Brassica juncea* Czern. et Coss.	 150g 500g 500g	 80 80 90	 97 97 98	 9 9 9
蚕豆	*Vicia faba* L.	1kg	90	98	12
绿豆	*Vigna radiata* (L.) Wilczek	1kg	85	98	13
豌豆	*Pisum sativum* L.	1kg	90	97	12
菜豆	*Phaseolus vulgaris* L.	1kg	90	97	12
豇豆	*Vigna unguiculata* (L.) Walp.	1kg	85	97	12
大葱 种子	*Allium fistulosum* L.	60g	85	97	10
西葫芦	*Cucurbita pepo* L.	200g	80	97	9
花椰菜	*Brassica oleracea* L. var. *botrytis* L.	100g	85	97	8
芹菜	*Apium graveolens* L.	60g	80	97	9
胡萝卜	*Daucus carota* L.	60g	80	85	10
白灵侧耳 (1)母种	*Pleurotus nebrodensis* (Inzenga) Quél.	3 支	母种试管规格 180 – 200 mm × 18 – 20 mm,使用 PDA 培养基,菌龄 10 d – 14 d,外观新鲜、丰满,菌落边缘整齐。		
(2)原种		20 瓶	原种瓶规格为 650 ml – 1100 ml,菌龄 40 d – 50 d,无污染、菌丝洁白、丰满。		
甜瓜	*Cucumis melo* L.	100g	90	98	10
草莓	*Fragaria ananassa* Duch.	100 株/年	幼苗,健壮,长势强		

续表

植物种类	学名	数量	质量(%)		
			发芽率(≥)	净度(≥)	含水量(≤)
柱花草属 (1)圭亚那柱花草 (2)西卡柱花草(灌木状) (3)有钩柱花草	*Stylosanthes* Sw. ex Willd	1kg	90 85 65	99 99 99	12 12 12
花毛茛	*Ranunculus asiaticus* L.	50粒种球	健康,无病虫害,干燥状态种球围径为5－7cm,块根光滑无病虫斑,无干枯根茎,萌芽率≥95%。		
华北八宝	*Hylotelephium tatarinowii*(Maxim.) H. Ohba	25株扦插苗	苗高60cm左右,生长正常,长势强,耐寒、耐旱。		
雁来红	*Amaranthus tricolor* L.	20g	90	95	9

注：
(1)本表所列数量、发芽率、净度为最低下限；
(2)本表所列含水量为最高上限；
(3)如果是杂交种,其数量为一个测试生长季节的量。

2005.9.1

第七批农业植物新品种保护名录植物繁殖材料送交数量和质量要求

植物种类	学名	数量	质量(%)		
			发芽率(≥)	净度(≥)	含水量(≤)
橡胶树 (1)芽接桩或袋苗	*Hevea brasiliensis* (Willd. ex A. de Juss.) Muell. Arg.	12株	芽接桩或袋苗健康、无病,并提供相应的砧木来源。		
(2)枝条		1枝	枝条长度≥100.0cm,健康、无病,经嫁接繁殖后可以获得12株以上的成苗。		
茶组 扦插苗	*Camellia* L. Section *Thea*(L.) Dyer	50株	扦插苗的苗龄为1年生,株高>30cm,侧根数不少于3根;无性系大叶品种茎的直径>4mm,无性系中小叶品种茎的直径>3mm。		

续表

植物种类	学名	数量	质量(%)		
			发芽率 (≥)	净度 (≥)	含水量 (≤)
芝麻 (1)亲本 (2)常规种或杂交种	*Sesamum indicum* L.	100g 500g	85	97	9
木薯 种茎	*Manihot esculenta* Crantz	5000g	种茎的苗龄≥10个月,长度≥100.0cm,茎直径≥2.0cm,节间长度≤2.5cm;种茎的外观和芽眼完整,髓部充实;新鲜种茎切口处有乳汁。		
甘蔗属 茎段	*Saccharum* L.	30个	茎段在生长期为8~12个月的成熟茎的中上部选取,最好有叶鞘包被,健康、无病虫害,发芽能力良好;每个茎段含有3个芽。		
小豆	*Vigna angularis* (Willd.) Ohwi et Ohashi	2000g	85	98	13
大蒜 鳞茎	*Allium sativum* L.	100个	完整度≥65%,健瓣率≥99%,整齐度≥95%。		
不结球白菜 (1)亲本 (2)杂交种或常规种	*Brassica campestris* ssp. *chinensis*	200g 400g	85	98	7
花烛属 种苗	*Anthurium* Schott	30株	种苗健康、鲜活且无病虫害,每株至少有一朵花或者一个花蕾;株高≥20.0cm,叶片数≥12片,栽培基质表面处茎的直径≥0.8cm。		
果子蔓属 种苗	*Guzmania* Ruiz. & Pav.	50株	种苗健康、鲜活且无病虫害,同时满足催花条件。		
龙眼 (1)枝条 (2)嫁接苗	*Dimocarpus longan* Lour.	30枝 13株	枝条健康、无病虫害;每枝含有5个以上腋芽;经嫁接繁殖后可获得13株以上成苗。 嫁接苗健康、无病虫害,并提供相应的砧木来源。		
人参	*Panax ginseng* C. A. Mey.	300g	98	99	14

注:
(1)本表所列数量、发芽率、净度为最低下限;
(2)本表所列含水量为最高上限;
(3)如果是杂交种,其数量为一个测试生长季节的量。

2008.9.1

第八批农业植物新品种保护名录植物繁殖材料送交数量和质量要求

根据《中华人民共和国植物新品种保护条例实施细则（农业部分）》（以下简称《细则》）的规定，品种权申请人送交繁殖材料除应当符合《细则》第二十九条、第三十条、第三十一条的规定外，还应当符合农业部植物新品种保护办公室对有关数量和其它质量要求。现将第八批农业植物新品种保护名录植物繁殖材料送交数量和质量要求公布如下：

<table>
<tr><th rowspan="2">植物种类</th><th rowspan="2">学名</th><th rowspan="2">数量</th><th colspan="3">质量（%）</th></tr>
<tr><th>发芽率（≥）</th><th>净度（≥）</th><th>含水量（≤）</th></tr>
<tr><td>莲
地下茎</td><td>Nelumbo nucifera Gaertn</td><td>20 支</td><td colspan="3">每支地下茎应具 2 个以上藕节，1 个完整顶芽。健康、活力高，无损伤。</td></tr>
<tr><td>蝴蝶兰属
种苗</td><td>Phalaenopsis Bl.</td><td>50 株</td><td colspan="3">苗龄为 18－20 月，且未开花，健康、活力高。</td></tr>
<tr><td>秋海棠属
扦插苗</td><td>Begonia L.</td><td>30 株</td><td colspan="3">地径≥0.6cm，苗高≥10cm，根系完整，带基质。健康、活力高，无病虫害。</td></tr>
<tr><td>凤仙花
种子</td><td>Impatiens balsamina L.</td><td>5g</td><td>90</td><td>95</td><td>9</td></tr>
<tr><td rowspan="2">非洲凤仙花
（1）种子
（2）扦插苗</td><td rowspan="2">Impatiens wallerana Hook. f.</td><td>1g</td><td>85</td><td>95</td><td>9</td></tr>
<tr><td>20 株</td><td colspan="3">苗应当生根，健康、无病虫害。</td></tr>
<tr><td>新几内亚凤仙花
扦插苗</td><td>Impatiens hawkeri Bull.</td><td>20 株</td><td colspan="3">苗应当生根，健康、无病虫害。</td></tr>
</table>

注：
（1）本表所列数量、发芽率、净度为最低下限；
（2）本表所列含水量为最高上限；
（3）如果是杂交种，其数量为一个测试生长季节的量。

2012 年 2 月 21 日

第一批非主要农作物登记目录

（2017 年 3 月 28 日发布，中华人民共和国农业部公告第 2510 号）

序号	种类	农作物名称		拉丁学名
1	粮食作物	马铃薯		Solanum tuberosum L.
2		甘薯		Ipomoea batatas(L.) Lam.
3		谷子		Setaria italica(L.) Beauv.
4		高粱		Sorghum bicolor(L.)Moench
5		大麦(青稞)		Hordeum vulgare L.
6		蚕豆		Vicia faba L.
7		豌豆		Pisum sativum L.
8	油料作物	油菜	甘蓝型	Brassica napus L.
			白菜型	Brassica campestris L.
			芥菜型	Brassica juncea Czern. et Coss
9		花生		Arachis hypogaea L.
10		亚麻(胡麻)		Linum usitatissimum L.
11		向日葵		Helianthusannuus L.
12	糖料	甘蔗		Saccharumspp.
13		甜菜		Beta vulgaris L.
14	蔬菜	大白菜		Brassica campestrisL. ssp. pekinensis(Lour.) Olsson
15		结球甘蓝		Brassica oleraceaL. var. capitata (L.) Alef. var. alba DC.
16		黄瓜		Cucumis sativum L.
17		番茄		Lycopersicon esculentun Mill.
18		辣椒		Capsicum L.
19		茎瘤芥		Brassica junceavar. tumida Tsen et Lee
20		西瓜		Citrullus lanatus(Thunb.)Matsum. et Nakai
21		甜瓜		Cucumis melo L.
22	果树	苹果		Malus Mill.
23		柑橘		Citrus L.
24		香蕉		Musaacuminata Colla
25		梨		Pyrus L.
26		葡萄		Vitis L.
27		桃		Prunus persica(L.) Batsch.
28	茶树	茶树		Camellia sinensis(L.) O. Kuntze
29	热带作物	橡胶树		Hevea brasiliensis(Willd. ex A. de Juss.)Muell. Arg.

农业部关于印发《非主要农作物品种登记指南》的通知

（农种发〔2017〕2 号）

各省、自治区、直辖市农业（农牧、农村经济）厅（委、局），新疆生产建设兵团农业局、黑龙江省农垦总局：

根据《非主要农作物品种登记办法》《第一批非主要农作物登记目录》规定，我部组织制定了马铃薯、甘薯、谷子、高粱、大麦（青稞）、蚕豆、豌豆、油菜、花生、亚麻（胡麻）、向日葵、甘蔗、甜菜、大白菜、西瓜、辣椒、甜瓜、茎瘤芥、番茄、黄瓜、结球甘蓝、苹果、柑橘、香蕉、梨、葡萄、桃、茶树、橡胶树等 29 种非主要农作物品种登记指南。现印发你们，请遵照执行。

农业部

2017 年 4 月 24 日

养蜂管理办法（试行）

（2011 年 12 月 13 日发布，中华人民共和国农业部公告第 1692 号）

第一章　总　　则

第一条　为规范和支持养蜂行为，维护养蜂者合法权益，促进养蜂业持续健康发展，根据《中华人民共和国畜牧法》、《中华人民共和国动物防疫法》等法律法规，制定本办法。

第二条　在中华人民共和国境内从事养蜂活动，应当遵守本办法。

第三条　农业部负责全国养蜂管理工作。

县级以上地方人民政府养蜂主管部门负责本行政区域的养蜂管理工作。

第四条　各级养蜂主管部门应当采取措施，支持发展养蜂，推动养蜂业的规模化、机械化、标准化、集约化，推广普及蜜蜂授粉技术，发挥养蜂业在促进农业增产提质、保护生态和增加农民收入中的作用。

第五条　养蜂者可以依法自愿成立行业协会和专业合作经济组织，为成员提供信息、技术、营销、培训等服务，维护成员合法权益。

各级养蜂主管部门应当加强对养蜂业行业组织和专业合作经济组织的扶持、指导和服务，提高养蜂业组织化、产业化程度。

第二章 生产管理

第六条 各级农业主管部门应当广泛宣传蜜蜂为农作物授粉的增产提质作用，积极推广蜜蜂授粉技术。

县级以上地方人民政府农业主管部门应当做好辖区内蜜粉源植物调查工作，制定蜜粉源植物的保护和利用措施。

第七条 种蜂生产经营单位和个人，应当依法取得《种畜禽生产经营许可证》。出售的种蜂应当附具检疫合格证明和种蜂合格证。

第八条 养蜂者可以自愿向县级人民政府养蜂主管部门登记备案，免费领取《养蜂证》，凭《养蜂证》享受技术培训等服务。

《养蜂证》有效期三年，格式由农业部统一制定。

第九条 养蜂者应当按照国家相关技术规范和标准进行生产。

各级养蜂主管部门应当做好养蜂技术培训和生产指导工作。

第十条 养蜂者应当遵守《中华人民共和国农产品质量安全法》等有关法律法规，对所生产的蜂产品质量安全负责。

养蜂者应当按照国家相关规定正确使用生产投入品，不得在蜂产品中添加任何物质。

第十一条 登记备案的养蜂者应当建立养殖档案及养蜂日志，载明以下内容：

（一）蜂群的品种、数量、来源；

（二）检疫、消毒情况；

（三）饲料、兽药等投入品来源、名称，使用对象、时间和剂量；

（四）蜂群发病、死亡、无害化处理情况；

（五）蜂产品生产销售情况。

第十二条 养蜂者到达蜜粉源植物种植区放蜂时，应当告知周边3000米以内的村级组织或管理单位。接到放蜂通知的组织和单位应当以适当方式及时公告。在放蜂区种植蜜粉源植物的单位和个人，应当避免在盛花期施用农药。确需施用农药的，应当选用对蜜蜂低毒的农药品种。

种植蜜粉源植物的单位和个人应当在施用农药3日前告知所在地及邻近3000米以内的养蜂者，使用航空器喷施农药的单位和个人应当在作业5日前告知作业区及周边5000米以内的养蜂者，防止对蜜蜂造成危害。

养蜂者接到农药施用作业通知后应当相互告知，及时采取安全防范措施。

第十三条 各级养蜂主管部门应当鼓励、支持养蜂者与蜂产品收购单位、个人建立长期稳定的购销关系，实行蜂产品优质优价、公平交易，维护养蜂者的合法权益。

第三章 转地放蜂

第十四条 主要蜜粉源地县级人民政府养蜂主管部门应当会同蜂业行业协会，每年发布蜜粉源分布、放蜂场地、载蜂量等动态信息，公布联系电话，协助转地放蜂者安排放蜂场地。

第十五条 养蜂者应当持《养蜂证》到蜜粉源地的养蜂主管部门或蜂业行业协会联系落实放蜂场地。

转地放蜂的蜂场原则上应当间距1000米以上，并与居民区、道路等保持适当距离。

转地放蜂者应当服从场地安排，不得强行争占场地，并遵守当地习俗。

第十六条 转地放蜂者不得进入省级以上人民政府养蜂主管部门依法确立的蜜蜂遗传资源保护区、保种场及种蜂场的种蜂隔离交尾场等区域放蜂。

第十七条 养蜂主管部门应当协助有关部门和司法机关，及时处理偷蜂、毒害蜂群等破坏养蜂案件、涉蜂运输事故以及有关纠纷，必要时可以应当事人请求或司法机关要求，组织进行蜜蜂损失技术鉴定，出具技术鉴定书。

第十八条 除国家明文规定的收费项目外，养蜂者有权拒绝任何形式的乱收费、乱罚款和乱摊派等行为，并向有关部门举报。

第四章 蜂群疫病防控

第十九条 蜂群自原驻地和最远蜜粉源地起运前，养蜂者应当提前3天向当地动物卫生监督机构申报检疫。经检疫合格的，方可起运。

第二十条 养蜂者发现蜂群患有列入检疫对象的蜂病时，应当依法向所在地兽医主管部门、动物卫生监督机构或者动物疫病预防控制机构报告，并就地隔离防治，避免疫情扩散。

未经治愈的蜂群，禁止转地、出售和生产蜂产品。

第二十一条 养蜂者应当按照国家相关规定，正确使用兽药，严格控制使用剂量，执行休药期制度。

第二十二条 巢础等养蜂机具设备的生产经营和使用，应当符合国家标准及有关规定。

禁止使用对蜂群有害和污染蜂产品的材料制作养蜂器具，或在制作过程中添加任何药物。

第五章 附 则

第二十三条 本办法所称蜂产品，是指蜂群生产的未经加工的蜂蜜、蜂王浆、蜂胶、蜂花粉、蜂毒、蜂蜡、蜂幼虫、蜂蛹等。

第二十四条 违反本办法规定的,依照有关法律、行政法规的规定进行处罚。

第二十五条 本办法自2012年2月1日起施行。

国家级畜禽遗传资源保护名录

(2014年2月14日发布,中华人民共和国农业部公告第2061号)

一、猪

八眉猪、大花白猪、马身猪、淮猪、莱芜猪、内江猪、乌金猪(大河猪)、五指山猪、二花脸猪、梅山猪、民猪、两广小花猪(陆川猪)、里岔黑猪、金华猪、荣昌猪、香猪、华中两头乌猪(沙子岭猪、通城猪、监利猪)、清平猪、滇南小耳猪、槐猪、蓝塘猪、藏猪、浦东白猪、撒坝猪、湘西黑猪、大蒲莲猪、巴马香猪、玉江猪(玉山黑猪)、姜曲海猪、粤东黑猪、汉江黑猪、安庆六白猪、莆田黑猪、嵊县花猪、宁乡猪、米猪、皖南黑猪、沙乌头猪、乐平猪、海南猪(屯昌猪)、嘉兴黑猪、大围子猪

二、鸡

大骨鸡、白耳黄鸡、仙居鸡、北京油鸡、丝羽乌骨鸡、茶花鸡、狼山鸡、清远麻鸡、藏鸡、矮脚鸡、浦东鸡、溧阳鸡、文昌鸡、惠阳胡须鸡、河田鸡、边鸡、金阳丝毛鸡、静原鸡、瓢鸡、林甸鸡、怀乡鸡、鹿苑鸡、龙胜凤鸡、汶上芦花鸡、闽清毛脚鸡、长顺绿壳蛋鸡、拜城油鸡、双莲鸡

三、鸭

北京鸭、攸县麻鸭、连城白鸭、建昌鸭、金定鸭、绍兴鸭、莆田黑鸭、高邮鸭、缙云麻鸭、吉安红毛鸭

四、鹅

四川白鹅、伊犁鹅、狮头鹅、皖西白鹅、豁眼鹅、太湖鹅、兴国灰鹅、乌鬃鹅、浙东白鹅、钢鹅、溆浦鹅

五、牛马驼

九龙牦牛、天祝白牦牛、青海高原牦牛、甘南牦牛、独龙牛(大额牛)、海子水牛、温州水牛、槟榔江水牛、延边牛、复州牛、南阳牛、秦川牛、晋南牛、渤海黑牛、鲁西牛、温岭高峰牛、蒙古牛、雷琼牛、郏县红牛、巫陵牛(湘西牛)、帕里牦牛、德保矮马、蒙古马、鄂伦春马、晋江马、宁强马、岔口驿马、焉耆马、关中驴、德州驴、广灵驴、泌阳驴、新疆驴、阿拉善双峰驼

六、羊

辽宁绒山羊、内蒙古绒山羊(阿尔巴斯型、阿拉善型、二狼山型)、小尾寒羊、中卫山羊、长江三角洲白山羊(笔料毛型)、乌珠穆沁羊、同羊、西藏羊(草地型)、西藏山羊、济宁青山羊、贵德黑裘皮羊、湖羊、滩羊、雷州山羊、和田羊、大尾寒羊、多浪羊、兰州大尾羊、汉中绵羊、岷县黑裘皮羊、苏尼特羊、成都麻羊、龙陵黄山羊、太行山羊、莱芜黑山羊、牙山黑绒山

羊、大足黑山羊

七、其他品种

敖鲁古雅驯鹿、吉林梅花鹿、中蜂、东北黑蜂、新疆黑蜂、福建黄兔、四川白兔

农业农村部办公厅关于印发《国家畜禽遗传资源委员会职责及组成人员产生办法（2019 年修订）》的通知

（农办种〔2019〕2 号）

各省、自治区、直辖市农业农村（农牧）、畜牧兽医厅（局、委、办），新疆生产建设兵团农业局，黑龙江省农垦总局：

经党中央国务院批准，我部在机构改革中组建了种业管理司，承担农作物和畜禽种业管理职能。根据改革后的内设机构职能设置情况和畜禽遗传资源保护利用工作实际需要，我部对 2017 年制定的《国家畜禽遗传资源委员会职责及组成人员产生办法》进行了修订，现印发你们，请遵照执行。

农业农村部办公厅

2019 年 2 月 13 日

国家畜禽遗传资源委员会职责及组成人员产生办法（2019 年修订）

第一章 总 则

第一条 根据《中华人民共和国畜牧法》《畜禽新品种配套系审定和畜禽遗传资源鉴定办法》有关规定，农业农村部设立国家畜禽遗传资源委员会（以下简称“委员会”）。

第二条 委员会主要负责畜禽遗传资源的鉴定评估、畜禽新品种配套系审定、畜禽遗传资源保护和利用规划论证及有关畜禽遗传资源保护的咨询工作。

第二章 委 员 会

第三条 委员会由主任、副主任和委员组成。下设委员会办公室和专业委员会。

第四条 委员会主任由畜禽种业领域权威院士出任；副主任由农业农村部种业管理

司（以下简称“种业管理司”）、畜牧兽医局、全国畜牧总站的负责同志、畜禽遗传育种与繁殖领域的院士专家组成；委员由委员会办公室副主任、专业委员会组长和副组长组成。

第五条 经委员会主任同意，委员会召开专门会议，讨论表决专业委员会提交的畜禽遗传资源鉴定评估、畜禽新品种配套系审定的初审材料，论证畜禽遗传资源保护和利用规划等。参会人员包括委员会副主任、委员会办公室主任和副主任、专业委员会组长和副组长。

第三章 委员会办公室

第六条 委员会下设办公室，主要负责委员会的日常工作，组织专业委员会开展资源现场鉴定评估、新品种配套系现场审定工作，组织委员会换届筹备和征求专业委员会推荐人选建议等，定期向委员会汇报工作。

第七条 委员会办公室设主任 1 名，由全国畜牧总站负责同志兼任；副主任 2—3 名，分别由种业管理司主管处处长和全国畜牧总站主管处处长担任。

第四章 专业委员会

第八条 委员会下设猪、家禽、牛、羊、马驴驼、蜜蜂、蚕和其他畜禽等专业委员会，主要负责畜禽遗传资源鉴定、畜禽新品种配套系审定的初审工作，承担畜禽遗传资源保护和利用规划起草等工作。

第九条 每个专业委员会设组长 1 名、副组长 1—2 名，组员若干名。

第十条 专业委员会成员应符合以下要求：

（一）主要从事畜禽遗传育种与繁殖领域科研、教学或推广工作。

（二）具有正高专业技术职称。

（三）年龄原则上不超过 60 周岁，超龄未换届，可延长至本届任期结束。新增补委员年龄在 55 周岁以下。

（四）同一专业委员会，来自同一单位的成员不超过 3 人。

第五章 人员产生与调整

第十一条 按照“本人自愿、单位同意、择优入选”的原则，种业管理司组织开展委员会组成人员遴选工作。

第十二条 委员会副主任、委员会办公室主任和副主任实行职务委任制，人员职务发生变化，委员会职务自动调整。

第十三条 委员会副主任根据工作需要，提出专业委员会组长、副组长人选建议，报种业管理司审核。

第十四条 委员会办公室在征求并综合委员会副主任、专业委员会组长和副组长意见基础上，提出新一届专业委员会成员推荐人选，并将推荐人选及申请材料报种业管理司。专业委员会组长和副组长原则上仅对本专业委员会组成人员提出推荐人选。

种业管理司组织部分省（区、市）种业处处长和专家成立评审专家组，对推荐人选申请材料进行评审，提出各专业委员会成员人选建议。

第十五条 种业管理司将新一届委员会组成人员名单报分管部领导审定后，按程序公布，并颁发聘书。

第十六条 委员会组成人员每届任期5年，可以连任或调整。

第十七条 任期内遇有人员变动，根据工作需要，种业管理司会同全国畜牧总站研究调整方案，按程序报批并公布名单。

附　　则

第十八条 本办法由农业农村部种业管理司负责解释。

第十九条 本办法自公布之日起实施。

农业农村部办公厅关于调整国家畜禽遗传资源委员会组成人员与增补蚕专业委员会的通知

（农办种〔2019〕3号）

各省、自治区、直辖市农业农村（农牧）、畜牧兽医厅（局、委、办），新疆生产建设兵团农业局，黑龙江省农垦总局：

经党中央国务院批准，在本次机构改革中我部组建了种业管理司，承担农作物和畜禽种业管理职能。根据我部“三定”职责分工，以及《国家畜禽遗传资源委员会职责及组成人员产生办法（2019年修订》有关规定，对第三届国家畜禽遗传资源委员会（以下简称委员会）组成人员进行调整，增补蚕专业委员会及组成人员，其他专业委员会组成人员不变。现将调整后的第三届国家畜禽遗传资源委员会、蚕专业委员会组成人员名单通知如下。

一、第三届国家畜禽遗传资源委员会

主　任：

黄路生　中国科学院院士、江西农业大学党委书记

副主任：

杨振海　全国畜牧总站站长

吴晓玲　农业农村部种业管理司副司长
王俊勋　农业农村部畜牧兽医局副局长
时建忠　全国畜牧总站党委书记、副站长
吴常信　中国科学院院士、中国农业大学教授
委　员：
潘玉春　上海交通大学教授
陈瑶生　中山大学教授
杨　宁　中国农业大学教授
邹剑敏　中国农业科学院家禽研究所研究员
张胜利　中国农业大学教授
李俊雅　中国农业科学院北京畜牧兽医研究所研究员
李发弟　兰州大学教授
田可川　新疆维吾尔自治区畜牧科学院研究员
芒　来　内蒙古农业大学教授
姚新奎　新疆农业大学教授
石　巍　中国农业科学院蜜蜂研究所研究员
薛运波　吉林省养蜂科学研究所研究员
朱满兴　江苏省畜牧总站推广研究员
魏海军　中国农业科学院特产研究所研究员
沈兴家　中国农业科学院蚕业研究所研究员
鲁　成　西南大学教授
马志强　农业农村部种业管理司品种创新处处长
邹　奎　农业农村部种业管理司畜禽种业处处长
刘长春　全国畜牧总站畜禽资源处处长
办公室主任(兼)：时建忠
办公室副主任：马志强、邹　奎、刘长春

二、第三届国家畜禽遗传资源委员会蚕专业委员会

组　长：
沈兴家　中国农业科学院蚕业研究所研究员
副组长：
鲁　成　西南大学教授
委　员：
艾均文　湖南省蚕桑科学研究所研究员
董占鹏　云南省蚕蜂科学研究所研究员
房德文　山东省广通蚕种集团有限公司推广研究员
王永强　浙江省农科院蚕桑研究所研究员

黄德辉　安徽省蚕桑科学研究所研究员
李林山　广东省蚕业技术推广中心推广研究员
潘志新　广西壮族自治区蚕业技术推广总站研究员
周成伟　江苏省蚕种所推广研究员
朱有敏　辽宁省蚕业科学研究所研究员

农业农村部办公厅
2019 年 2 月 13 日

关于种子审定及试验、示范、推广与经营行为界定问题的复函

（2001 年 4 月 16 日，农政函〔2001〕3 号）

四川省农业厅：

你厅《关于对种子审定及试验、示范、推广与经营行为进行界定的请示》（川农厅发〔2001〕62 号）收悉。经研究，现函复如下：

一、按照《农业技术推广法》第二条第二款的规定，示范是农业技术推广的一种形式，种子示范是种子推广的一个环节。以“示范用种”的名义销售种子的，应当认定为经营、推广行为。

根据《种子法》第十七条第一款的规定，应当审定的农作物品种未经审定通过的，不得发布广告，不得经营、推广。根据《种子法》第十五条第一款和第七十四条第一款第三项的规定，玉米属于主要农作物，玉米品种属于应当审定的农作物品种，未经审定通过的玉米种子不得以任何名义经营、推广。

二、根据《种子法》第十六条和《主要农作物品种审定办法》（农业部第 44 号令）的规定，通过国家级和省级审定的主要农作物品种分别由国务院农业行政主管部门、省级农业行政主管部门公告，品种审定通过的标志是农业行政主管部门的公告。品种试验是品种审定过程中的一个环节，试验结果是品种审定的依据，正在试验的品种不能认定为已审定通过。

关于认定违法所得问题意见的函

(2005 年 2 月 25 日,农办政函〔2005〕12 号)

浙江省农业厅:

你厅《关于如何认定〈饲料和饲料添加剂管理条例〉中违法所得问题的请示》(浙农〔2005〕8 号)收悉。经研究,我部认为,《饲料和饲料添加剂管理条例》罚则中"违法所得"应按产品的"销售额"计算。

关于《农作物种子质量纠纷田间现场鉴定办法》适用范围的复函

(2005 年 12 月 28 日,农办政函〔2005〕116 号)

天津市农业局:

《关于请求对〈农作物种子质量纠纷田间现场鉴定办法〉具体应用问题解释的请示》收悉。经研究,现答复如下:

《农作物种子质量纠纷田间现场鉴定办法》(以下简称《办法》)所称的农作物种子质量纠纷,是指种子使用者在田间(露地、保护地等)种植的所有农作物的种子质量纠纷。因此,《办法》适用于大棚保护地蔬菜种子质量纠纷的现场鉴定。

农业部办公厅关于《农作物种子质量监督抽查管理办法》适用范围的复函

(2006 年 3 月 17 日,农办政函〔2006〕22 号)

四川省农业厅:

你厅《关于〈农作物种子质量监督抽查管理办法〉适用范围的请示》(川农业〔2006〕26 号)收悉。经研究,答复如下:

《农作物种子质量监督抽查管理办法》中所称的“监督抽查”是指各级农业行政主管部门按照《种子法》规定，根据全国监督抽查规划和当地实际情况开展的有计划的种子质量监督活动，不包括农业行政主管部门在日常执法过程中对涉嫌违规种子的检验和查处活动。

关于认定违法所得问题的复函

（2006年1月5日，农办政函〔2006〕3号）

新疆维吾尔自治区农业厅：

你厅《关于种子违法案件中违法所得司法解释的请示》（新农法〔2005〕320号）收悉。经研究，答复如下：

种子违法案件中的“违法所得”，是指违反《中华人民共和国种子法》的规定，从事种子生产、经营活动所取得的销售收入。

农业部办公厅关于田间现场鉴定有关问题的复函

（2006年11月13日，农办政函〔2006〕83号）

河南文中律师事务所：

你所《关于漯河市农技站〈种子质量鉴定意见〉是否有效的请示》收悉。根据《农作物种子质量纠纷田间现场鉴定办法》（以下简称《现场鉴定办法》）有关规定，现函复如下：

一、根据《现场鉴定办法》第三条规定，现场鉴定由田间现场所在地县级以上地方人民政府农业行政主管部门所属的种子管理机构组织实施。

二、为确保鉴定结论科学、公正，根据《现场鉴定办法》第六条、第七条、第八条规定，专家鉴定组由鉴定所涉及作物的育种、栽培、种子管理等方面的专家组成，必要时可邀请植物保护、气象、土壤肥料等方面的专家参加；专家应当具有高级专业技术职称、具有相应的专门知识和实际工作经验、从事相关专业领域的工作五年以上；专家鉴定组人数应为3人以上的单数；专家鉴定组成员实行回避制度，名单应当征求申请人和当事人的意见。

三、根据《现场鉴定办法》第十四条规定，现场鉴定书应当包括以下主要内容：

（一）鉴定申请人名称、地址、受理鉴定日期等基本情况；

（二）鉴定的目的、要求；

（三）有关的调查材料；

（四）对鉴定方法、依据、过程的说明；

（五）鉴定结论；

（六）鉴定组成员名单；

（七）其他需要说明的问题。

四、根据《现场鉴定办法》第十七条规定，专家鉴定组组成不符合《现场鉴定办法》规定，专家鉴定组成员收受当事人财物或者其他利益、弄虚作假，其他违反鉴定程序、可能影响现场鉴定客观、公正等三种情况，现场鉴定无效，应当重新组织鉴定。

农业部办公厅关于非主要农作物新品种未经试种而大面积推广种植造成损失赔偿适用法律问题的复函

（2007年8月21日，农办政函〔2007〕76号）

海南省农业厅：

你厅《关于非主要农作物新品种未经试种而大面积推广种植造成损失补（赔）偿适用法律问题的请示》（琼农发〔2007〕63号）收悉。经研究，现函复如下：

一、根据《中华人民共和国农业技术推广法》第二条、第十九条的规定，推广未在本地区经过试验证明具有先进性和适用性的农作物新品种，给农业劳动者造成损失的，应当承担民事赔偿责任。

二、根据《中华人民共和国种子法》第四十二条的规定，因使用种子发生民事纠纷的，当事人可以通过协商、调解、仲裁或者向人民法院起诉等方式来解决。

农业部办公厅关于种子经营有关问题的函

（2009年2月4日，农办政函〔2009〕6号）

北京市顺义区人民法院：

来函收悉。经研究，现函复如下：

一、根据种子法的规定，大豆为我国主要农作物。其他豆类是否是主要农作物，应由相应省份农业行政主管部门确定。

二、种子经营许可证的有效区域不是该证持有者种子的最终销售区域，该证持有者可以将包装种子销售给有效区域外的单位或个人，但种子质量应当合格，应当符合同一适宜生态区的要求和有关引种的规定，适宜最终销售地种植；属于主要农作物的，应当通过国家或种植所在省审定。

三、邮政部门收寄的种子，应当附有植物检疫证书。

四、种子分装，是指分装人购进大包装或者进口的种子后，按照协议约定以分装人自己的名义，用自己的包装袋、标签，将种子拆分为小包装，并对种子质量负责的行为。分装种子的，应当取得种子经营许可证。种子经营者专门经营不再分装的包装种子的，可以不办理种子经营许可证。

五、销售的种子属于主要农作物的，种子标签标注的生产单位应当取得种子生产许可证。

农业部办公厅关于种子生产经营许可证相关问题答复的函

（农办种函〔2016〕18 号）

《北京市种子管理站关于解释种子生产经营许可证相关问题的请示》（京农种站字〔2016〕38 号）收悉，经研究，现答复如下。

2016 年 1 月 1 日起施行的《中华人民共和国种子法》规定的“种子生产经营许可证”，是原法“种子生产许可证”和“种子经营许可证”的合并。依照原法领取“种子生产许可证”“种子经营许可证”的生产经营者，违反现行法律规定，依法需要吊销“种子生产经营许可证”的，应当根据案件具体情况，分别吊销其“种子生产许可证”“种子经营许可证”。

农业部办公厅

2016 年 10 月 21 日

农业部办公厅关于认定种子违法案件中违法所得和货值金额的复函

（农办政函〔2017〕4号）

《国家级种子基地（张掖）管理协调领导小组办公室关于确认违法“货值金额”的请示》（国张种管办〔2016〕6号）收悉。经研究，现答复如下。

一、关于违法所得的认定问题

种子违法案件中的“违法所得”，是指违反《中华人民共和国种子法》的规定，从事种子生产、经营活动所取得的销售收入。

二、关于货值金额的认定问题

根据《最高人民法院、最高人民检察院关于办理销售伪劣商品刑事案件具体应用法律若干问题的解释》（法释〔2001〕10号）第二条第三款的规定，货值金额以违法生产、销售的伪劣产品的标价计算；没有标价的，按照同类合格产品的市场中间价格计算；货值金额难以确定的，按照国家计划委员会、最高人民法院、最高人民检察院、公安部1997年4月22日联合发布的《扣押、追缴、没收物品估价管理办法》的规定，委托指定的估价机构确定。

此复

农业部办公厅

2017年1月17日

农业部办公厅关于无标签种子认定问题的函

（农办政函〔2017〕31号）

《安徽省农业委员会关于咨询认定拆除包装销售散种子行为性质的函》（皖农种函〔2017〕490号）收悉。经研究，现答复如下。

种子标签是保障用种者知情权、指导其科学选择和使用种子的重要依据，也是执法机关开展种子监管的重要内容和判定标准。为切实维护种子市场秩序，保障用种者合法权益，2015年11月4日修订、2016年1月1日起施行的《中华人民共和国种子法》第四十九条规定，种子“没有标签的”，为假种子。据此，向用种者销售无标签的种子，应当认定为经营假种子的行为。

此复

农业部办公厅

2017 年 6 月 8 日

农业农村部办公厅关于种子法有关条款适用的意见

（农办法〔2019〕1 号）

各省、自治区、直辖市农业农村（农牧）厅（局、委），新疆生产建设兵团农业局：

为贯彻落实《中华人民共和国种子法》（以下简称《种子法》）的有关规定，我部针对近年来各地在执行《种子法》中遇到的共性问题进行了研究。现就有关条款的适用提出以下意见。

一、关于花粉是否属于《种子法》规定的种子问题

根据《种子法》第二条第二款规定，种子是指农作物和林木的种植材料或者繁殖材料，包括籽粒、果实、根、茎、苗、芽、叶、花等。用于繁殖的花粉，属于《种子法》规定的种子。

二、关于《种子法》第七十八条规定的“应当审定未经审定的农作物品种进行推广销售”如何认定问题

有下列情形之一的，属于推广、销售应当审定未经审定的农作物品种的行为，应当按照《种子法》第七十八条第一款第一项的规定处罚：

（一）推广、销售的主要农作物品种未经国家级审定通过，也未经省级审定通过的；

（二）通过国家级审定的主要农作物品种在品种审定公告确定的适宜生态区域外推广、销售的；

（三）通过省级审定的主要农作物品种在品种审定公告确定的本省、自治区、直辖市适宜生态区域外推广、销售的；

（四）通过省级审定的主要农作物品种在其他省、自治区、直辖市的同一适宜生态区域外推广、销售的。

三、《种子法》第七十八条仅对推广、销售未经审定主要农作物品种的行为作了处罚规定，但对数量没有规定。对市场检查中出现的推广、销售少量未经审定品种的行为应如何处理？

根据《种子法》第二十三条、第七十八条的规定，只要存在推广、销售未经审定主要农作物品种的违法行为，就应当予以处罚，经营、推广未经审定品种的数量不是定性的依据。但经营、推广的种子数量可以作为认定违法行为情节轻重的依据之一，在确定罚款幅度时予以考虑。

四、关于2016年1月1日前农业行政主管部门公告退出的品种，是否属于《种子法》规定的撤销审定品种问题

2016年1月1日前，农业行政主管部门依照原《主要农作物品种审定办法》(中华人民共和国农业部令2013年第4号)的规定公告退出的品种，不能等同于撤销审定的品种。在其品种审定未依法撤销前，不能按《种子法》第七十八条第一款第三项的规定处罚。

五、关于《种子法》第二十九条中“农民自繁自用”应当如何界定的问题

《种子法》第二十九条第二项所称农民，是指以家庭联产承包责任制的形式签订农村土地承包合同的农民个人。农民专业合作社、家庭农场等新型农业生产经营主体使用授权品种的繁殖材料用于生产的，不属于农民自繁自用，应当取得植物新品种权人的许可。

六、关于商品种子外包装上固定有注明品种名称、产地和生产时间的布条是否属于附有标签

按照《种子法》第四十一条、第九十二条第二款第十一项规定，商品种子外包装上固定有注明品种名称、产地和生产时间的布条，应认定种子附有标签但标签内容不符合规定，应当按照《种子法》第八十条第二项处罚。

七、以商品粮冒充种子、以大田用种(良种)冒充原种，是否属于假冒种子行为?

根据《种子法》第四十九条规定，以商品粮冒充种子、以大田用种(良种)冒充原种，属于假冒种子行为。

八、关于在制种基地查获的假劣种子如何计算货值问题

种子行政执法过程中查获的假劣种子，以违法生产、销售的假劣种子的标价计算货值金额。没有标价的，按照同类合格产品的市场中间价格计算。货值金额难以确定的，按照原国家计划委员会、最高人民法院、最高人民检察院、公安部1997年4月22日联合发布的《扣押、追缴、没收物品估价管理办法》的规定，委托指定的估价机构确定。

农业农村部办公厅

2019年1月4日

农业部办公厅关于进一步改进完善品种试验审定工作的通知

(农办种〔2015〕41号)

各省、自治区、直辖市农业(农牧、农村经济)厅(局、委)，新疆生产建设兵团农业局、黑龙江省农垦总局：

《种子法》实施以来，国家和省两级审定主要农作物品种两万多个，为保障农业生产、促进农民增收做出了重要贡献。近年来，随着现代农业和种业的发展，品种审定的评价指标、试验容量、技术条件等不适应新形势的需要，社会上对试验“跑点”、甚至修改数据等现象反映强烈，影响了审定工作的权威性和公信力。为切实解决品种试验审定中存在的突出问题，改进和完善品种试验审定工作，通知如下。

一、改进完善品种试验审定工作的指导思想。以适应农业“转方式、调结构”为目标，以市场需求为导向，以法律法规为依据，调整评价指标，拓宽试验渠道，推进信息公开，加强全程监管，强化责任追究，确保品种试验审定公正、公开、科学、效率，促进育种创新，保障粮食安全。

二、建立以种性安全为重点的多元化品种评价体系。满足生产多元化的要求，及时修改品种审定标准，在稳定产量的前提下，突出品种种性安全。对生产危害严重的病虫害，提高抗性要求。适应生产机械化需要，提高抗倒伏、脱水快、熟期适宜等要求。适应资源高效利用需要，提高节水、节肥等要求。对特用专用品种，突出市场利用价值指标。

三、拓宽品种审定试验渠道。进一步挖掘试验潜力，扩大申请需求量较大作物的试验容量。鼓励“育繁推一体化”种子企业积极开展自有品种试验。具备试验能力的企业联合体、科企联合体和科研单位联合体等可组织开展品种试验，特用专用品种申请者可自行开展品种试验，试验方案报国家或省级品种试验组织单位，符合条件的纳入统一管理。鼓励省际间联合开展品种试验和审定。

四、公开试验过程。公开申请审定品种进入试验的原则、条件和程序，公平确定参试品种，公布申请情况及参试品种名称和单位。制定试验方案时充分听取品种审定申请者和专家意见。设立品种试验开放日，品种申请者可在作物生育关键时期现场考察品种表现。试验数据和汇总结果及时向社会公布，接受监督。

五、优化试验设计。根据自然条件和气候因素细划生态亚区，优化试验点布局。科学设置试验组别和对照品种，合理调整试验方法，适当扩大大株作物试验小区面积，减少小区重复。国家试验调减只涵盖一个省的试验区组以及跨度大、生产面积小的作物试验区组。已通过一个省审定的品种，申请者可在同一生态类型区其他省自行开展生产试验，直接申请国家或相关省审定或引种。将区域试验与生产试验在空间布局上逐步分开，综合性状突出的品种，第二年区域试验可与生产试验同步进行。特用专用品种可适当扩大试验面积、减少试验点次，第二年区域试验与生产试验合并进行。

六、强化试验过程管理。健全试验品种编码和实名相结合制度，切实防止人为干预。组织品种申请者代表参与区域试验和生产试验收获，收获数据由试验人员、试验承担单位负责人和申请者代表签字确认后即时上报。建立试验数据复查机制，严格把控异常数据汇总。对一票否决的性状，关键时期组织审定委员现场考察，试验单位应保留视频、图片等音像资料；对病虫害鉴定结果提出异议的，由试验组织单位安排其他单位再次鉴定。

七、加强试验条件能力建设。加强试验点物联网建设，配备播种、收获、考种等机械设备，构建试验数据采集、处理和分析平台，逐步实现试验数据的自动采集、即时传输、科学处理。加强对试验人员的培训，提升职业素养和业务能力。

八、加强品种真实性监管。建立全国统一共享的审定品种信息数据库、标准样品库和DNA指纹图谱库。以品种真实性为核心，加强种子市场抽查和企业监督抽查，打击假冒套牌行为。

九、严厉打击“跑点”行为。申请者贿赂试验人员的，停止其品种审定申请资格；试验人员接受贿赂的，给予处分，取消单位试验资格。品种审定委员会委员接受贿赂、滥用职权的，取消委员资格，通报其所在单位给予相应处分。品种试验审定工作人员弄虚作假、索贿受贿的，调离岗位，给予处分，对疏于管理的单位负责人追究领导责任。公开违法违规行为信息，通报征信部门。构成犯罪的，依法追究刑事责任。建立举报制度，公布举报电话，加大社会对品种试验审定工作的监督。

十、加强组织领导。农业行政主管部门要将品种审定工作纳入绩效考核范围，落实责任主体，强化责任追究。建立品种管理人员定期交流制度，实行一岗多人、一人多岗。对于在品种试验审定工作中坚持原则、业绩突出的单位和个人，给予肯定和表扬。

各省、自治区、直辖市农业行政主管部门要高度重视，根据通知精神，结合本地实际，制定改进优化品种试验审定工作的具体措施，不断提高品种试验审定科学化水平。

农业部办公厅

2015年11月6日

第六部分　相关法律法规

中华人民共和国进出境动植物检疫法

（1991 年 10 月 30 日第七届全国人民代表大会常务委员会第二十二次会议通过　1991 年 10 月 30 日中华人民共和国主席令第五十三号公布　根据 2009 年 8 月 27 日中华人民共和国主席令第十八号、第十一届全国人民代表大会常务委员会第十次会议《关于修改部分法律的决定》修正）

目　　录

第一章　总　　则

第一条　为防止动物传染病、寄生虫病和植物危险性病、虫、杂草以及其他有害生物（以下简称病虫害）传入、传出国境，保护农、林、牧、渔业生产和人体健康，促进对外经济贸易的发展，制定本法。

第二条　进出境的动植物、动植物产品和其他检疫物，装载动植物、动植物产品和其他检疫物的装载容器、包装物，以及来自动植物疫区的运输工具，依照本法规定实施检疫。

第三条　国务院设立动植物检疫机关（以下简称国家动植物检疫机关），统一管理全国进出境动植物检疫工作。国家动植物检疫机关在对外开放的口岸和进出境动植物检疫业务集中的地点设立的口岸动植物检疫机关，依照本法规定实施进出境动植物检疫。

贸易性动物产品出境的检疫机关，由国务院根据情况规定。

国务院农业行政主管部门主管全国进出境动植物检疫工作。

第四条　口岸动植物检疫机关在实施检疫时可以行使下列职权：

（一）依照本法规定登船、登车、登机实施检疫；

（二）进入港口、机场、车站、邮局以及检疫物的存放、加工、养殖、种植场所实施检疫，并依照规定采样；

（三）根据检疫需要，进入有关生产、仓库等场所，进行疫情监测、调查和检疫监督管理；

（四）查阅、复制、摘录与检疫物有关的运行日志、货运单、合同、发票及其他单证。

第五条 国家禁止下列各物进境：

（一）动植物病原体（包括菌种、毒种等）、害虫及其他有害生物；

（二）动植物疫情流行的国家和地区的有关动植物、动植物产品和其他检疫物；

（三）动物尸体；

（四）土壤。

口岸动植物检疫机关发现有前款规定的禁止进境物的，作退回或者销毁处理。

因科学研究等特殊需要引进本条第一款规定的禁止进境物的，必须事先提出申请，经国家动植物检疫机关批准。

本条第一款第二项规定的禁止进境物的名录，由国务院农业行政主管部门制定并公布。

第六条 国外发生重大动植物疫情并可能传入中国时，国务院应当采取紧急预防措施，必要时可以下令禁止来自动植物疫区的运输工具进境或者封锁有关口岸；受动植物疫情威胁地区的地方人民政府和有关口岸动植物检疫机关，应当立即采取紧急措施，同时向上级人民政府和国家动植物检疫机关报告。

邮电、运输部门对重大动植物疫情报告和送检材料应当优先传送。

第七条 国家动植物检疫机关和口岸动植物检疫机关对进出境动植物、动植物产品的生产、加工、存放过程，实行检疫监督制度。

第八条 口岸动植物检疫机关在港口、机场、车站、邮局执行检疫任务时，海关、交通、民航、铁路、邮电等有关部门应当配合。

第九条 动植物检疫机关检疫人员必须忠于职守，秉公执法。动植物检疫机关检疫人员依法执行公务，任何单位和个人不得阻挠。

第二章 进境检疫

第十条 输入动物、动物产品、植物种子、种苗及其他繁殖材料的，必须事先提出申请，办理检疫审批手续。

第十一条 通过贸易、科技合作、交换、赠送、援助等方式输入动植物、动植物产品和其他检疫物的，应当在合同或者协议中订明中国法定的检疫要求，并订明必须附有输出国家或者地区政府动植物检疫机关出具的检疫证书。

第十二条 货主或者其代理人应当在动植物、动植物产品和其他检疫物进境前或者进境时持输出国家或者地区的检疫证书、贸易合同等单证，向进境口岸动植物检疫机关报检。

第十三条 装载动物的运输工具抵达口岸时,口岸动植物检疫机关应当采取现场预防措施,对上下运输工具或者接近动物的人员、装载动物的运输工具和被污染的场地作防疫消毒处理。

第十四条 输入动植物、动植物产品和其他检疫物,应当在进境口岸实施检疫。未经口岸动植物检疫机关同意,不得卸离运输工具。

输入动植物,需隔离检疫的,在口岸动植物检疫机关指定的隔离场所检疫。

因口岸条件限制等原因,可以由国家动植物检疫机关决定将动植物、动植物产品和其他检疫物运往指定地点检疫。在运输、装卸过程中,货主或者其代理人应当采取防疫措施。指定的存放、加工和隔离饲养或者隔离种植的场所,应当符合动植物检疫和防疫的规定。

第十五条 输入动植物、动植物产品和其他检疫物,经检疫合格的,准予进境;海关凭口岸动植物检疫机关签发的检疫单证或者在报关单上加盖的印章验放。

输入动植物、动植物产品和其他检疫物,需调离海关监管区检疫的,海关凭口岸动植物检疫机关签发的《检疫调离通知单》验放。

第十六条 输入动物,经检疫不合格的,由口岸动植物检疫机关签发《检疫处理通知单》,通知货主或者其代理人作如下处理:

(一)检出一类传染病、寄生虫病的动物,连同其同群动物全群退回或者全群扑杀并销毁尸体;

(二)检出二类传染病、寄生虫病的动物,退回或者扑杀,同群其他动物在隔离场或者其他指定地点隔离观察。

输入动物产品和其他检疫物经检疫不合格的,由口岸动植物检疫机关签发《检疫处理通知单》,通知货主或者其代理人作除害、退回或者销毁处理。经除害处理合格的,准予进境。

第十七条 输入植物、植物产品和其他检疫物,经检疫发现有植物危险性病、虫、杂草的,由口岸动植物检疫机关签发《检疫处理通知单》,通知货主或者其代理人作除害、退回或者销毁处理。经除害处理合格的,准予进境。

第十八条 本法第十六条第一款第一项、第二项所称一类、二类动物传染病、寄生虫病的名录和本法第十七条所称植物危险性病、虫、杂草的名录,由国务院农业行政主管部门制定并公布。

第十九条 输入动植物、动植物产品和其他检疫物,经检疫发现有本法第十八条规定的名录之外,对农、林、牧、渔业有严重危害的其他病虫害的,由口岸动植物检疫机关依照国务院农业行政主管部门的规定,通知货主或者其代理人作除害、退回或者销毁处理。经除害处理合格的,准予进境。

第三章 出境检疫

第二十条 货主或者其代理人在动植物、动植物产品和其他检疫物出境前,向口岸动植物检疫机关报检。

出境前需经隔离检疫的动物，在口岸动植物检疫机关指定的隔离场所检疫。

第二十一条 输出动植物、动植物产品和其他检疫物，由口岸动植物检疫机关实施检疫，经检疫合格或者经除害处理合格的，准予出境；海关凭口岸动植物检疫机关签发的检疫证书或者在报关单上加盖的印章验放。检疫不合格又无有效方法作除害处理的，不准出境。

第二十二条 经检疫合格的动植物、动植物产品和其他检疫物，有下列情形之一的，货主或者其代理人应当重新报检：

（一）更改输入国家或者地区，更改后的输入国家或者地区又有不同检疫要求的；

（二）改换包装或者原未拼装后来拼装的；

（三）超过检疫规定有效期限的。

第四章 过境检疫

第二十三条 要求运输动物过境的，必须事先商得中国国家动植物检疫机关同意，并按照指定的口岸和路线过境。装载过境动物的运输工具、装载容器、饲料和铺垫材料，必须符合中国动植物检疫的规定。

第二十四条 运输动植物、动植物产品和其他检疫物过境的，由承运人或者押运人持货运单和输出国家或者地区政府动植物检疫机关出具的检疫证书，在进境时向口岸动植物检疫机关报检，出境口岸不再检疫。

第二十五条 过境的动物经检疫合格的，准予过境；发现有本法第十八条规定的名录所列的动物传染病、寄生虫病的，全群动物不准过境。

过境动物的饲料受病虫害污染的，作除害、不准过境或者销毁处理。

过境的动物的尸体、排泄物、铺垫材料及其他废弃物，必须按照动植物检疫机关的规定处理，不得擅自抛弃。

第二十六条 对过境植物、动植物产品和其他检疫物，口岸动植物检疫机关检查运输工具或者包装，经检疫合格的，准予过境；发现有本法第十八条规定的名录所列的病虫害的，作除害处理或者不准过境。

第二十七条 动植物、动植物产品和其他检疫物过境期间，未经动植物检疫机关批准，不得开拆包装或者卸离运输工具。

第五章 携带、邮寄物检疫

第二十八条 携带、邮寄植物种子、种苗及其他繁殖材料进境的，必须事先提出申请，办理检疫审批手续。

第二十九条 禁止携带、邮寄进境的动植物、动植物产品和其他检疫物的名录，由国务院农业行政主管部门制定并公布。

携带、邮寄前款规定的名录所列的动植物、动植物产品和其他检疫物进境的,作退回或者销毁处理。

第三十条 携带本法第二十九条规定的名录以外的动植物、动植物产品和其他检疫物进境的,在进境时向海关申报并接受口岸动植物检疫机关检疫。

携带动物进境的,必须持有输出国家或者地区的检疫证书等证件。

第三十一条 邮寄本法第二十九条规定的名录以外的动植物、动植物产品和其他检疫物进境的,由口岸动植物检疫机关在国际邮件互换局实施检疫,必要时可以取回口岸动植物检疫机关检疫;未经检疫不得运递。

第三十二条 邮寄进境的动植物、动植物产品和其他检疫物,经检疫或者除害处理合格后放行;经检疫不合格又无有效方法作除害处理的,作退回或者销毁处理,并签发《检疫处理通知单》。

第三十三条 携带、邮寄出境的动植物、动植物产品和其他检疫物,物主有检疫要求的,由口岸动植物检疫机关实施检疫。

第六章 运输工具检疫

第三十四条 来自动植物疫区的船舶、飞机、火车抵达口岸时,由口岸动植物检疫机关实施检疫。发现有本法第十八条规定的名录所列的病虫害的,作不准带离运输工具、除害、封存或者销毁处理。

第三十五条 进境的车辆,由口岸动植物检疫机关作防疫消毒处理。

第三十六条 进出境运输工具上的泔水、动植物性废弃物,依照口岸动植物检疫机关的规定处理,不得擅自抛弃。

第三十七条 装载出境的动植物、动植物产品和其他检疫物的运输工具,应当符合动植物检疫和防疫的规定。

第三十八条 进境供拆船用的废旧船舶,由口岸动植物检疫机关实施检疫,发现有本法第十八条规定的名录所列的病虫害的,作除害处理。

第七章 法律责任

第三十九条 违反本法规定,有下列行为之一的,由口岸动植物检疫机关处以罚款:

(一)未报检或者未依法办理检疫审批手续的;

(二)未经口岸动植物检疫机关许可擅自将进境动植物、动植物产品或者其他检疫物卸离运输工具或者运递的;

(三)擅自调离或者处理在口岸动植物检疫机关指定的隔离场所中隔离检疫的动植物的。

第四十条 报检的动植物、动植物产品或者其他检疫物与实际不符的，由口岸动植物检疫机关处以罚款；已取得检疫单证的，予以吊销。

第四十一条 违反本法规定，擅自开拆过境动植物、动植物产品或者其他检疫物的包装的，擅自将过境动植物、动植物产品或者其他检疫物卸离运输工具的，擅自抛弃过境动物的尸体、排泄物、铺垫材料或者其他废弃物的，由动植物检疫机关处以罚款。

第四十二条 违反本法规定，引起重大动植物疫情的，依照刑法有关规定追究刑事责任。

第四十三条 伪造、变造检疫单证、印章、标志、封识，依照刑法有关规定追究刑事责任。

第四十四条 当事人对动植物检疫机关的处罚决定不服的，可以在接到处罚通知之日起十五日内向作出处罚决定的机关的上一级机关申请复议；当事人也可以在接到处罚通知之日起十五日内直接向人民法院起诉。

复议机关应当在接到复议申请之日起六十日内作出复议决定。当事人对复议决定不服的，可以在接到复议决定之日起十五日内向人民法院起诉。复议机关逾期不作出复议决定的，当事人可以在复议期满之日起十五日内向人民法院起诉。

当事人逾期不申请复议也不向人民法院起诉、又不履行处罚决定的，作出处罚决定的机关可以申请人民法院强制执行。

第四十五条 动植物检疫机关检疫人员滥用职权，徇私舞弊，伪造检疫结果，或者玩忽职守，延误检疫出证，构成犯罪的，依法追究刑事责任；不构成犯罪的，给予行政处分。

第八章　附　　则

第四十六条 本法下列用语的含义是：

（一）“动物”是指饲养、野生的活动物，如畜、禽、兽、蛇、龟、鱼、虾、蟹、贝、蚕、蜂等；

（二）“动物产品”是指来源于动物未经加工或者虽经加工但仍有可能传播疫病的产品，如生皮张、毛类、肉类、脏器、油脂、动物水产品、奶制品、蛋类、血液、精液、胚胎、骨、蹄、角等；

（三）“植物”是指栽培植物、野生植物及其种子、种苗及其他繁殖材料等；

（四）“植物产品”是指来源于植物未经加工或者虽经加工但仍有可能传播病虫害的产品，如粮食、豆、棉花、油、麻、烟草、籽仁、干果、鲜果、蔬菜、生药材、木材、饲料等；

（五）“其他检疫物”是指动物疫苗、血清、诊断液、动植物性废弃物等。

第四十七条 中华人民共和国缔结或者参加的有关动植物检疫的国际条约与本法有不同规定的，适用该国际条约的规定。但是，中华人民共和国声明保留的条款除外。

第四十八条 口岸动植物检疫机关实施检疫依照规定收费。收费办法由国务院农业行政主管部门会同国务院物价等有关主管部门制定。

第四十九条 国务院根据本法制定实施条例。

第五十条 本法自一九九二年四月一日起施行。一九八二年六月四日国务院发布的《中华人民共和国进出口动植物检疫条例》同时废止。

中华人民共和国动物防疫法

（1997年7月3日第八届全国人民代表大会常务委员会第二十六次会议通过 2007年8月30日第十届全国人民代表大会常务委员会第二十九次会议修订 根据2013年6月29日第十二届全国人民代表大会常务委员会第三次会议《关于修改〈中华人民共和国文物保护法〉等十二部法律的决定》第一次修正 根据2015年4月24日第十二届全国人民代表大会常务委员会第十四次会议《关于修改〈中华人民共和国电力法〉等六部法律的决定》第二次修正）

目　　录

第一章　总　　则

第一条 为了加强对动物防疫活动的管理，预防、控制和扑灭动物疫病，促进养殖业发展，保护人体健康，维护公共卫生安全，制定本法。

第二条 本法适用于在中华人民共和国领域内的动物防疫及其监督管理活动。

进出境动物、动物产品的检疫，适用《中华人民共和国进出境动植物检疫法》。

第三条 本法所称动物，是指家畜家禽和人工饲养、合法捕获的其他动物。

本法所称动物产品，是指动物的肉、生皮、原毛、绒、脏器、脂、血液、精液、卵、胚胎、骨、蹄、头、角、筋以及可能传播动物疫病的奶、蛋等。

本法所称动物疫病，是指动物传染病、寄生虫病。

本法所称动物防疫，是指动物疫病的预防、控制、扑灭和动物、动物产品的检疫。

第四条 根据动物疫病对养殖业生产和人体健康的危害程度，本法规定管理的动物疫病分为下列三类：

（一）一类疫病，是指对人与动物危害严重，需要采取紧急、严厉的强制预防、控制、扑灭等措施的；

（二）二类疫病，是指可能造成重大经济损失，需要采取严格控制、扑灭等措施，防止扩散的；

（三）三类疫病，是指常见多发、可能造成重大经济损失，需要控制和净化的。

前款一、二、三类动物疫病具体病种名录由国务院兽医主管部门制定并公布。

第五条 国家对动物疫病实行预防为主的方针。

第六条 县级以上人民政府应当加强对动物防疫工作的统一领导，加强基层动物防疫队伍建设，建立健全动物防疫体系，制定并组织实施动物疫病防治规划。

乡级人民政府、城市街道办事处应当组织群众协助做好本管辖区域内的动物疫病预防与控制工作。

第七条 国务院兽医主管部门主管全国的动物防疫工作。

县级以上地方人民政府兽医主管部门主管本行政区域内的动物防疫工作。

县级以上人民政府其他部门在各自的职责范围内做好动物防疫工作。

军队和武装警察部队动物卫生监督职能部门分别负责军队和武装警察部队现役动物及饲养自用动物的防疫工作。

第八条 县级以上地方人民政府设立的动物卫生监督机构依照本法规定，负责动物、动物产品的检疫工作和其他有关动物防疫的监督管理执法工作。

第九条 县级以上人民政府按照国务院的规定，根据统筹规划、合理布局、综合设置的原则建立动物疫病预防控制机构，承担动物疫病的监测、检测、诊断、流行病学调查、疫情报告以及其他预防、控制等技术工作。

第十条 国家支持和鼓励开展动物疫病的科学研究以及国际合作与交流，推广先进适用的科学研究成果，普及动物防疫科学知识，提高动物疫病防治的科学技术水平。

第十一条 对在动物防疫工作、动物防疫科学研究中做出成绩和贡献的单位和个人，各级人民政府及有关部门给予奖励。

第二章 动物疫病的预防

第十二条 国务院兽医主管部门对动物疫病状况进行风险评估，根据评估结果制定相应的动物疫病预防、控制措施。

国务院兽医主管部门根据国内外动物疫情和保护养殖业生产及人体健康的需要，及时制定并公布动物疫病预防、控制技术规范。

第十三条 国家对严重危害养殖业生产和人体健康的动物疫病实施强制免疫。国务院兽医主管部门确定强制免疫的动物疫病病种和区域,并会同国务院有关部门制定国家动物疫病强制免疫计划。

省、自治区、直辖市人民政府兽医主管部门根据国家动物疫病强制免疫计划,制订本行政区域的强制免疫计划;并可以根据本行政区域内动物疫病流行情况增加实施强制免疫的动物疫病病种和区域,报本级人民政府批准后执行,并报国务院兽医主管部门备案。

第十四条 县级以上地方人民政府兽医主管部门组织实施动物疫病强制免疫计划。乡级人民政府、城市街道办事处应当组织本管辖区域内饲养动物的单位和个人做好强制免疫工作。

饲养动物的单位和个人应当依法履行动物疫病强制免疫义务,按照兽医主管部门的要求做好强制免疫工作。

经强制免疫的动物,应当按照国务院兽医主管部门的规定建立免疫档案,加施畜禽标识,实施可追溯管理。

第十五条 县级以上人民政府应当建立健全动物疫情监测网络,加强动物疫情监测。

国务院兽医主管部门应当制定国家动物疫病监测计划。省、自治区、直辖市人民政府兽医主管部门应当根据国家动物疫病监测计划,制定本行政区域的动物疫病监测计划。

动物疫病预防控制机构应当按照国务院兽医主管部门的规定,对动物疫病的发生、流行等情况进行监测;从事动物饲养、屠宰、经营、隔离、运输以及动物产品生产、经营、加工、贮藏等活动的单位和个人不得拒绝或者阻碍。

第十六条 国务院兽医主管部门和省、自治区、直辖市人民政府兽医主管部门应当根据对动物疫病发生、流行趋势的预测,及时发出动物疫情预警。地方各级人民政府接到动物疫情预警后,应当采取相应的预防、控制措施。

第十七条 从事动物饲养、屠宰、经营、隔离、运输以及动物产品生产、经营、加工、贮藏等活动的单位和个人,应当依照本法和国务院兽医主管部门的规定,做好免疫、消毒等动物疫病预防工作。

第十八条 种用、乳用动物和宠物应当符合国务院兽医主管部门规定的健康标准。

种用、乳用动物应当接受动物疫病预防控制机构的定期检测;检测不合格的,应当按照国务院兽医主管部门的规定予以处理。

第十九条 动物饲养场(养殖小区)和隔离场所,动物屠宰加工场所,以及动物和动物产品无害化处理场所,应当符合下列动物防疫条件:

(一)场所的位置与居民生活区、生活饮用水源地、学校、医院等公共场所的距离符合国务院兽医主管部门规定的标准;

(二)生产区封闭隔离,工程设计和工艺流程符合动物防疫要求;

(三)有相应的污水、污物、病死动物、染疫动物产品的无害化处理设施设备和清洗消毒设施设备;

（四）有为其服务的动物防疫技术人员；

（五）有完善的动物防疫制度；

（六）具备国务院兽医主管部门规定的其他动物防疫条件。

第二十条 兴办动物饲养场（养殖小区）和隔离场所，动物屠宰加工场所，以及动物和动物产品无害化处理场所，应当向县级以上地方人民政府兽医主管部门提出申请，并附具相关材料。受理申请的兽医主管部门应当依照本法和《中华人民共和国行政许可法》的规定进行审查。经审查合格的，发给动物防疫条件合格证；不合格的，应当通知申请人并说明理由。

动物防疫条件合格证应当载明申请人的名称、场（厂）址等事项。

经营动物、动物产品的集贸市场应当具备国务院兽医主管部门规定的动物防疫条件，并接受动物卫生监督机构的监督检查。

第二十一条 动物、动物产品的运载工具、垫料、包装物、容器等应当符合国务院兽医主管部门规定的动物防疫要求。

染疫动物及其排泄物、染疫动物产品，病死或者死因不明的动物尸体，运载工具中的动物排泄物以及垫料、包装物、容器等污染物，应当按照国务院兽医主管部门的规定处理，不得随意处置。

第二十二条 采集、保存、运输动物病料或者病原微生物以及从事病原微生物研究、教学、检测、诊断等活动，应当遵守国家有关病原微生物实验室管理的规定。

第二十三条 患有人畜共患传染病的人员不得直接从事动物诊疗以及易感染动物的饲养、屠宰、经营、隔离、运输等活动。

人畜共患传染病名录由国务院兽医主管部门会同国务院卫生主管部门制定并公布。

第二十四条 国家对动物疫病实行区域化管理，逐步建立无规定动物疫病区。无规定动物疫病区应当符合国务院兽医主管部门规定的标准，经国务院兽医主管部门验收合格予以公布。

本法所称无规定动物疫病区，是指具有天然屏障或者采取人工措施，在一定期限内没有发生规定的一种或者几种动物疫病，并经验收合格的区域。

第二十五条 禁止屠宰、经营、运输下列动物和生产、经营、加工、贮藏、运输下列动物产品：

（一）封锁疫区内与所发生动物疫病有关的；

（二）疫区内易感染的；

（三）依法应当检疫而未经检疫或者检疫不合格的；

（四）染疫或者疑似染疫的；

（五）病死或者死因不明的；

（六）其他不符合国务院兽医主管部门有关动物防疫规定的。

第三章 动物疫情的报告、通报和公布

第二十六条 从事动物疫情监测、检验检疫、疫病研究与诊疗以及动物饲养、屠宰、经营、隔离、运输等活动的单位和个人，发现动物染疫或者疑似染疫的，应当立即向当地兽医主管部门、动物卫生监督机构或者动物疫病预防控制机构报告，并采取隔离等控制措施，防止动物疫情扩散。其他单位和个人发现动物染疫或者疑似染疫的，应当及时报告。

接到动物疫情报告的单位，应当及时采取必要的控制处理措施，并按照国家规定的程序上报。

第二十七条 动物疫情由县级以上人民政府兽医主管部门认定；其中重大动物疫情由省、自治区、直辖市人民政府兽医主管部门认定，必要时报国务院兽医主管部门认定。

第二十八条 国务院兽医主管部门应当及时向国务院有关部门和军队有关部门以及省、自治区、直辖市人民政府兽医主管部门通报重大动物疫情的发生和处理情况；发生人畜共患传染病的，县级以上人民政府兽医主管部门与同级卫生主管部门应当及时相互通报。

国务院兽医主管部门应当依照我国缔结或者参加的条约、协定，及时向有关国际组织或者贸易方通报重大动物疫情的发生和处理情况。

第二十九条 国务院兽医主管部门负责向社会及时公布全国动物疫情，也可以根据需要授权省、自治区、直辖市人民政府兽医主管部门公布本行政区域内的动物疫情。其他单位和个人不得发布动物疫情。

第三十条 任何单位和个人不得瞒报、谎报、迟报、漏报动物疫情，不得授意他人瞒报、谎报、迟报动物疫情，不得阻碍他人报告动物疫情。

第四章 动物疫病的控制和扑灭

第三十一条 发生一类动物疫病时，应当采取下列控制和扑灭措施：

（一）当地县级以上地方人民政府兽医主管部门应当立即派人到现场，划定疫点、疫区、受威胁区，调查疫源，及时报请本级人民政府对疫区实行封锁。疫区范围涉及两个以上行政区域的，由有关行政区域共同的上一级人民政府对疫区实行封锁，或者由各有关行政区域的上一级人民政府共同对疫区实行封锁。必要时，上级人民政府可以责成下级人民政府对疫区实行封锁。

（二）县级以上地方人民政府应当立即组织有关部门和单位采取封锁、隔离、扑杀、销毁、消毒、无害化处理、紧急免疫接种等强制性措施，迅速扑灭疫病。

（三）在封锁期间，禁止染疫、疑似染疫和易感染的动物、动物产品流出疫区，禁止非疫区的易感染动物进入疫区，并根据扑灭动物疫病的需要对出入疫区的人员、运输工具及有关物品采取消毒和其他限制性措施。

第三十二条 发生二类动物疫病时，应当采取下列控制和扑灭措施：

（一）当地县级以上地方人民政府兽医主管部门应当划定疫点、疫区、受威胁区。

（二）县级以上地方人民政府根据需要组织有关部门和单位采取隔离、扑杀、销毁、消毒、无害化处理、紧急免疫接种、限制易感染的动物和动物产品及有关物品出入等控制、扑灭措施。

第三十三条 疫点、疫区、受威胁区的撤销和疫区封锁的解除，按照国务院兽医主管部门规定的标准和程序评估后，由原决定机关决定并宣布。

第三十四条 发生三类动物疫病时，当地县级、乡级人民政府应当按照国务院兽医主管部门的规定组织防治和净化。

第三十五条 二、三类动物疫病呈暴发性流行时，按照一类动物疫病处理。

第三十六条 为控制、扑灭动物疫病，动物卫生监督机构应当派人在当地依法设立的现有检查站执行监督检查任务；必要时，经省、自治区、直辖市人民政府批准，可以设立临时性的动物卫生监督检查站，执行监督检查任务。

第三十七条 发生人畜共患传染病时，卫生主管部门应当组织对疫区易感染的人群进行监测，并采取相应的预防、控制措施。

第三十八条 疫区内有关单位和个人，应当遵守县级以上人民政府及其兽医主管部门依法作出的有关控制、扑灭动物疫病的规定。

任何单位和个人不得藏匿、转移、盗掘已被依法隔离、封存、处理的动物和动物产品。

第三十九条 发生动物疫情时，航空、铁路、公路、水路等运输部门应当优先组织运送控制、扑灭疫病的人员和有关物资。

第四十条 一、二、三类动物疫病突然发生，迅速传播，给养殖业生产安全造成严重威胁、危害，以及可能对公众身体健康与生命安全造成危害，构成重大动物疫情的，依照法律和国务院的规定采取应急处理措施。

第五章 动物和动物产品的检疫

第四十一条 动物卫生监督机构依照本法和国务院兽医主管部门的规定对动物、动物产品实施检疫。

动物卫生监督机构的官方兽医具体实施动物、动物产品检疫。官方兽医应当具备规定的资格条件，取得国务院兽医主管部门颁发的资格证书，具体办法由国务院兽医主管部门会同国务院人事行政部门制定。

本法所称官方兽医，是指具备规定的资格条件并经兽医主管部门任命的，负责出具检疫等证明的国家兽医工作人员。

第四十二条 屠宰、出售或者运输动物以及出售或者运输动物产品前，货主应当按照国务院兽医主管部门的规定向当地动物卫生监督机构申报检疫。

动物卫生监督机构接到检疫申报后，应当及时指派官方兽医对动物、动物产品实施现场检疫;检疫合格的,出具检疫证明、加施检疫标志。实施现场检疫的官方兽医应当在检疫证明、检疫标志上签字或者盖章,并对检疫结论负责。

第四十三条 屠宰、经营、运输以及参加展览、演出和比赛的动物,应当附有检疫证明;经营和运输的动物产品,应当附有检疫证明、检疫标志。

对前款规定的动物、动物产品,动物卫生监督机构可以查验检疫证明、检疫标志,进行监督抽查,但不得重复检疫收费。

第四十四条 经铁路、公路、水路、航空运输动物和动物产品的,托运人托运时应当提供检疫证明;没有检疫证明的,承运人不得承运。

运载工具在装载前和卸载后应当及时清洗、消毒。

第四十五条 输入到无规定动物疫病区的动物、动物产品,货主应当按照国务院兽医主管部门的规定向无规定动物疫病区所在地动物卫生监督机构申报检疫,经检疫合格的,方可进入;检疫所需费用纳入无规定动物疫病区所在地地方人民政府财政预算。

第四十六条 跨省、自治区、直辖市引进乳用动物、种用动物及其精液、胚胎、种蛋的,应当向输入地省、自治区、直辖市动物卫生监督机构申请办理审批手续,并依照本法第四十二条的规定取得检疫证明。

跨省、自治区、直辖市引进的乳用动物、种用动物到达输入地后,货主应当按照国务院兽医主管部门的规定对引进的乳用动物、种用动物进行隔离观察。

第四十七条 人工捕获的可能传播动物疫病的野生动物,应当报经捕获地动物卫生监督机构检疫,经检疫合格的,方可饲养、经营和运输。

第四十八条 经检疫不合格的动物、动物产品,货主应当在动物卫生监督机构监督下按照国务院兽医主管部门的规定处理,处理费用由货主承担。

第四十九条 依法进行检疫需要收取费用的,其项目和标准由国务院财政部门、物价主管部门规定。

第六章 动物诊疗

第五十条 从事动物诊疗活动的机构,应当具备下列条件:

(一)有与动物诊疗活动相适应并符合动物防疫条件的场所;

(二)有与动物诊疗活动相适应的执业兽医;

(三)有与动物诊疗活动相适应的兽医器械和设备;

(四)有完善的管理制度。

第五十一条 设立从事动物诊疗活动的机构,应当向县级以上地方人民政府兽医主管部门申请动物诊疗许可证。受理申请的兽医主管部门应当依照本法和《中华人民共和国行政许可法》的规定进行审查。经审查合格的,发给动物诊疗许可证;不合格的,应当通知申请人并说明理由。

第五十二条 动物诊疗许可证应当载明诊疗机构名称、诊疗活动范围、从业地点和法定代表人（负责人）等事项。

动物诊疗许可证载明事项变更的，应当申请变更或者换发动物诊疗许可证。

第五十三条 动物诊疗机构应当按照国务院兽医主管部门的规定，做好诊疗活动中的卫生安全防护、消毒、隔离和诊疗废弃物处置等工作。

第五十四条 国家实行执业兽医资格考试制度。具有兽医相关专业大学专科以上学历的，可以申请参加执业兽医资格考试；考试合格的，由省、自治区、直辖市人民政府兽医主管部门颁发执业兽医资格证书；从事动物诊疗的，还应当向当地县级人民政府兽医主管部门申请注册。执业兽医资格考试和注册办法由国务院兽医主管部门商国务院人事行政部门制定。

本法所称执业兽医，是指从事动物诊疗和动物保健等经营活动的兽医。

第五十五条 经注册的执业兽医，方可从事动物诊疗、开具兽药处方等活动。但是，本法第五十七条对乡村兽医服务人员另有规定的，从其规定。

执业兽医、乡村兽医服务人员应当按照当地人民政府或者兽医主管部门的要求，参加预防、控制和扑灭动物疫病的活动。

第五十六条 从事动物诊疗活动，应当遵守有关动物诊疗的操作技术规范，使用符合国家规定的兽药和兽医器械。

第五十七条 乡村兽医服务人员可以在乡村从事动物诊疗服务活动，具体管理办法由国务院兽医主管部门制定。

第七章 监督管理

第五十八条 动物卫生监督机构依照本法规定，对动物饲养、屠宰、经营、隔离、运输以及动物产品生产、经营、加工、贮藏、运输等活动中的动物防疫实施监督管理。

第五十九条 动物卫生监督机构执行监督检查任务，可以采取下列措施，有关单位和个人不得拒绝或者阻碍：

（一）对动物、动物产品按照规定采样、留验、抽检；

（二）对染疫或者疑似染疫的动物、动物产品及相关物品进行隔离、查封、扣押和处理；

（三）对依法应当检疫而未经检疫的动物实施补检；

（四）对依法应当检疫而未经检疫的动物产品，具备补检条件的实施补检，不具备补检条件的予以没收销毁；

（五）查验检疫证明、检疫标志和畜禽标识；

（六）进入有关场所调查取证，查阅、复制与动物防疫有关的资料。

动物卫生监督机构根据动物疫病预防、控制需要，经当地县级以上地方人民政府批准，可以在车站、港口、机场等相关场所派驻官方兽医。

第六十条 官方兽医执行动物防疫监督检查任务，应当出示行政执法证件，佩带统一标志。

动物卫生监督机构及其工作人员不得从事与动物防疫有关的经营性活动，进行监督检查不得收取任何费用。

第六十一条 禁止转让、伪造或者变造检疫证明、检疫标志或者畜禽标识。

检疫证明、检疫标志的管理办法，由国务院兽医主管部门制定。

第八章 保障措施

第六十二条 县级以上人民政府应当将动物防疫纳入本级国民经济和社会发展规划及年度计划。

第六十三条 县级人民政府和乡级人民政府应当采取有效措施，加强村级防疫员队伍建设。

县级人民政府兽医主管部门可以根据动物防疫工作需要，向乡、镇或者特定区域派驻兽医机构。

第六十四条 县级以上人民政府按照本级政府职责，将动物疫病预防、控制、扑灭、检疫和监督管理所需经费纳入本级财政预算。

第六十五条 县级以上人民政府应当储备动物疫情应急处理工作所需的防疫物资。

第六十六条 对在动物疫病预防和控制、扑灭过程中强制扑杀的动物、销毁的动物产品和相关物品，县级以上人民政府应当给予补偿。具体补偿标准和办法由国务院财政部门会同有关部门制定。

因依法实施强制免疫造成动物应激死亡的，给予补偿。具体补偿标准和办法由国务院财政部门会同有关部门制定。

第六十七条 对从事动物疫病预防、检疫、监督检查、现场处理疫情以及在工作中接触动物疫病病原体的人员，有关单位应当按照国家规定采取有效的卫生防护措施和医疗保健措施。

第九章 法律责任

第六十八条 地方各级人民政府及其工作人员未依照本法规定履行职责的，对直接负责的主管人员和其他直接责任人员依法给予处分。

第六十九条 县级以上人民政府兽医主管部门及其工作人员违反本法规定，有下列行为之一的，由本级人民政府责令改正，通报批评；对直接负责的主管人员和其他直接责任人员依法给予处分：

（一）未及时采取预防、控制、扑灭等措施的；

（二）对不符合条件的颁发动物防疫条件合格证、动物诊疗许可证，或者对符合条件的拒不颁发动物防疫条件合格证、动物诊疗许可证的；

（三）其他未依照本法规定履行职责的行为。

第七十条 动物卫生监督机构及其工作人员违反本法规定，有下列行为之一的，由本级人民政府或者兽医主管部门责令改正，通报批评；对直接负责的主管人员和其他直接责任人员依法给予处分：

（一）对未经现场检疫或者检疫不合格的动物、动物产品出具检疫证明、加施检疫标志，或者对检疫合格的动物、动物产品拒不出具检疫证明、加施检疫标志的；

（二）对附有检疫证明、检疫标志的动物、动物产品重复检疫的；

（三）从事与动物防疫有关的经营性活动，或者在国务院财政部门、物价主管部门规定外加收费用、重复收费的；

（四）其他未依照本法规定履行职责的行为。

第七十一条 动物疫病预防控制机构及其工作人员违反本法规定，有下列行为之一的，由本级人民政府或者兽医主管部门责令改正，通报批评；对直接负责的主管人员和其他直接责任人员依法给予处分：

（一）未履行动物疫病监测、检测职责或者伪造监测、检测结果的；

（二）发生动物疫情时未及时进行诊断、调查的；

（三）其他未依照本法规定履行职责的行为。

第七十二条 地方各级人民政府、有关部门及其工作人员瞒报、谎报、迟报、漏报或者授意他人瞒报、谎报、迟报动物疫情，或者阻碍他人报告动物疫情的，由上级人民政府或者有关部门责令改正，通报批评；对直接负责的主管人员和其他直接责任人员依法给予处分。

第七十三条 违反本法规定，有下列行为之一的，由动物卫生监督机构责令改正，给予警告；拒不改正的，由动物卫生监督机构代作处理，所需处理费用由违法行为人承担，可以处一千元以下罚款：

（一）对饲养的动物不按照动物疫病强制免疫计划进行免疫接种的；

（二）种用、乳用动物未经检测或者经检测不合格而不按照规定处理的；

（三）动物、动物产品的运载工具在装载前和卸载后没有及时清洗、消毒的。

第七十四条 违反本法规定，对经强制免疫的动物未按照国务院兽医主管部门规定建立免疫档案、加施畜禽标识的，依照《中华人民共和国畜牧法》的有关规定处罚。

第七十五条 违反本法规定，不按照国务院兽医主管部门规定处置染疫动物及其排泄物，染疫动物产品，病死或者死因不明的动物尸体，运载工具中的动物排泄物以及垫料、包装物、容器等污染物以及其他经检疫不合格的动物、动物产品的，由动物卫生监督机构责令无害化处理，所需处理费用由违法行为人承担，可以处三千元以下罚款。

第七十六条 违反本法第二十五条规定，屠宰、经营、运输动物或者生产、经营、加工、贮藏、运输动物产品的，由动物卫生监督机构责令改正、采取补救措施，没收违法所得和动物、动物产品，并处同类检疫合格动物、动物产品货值金额一倍以上五倍以下罚款；其中依法应当检疫而未检疫的，依照本法第七十八条的规定处罚。

第七十七条 违反本法规定，有下列行为之一的，由动物卫生监督机构责令改正，处一千元以上一万元以下罚款；情节严重的，处一万元以上十万元以下罚款：

（一）兴办动物饲养场（养殖小区）和隔离场所，动物屠宰加工场所，以及动物和动物产品无害化处理场所，未取得动物防疫条件合格证的；

（二）未办理审批手续，跨省、自治区、直辖市引进乳用动物、种用动物及其精液、胚胎、种蛋的；

（三）未经检疫，向无规定动物疫病区输入动物、动物产品的。

第七十八条 违反本法规定，屠宰、经营、运输的动物未附有检疫证明，经营和运输的动物产品未附有检疫证明、检疫标志的，由动物卫生监督机构责令改正，处同类检疫合格动物、动物产品货值金额百分之十以上百分之五十以下罚款；对货主以外的承运人处运输费用一倍以上三倍以下罚款。

违反本法规定，参加展览、演出和比赛的动物未附有检疫证明的，由动物卫生监督机构责令改正，处一千元以上三千元以下罚款。

第七十九条 违反本法规定，转让、伪造或者变造检疫证明、检疫标志或者畜禽标识的，由动物卫生监督机构没收违法所得，收缴检疫证明、检疫标志或者畜禽标识，并处三千元以上三万元以下罚款。

第八十条 违反本法规定，有下列行为之一的，由动物卫生监督机构责令改正，处一千元以上一万元以下罚款：

（一）不遵守县级以上人民政府及其兽医主管部门依法作出的有关控制、扑灭动物疫病规定的；

（二）藏匿、转移、盗掘已被依法隔离、封存、处理的动物和动物产品的；

（三）发布动物疫情的。

第八十一条 违反本法规定，未取得动物诊疗许可证从事动物诊疗活动的，由动物卫生监督机构责令停止诊疗活动，没收违法所得；违法所得在三万元以上的，并处违法所得一倍以上三倍以下罚款；没有违法所得或者违法所得不足三万元的，并处三千元以上三万元以下罚款。

动物诊疗机构违反本法规定，造成动物疫病扩散的，由动物卫生监督机构责令改正，处一万元以上五万元以下罚款；情节严重的，由发证机关吊销动物诊疗许可证。

第八十二条 违反本法规定，未经兽医执业注册从事动物诊疗活动的，由动物卫生监督机构责令停止动物诊疗活动，没收违法所得，并处一千元以上一万元以下罚款。

执业兽医有下列行为之一的，由动物卫生监督机构给予警告，责令暂停六个月以上一年以下动物诊疗活动；情节严重的，由发证机关吊销注册证书：

（一）违反有关动物诊疗的操作技术规范，造成或者可能造成动物疫病传播、流行的；

（二）使用不符合国家规定的兽药和兽医器械的；

（三）不按照当地人民政府或者兽医主管部门要求参加动物疫病预防、控制和扑灭活动的。

第八十三条 违反本法规定，从事动物疫病研究与诊疗和动物饲养、屠宰、经营、隔离、运输，以及动物产品生产、经营、加工、贮藏等活动的单位和个人，有下列行为之一的，由动物卫生监督机构责令改正；拒不改正的，对违法行为单位处一千元以上一万元以下罚款，对违法行为个人可以处五百元以下罚款：

（一）不履行动物疫情报告义务的；

（二）不如实提供与动物防疫活动有关资料的；

（三）拒绝动物卫生监督机构进行监督检查的；

（四）拒绝动物疫病预防控制机构进行动物疫病监测、检测的。

第八十四条 违反本法规定，构成犯罪的，依法追究刑事责任。

违反本法规定，导致动物疫病传播、流行等，给他人人身、财产造成损害的，依法承担民事责任。

第十章 附 则

第八十五条 本法自2008年1月1日起施行。

中华人民共和国农业技术推广法

（1993年7月2日第八届全国人民代表大会常务委员会第二次会议通过 根据2012年8月31日第十一届全国人民代表大会常务委员会第二十八次会议《关于修改〈中华人民共和国农业技术推广法〉的决定》修正）

目 录

第一章 总 则

第一条 为了加强农业技术推广工作，促使农业科研成果和实用技术尽快应用于农业生产，增强科技支撑保障能力，促进农业和农村经济可持续发展，实现农业现代化，制定本法。

第二条 本法所称农业技术，是指应用于种植业、林业、畜牧业、渔业的科研成果和实用技术，包括：

（一）良种繁育、栽培、肥料施用和养殖技术；

（二）植物病虫害、动物疫病和其他有害生物防治技术；

（三）农产品收获、加工、包装、贮藏、运输技术；

（四）农业投入品安全使用、农产品质量安全技术；

（五）农田水利、农村供排水、土壤改良与水土保持技术；

（六）农业机械化、农用航空、农业气象和农业信息技术；

（七）农业防灾减灾、农业资源与农业生态安全和农村能源开发利用技术；

（八）其他农业技术。

本法所称农业技术推广，是指通过试验、示范、培训、指导以及咨询服务等，把农业技术普及应用于农业产前、产中、产后全过程的活动。

第三条 国家扶持农业技术推广事业，加快农业技术的普及应用，发展高产、优质、高效、生态、安全农业。

第四条 农业技术推广应当遵循下列原则：

（一）有利于农业、农村经济可持续发展和增加农民收入；

（二）尊重农业劳动者和农业生产经营组织的意愿；

（三）因地制宜，经过试验、示范；

（四）公益性推广与经营性推广分类管理；

（五）兼顾经济效益、社会效益，注重生态效益。

第五条 国家鼓励和支持科技人员开发、推广应用先进的农业技术，鼓励和支持农业劳动者和农业生产经营组织应用先进的农业技术。

国家鼓励运用现代信息技术等先进传播手段，普及农业科学技术知识，创新农业技术推广方式方法，提高推广效率。

第六条 国家鼓励和支持引进国外先进的农业技术，促进农业技术推广的国际合作与交流。

第七条 各级人民政府应当加强对农业技术推广工作的领导，组织有关部门和单位采取措施，提高农业技术推广服务水平，促进农业技术推广事业的发展。

第八条 对在农业技术推广工作中做出贡献的单位和个人，给予奖励。

第九条 国务院农业、林业、水利等部门（以下统称农业技术推广部门）按照各自的职责，负责全国范围内有关的农业技术推广工作。县级以上地方各级人民政府农业技术推广部门在同级人民政府的领导下，按照各自的职责，负责本行政区域内有关的农业技术推广工作。同级人民政府科学技术部门对农业技术推广工作进行指导。同级人民政府其他有关部门按照各自的职责，负责农业技术推广的有关工作。

第二章　农业技术推广体系

第十条　农业技术推广，实行国家农业技术推广机构与农业科研单位、有关学校、农民专业合作社、涉农企业、群众性科技组织、农民技术人员等相结合的推广体系。

国家鼓励和支持供销合作社、其他企业事业单位、社会团体以及社会各界的科技人员，开展农业技术推广服务。

第十一条　各级国家农业技术推广机构属于公共服务机构，履行下列公益性职责：

（一）各级人民政府确定的关键农业技术的引进、试验、示范；

（二）植物病虫害、动物疫病及农业灾害的监测、预报和预防；

（三）农产品生产过程中的检验、检测、监测咨询技术服务；

（四）农业资源、森林资源、农业生态安全和农业投入品使用的监测服务；

（五）水资源管理、防汛抗旱和农田水利建设技术服务；

（六）农业公共信息和农业技术宣传教育、培训服务；

（七）法律、法规规定的其他职责。

第十二条　根据科学合理、集中力量的原则以及县域农业特色、森林资源、水系和水利设施分布等情况，因地制宜设置县、乡镇或者区域国家农业技术推广机构。

乡镇国家农业技术推广机构，可以实行县级人民政府农业技术推广部门管理为主或者乡镇人民政府管理为主、县级人民政府农业技术推广部门业务指导的体制，具体由省、自治区、直辖市人民政府确定。

第十三条　国家农业技术推广机构的人员编制应当根据所服务区域的种养规模、服务范围和工作任务等合理确定，保证公益性职责的履行。

国家农业技术推广机构的岗位设置应当以专业技术岗位为主。乡镇国家农业技术推广机构的岗位应当全部为专业技术岗位，县级国家农业技术推广机构的专业技术岗位不得低于机构岗位总量的百分之八十，其他国家农业技术推广机构的专业技术岗位不得低于机构岗位总量的百分之七十。

第十四条　国家农业技术推广机构的专业技术人员应当具有相应的专业技术水平，符合岗位职责要求。

国家农业技术推广机构聘用的新进专业技术人员，应当具有大专以上有关专业学历，并通过县级以上人民政府有关部门组织的专业技术水平考核。自治县、民族乡和国家确定的连片特困地区，经省、自治区、直辖市人民政府有关部门批准，可以聘用具有中专有关专业学历的人员或者其他具有相应专业技术水平的人员。

国家鼓励和支持高等学校毕业生和科技人员到基层从事农业技术推广工作。各级人民政府应当采取措施，吸引人才，充实和加强基层农业技术推广队伍。

第十五条　国家鼓励和支持村农业技术服务站点和农民技术人员开展农业技术推广。对农民技术人员协助开展公益性农业技术推广活动，按照规定给予补助。

农民技术人员经考核符合条件的，可以按照有关规定授予相应的技术职称，并发给证书。

国家农业技术推广机构应当加强对村农业技术服务站点和农民技术人员的指导。

村民委员会和村集体经济组织，应当推动、帮助村农业技术服务站点和农民技术人员开展工作。

第十六条 农业科研单位和有关学校应当适应农村经济建设发展的需要，开展农业技术开发和推广工作，加快先进技术在农业生产中的普及应用。

农业科研单位和有关学校应当将其科技人员从事农业技术推广工作的实绩作为工作考核和职称评定的重要内容。

第十七条 国家鼓励农场、林场、牧场、渔场、水利工程管理单位面向社会开展农业技术推广服务。

第十八条 国家鼓励和支持发展农村专业技术协会等群众性科技组织，发挥其在农业技术推广中的作用。

第三章 农业技术的推广与应用

第十九条 重大农业技术的推广应当列入国家和地方相关发展规划、计划，由农业技术推广部门会同科学技术等相关部门按照各自的职责，相互配合，组织实施。

第二十条 农业科研单位和有关学校应当把农业生产中需要解决的技术问题列为研究课题，其科研成果可以通过有关农业技术推广单位进行推广或者直接向农业劳动者和农业生产经营组织推广。

国家引导农业科研单位和有关学校开展公益性农业技术推广服务。

第二十一条 向农业劳动者和农业生产经营组织推广的农业技术，必须在推广地区经过试验证明具有先进性、适用性和安全性。

第二十二条 国家鼓励和支持农业劳动者和农业生产经营组织参与农业技术推广。

农业劳动者和农业生产经营组织在生产中应用先进的农业技术，有关部门和单位应当在技术培训、资金、物资和销售等方面给予扶持。

农业劳动者和农业生产经营组织根据自愿的原则应用农业技术，任何单位或者个人不得强迫。

推广农业技术，应当选择有条件的农户、区域或者工程项目，进行应用示范。

第二十三条 县、乡镇国家农业技术推广机构应当组织农业劳动者学习农业科学技术知识，提高其应用农业技术的能力。

教育、人力资源和社会保障、农业、林业、水利、科学技术等部门应当支持农业科研单位、有关学校开展有关农业技术推广的职业技术教育和技术培训，提高农业技术推广人员和农业劳动者的技术素质。

国家鼓励社会力量开展农业技术培训。

第二十四条 各级国家农业技术推广机构应当认真履行本法第十一条规定的公益性职责，向农业劳动者和农业生产经营组织推广农业技术，实行无偿服务。

国家农业技术推广机构以外的单位及科技人员以技术转让、技术服务、技术承包、技术咨询和技术入股等形式提供农业技术的，可以实行有偿服务，其合法收入和植物新品种、农业技术专利等知识产权受法律保护。进行农业技术转让、技术服务、技术承包、技术咨询和技术入股，当事人各方应当订立合同，约定各自的权利和义务。

第二十五条 国家鼓励和支持农民专业合作社、涉农企业，采取多种形式，为农民应用先进农业技术提供有关的技术服务。

第二十六条 国家鼓励和支持以大宗农产品和优势特色农产品生产为重点的农业示范区建设，发挥示范区对农业技术推广的引领作用，促进农业产业化发展和现代农业建设。

第二十七条 各级人民政府可以采取购买服务等方式，引导社会力量参与公益性农业技术推广服务。

第四章 农业技术推广的保障措施

第二十八条 国家逐步提高对农业技术推广的投入。各级人民政府在财政预算内应当保障用于农业技术推广的资金，并按规定使该资金逐年增长。

各级人民政府通过财政拨款以及从农业发展基金中提取一定比例的资金的渠道，筹集农业技术推广专项资金，用于实施农业技术推广项目。中央财政对重大农业技术推广给予补助。

县、乡镇国家农业技术推广机构的工作经费根据当地服务规模和绩效确定，由各级财政共同承担。

任何单位或者个人不得截留或者挪用用于农业技术推广的资金。

第二十九条 各级人民政府应当采取措施，保障和改善县、乡镇国家农业技术推广机构的专业技术人员的工作条件、生活条件和待遇，并按照国家规定给予补贴，保持国家农业技术推广队伍的稳定。

对在县、乡镇、村从事农业技术推广工作的专业技术人员的职称评定，应当以考核其推广工作的业务技术水平和实绩为主。

第三十条 各级人民政府应当采取措施，保障国家农业技术推广机构获得必需的试验示范场所、办公场所、推广和培训设施设备等工作条件。

地方各级人民政府应当保障国家农业技术推广机构的试验示范场所、生产资料和其他财产不受侵害。

第三十一条 农业技术推广部门和县级以上国家农业技术推广机构，应当有计划地对农业技术推广人员进行技术培训，组织专业进修，使其不断更新知识、提高业务水平。

第三十二条 县级以上农业技术推广部门、乡镇人民政府应当对其管理的国家农业技术推广机构履行公益性职责的情况进行监督、考评。

各级农业技术推广部门和国家农业技术推广机构，应当建立国家农业技术推广机构的专业技术人员工作责任制度和考评制度。

县级人民政府农业技术推广部门管理为主的乡镇国家农业技术推广机构的人员，其业务考核、岗位聘用以及晋升，应当充分听取所服务区域的乡镇人民政府和服务对象的意见。

乡镇人民政府管理为主、县级人民政府农业技术推广部门业务指导的乡镇国家农业技术推广机构的人员，其业务考核、岗位聘用以及晋升，应当充分听取所在地的县级人民政府农业技术推广部门和服务对象的意见。

第三十三条 从事农业技术推广服务的，可以享受国家规定的税收、信贷等方面的优惠。

第五章 法律责任

第三十四条 各级人民政府有关部门及其工作人员未依照本法规定履行职责的，对直接负责的主管人员和其他直接责任人员依法给予处分。

第三十五条 国家农业技术推广机构及其工作人员未依照本法规定履行职责的，由主管机关责令限期改正，通报批评；对直接负责的主管人员和其他直接责任人员依法给予处分。

第三十六条 违反本法规定，向农业劳动者、农业生产经营组织推广未经试验证明具有先进性、适用性或者安全性的农业技术，造成损失的，应当承担赔偿责任。

第三十七条 违反本法规定，强迫农业劳动者、农业生产经营组织应用农业技术，造成损失的，依法承担赔偿责任。

第三十八条 违反本法规定，截留或者挪用用于农业技术推广的资金的，对直接负责的主管人员和其他直接责任人员依法给予处分；构成犯罪的，依法追究刑事责任。

第六章 附 则

第三十九条 本法自公布之日起施行。

中华人民共和国反不正当竞争法

（1993年9月2日第八届全国人民代表大会常务委员会第三次会议通过　2017年11月4日第十二届全国人民代表大会常务委员会第三十次会议修订　根据2019年4月23日第十三届全国人民代表大会常务委员会第十次会议《关于修改〈中华人民共和国建筑法〉等八部法律的决定》修正）

目　　录

第一章　总　　则

第一条　为了促进社会主义市场经济健康发展，鼓励和保护公平竞争，制止不正当竞争行为，保护经营者和消费者的合法权益，制定本法。

第二条　经营者在生产经营活动中，应当遵循自愿、平等、公平、诚信的原则，遵守法律和商业道德。

本法所称的不正当竞争行为，是指经营者在生产经营活动中，违反本法规定，扰乱市场竞争秩序，损害其他经营者或者消费者的合法权益的行为。

本法所称的经营者，是指从事商品生产、经营或者提供服务（以下所称商品包括服务）的自然人、法人和非法人组织。

第三条　各级人民政府应当采取措施，制止不正当竞争行为，为公平竞争创造良好的环境和条件。

国务院建立反不正当竞争工作协调机制，研究决定反不正当竞争重大政策，协调处理维护市场竞争秩序的重大问题。

第四条　县级以上人民政府履行工商行政管理职责的部门对不正当竞争行为进行查处；法律、行政法规规定由其他部门查处的，依照其规定。

第五条　国家鼓励、支持和保护一切组织和个人对不正当竞争行为进行社会监督。

国家机关及其工作人员不得支持、包庇不正当竞争行为。

行业组织应当加强行业自律，引导、规范会员依法竞争，维护市场竞争秩序。

第二章　不正当竞争行为

第六条　经营者不得实施下列混淆行为，引人误认为是他人商品或者与他人存在特定联系：

（一）擅自使用与他人有一定影响的商品名称、包装、装潢等相同或者近似的标识；

（二）擅自使用他人有一定影响的企业名称（包括简称、字号等）、社会组织名称（包括简称等）、姓名（包括笔名、艺名、译名等）；

（三）擅自使用他人有一定影响的域名主体部分、网站名称、网页等；

（四）其他足以引人误认为是他人商品或者与他人存在特定联系的混淆行为。

第七条　经营者不得采用财物或者其他手段贿赂下列单位或者个人，以谋取交易机会或者竞争优势：

（一）交易相对方的工作人员；

（二）受交易相对方委托办理相关事务的单位或者个人；

（三）利用职权或者影响力影响交易的单位或者个人。

经营者在交易活动中，可以以明示方式向交易相对方支付折扣，或者向中间人支付佣金。经营者向交易相对方支付折扣、向中间人支付佣金的，应当如实入账。接受折扣、佣金的经营者也应当如实入账。

经营者的工作人员进行贿赂的，应当认定为经营者的行为；但是，经营者有证据证明该工作人员的行为与为经营者谋取交易机会或者竞争优势无关的除外。

第八条　经营者不得对其商品的性能、功能、质量、销售状况、用户评价、曾获荣誉等作虚假或者引人误解的商业宣传，欺骗、误导消费者。

经营者不得通过组织虚假交易等方式，帮助其他经营者进行虚假或者引人误解的商业宣传。

第九条　经营者不得实施下列侵犯商业秘密的行为：

（一）以盗窃、贿赂、欺诈、胁迫、电子侵入或者其他不正当手段获取权利人的商业秘密；

（二）披露、使用或者允许他人使用以前项手段获取的权利人的商业秘密；

（三）违反保密义务或者违反权利人有关保守商业秘密的要求，披露、使用或者允许他人使用其所掌握的商业秘密；

（四）教唆、引诱、帮助他人违反保密义务或者违反权利人有关保守商业秘密的要求，获取、披露、使用或者允许他人使用权利人的商业秘密。

经营者以外的其他自然人、法人和非法人组织实施前款所列违法行为的，视为侵犯商业秘密。

第三人明知或者应知商业秘密权利人的员工、前员工或者其他单位、个人实施本条第一款所列违法行为，仍获取、披露、使用或者允许他人使用该商业秘密的，视为侵犯商业秘密。

本法所称的商业秘密，是指不为公众所知悉、具有商业价值并经权利人采取相应保密措施的技术信息、经营信息等商业信息。

第十条 经营者进行有奖销售不得存在下列情形：

（一）所设奖的种类、兑奖条件、奖金金额或者奖品等有奖销售信息不明确，影响兑奖；

（二）采用谎称有奖或者故意让内定人员中奖的欺骗方式进行有奖销售；

（三）抽奖式的有奖销售，最高奖的金额超过五万元。

第十一条 经营者不得编造、传播虚假信息或者误导性信息，损害竞争对手的商业信誉、商品声誉。

第十二条 经营者利用网络从事生产经营活动，应当遵守本法的各项规定。

经营者不得利用技术手段，通过影响用户选择或者其他方式，实施下列妨碍、破坏其他经营者合法提供的网络产品或者服务正常运行的行为：

（一）未经其他经营者同意，在其合法提供的网络产品或者服务中，插入链接、强制进行目标跳转；

（二）误导、欺骗、强迫用户修改、关闭、卸载其他经营者合法提供的网络产品或者服务；

（三）恶意对其他经营者合法提供的网络产品或者服务实施不兼容；

（四）其他妨碍、破坏其他经营者合法提供的网络产品或者服务正常运行的行为。

第三章　对涉嫌不正当竞争行为的调查

第十三条 监督检查部门调查涉嫌不正当竞争行为，可以采取下列措施：

（一）进入涉嫌不正当竞争行为的经营场所进行检查；

（二）询问被调查的经营者、利害关系人及其他有关单位、个人，要求其说明有关情况或者提供与被调查行为有关的其他资料；

（三）查询、复制与涉嫌不正当竞争行为有关的协议、账簿、单据、文件、记录、业务函电和其他资料；

（四）查封、扣押与涉嫌不正当竞争行为有关的财物；

（五）查询涉嫌不正当竞争行为的经营者的银行账户。

采取前款规定的措施，应当向监督检查部门主要负责人书面报告，并经批准。采取前款第四项、第五项规定的措施，应当向设区的市级以上人民政府监督检查部门主要负责人书面报告，并经批准。

监督检查部门调查涉嫌不正当竞争行为，应当遵守《中华人民共和国行政强制法》和其他有关法律、行政法规的规定，并应当将查处结果及时向社会公开。

第十四条 监督检查部门调查涉嫌不正当竞争行为，被调查的经营者、利害关系人及其他有关单位、个人应当如实提供有关资料或者情况。

第十五条 监督检查部门及其工作人员对调查过程中知悉的商业秘密负有保密义务。

第十六条 对涉嫌不正当竞争行为,任何单位和个人有权向监督检查部门举报,监督检查部门接到举报后应当依法及时处理。

监督检查部门应当向社会公开受理举报的电话、信箱或者电子邮件地址,并为举报人保密。对实名举报并提供相关事实和证据的,监督检查部门应当将处理结果告知举报人。

第四章 法律责任

第十七条 经营者违反本法规定,给他人造成损害的,应当依法承担民事责任。

经营者的合法权益受到不正当竞争行为损害的,可以向人民法院提起诉讼。

因不正当竞争行为受到损害的经营者的赔偿数额,按照其因被侵权所受到的实际损失确定;实际损失难以计算的,按照侵权人因侵权所获得的利益确定。经营者恶意实施侵犯商业秘密行为,情节严重的,可以在按照上述方法确定数额的一倍以上五倍以下确定赔偿数额。赔偿数额还应当包括经营者为制止侵权行为所支付的合理开支。

经营者违反本法第六条、第九条规定,权利人因被侵权所受到的实际损失、侵权人因侵权所获得的利益难以确定的,由人民法院根据侵权行为的情节判决给予权利人五百万元以下的赔偿。

第十八条 经营者违反本法第六条规定实施混淆行为的,由监督检查部门责令停止违法行为,没收违法商品。违法经营额五万元以上的,可以并处违法经营额五倍以下的罚款;没有违法经营额或者违法经营额不足五万元的,可以并处二十五万元以下的罚款。情节严重的,吊销营业执照。

经营者登记的企业名称违反本法第六条规定的,应当及时办理名称变更登记;名称变更前,由原企业登记机关以统一社会信用代码代替其名称。

第十九条 经营者违反本法第七条规定贿赂他人的,由监督检查部门没收违法所得,处十万元以上三百万元以下的罚款。情节严重的,吊销营业执照。

第二十条 经营者违反本法第八条规定对其商品作虚假或者引人误解的商业宣传,或者通过组织虚假交易等方式帮助其他经营者进行虚假或者引人误解的商业宣传的,由监督检查部门责令停止违法行为,处二十万元以上一百万元以下的罚款;情节严重的,处一百万元以上二百万元以下的罚款,可以吊销营业执照。

经营者违反本法第八条规定,属于发布虚假广告的,依照《中华人民共和国广告法》的规定处罚。

第二十一条 经营者以及其他自然人、法人和非法人组织违反本法第九条规定侵犯商业秘密的,由监督检查部门责令停止违法行为,没收违法所得,处十万元以上一百万元以下的罚款;情节严重的,处五十万元以上五百万元以下的罚款。

第二十二条 经营者违反本法第十条规定进行有奖销售的，由监督检查部门责令停止违法行为，处五万元以上五十万元以下的罚款。

第二十三条 经营者违反本法第十一条规定损害竞争对手商业信誉、商品声誉的，由监督检查部门责令停止违法行为、消除影响，处十万元以上五十万元以下的罚款；情节严重的，处五十万元以上三百万元以下的罚款。

第二十四条 经营者违反本法第十二条规定妨碍、破坏其他经营者合法提供的网络产品或者服务正常运行的，由监督检查部门责令停止违法行为，处十万元以上五十万元以下的罚款；情节严重的，处五十万元以上三百万元以下的罚款。

第二十五条 经营者违反本法规定从事不正当竞争，有主动消除或者减轻违法行为危害后果等法定情形的，依法从轻或者减轻行政处罚；违法行为轻微并及时纠正，没有造成危害后果的，不予行政处罚。

第二十六条 经营者违反本法规定从事不正当竞争，受到行政处罚的，由监督检查部门记入信用记录，并依照有关法律、行政法规的规定予以公示。

第二十七条 经营者违反本法规定，应当承担民事责任、行政责任和刑事责任，其财产不足以支付的，优先用于承担民事责任。

第二十八条 妨害监督检查部门依照本法履行职责，拒绝、阻碍调查的，由监督检查部门责令改正，对个人可以处五千元以下的罚款，对单位可以处五万元以下的罚款，并可以由公安机关依法给予治安管理处罚。

第二十九条 当事人对监督检查部门作出的决定不服的，可以依法申请行政复议或者提起行政诉讼。

第三十条 监督检查部门的工作人员滥用职权、玩忽职守、徇私舞弊或者泄露调查过程中知悉的商业秘密的，依法给予处分。

第三十一条 违反本法规定，构成犯罪的，依法追究刑事责任。

第三十二条 在侵犯商业秘密的民事审判程序中，商业秘密权利人提供初步证据，证明其已经对所主张的商业秘密采取保密措施，且合理表明商业秘密被侵犯，涉嫌侵权人应当证明权利人所主张的商业秘密不属于本法规定的商业秘密。

商业秘密权利人提供初步证据合理表明商业秘密被侵犯，且提供以下证据之一的，涉嫌侵权人应当证明其不存在侵犯商业秘密的行为：

（一）有证据表明涉嫌侵权人有渠道或者机会获取商业秘密，且其使用的信息与该商业秘密实质上相同；

（二）有证据表明商业秘密已经被涉嫌侵权人披露、使用或者有被披露、使用的风险；

（三）有其他证据表明商业秘密被涉嫌侵权人侵犯。

第五章　附　　则

第三十三条 本法自 2018 年 1 月 1 日起施行。

中华人民共和国广告法

（1994 年 10 月 27 日第八届全国人民代表大会常务委员会第十次会议通过　2015 年 4 月 24 日第十二届全国人民代表大会常务委员会第十四次会议修订　根据 2018 年 10 月 26 日第十三届全国人民代表大会常务委员会第六次会议《关于修改〈中华人民共和国野生动物保护法〉等十五部法律的决定》修正）

目　　录

第一章　总　　则

第一条　为了规范广告活动，保护消费者的合法权益，促进广告业的健康发展，维护社会经济秩序，制定本法。

第二条　在中华人民共和国境内，商品经营者或者服务提供者通过一定媒介和形式直接或者间接地介绍自己所推销的商品或者服务的商业广告活动，适用本法。

本法所称广告主，是指为推销商品或者服务，自行或者委托他人设计、制作、发布广告的自然人、法人或者其他组织。

本法所称广告经营者，是指接受委托提供广告设计、制作、代理服务的自然人、法人或者其他组织。

本法所称广告发布者，是指为广告主或者广告主委托的广告经营者发布广告的自然人、法人或者其他组织。

本法所称广告代言人，是指广告主以外的，在广告中以自己的名义或者形象对商品、服务作推荐、证明的自然人、法人或者其他组织。

第三条　广告应当真实、合法，以健康的表现形式表达广告内容，符合社会主义精神文明建设和弘扬中华民族优秀传统文化的要求。

第四条 广告不得含有虚假或者引人误解的内容，不得欺骗、误导消费者。

广告主应当对广告内容的真实性负责。

第五条 广告主、广告经营者、广告发布者从事广告活动，应当遵守法律、法规，诚实信用，公平竞争。

第六条 国务院市场监督管理部门主管全国的广告监督管理工作，国务院有关部门在各自的职责范围内负责广告管理相关工作。

县级以上地方市场监督管理部门主管本行政区域的广告监督管理工作，县级以上地方人民政府有关部门在各自的职责范围内负责广告管理相关工作。

第七条 广告行业组织依照法律、法规和章程的规定，制定行业规范，加强行业自律，促进行业发展，引导会员依法从事广告活动，推动广告行业诚信建设。

第二章 广告内容准则

第八条 广告中对商品的性能、功能、产地、用途、质量、成分、价格、生产者、有效期限、允诺等或者对服务的内容、提供者、形式、质量、价格、允诺等有表示的，应当准确、清楚、明白。

广告中表明推销的商品或者服务附带赠送的，应当明示所附带赠送商品或者服务的品种、规格、数量、期限和方式。

法律、行政法规规定广告中应当明示的内容，应当显著、清晰表示。

第九条 广告不得有下列情形：

（一）使用或者变相使用中华人民共和国的国旗、国歌、国徽，军旗、军歌、军徽；

（二）使用或者变相使用国家机关、国家机关工作人员的名义或者形象；

（三）使用“国家级”、“最高级”、“最佳”等用语；

（四）损害国家的尊严或者利益，泄露国家秘密；

（五）妨碍社会安定，损害社会公共利益；

（六）危害人身、财产安全，泄露个人隐私；

（七）妨碍社会公共秩序或者违背社会良好风尚；

（八）含有淫秽、色情、赌博、迷信、恐怖、暴力的内容；

（九）含有民族、种族、宗教、性别歧视的内容；

（十）妨碍环境、自然资源或者文化遗产保护；

（十一）法律、行政法规规定禁止的其他情形。

第十条 广告不得损害未成年人和残疾人的身心健康。

第十一条 广告内容涉及的事项需要取得行政许可的，应当与许可的内容相符合。

广告使用数据、统计资料、调查结果、文摘、引用语等引证内容的，应当真实、准确，并表明出处。引证内容有适用范围和有效期限的，应当明确表示。

第十二条 广告中涉及专利产品或者专利方法的，应当标明专利号和专利种类。

未取得专利权的，不得在广告中谎称取得专利权。

禁止使用未授予专利权的专利申请和已经终止、撤销、无效的专利作广告。

第十三条 广告不得贬低其他生产经营者的商品或者服务。

第十四条 广告应当具有可识别性，能够使消费者辨明其为广告。

大众传播媒介不得以新闻报道形式变相发布广告。通过大众传播媒介发布的广告应当显著标明“广告”，与其他非广告信息相区别，不得使消费者产生误解。

广播电台、电视台发布广告，应当遵守国务院有关部门关于时长、方式的规定，并应当对广告时长作出明显提示。

第十五条 麻醉药品、精神药品、医疗用毒性药品、放射性药品等特殊药品，药品类易制毒化学品，以及戒毒治疗的药品、医疗器械和治疗方法，不得作广告。

前款规定以外的处方药，只能在国务院卫生行政部门和国务院药品监督管理部门共同指定的医学、药学专业刊物上作广告。

第十六条 医疗、药品、医疗器械广告不得含有下列内容：

（一）表示功效、安全性的断言或者保证；

（二）说明治愈率或者有效率；

（三）与其他药品、医疗器械的功效和安全性或者其他医疗机构比较；

（四）利用广告代言人作推荐、证明；

（五）法律、行政法规规定禁止的其他内容。

药品广告的内容不得与国务院药品监督管理部门批准的说明书不一致，并应当显著标明禁忌、不良反应。处方药广告应当显著标明“本广告仅供医学药学专业人士阅读”，非处方药广告应当显著标明“请按药品说明书或者在药师指导下购买和使用”。

推荐给个人自用的医疗器械的广告，应当显著标明“请仔细阅读产品说明书或者在医务人员的指导下购买和使用”。医疗器械产品注册证明文件中有禁忌内容、注意事项的，广告中应当显著标明“禁忌内容或者注意事项详见说明书”。

第十七条 除医疗、药品、医疗器械广告外，禁止其他任何广告涉及疾病治疗功能，并不得使用医疗用语或者易使推销的商品与药品、医疗器械相混淆的用语。

第十八条 保健食品广告不得含有下列内容：

（一）表示功效、安全性的断言或者保证；

（二）涉及疾病预防、治疗功能；

（三）声称或者暗示广告商品为保障健康所必需；

（四）与药品、其他保健食品进行比较；

（五）利用广告代言人作推荐、证明；

（六）法律、行政法规规定禁止的其他内容。

保健食品广告应当显著标明“本品不能代替药物”。

第十九条 广播电台、电视台、报刊音像出版单位、互联网信息服务提供者不得以介绍健康、养生知识等形式变相发布医疗、药品、医疗器械、保健食品广告。

第二十条 禁止在大众传播媒介或者公共场所发布声称全部或者部分替代母乳的婴儿乳制品、饮料和其他食品广告。

第二十一条 农药、兽药、饲料和饲料添加剂广告不得含有下列内容：

（一）表示功效、安全性的断言或者保证；

（二）利用科研单位、学术机构、技术推广机构、行业协会或者专业人士、用户的名义或者形象作推荐、证明；

（三）说明有效率；

（四）违反安全使用规程的文字、语言或者画面；

（五）法律、行政法规规定禁止的其他内容。

第二十二条 禁止在大众传播媒介或者公共场所、公共交通工具、户外发布烟草广告。禁止向未成年人发送任何形式的烟草广告。

禁止利用其他商品或者服务的广告、公益广告，宣传烟草制品名称、商标、包装、装潢以及类似内容。

烟草制品生产者或者销售者发布的迁址、更名、招聘等启事中，不得含有烟草制品名称、商标、包装、装潢以及类似内容。

第二十三条 酒类广告不得含有下列内容：

（一）诱导、怂恿饮酒或者宣传无节制饮酒；

（二）出现饮酒的动作；

（三）表现驾驶车、船、飞机等活动；

（四）明示或者暗示饮酒有消除紧张和焦虑、增加体力等功效。

第二十四条 教育、培训广告不得含有下列内容：

（一）对升学、通过考试、获得学位学历或者合格证书，或者对教育、培训的效果作出明示或者暗示的保证性承诺；

（二）明示或者暗示有相关考试机构或者其工作人员、考试命题人员参与教育、培训；

（三）利用科研单位、学术机构、教育机构、行业协会、专业人士、受益者的名义或者形象作推荐、证明。

第二十五条 招商等有投资回报预期的商品或者服务广告，应当对可能存在的风险以及风险责任承担有合理提示或者警示，并不得含有下列内容：

（一）对未来效果、收益或者与其相关的情况作出保证性承诺，明示或者暗示保本、无风险或者保收益等，国家另有规定的除外；

（二）利用学术机构、行业协会、专业人士、受益者的名义或者形象作推荐、证明。

第二十六条 房地产广告，房源信息应当真实，面积应当表明为建筑面积或者套内建筑面积，并不得含有下列内容：

（一）升值或者投资回报的承诺；

（二）以项目到达某一具体参照物的所需时间表示项目位置；

（三）违反国家有关价格管理的规定；

（四）对规划或者建设中的交通、商业、文化教育设施以及其他市政条件作误导宣传。

第二十七条 农作物种子、林木种子、草种子、种畜禽、水产苗种和种养殖广告关于品种名称、生产性能、生长量或者产量、品质、抗性、特殊使用价值、经济价值、适宜种植或者养殖的范围和条件等方面的表述应当真实、清楚、明白，并不得含有下列内容：

（一）作科学上无法验证的断言；

（二）表示功效的断言或者保证；

（三）对经济效益进行分析、预测或者作保证性承诺；

（四）利用科研单位、学术机构、技术推广机构、行业协会或者专业人士、用户的名义或者形象作推荐、证明。

第二十八条 广告以虚假或者引人误解的内容欺骗、误导消费者的，构成虚假广告。

广告有下列情形之一的，为虚假广告：

（一）商品或者服务不存在的；

（二）商品的性能、功能、产地、用途、质量、规格、成分、价格、生产者、有效期限、销售状况、曾获荣誉等信息，或者服务的内容、提供者、形式、质量、价格、销售状况、曾获荣誉等信息，以及与商品或者服务有关的允诺等信息与实际情况不符，对购买行为有实质性影响的；

（三）使用虚构、伪造或者无法验证的科研成果、统计资料、调查结果、文摘、引用语等信息作证明材料的；

（四）虚构使用商品或者接受服务的效果的；

（五）以虚假或者引人误解的内容欺骗、误导消费者的其他情形。

第三章 广告行为规范

第二十九条 广播电台、电视台、报刊出版单位从事广告发布业务的，应当设有专门从事广告业务的机构，配备必要的人员，具有与发布广告相适应的场所、设备，并向县级以上地方市场监督管理部门办理广告发布登记。

第三十条 广告主、广告经营者、广告发布者之间在广告活动中应当依法订立书面合同。

第三十一条 广告主、广告经营者、广告发布者不得在广告活动中进行任何形式的不正当竞争。

第三十二条 广告主委托设计、制作、发布广告，应当委托具有合法经营资格的广告经营者、广告发布者。

第三十三条 广告主或者广告经营者在广告中使用他人名义或者形象的，应当事先取得其书面同意；使用无民事行为能力人、限制民事行为能力人的名义或者形象的，应当事先取得其监护人的书面同意。

第三十四条 广告经营者、广告发布者应当按照国家有关规定，建立、健全广告业务的承接登记、审核、档案管理制度。

广告经营者、广告发布者依据法律、行政法规查验有关证明文件，核对广告内容。对内容不符或者证明文件不全的广告，广告经营者不得提供设计、制作、代理服务，广告发布者不得发布。

第三十五条 广告经营者、广告发布者应当公布其收费标准和收费办法。

第三十六条 广告发布者向广告主、广告经营者提供的覆盖率、收视率、点击率、发行量等资料应当真实。

第三十七条 法律、行政法规规定禁止生产、销售的产品或者提供的服务，以及禁止发布广告的商品或者服务，任何单位或者个人不得设计、制作、代理、发布广告。

第三十八条 广告代言人在广告中对商品、服务作推荐、证明，应当依据事实，符合本法和有关法律、行政法规规定，并不得为其未使用过的商品或者未接受过的服务作推荐、证明。

不得利用不满十周岁的未成年人作为广告代言人。

对在虚假广告中作推荐、证明受到行政处罚未满三年的自然人、法人或者其他组织，不得利用其作为广告代言人。

第三十九条 不得在中小学校、幼儿园内开展广告活动，不得利用中小学生和幼儿的教材、教辅材料、练习册、文具、教具、校服、校车等发布或者变相发布广告，但公益广告除外。

第四十条 在针对未成年人的大众传播媒介上不得发布医疗、药品、保健食品、医疗器械、化妆品、酒类、美容广告，以及不利于未成年人身心健康的网络游戏广告。

针对不满十四周岁的未成年人的商品或者服务的广告不得含有下列内容：

（一）劝诱其要求家长购买广告商品或者服务；

（二）可能引发其模仿不安全行为。

第四十一条 县级以上地方人民政府应当组织有关部门加强对利用户外场所、空间、设施等发布户外广告的监督管理，制定户外广告设置规划和安全要求。

户外广告的管理办法，由地方性法规、地方政府规章规定。

第四十二条 有下列情形之一的，不得设置户外广告：

（一）利用交通安全设施、交通标志的；

（二）影响市政公共设施、交通安全设施、交通标志、消防设施、消防安全标志使用的；

（三）妨碍生产或者人民生活，损害市容市貌的；

（四）在国家机关、文物保护单位、风景名胜区等的建筑控制地带，或者县级以上地方人民政府禁止设置户外广告的区域设置的。

第四十三条 任何单位或者个人未经当事人同意或者请求，不得向其住宅、交通工具等发送广告，也不得以电子信息方式向其发送广告。

以电子信息方式发送广告的，应当明示发送者的真实身份和联系方式，并向接收者提供拒绝继续接收的方式。

第四十四条 利用互联网从事广告活动,适用本法的各项规定。

利用互联网发布、发送广告,不得影响用户正常使用网络。在互联网页面以弹出等形式发布的广告,应当显著标明关闭标志,确保一键关闭。

第四十五条 公共场所的管理者或者电信业务经营者、互联网信息服务提供者对其明知或者应知的利用其场所或者信息传输、发布平台发送、发布违法广告的,应当予以制止。

第四章 监督管理

第四十六条 发布医疗、药品、医疗器械、农药、兽药和保健食品广告,以及法律、行政法规规定应当进行审查的其他广告,应当在发布前由有关部门(以下称广告审查机关)对广告内容进行审查;未经审查,不得发布。

第四十七条 广告主申请广告审查,应当依照法律、行政法规向广告审查机关提交有关证明文件。

广告审查机关应当依照法律、行政法规规定作出审查决定,并应当将审查批准文件抄送同级市场监督管理部门。广告审查机关应当及时向社会公布批准的广告。

第四十八条 任何单位或者个人不得伪造、变造或者转让广告审查批准文件。

第四十九条 市场监督管理部门履行广告监督管理职责,可以行使下列职权:

(一)对涉嫌从事违法广告活动的场所实施现场检查;

(二)询问涉嫌违法当事人或者其法定代表人、主要负责人和其他有关人员,对有关单位或者个人进行调查;

(三)要求涉嫌违法当事人限期提供有关证明文件;

(四)查阅、复制与涉嫌违法广告有关的合同、票据、账簿、广告作品和其他有关资料;

(五)查封、扣押与涉嫌违法广告直接相关的广告物品、经营工具、设备等财物;

(六)责令暂停发布可能造成严重后果的涉嫌违法广告;

(七)法律、行政法规规定的其他职权。

市场监督管理部门应当建立健全广告监测制度,完善监测措施,及时发现和依法查处违法广告行为。

第五十条 国务院市场监督管理部门会同国务院有关部门,制定大众传播媒介广告发布行为规范。

第五十一条 市场监督管理部门依照本法规定行使职权,当事人应当协助、配合,不得拒绝、阻挠。

第五十二条 市场监督管理部门和有关部门及其工作人员对其在广告监督管理活动中知悉的商业秘密负有保密义务。

第五十三条 任何单位或者个人有权向市场监督管理部门和有关部门投诉、举报违反本法的行为。市场监督管理部门和有关部门应当向社会公开受理投诉、举报的电话、信箱或者电子邮件地址，接到投诉、举报的部门应当自收到投诉之日起七个工作日内，予以处理并告知投诉、举报人。

市场监督管理部门和有关部门不依法履行职责的，任何单位或者个人有权向其上级机关或者监察机关举报。接到举报的机关应当依法作出处理，并将处理结果及时告知举报人。

有关部门应当为投诉、举报人保密。

第五十四条 消费者协会和其他消费者组织对违反本法规定，发布虚假广告侵害消费者合法权益，以及其他损害社会公共利益的行为，依法进行社会监督。

第五章 法律责任

第五十五条 违反本法规定，发布虚假广告的，由市场监督管理部门责令停止发布广告，责令广告主在相应范围内消除影响，处广告费用三倍以上五倍以下的罚款，广告费用无法计算或者明显偏低的，处二十万元以上一百万元以下的罚款；两年内有三次以上违法行为或者有其他严重情节的，处广告费用五倍以上十倍以下的罚款，广告费用无法计算或者明显偏低的，处一百万元以上二百万元以下的罚款，可以吊销营业执照，并由广告审查机关撤销广告审查批准文件、一年内不受理其广告审查申请。

医疗机构有前款规定违法行为，情节严重的，除由市场监督管理部门依照本法处罚外，卫生行政部门可以吊销诊疗科目或者吊销医疗机构执业许可证。

广告经营者、广告发布者明知或者应知广告虚假仍设计、制作、代理、发布的，由市场监督管理部门没收广告费用，并处广告费用三倍以上五倍以下的罚款，广告费用无法计算或者明显偏低的，处二十万元以上一百万元以下的罚款；两年内有三次以上违法行为或者有其他严重情节的，处广告费用五倍以上十倍以下的罚款，广告费用无法计算或者明显偏低的，处一百万元以上二百万元以下的罚款，并可以由有关部门暂停广告发布业务、吊销营业执照、吊销广告发布登记证件。

广告主、广告经营者、广告发布者有本条第一款、第三款规定行为，构成犯罪的，依法追究刑事责任。

第五十六条 违反本法规定，发布虚假广告，欺骗、误导消费者，使购买商品或者接受服务的消费者的合法权益受到损害的，由广告主依法承担民事责任。广告经营者、广告发布者不能提供广告主的真实名称、地址和有效联系方式的，消费者可以要求广告经营者、广告发布者先行赔偿。

关系消费者生命健康的商品或者服务的虚假广告，造成消费者损害的，其广告经营者、广告发布者、广告代言人应当与广告主承担连带责任。

前款规定以外的商品或者服务的虚假广告，造成消费者损害的，其广告经营者、广告发布者、广告代言人，明知或者应知广告虚假仍设计、制作、代理、发布或者作推荐、证明的，应当与广告主承担连带责任。

第五十七条 有下列行为之一的,由市场监督管理部门责令停止发布广告,对广告主处二十万元以上一百万元以下的罚款,情节严重的,并可以吊销营业执照,由广告审查机关撤销广告审查批准文件、一年内不受理其广告审查申请;对广告经营者、广告发布者,由市场监督管理部门没收广告费用,处二十万元以上一百万元以下的罚款,情节严重的,并可以吊销营业执照、吊销广告发布登记证件:

(一)发布有本法第九条、第十条规定的禁止情形的广告的;

(二)违反本法第十五条规定发布处方药广告、药品类易制毒化学品广告、戒毒治疗的医疗器械和治疗方法广告的;

(三)违反本法第二十条规定,发布声称全部或者部分替代母乳的婴儿乳制品、饮料和其他食品广告的;

(四)违反本法第二十二条规定发布烟草广告的;

(五)违反本法第三十七条规定,利用广告推销禁止生产、销售的产品或者提供的服务,或者禁止发布广告的商品或者服务的;

(六)违反本法第四十条第一款规定,在针对未成年人的大众传播媒介上发布医疗、药品、保健食品、医疗器械、化妆品、酒类、美容广告,以及不利于未成年人身心健康的网络游戏广告的。

第五十八条 有下列行为之一的,由市场监督管理部门责令停止发布广告,责令广告主在相应范围内消除影响,处广告费用一倍以上三倍以下的罚款,广告费用无法计算或者明显偏低的,处十万元以上二十万元以下的罚款;情节严重的,处广告费用三倍以上五倍以下的罚款,广告费用无法计算或者明显偏低的,处二十万元以上一百万元以下的罚款,可以吊销营业执照,并由广告审查机关撤销广告审查批准文件、一年内不受理其广告审查申请:

(一)违反本法第十六条规定发布医疗、药品、医疗器械广告的;

(二)违反本法第十七条规定,在广告中涉及疾病治疗功能,以及使用医疗用语或者易使推销的商品与药品、医疗器械相混淆的用语的;

(三)违反本法第十八条规定发布保健食品广告的;

(四)违反本法第二十一条规定发布农药、兽药、饲料和饲料添加剂广告的;

(五)违反本法第二十三条规定发布酒类广告的;

(六)违反本法第二十四条规定发布教育、培训广告的;

(七)违反本法第二十五条规定发布招商等有投资回报预期的商品或者服务广告的;

(八)违反本法第二十六条规定发布房地产广告的;

(九)违反本法第二十七条规定发布农作物种子、林木种子、草种子、种畜禽、水产苗种和种养殖广告的;

(十)违反本法第三十八条第二款规定,利用不满十周岁的未成年人作为广告代言人的;

(十一)违反本法第三十八条第三款规定,利用自然人、法人或者其他组织作为广告代言人的；

（十二）违反本法第三十九条规定，在中小学校、幼儿园内或者利用与中小学生、幼儿有关的物品发布广告的；

（十三）违反本法第四十条第二款规定，发布针对不满十四周岁的未成年人的商品或者服务的广告的；

（十四）违反本法第四十六条规定，未经审查发布广告的。

医疗机构有前款规定违法行为，情节严重的，除由市场监督管理部门依照本法处罚外，卫生行政部门可以吊销诊疗科目或者吊销医疗机构执业许可证。

广告经营者、广告发布者明知或者应知有本条第一款规定违法行为仍设计、制作、代理、发布的，由市场监督管理部门没收广告费用，并处广告费用一倍以上三倍以下的罚款，广告费用无法计算或者明显偏低的，处十万元以上二十万元以下的罚款；情节严重的，处广告费用三倍以上五倍以下的罚款，广告费用无法计算或者明显偏低的，处二十万元以上一百万元以下的罚款，并可以由有关部门暂停广告发布业务、吊销营业执照、吊销广告发布登记证件。

第五十九条 有下列行为之一的，由市场监督管理部门责令停止发布广告，对广告主处十万元以下的罚款：

（一）广告内容违反本法第八条规定的；

（二）广告引证内容违反本法第十一条规定的；

（三）涉及专利的广告违反本法第十二条规定的；

（四）违反本法第十三条规定，广告贬低其他生产经营者的商品或者服务的。

广告经营者、广告发布者明知或者应知有前款规定违法行为仍设计、制作、代理、发布的，由市场监督管理部门处十万元以下的罚款。

广告违反本法第十四条规定，不具有可识别性的，或者违反本法第十九条规定，变相发布医疗、药品、医疗器械、保健食品广告的，由市场监督管理部门责令改正，对广告发布者处十万元以下的罚款。

第六十条 违反本法第二十九条规定，广播电台、电视台、报刊出版单位未办理广告发布登记，擅自从事广告发布业务的，由市场监督管理部门责令改正，没收违法所得，违法所得一万元以上的，并处违法所得一倍以上三倍以下的罚款；违法所得不足一万元的，并处五千元以上三万元以下的罚款。

第六十一条 违反本法第三十四条规定，广告经营者、广告发布者未按照国家有关规定建立、健全广告业务管理制度的，或者未对广告内容进行核对的，由市场监督管理部门责令改正，可以处五万元以下的罚款。

违反本法第三十五条规定，广告经营者、广告发布者未公布其收费标准和收费办法的，由价格主管部门责令改正，可以处五万元以下的罚款。

第六十二条 广告代言人有下列情形之一的，由市场监督管理部门没收违法所得，并处违法所得一倍以上二倍以下的罚款：

（一）违反本法第十六条第一款第四项规定，在医疗、药品、医疗器械广告中作推荐、证明的；

（二）违反本法第十八条第一款第五项规定，在保健食品广告中作推荐、证明的；

（三）违反本法第三十八条第一款规定，为其未使用过的商品或者未接受过的服务作推荐、证明的；

（四）明知或者应知广告虚假仍在广告中对商品、服务作推荐、证明的。

第六十三条 违反本法第四十三条规定发送广告的，由有关部门责令停止违法行为，对广告主处五千元以上三万元以下的罚款。

违反本法第四十四条第二款规定，利用互联网发布广告，未显著标明关闭标志，确保一键关闭的，由市场监督管理部门责令改正，对广告主处五千元以上三万元以下的罚款。

第六十四条 违反本法第四十五条规定，公共场所的管理者和电信业务经营者、互联网信息服务提供者，明知或者应知广告活动违法不予制止的，由市场监督管理部门没收违法所得，违法所得五万元以上的，并处违法所得一倍以上三倍以下的罚款，违法所得不足五万元的，并处一万元以上五万元以下的罚款；情节严重的，由有关部门依法停止相关业务。

第六十五条 违反本法规定，隐瞒真实情况或者提供虚假材料申请广告审查的，广告审查机关不予受理或者不予批准，予以警告，一年内不受理该申请人的广告审查申请；以欺骗、贿赂等不正当手段取得广告审查批准的，广告审查机关予以撤销，处十万元以上二十万元以下的罚款，三年内不受理该申请人的广告审查申请。

第六十六条 违反本法规定，伪造、变造或者转让广告审查批准文件的，由市场监督管理部门没收违法所得，并处一万元以上十万元以下的罚款。

第六十七条 有本法规定的违法行为的，由市场监督管理部门记入信用档案，并依照有关法律、行政法规规定予以公示。

第六十八条 广播电台、电视台、报刊音像出版单位发布违法广告，或者以新闻报道形式变相发布广告，或者以介绍健康、养生知识等形式变相发布医疗、药品、医疗器械、保健食品广告，市场监督管理部门依照本法给予处罚的，应当通报新闻出版、广播电视主管部门以及其他有关部门。新闻出版、广播电视主管部门以及其他有关部门应当依法对负有责任的主管人员和直接责任人员给予处分；情节严重的，并可以暂停媒体的广告发布业务。

新闻出版、广播电视主管部门以及其他有关部门未依照前款规定对广播电台、电视台、报刊音像出版单位进行处理的，对负有责任的主管人员和直接责任人员，依法给予处分。

第六十九条 广告主、广告经营者、广告发布者违反本法规定，有下列侵权行为之一的，依法承担民事责任：

（一）在广告中损害未成年人或者残疾人的身心健康的；

（二）假冒他人专利的；

(三)贬低其他生产经营者的商品、服务的;

(四)在广告中未经同意使用他人名义或者形象的;

(五)其他侵犯他人合法民事权益的。

第七十条 因发布虚假广告,或者有其他本法规定的违法行为,被吊销营业执照的公司、企业的法定代表人,对违法行为负有个人责任的,自该公司、企业被吊销营业执照之日起三年内不得担任公司、企业的董事、监事、高级管理人员。

第七十一条 违反本法规定,拒绝、阻挠市场监督管理部门监督检查,或者有其他构成违反治安管理行为的,依法给予治安管理处罚;构成犯罪的,依法追究刑事责任。

第七十二条 广告审查机关对违法的广告内容作出审查批准决定的,对负有责任的主管人员和直接责任人员,由任免机关或者监察机关依法给予处分;构成犯罪的,依法追究刑事责任。

第七十三条 市场监督管理部门对在履行广告监测职责中发现的违法广告行为或者对经投诉、举报的违法广告行为,不依法予以查处的,对负有责任的主管人员和直接责任人员,依法给予处分。

市场监督管理部门和负责广告管理相关工作的有关部门的工作人员玩忽职守、滥用职权、徇私舞弊的,依法给予处分。

有前两款行为,构成犯罪的,依法追究刑事责任。

第六章 附 则

第七十四条 国家鼓励、支持开展公益广告宣传活动,传播社会主义核心价值观,倡导文明风尚。

大众传播媒介有义务发布公益广告。广播电台、电视台、报刊出版单位应当按照规定的版面、时段、时长发布公益广告。公益广告的管理办法,由国务院市场监督管理部门会同有关部门制定。

第七十五条 本法自2015年9月1日起施行。

中华人民共和国商标法

（1982年8月23日第五届全国人民代表大会常务委员会第二十四次会议通过　根据1993年2月22日第七届全国人民代表大会常务委员会第三十次会议《关于修改〈中华人民共和国商标法〉的决定》第一次修正　根据2001年10月27日第九届全国人民代表大会常务委员会第二十四次会议《关于修改〈中华人民共和国商标法〉的决定》第二次修正　根据2013年8月30日第十二届全国人民代表大会常务委员会第四次会议《关于修改〈中华人民共和国商标法〉的决定》第三次修正　根据2019年4月23日第十三届全国人民代表大会常务委员会第十次会议《关于修改〈中华人民共和国建筑法〉等八部法律的决定》第四次修正）

目　　录

第一章　总　　则

第一条　为了加强商标管理，保护商标专用权，促使生产、经营者保证商品和服务质量，维护商标信誉，以保障消费者和生产、经营者的利益，促进社会主义市场经济的发展，特制定本法。

第二条　国务院工商行政管理部门商标局主管全国商标注册和管理的工作。

国务院工商行政管理部门设立商标评审委员会，负责处理商标争议事宜。

第三条　经商标局核准注册的商标为注册商标，包括商品商标、服务商标和集体商标、证明商标；商标注册人享有商标专用权，受法律保护。

本法所称集体商标，是指以团体、协会或者其他组织名义注册，供该组织成员在商事活动中使用，以表明使用者在该组织中的成员资格的标志。

本法所称证明商标，是指由对某种商品或者服务具有监督能力的组织所控制，而由该组织以外的单位或者个人使用于其商品或者服务，用以证明该商品或者服务的原产地、原料、制造方法、质量或者其他特定品质的标志。

集体商标、证明商标注册和管理的特殊事项，由国务院工商行政管理部门规定。

第四条 自然人、法人或者其他组织在生产经营活动中，对其商品或者服务需要取得商标专用权的，应当向商标局申请商标注册。不以使用为目的的恶意商标注册申请，应当予以驳回。

本法有关商品商标的规定，适用于服务商标。

第五条 两个以上的自然人、法人或者其他组织可以共同向商标局申请注册同一商标，共同享有和行使该商标专用权。

第六条 法律、行政法规规定必须使用注册商标的商品，必须申请商标注册，未经核准注册的，不得在市场销售。

第七条 申请注册和使用商标，应当遵循诚实信用原则。

商标使用人应当对其使用商标的商品质量负责。各级工商行政管理部门应当通过商标管理，制止欺骗消费者的行为。

第八条 任何能够将自然人、法人或者其他组织的商品与他人的商品区别开的标志，包括文字、图形、字母、数字、三维标志、颜色组合和声音等，以及上述要素的组合，均可以作为商标申请注册。

第九条 申请注册的商标，应当有显著特征，便于识别，并不得与他人在先取得的合法权利相冲突。

商标注册人有权标明"注册商标"或者注册标记。

第十条 下列标志不得作为商标使用：

（一）同中华人民共和国的国家名称、国旗、国徽、国歌、军旗、军徽、军歌、勋章等相同或者近似的，以及同中央国家机关的名称、标志、所在地特定地点的名称或者标志性建筑物的名称、图形相同的；

（二）同外国的国家名称、国旗、国徽、军旗等相同或者近似的，但经该国政府同意的除外；

（三）同政府间国际组织的名称、旗帜、徽记等相同或者近似的，但经该组织同意或者不易误导公众的除外；

（四）与表明实施控制、予以保证的官方标志、检验印记相同或者近似的，但经授权的除外；

（五）同"红十字"、"红新月"的名称、标志相同或者近似的；

（六）带有民族歧视性的；

（七）带有欺骗性，容易使公众对商品的质量等特点或者产地产生误认的；

（八）有害于社会主义道德风尚或者有其他不良影响的。

县级以上行政区划的地名或者公众知晓的外国地名，不得作为商标。但是，地名具有其他含义或者作为集体商标、证明商标组成部分的除外;已经注册的使用地名的商标继续有效。

第十一条 下列标志不得作为商标注册:

(一)仅有本商品的通用名称、图形、型号的;

(二)仅直接表示商品的质量、主要原料、功能、用途、重量、数量及其他特点的;

(三)其他缺乏显著特征的。

前款所列标志经过使用取得显著特征,并便于识别的,可以作为商标注册。

第十二条 以三维标志申请注册商标的,仅由商品自身的性质产生的形状、为获得技术效果而需有的商品形状或者使商品具有实质性价值的形状,不得注册。

第十三条 为相关公众所熟知的商标,持有人认为其权利受到侵害时,可以依照本法规定请求驰名商标保护。

就相同或者类似商品申请注册的商标是复制、摹仿或者翻译他人未在中国注册的驰名商标,容易导致混淆的,不予注册并禁止使用。

就不相同或者不相类似商品申请注册的商标是复制、摹仿或者翻译他人已经在中国注册的驰名商标,误导公众,致使该驰名商标注册人的利益可能受到损害的,不予注册并禁止使用。

第十四条 驰名商标应当根据当事人的请求,作为处理涉及商标案件需要认定的事实进行认定。认定驰名商标应当考虑下列因素:

(一)相关公众对该商标的知晓程度;

(二)该商标使用的持续时间;

(三)该商标的任何宣传工作的持续时间、程度和地理范围;

(四)该商标作为驰名商标受保护的记录;

(五)该商标驰名的其他因素。

在商标注册审查、工商行政管理部门查处商标违法案件过程中,当事人依照本法第十三条规定主张权利的,商标局根据审查、处理案件的需要,可以对商标驰名情况作出认定。

在商标争议处理过程中,当事人依照本法第十三条规定主张权利的,商标评审委员会根据处理案件的需要,可以对商标驰名情况作出认定。

在商标民事、行政案件审理过程中,当事人依照本法第十三条规定主张权利的,最高人民法院指定的人民法院根据审理案件的需要,可以对商标驰名情况作出认定。

生产、经营者不得将“驰名商标”字样用于商品、商品包装或者容器上,或者用于广告宣传、展览以及其他商业活动中。

第十五条 未经授权,代理人或者代表人以自己的名义将被代理人或者被代表人的商标进行注册,被代理人或者被代表人提出异议的,不予注册并禁止使用。

就同一种商品或者类似商品申请注册的商标与他人在先使用的未注册商标相同或者近似,申请人与该他人具有前款规定以外的合同、业务往来关系或者其他关系而明知该他人商标存在,该他人提出异议的,不予注册。

第十六条 商标中有商品的地理标志,而该商品并非来源于该标志所标示的地区,误导公众的，不予注册并禁止使用；但是，已经善意取得注册的继续有效。

前款所称地理标志，是指标示某商品来源于某地区，该商品的特定质量、信誉或者其他特征，主要由该地区的自然因素或者人文因素所决定的标志。

第十七条 外国人或者外国企业在中国申请商标注册的，应当按其所属国和中华人民共和国签订的协议或者共同参加的国际条约办理，或者按对等原则办理。

第十八条 申请商标注册或者办理其他商标事宜，可以自行办理，也可以委托依法设立的商标代理机构办理。

外国人或者外国企业在中国申请商标注册和办理其他商标事宜的，应当委托依法设立的商标代理机构办理。

第十九条 商标代理机构应当遵循诚实信用原则，遵守法律、行政法规，按照被代理人的委托办理商标注册申请或者其他商标事宜；对在代理过程中知悉的被代理人的商业秘密，负有保密义务。

委托人申请注册的商标可能存在本法规定不得注册情形的，商标代理机构应当明确告知委托人。

商标代理机构知道或者应当知道委托人申请注册的商标属于本法第四条、第十五条和第三十二条规定情形的，不得接受其委托。

商标代理机构除对其代理服务申请商标注册外，不得申请注册其他商标。

第二十条 商标代理行业组织应当按照章程规定，严格执行吸纳会员的条件，对违反行业自律规范的会员实行惩戒。商标代理行业组织对其吸纳的会员和对会员的惩戒情况，应当及时向社会公布。

第二十一条 商标国际注册遵循中华人民共和国缔结或者参加的有关国际条约确立的制度，具体办法由国务院规定。

第二章 商标注册的申请

第二十二条 商标注册申请人应当按规定的商品分类表填报使用商标的商品类别和商品名称，提出注册申请。

商标注册申请人可以通过一份申请就多个类别的商品申请注册同一商标。

商标注册申请等有关文件，可以以书面方式或者数据电文方式提出。

第二十三条 注册商标需要在核定使用范围之外的商品上取得商标专用权的，应当另行提出注册申请。

第二十四条 注册商标需要改变其标志的，应当重新提出注册申请。

第二十五条 商标注册申请人自其商标在外国第一次提出商标注册申请之日起六个月内，又在中国就相同商品以同一商标提出商标注册申请的，依照该外国同中国签订的协议或者共同参加的国际条约，或者按照相互承认优先权的原则，可以享有优先权。

依照前款要求优先权的，应当在提出商标注册申请的时候提出书面声明，并且在三个月内提交第一次提出的商标注册申请文件的副本;未提出书面声明或者逾期未提交商标注册申请文件副本的,视为未要求优先权。

第二十六条 商标在中国政府主办的或者承认的国际展览会展出的商品上首次使用的,自该商品展出之日起六个月内,该商标的注册申请人可以享有优先权。

依照前款要求优先权的,应当在提出商标注册申请的时候提出书面声明,并且在三个月内提交展出其商品的展览会名称、在展出商品上使用该商标的证据、展出日期等证明文件;未提出书面声明或者逾期未提交证明文件的,视为未要求优先权。

第二十七条 为申请商标注册所申报的事项和所提供的材料应当真实、准确、完整。

第三章 商标注册的审查和核准

第二十八条 对申请注册的商标,商标局应当自收到商标注册申请文件之日起九个月内审查完毕,符合本法有关规定的,予以初步审定公告。

第二十九条 在审查过程中,商标局认为商标注册申请内容需要说明或者修正的,可以要求申请人做出说明或者修正。申请人未做出说明或者修正的,不影响商标局做出审查决定。

第三十条 申请注册的商标,凡不符合本法有关规定或者同他人在同一种商品或者类似商品上已经注册的或者初步审定的商标相同或者近似的,由商标局驳回申请,不予公告。

第三十一条 两个或者两个以上的商标注册申请人,在同一种商品或者类似商品上,以相同或者近似的商标申请注册的,初步审定并公告申请在先的商标;同一天申请的,初步审定并公告使用在先的商标,驳回其他人的申请,不予公告。

第三十二条 申请商标注册不得损害他人现有的在先权利,也不得以不正当手段抢先注册他人已经使用并有一定影响的商标。

第三十三条 对初步审定公告的商标,自公告之日起三个月内,在先权利人、利害关系人认为违反本法第十三条第二款和第三款、第十五条、第十六条第一款、第三十条、第三十一条、第三十二条规定的,或者任何人认为违反本法第四条、第十条、第十一条、第十二条、第十九条第四款规定的,可以向商标局提出异议。公告期满无异议的,予以核准注册,发给商标注册证,并予公告。

第三十四条 对驳回申请、不予公告的商标,商标局应当书面通知商标注册申请人。商标注册申请人不服的,可以自收到通知之日起十五日内向商标评审委员会申请复审。商标评审委员会应当自收到申请之日起九个月内做出决定,并书面通知申请人。有特殊情况需要延长的,经国务院工商行政管理部门批准,可以延长三个月。当事人对商标评审委员会的决定不服的,可以自收到通知之日起三十日内向人民法院起诉。

第三十五条 对初步审定公告的商标提出异议的,商标局应当听取异议人和被异议人陈述事实和理由,经调查核实后,自公告期满之日起十二个月内做出是否准予注册的决定,并书面通知异议人和被异议人。有特殊情况需要延长的,经国务院工商行政管理部门批准，可以延长六个月。

商标局做出准予注册决定的，发给商标注册证，并予公告。异议人不服的，可以依照本法第四十四条、第四十五条的规定向商标评审委员会请求宣告该注册商标无效。

商标局做出不予注册决定，被异议人不服的，可以自收到通知之日起十五日内向商标评审委员会申请复审。商标评审委员会应当自收到申请之日起十二个月内做出复审决定，并书面通知异议人和被异议人。有特殊情况需要延长的，经国务院工商行政管理部门批准，可以延长六个月。被异议人对商标评审委员会的决定不服的，可以自收到通知之日起三十日内向人民法院起诉。人民法院应当通知异议人作为第三人参加诉讼。

商标评审委员会在依照前款规定进行复审的过程中，所涉及的在先权利的确定必须以人民法院正在审理或者行政机关正在处理的另一案件的结果为依据的，可以中止审查。中止原因消除后，应当恢复审查程序。

第三十六条 法定期限届满，当事人对商标局做出的驳回申请决定、不予注册决定不申请复审或者对商标评审委员会做出的复审决定不向人民法院起诉的，驳回申请决定、不予注册决定或者复审决定生效。

经审查异议不成立而准予注册的商标，商标注册申请人取得商标专用权的时间自初步审定公告三个月期满之日起计算。自该商标公告期满之日起至准予注册决定做出前，对他人在同一种或者类似商品上使用与该商标相同或者近似的标志的行为不具有追溯力；但是，因该使用人的恶意给商标注册人造成的损失，应当给予赔偿。

第三十七条 对商标注册申请和商标复审申请应当及时进行审查。

第三十八条 商标注册申请人或者注册人发现商标申请文件或者注册文件有明显错误的，可以申请更正。商标局依法在其职权范围内作出更正，并通知当事人。

前款所称更正错误不涉及商标申请文件或者注册文件的实质性内容。

第四章 注册商标的续展、变更、转让和使用许可

第三十九条 注册商标的有效期为十年，自核准注册之日起计算。

第四十条 注册商标有效期满，需要继续使用的，商标注册人应当在期满前十二个月内按照规定办理续展手续；在此期间未能办理的，可以给予六个月的宽展期。每次续展注册的有效期为十年，自该商标上一届有效期满次日起计算。期满未办理续展手续的，注销其注册商标。

商标局应当对续展注册的商标予以公告。

第四十一条 注册商标需要变更注册人的名义、地址或者其他注册事项的，应当提出变更申请。

第四十二条 转让注册商标的，转让人和受让人应当签订转让协议，并共同向商标局提出申请。受让人应当保证使用该注册商标的商品质量。

转让注册商标的，商标注册人对其在同一种商品上注册的近似的商标，或者在类似商

品上注册的相同或者近似的商标,应当一并转让。

对容易导致混淆或者有其他不良影响的转让,商标局不予核准,书面通知申请人并说明理由。

转让注册商标经核准后,予以公告。受让人自公告之日起享有商标专用权。

第四十三条 商标注册人可以通过签订商标使用许可合同,许可他人使用其注册商标。许可人应当监督被许可人使用其注册商标的商品质量。被许可人应当保证使用该注册商标的商品质量。

经许可使用他人注册商标的,必须在使用该注册商标的商品上标明被许可人的名称和商品产地。

许可他人使用其注册商标的,许可人应当将其商标使用许可报商标局备案,由商标局公告。商标使用许可未经备案不得对抗善意第三人。

第五章 注册商标的无效宣告

第四十四条 已经注册的商标,违反本法第四条、第十条、第十一条、第十二条、第十九条第四款规定的,或者是以欺骗手段或者其他不正当手段取得注册的,由商标局宣告该注册商标无效;其他单位或者个人可以请求商标评审委员会宣告该注册商标无效。

商标局做出宣告注册商标无效的决定,应当书面通知当事人。当事人对商标局的决定不服的,可以自收到通知之日起十五日内向商标评审委员会申请复审。商标评审委员会应当自收到申请之日起九个月内做出决定,并书面通知当事人。有特殊情况需要延长的,经国务院工商行政管理部门批准,可以延长三个月。当事人对商标评审委员会的决定不服的,可以自收到通知之日起三十日内向人民法院起诉。

其他单位或者个人请求商标评审委员会宣告注册商标无效的,商标评审委员会收到申请后,应当书面通知有关当事人,并限期提出答辩。商标评审委员会应当自收到申请之日起九个月内做出维持注册商标或者宣告注册商标无效的裁定,并书面通知当事人。有特殊情况需要延长的,经国务院工商行政管理部门批准,可以延长三个月。当事人对商标评审委员会的裁定不服的,可以自收到通知之日起三十日内向人民法院起诉。人民法院应当通知商标裁定程序的对方当事人作为第三人参加诉讼。

第四十五条 已经注册的商标,违反本法第十三条第二款和第三款、第十五条、第十六条第一款、第三十条、第三十一条、第三十二条规定的,自商标注册之日起五年内,在先权利人或者利害关系人可以请求商标评审委员会宣告该注册商标无效。对恶意注册的,驰名商标所有人不受五年的时间限制。

商标评审委员会收到宣告注册商标无效的申请后,应当书面通知有关当事人,并限期提出答辩。商标评审委员会应当自收到申请之日起十二个月内做出维持注册商标或者宣告注册商标无效的裁定,并书面通知当事人。有特殊情况需要延长的,经国务院工商行政管理部门批准,可以延长六个月。当事人对商标评审委员会的裁定不服的,可以自收到通知之日起三十日内向人民法院起诉。人民法院应当通知商标裁定程序的对方当事人作为第三人参加诉讼。

商标评审委员会在依照前款规定对无效宣告请求进行审查的过程中，所涉及的在先权利的确定必须以人民法院正在审理或者行政机关正在处理的另一案件的结果为依据的，可以中止审查。中止原因消除后，应当恢复审查程序。

第四十六条 法定期限届满，当事人对商标局宣告注册商标无效的决定不申请复审或者对商标评审委员会的复审决定、维持注册商标或者宣告注册商标无效的裁定不向人民法院起诉的，商标局的决定或者商标评审委员会的复审决定、裁定生效。

第四十七条 依照本法第四十四条、第四十五条的规定宣告无效的注册商标，由商标局予以公告，该注册商标专用权视为自始即不存在。

宣告注册商标无效的决定或者裁定，对宣告无效前人民法院做出并已执行的商标侵权案件的判决、裁定、调解书和工商行政管理部门做出并已执行的商标侵权案件的处理决定以及已经履行的商标转让或者使用许可合同不具有追溯力。但是，因商标注册人的恶意给他人造成的损失，应当给予赔偿。

依照前款规定不返还商标侵权赔偿金、商标转让费、商标使用费，明显违反公平原则的，应当全部或者部分返还。

第六章　商标使用的管理

第四十八条 本法所称商标的使用，是指将商标用于商品、商品包装或者容器以及商品交易文书上，或者将商标用于广告宣传、展览以及其他商业活动中，用于识别商品来源的行为。

第四十九条 商标注册人在使用注册商标的过程中，自行改变注册商标、注册人名义、地址或者其他注册事项的，由地方工商行政管理部门责令限期改正；期满不改正的，由商标局撤销其注册商标。

注册商标成为其核定使用的商品的通用名称或者没有正当理由连续三年不使用的，任何单位或者个人可以向商标局申请撤销该注册商标。商标局应当自收到申请之日起九个月内做出决定。有特殊情况需要延长的，经国务院工商行政管理部门批准，可以延长三个月。

第五十条 注册商标被撤销、被宣告无效或者期满不再续展的，自撤销、宣告无效或者注销之日起一年内，商标局对与该商标相同或者近似的商标注册申请，不予核准。

第五十一条 违反本法第六条规定的，由地方工商行政管理部门责令限期申请注册，违法经营额五万元以上的，可以处违法经营额百分之二十以下的罚款，没有违法经营额或者违法经营额不足五万元的，可以处一万元以下的罚款。

第五十二条 将未注册商标冒充注册商标使用的，或者使用未注册商标违反本法第十条规定的，由地方工商行政管理部门予以制止，限期改正，并可以予以通报，违法经营额五万元以上的，可以处违法经营额百分之二十以下的罚款，没有违法经营额或者违法经营额不足五万元的，可以处一万元以下的罚款。

第五十三条 违反本法第十四条第五款规定的，由地方工商行政管理部门责令改正，处十万元罚款。

第五十四条 对商标局撤销或者不予撤销注册商标的决定，当事人不服的，可以自收到通知之日起十五日内向商标评审委员会申请复审。商标评审委员会应当自收到申请之日起九个月内做出决定，并书面通知当事人。有特殊情况需要延长的，经国务院工商行政管理部门批准，可以延长三个月。当事人对商标评审委员会的决定不服的，可以自收到通知之日起三十日内向人民法院起诉。

第五十五条 法定期限届满，当事人对商标局做出的撤销注册商标的决定不申请复审或者对商标评审委员会做出的复审决定不向人民法院起诉的，撤销注册商标的决定、复审决定生效。

被撤销的注册商标，由商标局予以公告，该注册商标专用权自公告之日起终止。

第七章 注册商标专用权的保护

第五十六条 注册商标的专用权，以核准注册的商标和核定使用的商品为限。

第五十七条 有下列行为之一的，均属侵犯注册商标专用权：

（一）未经商标注册人的许可，在同一种商品上使用与其注册商标相同的商标的；

（二）未经商标注册人的许可，在同一种商品上使用与其注册商标近似的商标，或者在类似商品上使用与其注册商标相同或者近似的商标，容易导致混淆的；

（三）销售侵犯注册商标专用权的商品的；

（四）伪造、擅自制造他人注册商标标识或者销售伪造、擅自制造的注册商标标识的；

（五）未经商标注册人同意，更换其注册商标并将该更换商标的商品又投入市场的；

（六）故意为侵犯他人商标专用权行为提供便利条件，帮助他人实施侵犯商标专用权行为的；

（七）给他人的注册商标专用权造成其他损害的。

第五十八条 将他人注册商标、未注册的驰名商标作为企业名称中的字号使用，误导公众，构成不正当竞争行为的，依照《中华人民共和国反不正当竞争法》处理。

第五十九条 注册商标中含有的本商品的通用名称、图形、型号，或者直接表示商品的质量、主要原料、功能、用途、重量、数量及其他特点，或者含有的地名，注册商标专用权人无权禁止他人正当使用。

三维标志注册商标中含有的商品自身的性质产生的形状、为获得技术效果而需有的商品形状或者使商品具有实质性价值的形状，注册商标专用权人无权禁止他人正当使用。

商标注册人申请商标注册前，他人已经在同一种商品或者类似商品上先于商标注册人使用与注册商标相同或者近似并有一定影响的商标的，注册商标专用权人无权禁止该使用人在原使用范围内继续使用该商标，但可以要求其附加适当区别标识。

第六十条 有本法第五十七条所列侵犯注册商标专用权行为之一，引起纠纷的，由当事人协商解决；不愿协商或者协商不成的，商标注册人或者利害关系人可以向人民法院起诉，也可以请求工商行政管理部门处理。

工商行政管理部门处理时，认定侵权行为成立的，责令立即停止侵权行为，没收、销毁侵权商品和主要用于制造侵权商品、伪造注册商标标识的工具，违法经营额五万元以上的，可以处违法经营额五倍以下的罚款，没有违法经营额或者违法经营额不足五万元的，可以处二十五万元以下的罚款。对五年内实施两次以上商标侵权行为或者有其他严重情节的，应当从重处罚。销售不知道是侵犯注册商标专用权的商品，能证明该商品是自己合法取得并说明提供者的，由工商行政管理部门责令停止销售。

对侵犯商标专用权的赔偿数额的争议，当事人可以请求进行处理的工商行政管理部门调解，也可以依照《中华人民共和国民事诉讼法》向人民法院起诉。经工商行政管理部门调解，当事人未达成协议或者调解书生效后不履行的，当事人可以依照《中华人民共和国民事诉讼法》向人民法院起诉。

第六十一条 对侵犯注册商标专用权的行为，工商行政管理部门有权依法查处；涉嫌犯罪的，应当及时移送司法机关依法处理。

第六十二条 县级以上工商行政管理部门根据已经取得的违法嫌疑证据或者举报，对涉嫌侵犯他人注册商标专用权的行为进行查处时，可以行使下列职权：

（一）询问有关当事人，调查与侵犯他人注册商标专用权有关的情况；

（二）查阅、复制当事人与侵权活动有关的合同、发票、账簿以及其他有关资料；

（三）对当事人涉嫌从事侵犯他人注册商标专用权活动的场所实施现场检查；

（四）检查与侵权活动有关的物品；对有证据证明是侵犯他人注册商标专用权的物品，可以查封或者扣押。

工商行政管理部门依法行使前款规定的职权时，当事人应当予以协助、配合，不得拒绝、阻挠。

在查处商标侵权案件过程中，对商标权属存在争议或者权利人同时向人民法院提起商标侵权诉讼的，工商行政管理部门可以中止案件的查处。中止原因消除后，应当恢复或者终结案件查处程序。

第六十三条 侵犯商标专用权的赔偿数额，按照权利人因被侵权所受到的实际损失确定；实际损失难以确定的，可以按照侵权人因侵权所获得的利益确定；权利人的损失或者侵权人获得的利益难以确定的，参照该商标许可使用费的倍数合理确定。对恶意侵犯商标专用权，情节严重的，可以在按照上述方法确定数额的一倍以上五倍以下确定赔偿数额。赔偿数额应当包括权利人为制止侵权行为所支付的合理开支。

人民法院为确定赔偿数额，在权利人已经尽力举证，而与侵权行为相关的账簿、资料主要由侵权人掌握的情况下，可以责令侵权人提供与侵权行为相关的账簿、资料；侵权人不提供或者提供虚假的账簿、资料的，人民法院可以参考权利人的主张和提供的证据判定赔偿数额。

权利人因被侵权所受到的实际损失、侵权人因侵权所获得的利益、注册商标许可使用费难以确定的，由人民法院根据侵权行为的情节判决给予五百万元以下的赔偿。

人民法院审理商标纠纷案件，应权利人请求，对属于假冒注册商标的商品，除特殊情况外，责令销毁；对主要用于制造假冒注册商标的商品的材料、工具，责令销毁，且不予补偿；或在特殊情况下，责令禁止前述材料、工具进入商业渠道，且不予补偿。

假冒注册商标的商品不得在仅去除假冒注册商标后进入商业渠道。

第六十四条 注册商标专用权人请求赔偿，被控侵权人以注册商标专用权人未使用注册商标提出抗辩的，人民法院可以要求注册商标专用权人提供此前三年内实际使用该注册商标的证据。注册商标专用权人不能证明此前三年内实际使用过该注册商标，也不能证明因侵权行为受到其他损失的，被控侵权人不承担赔偿责任。

销售不知道是侵犯注册商标专用权的商品，能证明该商品是自己合法取得并说明提供者的，不承担赔偿责任。

第六十五条 商标注册人或者利害关系人有证据证明他人正在实施或者即将实施侵犯其注册商标专用权的行为，如不及时制止将会使其合法权益受到难以弥补的损害的，可以依法在起诉前向人民法院申请采取责令停止有关行为和财产保全的措施。

第六十六条 为制止侵权行为，在证据可能灭失或者以后难以取得的情况下，商标注册人或者利害关系人可以依法在起诉前向人民法院申请保全证据。

第六十七条 未经商标注册人许可，在同一种商品上使用与其注册商标相同的商标，构成犯罪的，除赔偿被侵权人的损失外，依法追究刑事责任。

伪造、擅自制造他人注册商标标识或者销售伪造、擅自制造的注册商标标识，构成犯罪的，除赔偿被侵权人的损失外，依法追究刑事责任。

销售明知是假冒注册商标的商品，构成犯罪的，除赔偿被侵权人的损失外，依法追究刑事责任。

第六十八条 商标代理机构有下列行为之一的，由工商行政管理部门责令限期改正，给予警告，处一万元以上十万元以下的罚款；对直接负责的主管人员和其他直接责任人员给予警告，处五千元以上五万元以下的罚款；构成犯罪的，依法追究刑事责任：

（一）办理商标事宜过程中，伪造、变造或者使用伪造、变造的法律文件、印章、签名的；

（二）以诋毁其他商标代理机构等手段招徕商标代理业务或者以其他不正当手段扰乱商标代理市场秩序的；

（三）违反本法第四条、第十九条第三款和第四款规定的。

对恶意申请商标注册的，根据情节给予警告、罚款等行政处罚；对恶意提起诉讼的，由人民法院依法给予处罚。

商标代理机构有前款规定行为的，由工商行政管理部门记入信用档案；情节严重的，商标局、商标评审委员会并可以决定停止受理其办理商标代理业务，予以公告。

商标代理机构违反诚实信用原则，侵害委托人合法利益的，应当依法承担民事责任，并由商标代理行业组织按照章程规定予以惩戒。

第六十九条 从事商标注册、管理和复审工作的国家机关工作人员必须秉公执法，廉洁自律，忠于职守，文明服务。

商标局、商标评审委员会以及从事商标注册、管理和复审工作的国家机关工作人员不得从事商标代理业务和商品生产经营活动。

第七十条 工商行政管理部门应当建立健全内部监督制度，对负责商标注册、管理和复审工作的国家机关工作人员执行法律、行政法规和遵守纪律的情况，进行监督检查。

第七十一条 从事商标注册、管理和复审工作的国家机关工作人员玩忽职守、滥用职权、徇私舞弊，违法办理商标注册、管理和复审事项，收受当事人财物，牟取不正当利益，构成犯罪的，依法追究刑事责任；尚不构成犯罪的，依法给予处分。

第八章 附　　则

第七十二条 申请商标注册和办理其他商标事宜的，应当缴纳费用，具体收费标准另定。

第七十三条 本法自1983年3月1日起施行。1963年4月10日国务院公布的《商标管理条例》同时废止；其他有关商标管理的规定，凡与本法抵触的，同时失效。

本法施行前已经注册的商标继续有效。

中华人民共和国海关法

（1987年1月22日第六届全国人民代表大会常务委员会第十九次会议通过　根据2000年7月8日第九届全国人民代表大会常务委员会第十六次会议《关于修改〈中华人民共和国海关法〉的决定》第一次修正　根据2013年6月29日第十二届全国人民代表大会常务委员会第三次会议《关于修改〈中华人民共和国文物保护法〉等十二部法律的决定》第二次修正　根据2013年12月28日第十二届全国人民代表大会常务委员会第六次会议《关于修改〈中华人民共和国海洋环境保护法〉等七部法律的决定》第三次修正　根据2016年11月7日第十二届全国人民代表大会常务委员会第二十四次会议《关于修改〈中华人民共和国对外贸易法〉等十二部法律的决定》第四次修正　根据2017年11月4日第十二届全国人民代表大会常务委员会第三十次会议《关于修改〈中华人民共和国会计法〉等十一部法律的决定》第五次修正）

目　　录

第一章　总　　则

第一条　为了维护国家的主权和利益,加强海关监督管理,促进对外经济贸易和科技文化交往,保障社会主义现代化建设,特制定本法。

第二条　中华人民共和国海关是国家的进出关境(以下简称进出境)监督管理机关。海关依照本法和其他有关法律、行政法规,监管进出境的运输工具、货物、行李物品、邮递物品和其他物品(以下简称进出境运输工具、货物、物品),征收关税和其他税、费,查缉走私,并编制海关统计和办理其他海关业务。

第三条　国务院设立海关总署,统一管理全国海关。

国家在对外开放的口岸和海关监管业务集中的地点设立海关。海关的隶属关系,不受行政区划的限制。

海关依法独立行使职权,向海关总署负责。

第四条　国家在海关总署设立专门侦查走私犯罪的公安机构,配备专职缉私警察,负责对其管辖的走私犯罪案件的侦查、拘留、执行逮捕、预审。

海关侦查走私犯罪公安机构履行侦查、拘留、执行逮捕、预审职责,应当按照《中华人民共和国刑事诉讼法》的规定办理。

海关侦查走私犯罪公安机构根据国家有关规定,可以设立分支机构。各分支机构办理其管辖的走私犯罪案件,应当依法向有管辖权的人民检察院移送起诉。

地方各级公安机关应当配合海关侦查走私犯罪公安机构依法履行职责。

第五条　国家实行联合缉私、统一处理、综合治理的缉私体制。海关负责组织、协调、管理查缉走私工作。有关规定由国务院另行制定。

各有关行政执法部门查获的走私案件,应当给予行政处罚的,移送海关依法处理;涉嫌犯罪的,应当移送海关侦查走私犯罪公安机构、地方公安机关依据案件管辖分工和法定程序办理。

第六条　海关可以行使下列权力:

(一)检查进出境运输工具,查验进出境货物、物品;对违反本法或者其他有关法律、行政法规的,可以扣留。

（二）查阅进出境人员的证件；查问违反本法或者其他有关法律、行政法规的嫌疑人，调查其违法行为。

（三）查阅、复制与进出境运输工具、货物、物品有关的合同、发票、帐册、单据、记录、文件、业务函电、录音录像制品和其他资料；对其中与违反本法或者其他有关法律、行政法规的进出境运输工具、货物、物品有牵连的，可以扣留。

（四）在海关监管区和海关附近沿海沿边规定地区，检查有走私嫌疑的运输工具和有藏匿走私货物、物品嫌疑的场所，检查走私嫌疑人的身体；对有走私嫌疑的运输工具、货物、物品和走私犯罪嫌疑人，经直属海关关长或者其授权的隶属海关关长批准，可以扣留；对走私犯罪嫌疑人，扣留时间不超过二十四小时，在特殊情况下可以延长至四十八小时。

在海关监管区和海关附近沿海沿边规定地区以外，海关在调查走私案件时，对有走私嫌疑的运输工具和除公民住处以外的有藏匿走私货物、物品嫌疑的场所，经直属海关关长或者其授权的隶属海关关长批准，可以进行检查，有关当事人应当到场；当事人未到场的，在有见证人在场的情况下，可以径行检查；对其中有证据证明有走私嫌疑的运输工具、货物、物品，可以扣留。

海关附近沿海沿边规定地区的范围，由海关总署和国务院公安部门会同有关省级人民政府确定。

（五）在调查走私案件时，经直属海关关长或者其授权的隶属海关关长批准，可以查询案件涉嫌单位和涉嫌人员在金融机构、邮政企业的存款、汇款。

（六）进出境运输工具或者个人违抗海关监管逃逸的，海关可以连续追至海关监管区和海关附近沿海沿边规定地区以外，将其带回处理。

（七）海关为履行职责，可以配备武器。海关工作人员佩带和使用武器的规则，由海关总署会同国务院公安部门制定，报国务院批准。

（八）法律、行政法规规定由海关行使的其他权力。

第七条 各地方、各部门应当支持海关依法行使职权，不得非法干预海关的执法活动。

第八条 进出境运输工具、货物、物品，必须通过设立海关的地点进境或者出境。在特殊情况下，需要经过未设立海关的地点临时进境或者出境的，必须经国务院或者国务院授权的机关批准，并依照本法规定办理海关手续。

第九条 进出口货物，除另有规定的外，可以由进出口货物收发货人自行办理报关纳税手续，也可以由进出口货物收发货人委托海关准予注册登记的报关企业办理报关纳税手续。

进出境物品的所有人可以自行办理报关纳税手续，也可以委托他人办理报关纳税手续。

第十条 报关企业接受进出口货物收发货人的委托，以委托人的名义办理报关手续的，应当向海关提交由委托人签署的授权委托书，遵守本法对委托人的各项规定。

报关企业接受进出口货物收发货人的委托，以自己的名义办理报关手续的，应当承担与收发货人相同的法律责任。

委托人委托报关企业办理报关手续的,应当向报关企业提供所委托报关事项的真实情况;报关企业接受委托人的委托办理报关手续的,应当对委托人所提供情况的真实性进行合理审查。

第十一条 进出口货物收发货人、报关企业办理报关手续,必须依法经海关注册登记。未依法经海关注册登记,不得从事报关业务。

报关企业和报关人员不得非法代理他人报关,或者超出其业务范围进行报关活动。

第十二条 海关依法执行职务,有关单位和个人应当如实回答询问,并予以配合,任何单位和个人不得阻挠。

海关执行职务受到暴力抗拒时,执行有关任务的公安机关和人民武装警察部队应当予以协助。

第十三条 海关建立对违反本法规定逃避海关监管行为的举报制度。

任何单位和个人均有权对违反本法规定逃避海关监管的行为进行举报。

海关对举报或者协助查获违反本法案件的有功单位和个人,应当给予精神的或者物质的奖励。

海关应当为举报人保密。

第二章 进出境运输工具

第十四条 进出境运输工具到达或者驶离设立海关的地点时,运输工具负责人应当向海关如实申报,交验单证,并接受海关监管和检查。

停留在设立海关的地点的进出境运输工具,未经海关同意,不得擅自驶离。

进出境运输工具从一个设立海关的地点驶往另一个设立海关的地点的,应当符合海关监管要求,办理海关手续,未办结海关手续的,不得改驶境外。

第十五条 进境运输工具在进境以后向海关申报以前,出境运输工具在办结海关手续以后出境以前,应当按照交通主管机关规定的路线行进;交通主管机关没有规定的,由海关指定。

第十六条 进出境船舶、火车、航空器到达和驶离时间、停留地点、停留期间更换地点以及装卸货物、物品时间,运输工具负责人或者有关交通运输部门应当事先通知海关。

第十七条 运输工具装卸进出境货物、物品或者上下进出境旅客,应当接受海关监管。

货物、物品装卸完毕,运输工具负责人应当向海关递交反映实际装卸情况的交接单据和记录。

上下进出境运输工具的人员携带物品的,应当向海关如实申报,并接受海关检查。

第十八条 海关检查进出境运输工具时,运输工具负责人应当到场,并根据海关的要求开启舱室、房间、车门;有走私嫌疑的,并应当开拆可能藏匿走私货物、物品的部位,搬移货物、物料。

海关根据工作需要，可以派员随运输工具执行职务，运输工具负责人应当提供方便。

第十九条 进境的境外运输工具和出境的境内运输工具，未向海关办理手续并缴纳关税，不得转让或者移作他用。

第二十条 进出境船舶和航空器兼营境内客、货运输，应当符合海关监管要求。

进出境运输工具改营境内运输，需向海关办理手续。

第二十一条 沿海运输船舶、渔船和从事海上作业的特种船舶，未经海关同意，不得载运或者换取、买卖、转让进出境货物、物品。

第二十二条 进出境船舶和航空器，由于不可抗力的原因，被迫在未设立海关的地点停泊、降落或者抛掷、起卸货物、物品，运输工具负责人应当立即报告附近海关。

第三章 进出境货物

第二十三条 进口货物自进境起到办结海关手续止，出口货物自向海关申报起到出境止，过境、转运和通运货物自进境起到出境止，应当接受海关监管。

第二十四条 进口货物的收货人、出口货物的发货人应当向海关如实申报，交验进出口许可证件和有关单证。国家限制进出口的货物，没有进出口许可证件的，不予放行，具体处理办法由国务院规定。

进口货物的收货人应当自运输工具申报进境之日起十四日内，出口货物的发货人除海关特准的外应当在货物运抵海关监管区后、装货的二十四小时以前，向海关申报。

进口货物的收货人超过前款规定期限向海关申报的，由海关征收滞报金。

第二十五条 办理进出口货物的海关申报手续，应当采用纸质报关单和电子数据报关单的形式。

第二十六条 海关接受申报后，报关单证及其内容不得修改或者撤销，但符合海关规定情形的除外。

第二十七条 进口货物的收货人经海关同意，可以在申报前查看货物或者提取货样。需要依法检疫的货物，应当在检疫合格后提取货样。

第二十八条 进出口货物应当接受海关查验。海关查验货物时，进口货物的收货人、出口货物的发货人应当到场，并负责搬移货物，开拆和重封货物的包装。海关认为必要时，可以径行开验、复验或者提取货样。

海关在特殊情况下对进出口货物予以免验，具体办法由海关总署制定。

第二十九条 除海关特准的外，进出口货物在收发货人缴清税款或者提供担保后，由海关签印放行。

第三十条 进口货物的收货人自运输工具申报进境之日起超过三个月未向海关申报的，其进口货物由海关提取依法变卖处理，所得价款在扣除运输、装卸、储存等费用和税款后，尚有余款的，自货物依法变卖之日起一年内，经收货人申请，予以发还；其中属于国家对进口有限制性规定，应当提交许可证件而不能提供的，不予发还。逾期无人申请或者不予发还的，上缴国库。

确属误卸或者溢卸的进境货物，经海关审定，由原运输工具负责人或者货物的收发货人自该运输工具卸货之日起三个月内，办理退运或者进口手续；必要时，经海关批准，可以延期三个月。逾期未办手续的，由海关按前款规定处理。

前两款所列货物不宜长期保存的，海关可以根据实际情况提前处理。

收货人或者货物所有人声明放弃的进口货物，由海关提取依法变卖处理；所得价款在扣除运输、装卸、储存等费用后，上缴国库。

第三十一条 按照法律、行政法规、国务院或者海关总署规定暂时进口或者暂时出口的货物，应当在六个月内复运出境或者复运进境；需要延长复运出境或者复运进境期限的，应当根据海关总署的规定办理延期手续。

第三十二条 经营保税货物的储存、加工、装配、展示、运输、寄售业务和经营免税商店，应当符合海关监管要求，经海关批准，并办理注册手续。

保税货物的转让、转移以及进出保税场所，应当向海关办理有关手续，接受海关监管和查验。

第三十三条 企业从事加工贸易，应当按照海关总署的规定向海关备案。加工贸易制成品单位耗料量由海关按照有关规定核定。

加工贸易制成品应当在规定的期限内复出口。其中使用的进口料件，属于国家规定准予保税的，应当向海关办理核销手续；属于先征收税款的，依法向海关办理退税手续。

加工贸易保税进口料件或者制成品内销的，海关对保税的进口料件依法征税；属于国家对进口有限制性规定的，还应当向海关提交进口许可证件。

第三十四条 经国务院批准在中华人民共和国境内设立的保税区等海关特殊监管区域，由海关按照国家有关规定实施监管。

第三十五条 进口货物应当由收货人在货物的进境地海关办理海关手续，出口货物应当由发货人在货物的出境地海关办理海关手续。

经收发货人申请，海关同意，进口货物的收货人可以在设有海关的指运地、出口货物的发货人可以在设有海关的启运地办理海关手续。上述货物的转关运输，应当符合海关监管要求；必要时，海关可以派员押运。

经电缆、管道或者其他特殊方式输送进出境的货物，经营单位应当定期向指定的海关申报和办理海关手续。

第三十六条 过境、转运和通运货物，运输工具负责人应当向进境地海关如实申报，并应当在规定期限内运输出境。

海关认为必要时，可以查验过境、转运和通运货物。

第三十七条 海关监管货物，未经海关许可，不得开拆、提取、交付、发运、调换、改装、抵押、质押、留置、转让、更换标记、移作他用或者进行其他处置。

海关加施的封志，任何人不得擅自开启或者损毁。

人民法院判决、裁定或者有关行政执法部门决定处理海关监管货物的，应当责令当事人办结海关手续。

第三十八条 经营海关监管货物仓储业务的企业，应当经海关注册，并按照海关规定，办理收存、交付手续。

在海关监管区外存放海关监管货物，应当经海关同意，并接受海关监管。

违反前两款规定或者在保管海关监管货物期间造成海关监管货物损毁或者灭失的，除不可抗力外，对海关监管货物负有保管义务的人应当承担相应的纳税义务和法律责任。

第三十九条 进出境集装箱的监管办法、打捞进出境货物和沉船的监管办法、边境小额贸易进出口货物的监管办法，以及本法未具体列明的其他进出境货物的监管办法，由海关总署或者由海关总署会同国务院有关部门另行制定。

第四十条 国家对进出境货物、物品有禁止性或者限制性规定的，海关依据法律、行政法规、国务院的规定或者国务院有关部门依据法律、行政法规的授权作出的规定实施监管。具体监管办法由海关总署制定。

第四十一条 进出口货物的原产地按照国家有关原产地规则的规定确定。

第四十二条 进出口货物的商品归类按照国家有关商品归类的规定确定。

海关可以要求进出口货物的收发货人提供确定商品归类所需的有关资料；必要时，海关可以组织化验、检验，并将海关认定的化验、检验结果作为商品归类的依据。

第四十三条 海关可以根据对外贸易经营者提出的书面申请，对拟作进口或者出口的货物预先作出商品归类等行政裁定。

进口或者出口相同货物，应当适用相同的商品归类行政裁定。

海关对所作出的商品归类等行政裁定，应当予以公布。

第四十四条 海关依照法律、行政法规的规定，对与进出境货物有关的知识产权实施保护。

需要向海关申报知识产权状况的，进出口货物收发货人及其代理人应当按照国家规定向海关如实申报有关知识产权状况，并提交合法使用有关知识产权的证明文件。

第四十五条 自进出口货物放行之日起三年内或者在保税货物、减免税进口货物的海关监管期限内及其后的三年内，海关可以对与进出口货物直接有关的企业、单位的会计帐簿、会计凭证、报关单证以及其他有关资料和有关进出口货物实施稽查。具体办法由国务院规定。

第四章 进出境物品

第四十六条 个人携带进出境的行李物品、邮寄进出境的物品，应当以自用、合理数量为限，并接受海关监管。

第四十七条 进出境物品的所有人应当向海关如实申报，并接受海关查验。

海关加施的封志，任何人不得擅自开启或者损毁。

第四十八条 进出境邮袋的装卸、转运和过境，应当接受海关监管。邮政企业应当向海关递交邮件路单。

邮政企业应当将开拆及封发国际邮袋的时间事先通知海关，海关应当按时派员到场监管查验。

第四十九条 邮运进出境的物品，经海关查验放行后，有关经营单位方可投递或者交付。

第五十条 经海关登记准予暂时免税进境或者暂时免税出境的物品，应当由本人复带出境或者复带进境。

过境人员未经海关批准，不得将其所带物品留在境内。

第五十一条 进出境物品所有人声明放弃的物品、在海关规定期限内未办理海关手续或者无人认领的物品，以及无法投递又无法退回的进境邮递物品，由海关依照本法第三十条的规定处理。

第五十二条 享有外交特权和豁免的外国机构或者人员的公务用品或者自用物品进出境，依照有关法律、行政法规的规定办理。

第五章 关　　税

第五十三条 准许进出口的货物、进出境物品，由海关依法征收关税。

第五十四条 进口货物的收货人、出口货物的发货人、进出境物品的所有人，是关税的纳税义务人。

第五十五条 进出口货物的完税价格，由海关以该货物的成交价格为基础审查确定。成交价格不能确定时，完税价格由海关依法估定。

进口货物的完税价格包括货物的货价、货物运抵中华人民共和国境内输入地点起卸前的运输及其相关费用、保险费；出口货物的完税价格包括货物的货价、货物运至中华人民共和国境内输出地点装载前的运输及其相关费用、保险费，但是其中包含的出口关税税额，应当予以扣除。

进出境物品的完税价格，由海关依法确定。

第五十六条 下列进出口货物、进出境物品，减征或者免征关税：

（一）无商业价值的广告品和货样；

（二）外国政府、国际组织无偿赠送的物资；

（三）在海关放行前遭受损坏或者损失的货物；

（四）规定数额以内的物品；

（五）法律规定减征、免征关税的其他货物、物品；

（六）中华人民共和国缔结或者参加的国际条约规定减征、免征关税的货物、物品。

第五十七条 特定地区、特定企业或者有特定用途的进出口货物，可以减征或者免征关税。特定减税或者免税的范围和办法由国务院规定。

依照前款规定减征或者免征关税进口的货物，只能用于特定地区、特定企业或者特定用途，未经海关核准并补缴关税，不得移作他用。

第五十八条 本法第五十六条、第五十七条第一款规定范围以外的临时减征或者免征关税，由国务院决定。

第五十九条 暂时进口或者暂时出口的货物，以及特准进口的保税货物，在货物收发货人向海关缴纳相当于税款的保证金或者提供担保后，准予暂时免纳关税。

第六十条 进出口货物的纳税义务人，应当自海关填发税款缴款书之日起十五日内缴纳税款；逾期缴纳的，由海关征收滞纳金。纳税义务人、担保人超过三个月仍未缴纳的，经直属海关关长或者其授权的隶属海关关长批准，海关可以采取下列强制措施：

（一）书面通知其开户银行或者其他金融机构从其存款中扣缴税款；

（二）将应税货物依法变卖，以变卖所得抵缴税款；

（三）扣留并依法变卖其价值相当于应纳税款的货物或者其他财产，以变卖所得抵缴税款。

海关采取强制措施时，对前款所列纳税义务人、担保人未缴纳的滞纳金同时强制执行。

进出境物品的纳税义务人，应当在物品放行前缴纳税款。

第六十一条 进出口货物的纳税义务人在规定的纳税期限内有明显的转移、藏匿其应税货物以及其他财产迹象的，海关可以责令纳税义务人提供担保；纳税义务人不能提供纳税担保的，经直属海关关长或者其授权的隶属海关关长批准，海关可以采取下列税收保全措施：

（一）书面通知纳税义务人开户银行或者其他金融机构暂停支付纳税义务人相当于应纳税款的存款；

（二）扣留纳税义务人价值相当于应纳税款的货物或者其他财产。

纳税义务人在规定的纳税期限内缴纳税款的，海关必须立即解除税收保全措施；期限届满仍未缴纳税款的，经直属海关关长或者其授权的隶属海关关长批准，海关可以书面通知纳税义务人开户银行或者其他金融机构从其暂停支付的存款中扣缴税款，或者依法变卖所扣留的货物或者其他财产，以变卖所得抵缴税款。

采取税收保全措施不当，或者纳税义务人在规定期限内已缴纳税款，海关未立即解除税收保全措施，致使纳税义务人的合法权益受到损失的，海关应当依法承担赔偿责任。

第六十二条 进出口货物、进出境物品放行后，海关发现少征或者漏征税款，应当自缴纳税款或者货物、物品放行之日起一年内，向纳税义务人补征。因纳税义务人违反规定而造成的少征或者漏征，海关在三年以内可以追征。

第六十三条 海关多征的税款，海关发现后应当立即退还；纳税义务人自缴纳税款之日起一年内，可以要求海关退还。

第六十四条 纳税义务人同海关发生纳税争议时，应当缴纳税款，并可以依法申请行政复议；对复议决定仍不服的，可以依法向人民法院提起诉讼。

第六十五条 进口环节海关代征税的征收管理，适用关税征收管理的规定。

第六章　海关事务担保

第六十六条　在确定货物的商品归类、估价和提供有效报关单证或者办结其他海关手续前，收发货人要求放行货物的，海关应当在其提供与其依法应当履行的法律义务相适应的担保后放行。法律、行政法规规定可以免除担保的除外。

法律、行政法规对履行海关义务的担保另有规定的，从其规定。

国家对进出境货物、物品有限制性规定，应当提供许可证件而不能提供的，以及法律、行政法规规定不得担保的其他情形，海关不得办理担保放行。

第六十七条　具有履行海关事务担保能力的法人、其他组织或者公民，可以成为担保人。法律规定不得为担保人的除外。

第六十八条　担保人可以以下列财产、权利提供担保：

（一）人民币、可自由兑换货币；

（二）汇票、本票、支票、债券、存单；

（三）银行或者非银行金融机构的保函；

（四）海关依法认可的其他财产、权利。

第六十九条　担保人应当在担保期限内承担担保责任。担保人履行担保责任的，不免除被担保人应当办理有关海关手续的义务。

第七十条　海关事务担保管理办法，由国务院规定。

第七章　执法监督

第七十一条　海关履行职责，必须遵守法律，维护国家利益，依照法定职权和法定程序严格执法，接受监督。

第七十二条　海关工作人员必须秉公执法，廉洁自律，忠于职守，文明服务，不得有下列行为：

（一）包庇、纵容走私或者与他人串通进行走私；

（二）非法限制他人人身自由，非法检查他人身体、住所或者场所，非法检查、扣留进出境运输工具、货物、物品；

（三）利用职权为自己或者他人谋取私利；

（四）索取、收受贿赂；

（五）泄露国家秘密、商业秘密和海关工作秘密；

（六）滥用职权，故意刁难，拖延监管、查验；

（七）购买、私分、占用没收的走私货物、物品；

（八）参与或者变相参与营利性经营活动；

（九）违反法定程序或者超越权限执行职务；

（十）其他违法行为。

第七十三条 海关应当根据依法履行职责的需要，加强队伍建设，使海关工作人员具有良好的政治、业务素质。

海关专业人员应当具有法律和相关专业知识，符合海关规定的专业岗位任职要求。

海关招收工作人员应当按照国家规定，公开考试，严格考核，择优录用。

海关应当有计划地对其工作人员进行政治思想、法制、海关业务培训和考核。海关工作人员必须定期接受培训和考核，经考核不合格的，不得继续上岗执行职务。

第七十四条 海关总署应当实行海关关长定期交流制度。

海关关长定期向上一级海关述职，如实陈述其执行职务情况。海关总署应当定期对直属海关关长进行考核，直属海关应当定期对隶属海关关长进行考核。

第七十五条 海关及其工作人员的行政执法活动，依法接受监察机关的监督；缉私警察进行侦查活动，依法接受人民检察院的监督。

第七十六条 审计机关依法对海关的财政收支进行审计监督，对海关办理的与国家财政收支有关的事项，有权进行专项审计调查。

第七十七条 上级海关应当对下级海关的执法活动依法进行监督。上级海关认为下级海关作出的处理或者决定不适当的，可以依法予以变更或者撤销。

第七十八条 海关应当依照本法和其他有关法律、行政法规的规定，建立健全内部监督制度，对其工作人员执行法律、行政法规和遵守纪律的情况，进行监督检查。

第七十九条 海关内部负责审单、查验、放行、稽查和调查等主要岗位的职责权限应当明确，并相互分离、相互制约。

第八十条 任何单位和个人均有权对海关及其工作人员的违法、违纪行为进行控告、检举。收到控告、检举的机关有权处理的，应当依法按照职责分工及时查处。收到控告、检举的机关和负责查处的机关应当为控告人、检举人保密。

第八十一条 海关工作人员在调查处理违法案件时，遇有下列情形之一的，应当回避：

（一）是本案的当事人或者是当事人的近亲属；

（二）本人或者其近亲属与本案有利害关系；

（三）与本案当事人有其他关系，可能影响案件公正处理的。

第八章 法律责任

第八十二条 违反本法及有关法律、行政法规，逃避海关监管，偷逃应纳税款、逃避国家有关进出境的禁止性或者限制性管理，有下列情形之一的，是走私行为：

（一）运输、携带、邮寄国家禁止或者限制进出境货物、物品或者依法应当缴纳税款的货物、物品进出境的；

（二）未经海关许可并且未缴纳应纳税款、交验有关许可证件，擅自将保税货物、特定减免税货物以及其他海关监管货物、物品、进境的境外运输工具，在境内销售的；

（三）有逃避海关监管，构成走私的其他行为的。

有前款所列行为之一，尚不构成犯罪的，由海关没收走私货物、物品及违法所得，可以并处罚款；专门或者多次用于掩护走私的货物、物品，专门或者多次用于走私的运输工具，予以没收，藏匿走私货物、物品的特制设备，责令拆毁或者没收。

有第一款所列行为之一，构成犯罪的，依法追究刑事责任。

第八十三条 有下列行为之一的，按走私行为论处，依照本法第八十二条的规定处罚：

（一）直接向走私人非法收购走私进口的货物、物品的；

（二）在内海、领海、界河、界湖，船舶及所载人员运输、收购、贩卖国家禁止或者限制进出境的货物、物品，或者运输、收购、贩卖依法应当缴纳税款的货物，没有合法证明的。

第八十四条 伪造、变造、买卖海关单证，与走私人通谋为走私人提供贷款、资金、帐号、发票、证明、海关单证，与走私人通谋为走私人提供运输、保管、邮寄或者其他方便，构成犯罪的，依法追究刑事责任；尚不构成犯罪的，由海关没收违法所得，并处罚款。

第八十五条 个人携带、邮寄超过合理数量的自用物品进出境，未依法向海关申报的，责令补缴关税，可以处以罚款。

第八十六条 违反本法规定有下列行为之一的，可以处以罚款，有违法所得的，没收违法所得：

（一）运输工具不经设立海关的地点进出境的；

（二）不将进出境运输工具到达的时间、停留的地点或者更换的地点通知海关的；

（三）进出口货物、物品或者过境、转运、通运货物向海关申报不实的；

（四）不按照规定接受海关对进出境运输工具、货物、物品进行检查、查验的；

（五）进出境运输工具未经海关同意，擅自装卸进出境货物、物品或者上下进出境旅客的；

（六）在设立海关的地点停留的进出境运输工具未经海关同意，擅自驶离的；

（七）进出境运输工具从一个设立海关的地点驶往另一个设立海关的地点，尚未办结海关手续又未经海关批准，中途擅自改驶境外或者境内未设立海关的地点的；

（八）进出境运输工具，不符合海关监管要求或者未向海关办理手续，擅自兼营或者改营境内运输的；

（九）由于不可抗力的原因，进出境船舶和航空器被迫在未设立海关的地点停泊、降落或者在境内抛掷、起卸货物、物品，无正当理由，不向附近海关报告的；

（十）未经海关许可，擅自将海关监管货物开拆、提取、交付、发运、调换、改装、抵押、质押、留置、转让、更换标记、移作他用或者进行其他处置的；

（十一）擅自开启或者损毁海关封志的；

（十二）经营海关监管货物的运输、储存、加工等业务，有关货物灭失或者有关记录不真实，不能提供正当理由的；

（十三）有违反海关监管规定的其他行为的。

第八十七条 海关准予从事有关业务的企业，违反本法有关规定的，由海关责令改正，可以给予警告，暂停其从事有关业务，直至撤销注册。

第八十八条 未经海关注册登记从事报关业务的，由海关予以取缔，没收违法所得，可以并处罚款。

第八十九条 报关企业非法代理他人报关或者超出其业务范围进行报关活动的，由海关责令改正，处以罚款；情节严重的，撤销其报关注册登记。

报关人员非法代理他人报关或者超出其业务范围进行报关活动的，由海关责令改正，处以罚款。

第九十条 进出口货物收发货人、报关企业向海关工作人员行贿的，由海关撤销其报关注册登记，并处以罚款；构成犯罪的，依法追究刑事责任，并不得重新注册登记为报关企业。

报关人员向海关工作人员行贿的，处以罚款；构成犯罪的，依法追究刑事责任。

第九十一条 违反本法规定进出口侵犯中华人民共和国法律、行政法规保护的知识产权的货物的，由海关依法没收侵权货物，并处以罚款；构成犯罪的，依法追究刑事责任。

第九十二条 海关依法扣留的货物、物品、运输工具，在人民法院判决或者海关处罚决定作出之前，不得处理。但是，危险品或者鲜活、易腐、易失效等不宜长期保存的货物、物品以及所有人申请先行变卖的货物、物品、运输工具，经直属海关关长或者其授权的隶属海关关长批准，可以先行依法变卖，变卖所得价款由海关保存，并通知其所有人。

人民法院判决没收或者海关决定没收的走私货物、物品、违法所得、走私运输工具、特制设备，由海关依法统一处理，所得价款和海关决定处以的罚款，全部上缴中央国库。

第九十三条 当事人逾期不履行海关的处罚决定又不申请复议或者向人民法院提起诉讼的，作出处罚决定的海关可以将其保证金抵缴或者将其被扣留的货物、物品、运输工具依法变价抵缴，也可以申请人民法院强制执行。

第九十四条 海关在查验进出境货物、物品时，损坏被查验的货物、物品的，应当赔偿实际损失。

第九十五条 海关违法扣留货物、物品、运输工具，致使当事人的合法权益受到损失的，应当依法承担赔偿责任。

第九十六条 海关工作人员有本法第七十二条所列行为之一的，依法给予行政处分；有违法所得的，依法没收违法所得；构成犯罪的，依法追究刑事责任。

第九十七条 海关的财政收支违反法律、行政法规规定的，由审计机关以及有关部门依照法律、行政法规的规定作出处理；对直接负责的主管人员和其他直接责任人员，依法给予行政处分；构成犯罪的，依法追究刑事责任。

第九十八条 未按照本法规定为控告人、检举人、举报人保密的，对直接负责的主管人员和其他直接责任人员，由所在单位或者有关单位依法给予行政处分。

第九十九条 海关工作人员在调查处理违法案件时，未按照本法规定进行回避的，对直接负责的主管人员和其他直接责任人员，依法给予行政处分。

第九章 附　　则

第一百条 本法下列用语的含义：

直属海关，是指直接由海关总署领导，负责管理一定区域范围内的海关业务的海关；隶属海关，是指由直属海关领导，负责办理具体海关业务的海关。

进出境运输工具，是指用以载运人员、货物、物品进出境的各种船舶、车辆、航空器和驮畜。

过境、转运和通运货物，是指由境外启运、通过中国境内继续运往境外的货物。其中，通过境内陆路运输的，称过境货物；在境内设立海关的地点换装运输工具，而不通过境内陆路运输的，称转运货物；由船舶、航空器载运进境并由原装运输工具载运出境的，称通运货物。

海关监管货物，是指本法第二十三条所列的进出口货物，过境、转运、通运货物，特定减免税货物，以及暂时进出口货物、保税货物和其他尚未办结海关手续的进出境货物。

保税货物，是指经海关批准未办理纳税手续进境，在境内储存、加工、装配后复运出境的货物。

海关监管区，是指设立海关的港口、车站、机场、国界孔道、国际邮件互换局（交换站）和其他有海关监管业务的场所，以及虽未设立海关，但是经国务院批准的进出境地点。

第一百零一条 经济特区等特定地区同境内其他地区之间往来的运输工具、货物、物品的监管办法，由国务院另行规定。

第一百零二条 本法自1987年7月1日起施行。1951年4月18日中央人民政府公布的《中华人民共和国暂行海关法》同时废止。

中华人民共和国行政许可法

（2003年8月27日第十届全国人民代表大会常务委员会第四次会议通过　根据2019年4月23日第十三届全国人民代表大会常务委员会第十次会议《关于修改〈中华人民共和国建筑法〉等八部法律的决定》修正）

目　　录

第一章　总　　则

第一条　为了规范行政许可的设定和实施，保护公民、法人和其他组织的合法权益，维护公共利益和社会秩序，保障和监督行政机关有效实施行政管理，根据宪法，制定本法。

第二条　本法所称行政许可，是指行政机关根据公民、法人或者其他组织的申请，经依法审查，准予其从事特定活动的行为。

第三条　行政许可的设定和实施，适用本法。

有关行政机关对其他机关或者对其直接管理的事业单位的人事、财务、外事等事项的审批，不适用本法。

第四条　设定和实施行政许可，应当依照法定的权限、范围、条件和程序。

第五条　设定和实施行政许可，应当遵循公开、公平、公正、非歧视的原则。

有关行政许可的规定应当公布；未经公布的，不得作为实施行政许可的依据。行政许可的实施和结果，除涉及国家秘密、商业秘密或者个人隐私的外，应当公开。未经申请人同意，行政机关及其工作人员、参与专家评审等的人员不得披露申请人提交的商业秘密、未披露信息或者保密商务信息，法律另有规定或者涉及国家安全、重大社会公共利益的除外；行政机关依法公开申请人前述信息的，允许申请人在合理期限内提出异议。

符合法定条件、标准的，申请人有依法取得行政许可的平等权利，行政机关不得歧视任何人。

第六条　实施行政许可，应当遵循便民的原则，提高办事效率，提供优质服务。

第七条　公民、法人或者其他组织对行政机关实施行政许可，享有陈述权、申辩权；有权依法申请行政复议或者提起行政诉讼；其合法权益因行政机关违法实施行政许可受到损害的，有权依法要求赔偿。

第八条　公民、法人或者其他组织依法取得的行政许可受法律保护，行政机关不得擅自改变已经生效的行政许可。

行政许可所依据的法律、法规、规章修改或者废止,或者准予行政许可所依据的客观情况发生重大变化的,为了公共利益的需要,行政机关可以依法变更或者撤回已经生效的行政许可。由此给公民、法人或者其他组织造成财产损失的,行政机关应当依法给予补偿。

第九条 依法取得的行政许可,除法律、法规规定依照法定条件和程序可以转让的外,不得转让。

第十条 县级以上人民政府应当建立健全对行政机关实施行政许可的监督制度,加强对行政机关实施行政许可的监督检查。

行政机关应当对公民、法人或者其他组织从事行政许可事项的活动实施有效监督。

第二章 行政许可的设定

第十一条 设定行政许可,应当遵循经济和社会发展规律,有利于发挥公民、法人或者其他组织的积极性、主动性,维护公共利益和社会秩序,促进经济、社会和生态环境协调发展。

第十二条 下列事项可以设定行政许可:

(一)直接涉及国家安全、公共安全、经济宏观调控、生态环境保护以及直接关系人身健康、生命财产安全等特定活动,需要按照法定条件予以批准的事项;

(二)有限自然资源开发利用、公共资源配置以及直接关系公共利益的特定行业的市场准入等,需要赋予特定权利的事项;

(三)提供公众服务并且直接关系公共利益的职业、行业,需要确定具备特殊信誉、特殊条件或者特殊技能等资格、资质的事项;

(四)直接关系公共安全、人身健康、生命财产安全的重要设备、设施、产品、物品,需要按照技术标准、技术规范,通过检验、检测、检疫等方式进行审定的事项;

(五)企业或者其他组织的设立等,需要确定主体资格的事项;

(六)法律、行政法规规定可以设定行政许可的其他事项。

第十三条 本法第十二条所列事项,通过下列方式能够予以规范的,可以不设行政许可:

(一)公民、法人或者其他组织能够自主决定的;

(二)市场竞争机制能够有效调节的;

(三)行业组织或者中介机构能够自律管理的;

(四)行政机关采用事后监督等其他行政管理方式能够解决的。

第十四条 本法第十二条所列事项,法律可以设定行政许可。尚未制定法律的,行政法规可以设定行政许可。

必要时,国务院可以采用发布决定的方式设定行政许可。实施后,除临时性行政许可事项外,国务院应当及时提请全国人民代表大会及其常务委员会制定法律,或者自行制定行政法规。

第十五条 本法第十二条所列事项，尚未制定法律、行政法规的，地方性法规可以设定行政许可；尚未制定法律、行政法规和地方性法规的，因行政管理的需要，确需立即实施行政许可的，省、自治区、直辖市人民政府规章可以设定临时性的行政许可。临时性的行政许可实施满一年需要继续实施的，应当提请本级人民代表大会及其常务委员会制定地方性法规。

地方性法规和省、自治区、直辖市人民政府规章，不得设定应当由国家统一确定的公民、法人或者其他组织的资格、资质的行政许可；不得设定企业或者其他组织的设立登记及其前置性行政许可。其设定的行政许可，不得限制其他地区的个人或者企业到本地区从事生产经营和提供服务，不得限制其他地区的商品进入本地区市场。

第十六条 行政法规可以在法律设定的行政许可事项范围内，对实施该行政许可作出具体规定。

地方性法规可以在法律、行政法规设定的行政许可事项范围内，对实施该行政许可作出具体规定。

规章可以在上位法设定的行政许可事项范围内，对实施该行政许可作出具体规定。

法规、规章对实施上位法设定的行政许可作出的具体规定，不得增设行政许可；对行政许可条件作出的具体规定，不得增设违反上位法的其他条件。

第十七条 除本法第十四条、第十五条规定的外，其他规范性文件一律不得设定行政许可。

第十八条 设定行政许可，应当规定行政许可的实施机关、条件、程序、期限。

第十九条 起草法律草案、法规草案和省、自治区、直辖市人民政府规章草案，拟设定行政许可的，起草单位应当采取听证会、论证会等形式听取意见，并向制定机关说明设定该行政许可的必要性、对经济和社会可能产生的影响以及听取和采纳意见的情况。

第二十条 行政许可的设定机关应当定期对其设定的行政许可进行评价；对已设定的行政许可，认为通过本法第十三条所列方式能够解决的，应当对设定该行政许可的规定及时予以修改或者废止。

行政许可的实施机关可以对已设定的行政许可的实施情况及存在的必要性适时进行评价，并将意见报告该行政许可的设定机关。

公民、法人或者其他组织可以向行政许可的设定机关和实施机关就行政许可的设定和实施提出意见和建议。

第二十一条 省、自治区、直辖市人民政府对行政法规设定的有关经济事务的行政许可，根据本行政区域经济和社会发展情况，认为通过本法第十三条所列方式能够解决的，报国务院批准后，可以在本行政区域内停止实施该行政许可。

第三章　行政许可的实施机关

第二十二条 行政许可由具有行政许可权的行政机关在其法定职权范围内实施。

第二十三条 法律、法规授权的具有管理公共事务职能的组织，在法定授权范围内，以自己的名义实施行政许可。被授权的组织适用本法有关行政机关的规定。

第二十四条 行政机关在其法定职权范围内，依照法律、法规、规章的规定，可以委托其他行政机关实施行政许可。委托机关应当将受委托行政机关和受委托实施行政许可的内容予以公告。

委托行政机关对受委托行政机关实施行政许可的行为应当负责监督，并对该行为的后果承担法律责任。

受委托行政机关在委托范围内，以委托行政机关名义实施行政许可；不得再委托其他组织或者个人实施行政许可。

第二十五条 经国务院批准，省、自治区、直辖市人民政府根据精简、统一、效能的原则，可以决定一个行政机关行使有关行政机关的行政许可权。

第二十六条 行政许可需要行政机关内设的多个机构办理的，该行政机关应当确定一个机构统一受理行政许可申请，统一送达行政许可决定。

行政许可依法由地方人民政府两个以上部门分别实施的，本级人民政府可以确定一个部门受理行政许可申请并转告有关部门分别提出意见后统一办理，或者组织有关部门联合办理、集中办理。

第二十七条 行政机关实施行政许可，不得向申请人提出购买指定商品、接受有偿服务等不正当要求。

行政机关工作人员办理行政许可，不得索取或者收受申请人的财物，不得谋取其他利益。

第二十八条 对直接关系公共安全、人身健康、生命财产安全的设备、设施、产品、物品的检验、检测、检疫，除法律、行政法规规定由行政机关实施的外，应当逐步由符合法定条件的专业技术组织实施。专业技术组织及其有关人员对所实施的检验、检测、检疫结论承担法律责任。

第四章 行政许可的实施程序

第一节 申请与受理

第二十九条 公民、法人或者其他组织从事特定活动，依法需要取得行政许可的，应当向行政机关提出申请。申请书需要采用格式文本的，行政机关应当向申请人提供行政许可申请书格式文本。申请书格式文本中不得包含与申请行政许可事项没有直接关系的内容。

申请人可以委托代理人提出行政许可申请。但是，依法应当由申请人到行政机关办公场所提出行政许可申请的除外。

行政许可申请可以通过信函、电报、电传、传真、电子数据交换和电子邮件等方式提出。

第三十条 行政机关应当将法律、法规、规章规定的有关行政许可的事项、依据、条件、数量、程序、期限以及需要提交的全部材料的目录和申请书示范文本等在办公场所公示。

申请人要求行政机关对公示内容予以说明、解释的，行政机关应当说明、解释，提供准确、可靠的信息。

第三十一条 申请人申请行政许可，应当如实向行政机关提交有关材料和反映真实情况，并对其申请材料实质内容的真实性负责。行政机关不得要求申请人提交与其申请的行政许可事项无关的技术资料和其他材料。

行政机关及其工作人员不得以转让技术作为取得行政许可的条件；不得在实施行政许可的过程中，直接或者间接地要求转让技术。

第三十二条 行政机关对申请人提出的行政许可申请，应当根据下列情况分别作出处理：

（一）申请事项依法不需要取得行政许可的，应当即时告知申请人不受理；

（二）申请事项依法不属于本行政机关职权范围的，应当即时作出不予受理的决定，并告知申请人向有关行政机关申请；

（三）申请材料存在可以当场更正的错误的，应当允许申请人当场更正；

（四）申请材料不齐全或者不符合法定形式的，应当当场或者在五日内一次告知申请人需要补正的全部内容，逾期不告知的，自收到申请材料之日起即为受理；

（五）申请事项属于本行政机关职权范围，申请材料齐全、符合法定形式，或者申请人按照本行政机关的要求提交全部补正申请材料的，应当受理行政许可申请。

行政机关受理或者不予受理行政许可申请，应当出具加盖本行政机关专用印章和注明日期的书面凭证。

第三十三条 行政机关应当建立和完善有关制度，推行电子政务，在行政机关的网站上公布行政许可事项，方便申请人采取数据电文等方式提出行政许可申请；应当与其他行政机关共享有关行政许可信息，提高办事效率。

第二节　审查与决定

第三十四条 行政机关应当对申请人提交的申请材料进行审查。

申请人提交的申请材料齐全、符合法定形式，行政机关能够当场作出决定的，应当当场作出书面的行政许可决定。

根据法定条件和程序，需要对申请材料的实质内容进行核实的，行政机关应当指派两名以上工作人员进行核查。

第三十五条 依法应当先经下级行政机关审查后报上级行政机关决定的行政许可，下级行政机关应当在法定期限内将初步审查意见和全部申请材料直接报送上级行政机关。上级行政机关不得要求申请人重复提供申请材料。

第三十六条 行政机关对行政许可申请进行审查时,发现行政许可事项直接关系他人重大利益的,应当告知该利害关系人。申请人、利害关系人有权进行陈述和申辩。行政机关应当听取申请人、利害关系人的意见。

第三十七条 行政机关对行政许可申请进行审查后,除当场作出行政许可决定的外,应当在法定期限内按照规定程序作出行政许可决定。

第三十八条 申请人的申请符合法定条件、标准的,行政机关应当依法作出准予行政许可的书面决定。

行政机关依法作出不予行政许可的书面决定的,应当说明理由,并告知申请人享有依法申请行政复议或者提起行政诉讼的权利。

第三十九条 行政机关作出准予行政许可的决定,需要颁发行政许可证件的,应当向申请人颁发加盖本行政机关印章的下列行政许可证件:

(一)许可证、执照或者其他许可证书;

(二)资格证、资质证或者其他合格证书;

(三)行政机关的批准文件或者证明文件;

(四)法律、法规规定的其他行政许可证件。

行政机关实施检验、检测、检疫的,可以在检验、检测、检疫合格的设备、设施、产品、物品上加贴标签或者加盖检验、检测、检疫印章。

第四十条 行政机关作出的准予行政许可决定,应当予以公开,公众有权查阅。

第四十一条 法律、行政法规设定的行政许可,其适用范围没有地域限制的,申请人取得的行政许可在全国范围内有效。

第三节 期 限

第四十二条 除可以当场作出行政许可决定的外,行政机关应当自受理行政许可申请之日起二十日内作出行政许可决定。二十日内不能作出决定的,经本行政机关负责人批准,可以延长十日,并应当将延长期限的理由告知申请人。但是,法律、法规另有规定的,依照其规定。

依照本法第二十六条的规定,行政许可采取统一办理或者联合办理、集中办理的,办理的时间不得超过四十五日;四十五日内不能办结的,经本级人民政府负责人批准,可以延长十五日,并应当将延长期限的理由告知申请人。

第四十三条 依法应当先经下级行政机关审查后报上级行政机关决定的行政许可,下级行政机关应当自其受理行政许可申请之日起二十日内审查完毕。但是,法律、法规另有规定的,依照其规定。

第四十四条 行政机关作出准予行政许可的决定,应当自作出决定之日起十日内向申请人颁发、送达行政许可证件,或者加贴标签、加盖检验、检测、检疫印章。

第四十五条 行政机关作出行政许可决定,依法需要听证、招标、拍卖、检验、检测、检疫、鉴定和专家评审的,所需时间不计算在本节规定的期限内。行政机关应当将所需时间书面告知申请人。

第四节　听　证

第四十六条　法律、法规、规章规定实施行政许可应当听证的事项，或者行政机关认为需要听证的其他涉及公共利益的重大行政许可事项，行政机关应当向社会公告，并举行听证。

第四十七条　行政许可直接涉及申请人与他人之间重大利益关系的，行政机关在作出行政许可决定前，应当告知申请人、利害关系人享有要求听证的权利；申请人、利害关系人在被告知听证权利之日起五日内提出听证申请的，行政机关应当在二十日内组织听证。

申请人、利害关系人不承担行政机关组织听证的费用。

第四十八条　听证按照下列程序进行：

（一）行政机关应当于举行听证的七日前将举行听证的时间、地点通知申请人、利害关系人，必要时予以公告；

（二）听证应当公开举行；

（三）行政机关应当指定审查该行政许可申请的工作人员以外的人员为听证主持人，申请人、利害关系人认为主持人与该行政许可事项有直接利害关系的，有权申请回避；

（四）举行听证时，审查该行政许可申请的工作人员应当提供审查意见的证据、理由，申请人、利害关系人可以提出证据，并进行申辩和质证；

（五）听证应当制作笔录，听证笔录应当交听证参加人确认无误后签字或者盖章。

行政机关应当根据听证笔录，作出行政许可决定。

第五节　变更与延续

第四十九条　被许可人要求变更行政许可事项的，应当向作出行政许可决定的行政机关提出申请；符合法定条件、标准的，行政机关应当依法办理变更手续。

第五十条　被许可人需要延续依法取得的行政许可的有效期的，应当在该行政许可有效期届满三十日前向作出行政许可决定的行政机关提出申请。但是，法律、法规、规章另有规定的，依照其规定。

行政机关应当根据被许可人的申请，在该行政许可有效期届满前作出是否准予延续的决定；逾期未作决定的，视为准予延续。

第六节　特别规定

第五十一条　实施行政许可的程序，本节有规定的，适用本节规定；本节没有规定的，适用本章其他有关规定。

第五十二条　国务院实施行政许可的程序，适用有关法律、行政法规的规定。

第五十三条　实施本法第十二条第二项所列事项的行政许可的，行政机关应当通过招标、拍卖等公平竞争的方式作出决定。但是，法律、行政法规另有规定的，依照其规定。

行政机关通过招标、拍卖等方式作出行政许可决定的具体程序，依照有关法律、行政法规的规定。

行政机关按照招标、拍卖程序确定中标人、买受人后，应当作出准予行政许可的决定，并依法向中标人、买受人颁发行政许可证件。

行政机关违反本条规定，不采用招标、拍卖方式，或者违反招标、拍卖程序，损害申请人合法权益的，申请人可以依法申请行政复议或者提起行政诉讼。

第五十四条 实施本法第十二条第三项所列事项的行政许可，赋予公民特定资格，依法应当举行国家考试的，行政机关根据考试成绩和其他法定条件作出行政许可决定；赋予法人或者其他组织特定的资格、资质的，行政机关根据申请人的专业人员构成、技术条件、经营业绩和管理水平等的考核结果作出行政许可决定。但是，法律、行政法规另有规定的，依照其规定。

公民特定资格的考试依法由行政机关或者行业组织实施，公开举行。行政机关或者行业组织应当事先公布资格考试的报名条件、报考办法、考试科目以及考试大纲。但是，不得组织强制性的资格考试的考前培训，不得指定教材或者其他助考材料。

第五十五条 实施本法第十二条第四项所列事项的行政许可的，应当按照技术标准、技术规范依法进行检验、检测、检疫，行政机关根据检验、检测、检疫的结果作出行政许可决定。

行政机关实施检验、检测、检疫，应当自受理申请之日起五日内指派两名以上工作人员按照技术标准、技术规范进行检验、检测、检疫。不需要对检验、检测、检疫结果作进一步技术分析即可认定设备、设施、产品、物品是否符合技术标准、技术规范的，行政机关应当当场作出行政许可决定。

行政机关根据检验、检测、检疫结果，作出不予行政许可决定的，应当书面说明不予行政许可所依据的技术标准、技术规范。

第五十六条 实施本法第十二条第五项所列事项的行政许可，申请人提交的申请材料齐全、符合法定形式的，行政机关应当当场予以登记。需要对申请材料的实质内容进行核实的，行政机关依照本法第三十四条第三款的规定办理。

第五十七条 有数量限制的行政许可，两个或者两个以上申请人的申请均符合法定条件、标准的，行政机关应当根据受理行政许可申请的先后顺序作出准予行政许可的决定。但是，法律、行政法规另有规定的，依照其规定。

第五章 行政许可的费用

第五十八条 行政机关实施行政许可和对行政许可事项进行监督检查，不得收取任何费用。但是，法律、行政法规另有规定的，依照其规定。

行政机关提供行政许可申请书格式文本，不得收费。

行政机关实施行政许可所需经费应当列入本行政机关的预算，由本级财政予以保障，按照批准的预算予以核拨。

第五十九条 行政机关实施行政许可，依照法律、行政法规收取费用的，应当按照公布的法定项目和标准收费；所收取的费用必须全部上缴国库，任何机关或者个人不得以任何形式截留、挪用、私分或者变相私分。财政部门不得以任何形式向行政机关返还或者变相返还实施行政许可所收取的费用。

第六章 监督检查

第六十条 上级行政机关应当加强对下级行政机关实施行政许可的监督检查，及时纠正行政许可实施中的违法行为。

第六十一条 行政机关应当建立健全监督制度，通过核查反映被许可人从事行政许可事项活动情况的有关材料，履行监督责任。

行政机关依法对被许可人从事行政许可事项的活动进行监督检查时，应当将监督检查的情况和处理结果予以记录，由监督检查人员签字后归档。公众有权查阅行政机关监督检查记录。

行政机关应当创造条件，实现与被许可人、其他有关行政机关的计算机档案系统互联，核查被许可人从事行政许可事项活动情况。

第六十二条 行政机关可以对被许可人生产经营的产品依法进行抽样检查、检验、检测，对其生产经营场所依法进行实地检查。检查时，行政机关可以依法查阅或者要求被许可人报送有关材料；被许可人应当如实提供有关情况和材料。

行政机关根据法律、行政法规的规定，对直接关系公共安全、人身健康、生命财产安全的重要设备、设施进行定期检验。对检验合格的，行政机关应当发给相应的证明文件。

第六十三条 行政机关实施监督检查，不得妨碍被许可人正常的生产经营活动，不得索取或者收受被许可人的财物，不得谋取其他利益。

第六十四条 被许可人在作出行政许可决定的行政机关管辖区域外违法从事行政许可事项活动的，违法行为发生地的行政机关应当依法将被许可人的违法事实、处理结果抄告作出行政许可决定的行政机关。

第六十五条 个人和组织发现违法从事行政许可事项的活动，有权向行政机关举报，行政机关应当及时核实、处理。

第六十六条 被许可人未依法履行开发利用自然资源义务或者未依法履行利用公共资源义务的，行政机关应当责令限期改正；被许可人在规定期限内不改正的，行政机关应当依照有关法律、行政法规的规定予以处理。

第六十七条 取得直接关系公共利益的特定行业的市场准入行政许可的被许可人，应当按照国家规定的服务标准、资费标准和行政机关依法规定的条件，向用户提供安全、方便、稳定和价格合理的服务，并履行普遍服务的义务；未经作出行政许可决定的行政机关批准，不得擅自停业、歇业。

被许可人不履行前款规定的义务的,行政机关应当责令限期改正,或者依法采取有效措施督促其履行义务。

第六十八条 对直接关系公共安全、人身健康、生命财产安全的重要设备、设施,行政机关应当督促设计、建造、安装和使用单位建立相应的自检制度。

行政机关在监督检查时,发现直接关系公共安全、人身健康、生命财产安全的重要设备、设施存在安全隐患的,应当责令停止建造、安装和使用,并责令设计、建造、安装和使用单位立即改正。

第六十九条 有下列情形之一的,作出行政许可决定的行政机关或者其上级行政机关,根据利害关系人的请求或者依据职权,可以撤销行政许可:

(一)行政机关工作人员滥用职权、玩忽职守作出准予行政许可决定的;

(二)超越法定职权作出准予行政许可决定的;

(三)违反法定程序作出准予行政许可决定的;

(四)对不具备申请资格或者不符合法定条件的申请人准予行政许可的;

(五)依法可以撤销行政许可的其他情形。

被许可人以欺骗、贿赂等不正当手段取得行政许可的,应当予以撤销。

依照前两款的规定撤销行政许可,可能对公共利益造成重大损害的,不予撤销。

依照本条第一款的规定撤销行政许可,被许可人的合法权益受到损害的,行政机关应当依法给予赔偿。依照本条第二款的规定撤销行政许可的,被许可人基于行政许可取得的利益不受保护。

第七十条 有下列情形之一的,行政机关应当依法办理有关行政许可的注销手续:

(一)行政许可有效期届满未延续的;

(二)赋予公民特定资格的行政许可,该公民死亡或者丧失行为能力的;

(三)法人或者其他组织依法终止的;

(四)行政许可依法被撤销、撤回,或者行政许可证件依法被吊销的;

(五)因不可抗力导致行政许可事项无法实施的;

(六)法律、法规规定的应当注销行政许可的其他情形。

第七章 法律责任

第七十一条 违反本法第十七条规定设定的行政许可,有关机关应当责令设定该行政许可的机关改正,或者依法予以撤销。

第七十二条 行政机关及其工作人员违反本法的规定,有下列情形之一的,由其上级行政机关或者监察机关责令改正;情节严重的,对直接负责的主管人员和其他直接责任人员依法给予行政处分:

(一)对符合法定条件的行政许可申请不予受理的;

(二)不在办公场所公示依法应当公示的材料的;

（三）在受理、审查、决定行政许可过程中，未向申请人、利害关系人履行法定告知义务的；

（四）申请人提交的申请材料不齐全、不符合法定形式，不一次告知申请人必须补正的全部内容的；

（五）违法披露申请人提交的商业秘密、未披露信息或者保密商务信息的；

（六）以转让技术作为取得行政许可的条件，或者在实施行政许可的过程中直接或者间接地要求转让技术的；

（七）未依法说明不受理行政许可申请或者不予行政许可的理由的；

（八）依法应当举行听证而不举行听证的。

第七十三条 行政机关工作人员办理行政许可、实施监督检查，索取或者收受他人财物或者谋取其他利益，构成犯罪的，依法追究刑事责任；尚不构成犯罪的，依法给予行政处分。

第七十四条 行政机关实施行政许可，有下列情形之一的，由其上级行政机关或者监察机关责令改正，对直接负责的主管人员和其他直接责任人员依法给予行政处分；构成犯罪的，依法追究刑事责任：

（一）对不符合法定条件的申请人准予行政许可或者超越法定职权作出准予行政许可决定的；

（二）对符合法定条件的申请人不予行政许可或者不在法定期限内作出准予行政许可决定的；

（三）依法应当根据招标、拍卖结果或者考试成绩择优作出准予行政许可决定，未经招标、拍卖或者考试，或者不根据招标、拍卖结果或者考试成绩择优作出准予行政许可决定的。

第七十五条 行政机关实施行政许可，擅自收费或者不按照法定项目和标准收费的，由其上级行政机关或者监察机关责令退还非法收取的费用；对直接负责的主管人员和其他直接责任人员依法给予行政处分。

截留、挪用、私分或者变相私分实施行政许可依法收取的费用的，予以追缴；对直接负责的主管人员和其他直接责任人员依法给予行政处分；构成犯罪的，依法追究刑事责任。

第七十六条 行政机关违法实施行政许可，给当事人的合法权益造成损害的，应当依照国家赔偿法的规定给予赔偿。

第七十七条 行政机关不依法履行监督职责或者监督不力，造成严重后果的，由其上级行政机关或者监察机关责令改正，对直接负责的主管人员和其他直接责任人员依法给予行政处分；构成犯罪的，依法追究刑事责任。

第七十八条 行政许可申请人隐瞒有关情况或者提供虚假材料申请行政许可的，行政机关不予受理或者不予行政许可，并给予警告；行政许可申请属于直接关系公共安全、人身健康、生命财产安全事项的，申请人在一年内不得再次申请该行政许可。

第七十九条 被许可人以欺骗、贿赂等不正当手段取得行政许可的，行政机关应当依法给予行政处罚；取得的行政许可属于直接关系公共安全、人身健康、生命财产安全事项的，申请人在三年内不得再次申请该行政许可；构成犯罪的，依法追究刑事责任。

第八十条 被许可人有下列行为之一的，行政机关应当依法给予行政处罚；构成犯罪的，依法追究刑事责任：

（一）涂改、倒卖、出租、出借行政许可证件，或者以其他形式非法转让行政许可的；

（二）超越行政许可范围进行活动的；

（三）向负责监督检查的行政机关隐瞒有关情况、提供虚假材料或者拒绝提供反映其活动情况的真实材料的；

（四）法律、法规、规章规定的其他违法行为。

第八十一条 公民、法人或者其他组织未经行政许可，擅自从事依法应当取得行政许可的活动的，行政机关应当依法采取措施予以制止，并依法给予行政处罚；构成犯罪的，依法追究刑事责任。

第八章　附　　则

第八十二条 本法规定的行政机关实施行政许可的期限以工作日计算，不含法定节假日。

第八十三条 本法自2004年7月1日起施行。

本法施行前有关行政许可的规定，制定机关应当依照本法规定予以清理；不符合本法规定的，自本法施行之日起停止执行。

中华人民共和国行政处罚法

（1996年3月17日第八届全国人民代表大会第四次会议通过　根据2009年8月27日第十一届全国人民代表大会常务委员会第十次会议《关于修改部分法律的决定》第一次修正　根据2017年9月1日第十二届全国人民代表大会常务委员会第二十九次会议《关于修改〈中华人民共和国法官法〉等八部法律的决定》第二次修正）

目　　录

第一章　总　　则

第一条　为了规范行政处罚的设定和实施，保障和监督行政机关有效实施行政管理，维护公共利益和社会秩序，保护公民、法人或者其他组织的合法权益，根据宪法，制定本法。

第二条　行政处罚的设定和实施，适用本法。

第三条　公民、法人或者其他组织违反行政管理秩序的行为，应当给予行政处罚的，依照本法由法律、法规或者规章规定，并由行政机关依照本法规定的程序实施。

没有法定依据或者不遵守法定程序的，行政处罚无效。

第四条　行政处罚遵循公正、公开的原则。

设定和实施行政处罚必须以事实为依据，与违法行为的事实、性质、情节以及社会危害程度相当。

对违法行为给予行政处罚的规定必须公布；未经公布的，不得作为行政处罚的依据。

第五条　实施行政处罚，纠正违法行为，应当坚持处罚与教育相结合，教育公民、法人或者其他组织自觉守法。

第六条　公民、法人或者其他组织对行政机关所给予的行政处罚，享有陈述权、申辩权；对行政处罚不服的，有权依法申请行政复议或者提起行政诉讼。

公民、法人或者其他组织因行政机关违法给予行政处罚受到损害的，有权依法提出赔偿要求。

第七条　公民、法人或者其他组织因违法受到行政处罚，其违法行为对他人造成损害的，应当依法承担民事责任。

违法行为构成犯罪，应当依法追究刑事责任，不得以行政处罚代替刑事处罚。

第二章　行政处罚的种类和设定

第八条　行政处罚的种类：

（一）警告；

（二）罚款；

（三）没收违法所得、没收非法财物；

（四）责令停产停业；

（五）暂扣或者吊销许可证、暂扣或者吊销执照；

（六）行政拘留；

（七）法律、行政法规规定的其他行政处罚。

第九条 法律可以设定各种行政处罚。

限制人身自由的行政处罚，只能由法律设定。

第十条 行政法规可以设定除限制人身自由以外的行政处罚。

法律对违法行为已经作出行政处罚规定，行政法规需要作出具体规定的，必须在法律规定的给予行政处罚的行为、种类和幅度的范围内规定。

第十一条 地方性法规可以设定除限制人身自由、吊销企业营业执照以外的行政处罚。

法律、行政法规对违法行为已经作出行政处罚规定，地方性法规需要作出具体规定的，必须在法律、行政法规规定的给予行政处罚的行为、种类和幅度的范围内规定。

第十二条 国务院部、委员会制定的规章可以在法律、行政法规规定的给予行政处罚的行为、种类和幅度的范围内作出具体规定。

尚未制定法律、行政法规的，前款规定的国务院部、委员会制定的规章对违反行政管理秩序的行为，可以设定警告或者一定数量罚款的行政处罚。罚款的限额由国务院规定。

国务院可以授权具有行政处罚权的直属机构依照本条第一款、第二款的规定，规定行政处罚。

第十三条 省、自治区、直辖市人民政府和省、自治区人民政府所在地的市人民政府以及经国务院批准的较大的市人民政府制定的规章可以在法律、法规规定的给予行政处罚的行为、种类和幅度的范围内作出具体规定。

尚未制定法律、法规的，前款规定的人民政府制定的规章对违反行政管理秩序的行为，可以设定警告或者一定数量罚款的行政处罚。罚款的限额由省、自治区、直辖市人民代表大会常务委员会规定。

第十四条 除本法第九条、第十条、第十一条、第十二条以及第十三条的规定外，其他规范性文件不得设定行政处罚。

第三章 行政处罚的实施机关

第十五条 行政处罚由具有行政处罚权的行政机关在法定职权范围内实施。

第十六条 国务院或者经国务院授权的省、自治区、直辖市人民政府可以决定一个行政机关行使有关行政机关的行政处罚权，但限制人身自由的行政处罚权只能由公安机关行使。

第十七条 法律、法规授权的具有管理公共事务职能的组织可以在法定授权范围内实施行政处罚。

第十八条 行政机关依照法律、法规或者规章的规定，可以在其法定权限内委托符合本法第十九条规定条件的组织实施行政处罚。行政机关不得委托其他组织或者个人实施行政处罚。

委托行政机关对受委托的组织实施行政处罚的行为应当负责监督，并对该行为的后果承担法律责任。

受委托组织在委托范围内，以委托行政机关名义实施行政处罚；不得再委托其他任何组织或者个人实施行政处罚。

第十九条 受委托组织必须符合以下条件：

（一）依法成立的管理公共事务的事业组织；

（二）具有熟悉有关法律、法规、规章和业务的工作人员；

（三）对违法行为需要进行技术检查或者技术鉴定的，应当有条件组织进行相应的技术检查或者技术鉴定。

第四章 行政处罚的管辖和适用

第二十条 行政处罚由违法行为发生地的县级以上地方人民政府具有行政处罚权的行政机关管辖。法律、行政法规另有规定的除外。

第二十一条 对管辖发生争议的，报请共同的上一级行政机关指定管辖。

第二十二条 违法行为构成犯罪的，行政机关必须将案件移送司法机关，依法追究刑事责任。

第二十三条 行政机关实施行政处罚时，应当责令当事人改正或者限期改正违法行为。

第二十四条 对当事人的同一个违法行为，不得给予两次以上罚款的行政处罚。

第二十五条 不满十四周岁的人有违法行为的，不予行政处罚，责令监护人加以管教；已满十四周岁不满十八周岁的人有违法行为的，从轻或者减轻行政处罚。

第二十六条 精神病人在不能辨认或者不能控制自己行为时有违法行为的，不予行政处罚，但应当责令其监护人严加看管和治疗。间歇性精神病人在精神正常时有违法行为的，应当给予行政处罚。

第二十七条 当事人有下列情形之一的，应当依法从轻或者减轻行政处罚：

（一）主动消除或者减轻违法行为危害后果的；

（二）受他人胁迫有违法行为的；

（三）配合行政机关查处违法行为有立功表现的；

（四）其他依法从轻或者减轻行政处罚的。

违法行为轻微并及时纠正，没有造成危害后果的，不予行政处罚。

第二十八条 违法行为构成犯罪，人民法院判处拘役或者有期徒刑时，行政机关已经给予当事人行政拘留的，应当依法折抵相应刑期。

违法行为构成犯罪，人民法院判处罚金时，行政机关已经给予当事人罚款的，应当折抵相应罚金。

第二十九条 违法行为在二年内未被发现的，不再给予行政处罚。法律另有规定的除外。

前款规定的期限，从违法行为发生之日起计算；违法行为有连续或者继续状态的，从行为终了之日起计算。

第五章 行政处罚的决定

第三十条 公民、法人或者其他组织违反行政管理秩序的行为，依法应当给予行政处罚的，行政机关必须查明事实；违法事实不清的，不得给予行政处罚。

第三十一条 行政机关在作出行政处罚决定之前，应当告知当事人作出行政处罚决定的事实、理由及依据，并告知当事人依法享有的权利。

第三十二条 当事人有权进行陈述和申辩。行政机关必须充分听取当事人的意见，对当事人提出的事实、理由和证据，应当进行复核；当事人提出的事实、理由或者证据成立的，行政机关应当采纳。

行政机关不得因当事人申辩而加重处罚。

第一节 简易程序

第三十三条 违法事实确凿并有法定依据，对公民处以五十元以下、对法人或者其他组织处以一千元以下罚款或者警告的行政处罚的，可以当场作出行政处罚决定。当事人应当依照本法第四十六条、第四十七条、第四十八条的规定履行行政处罚决定。

第三十四条 执法人员当场作出行政处罚决定的，应当向当事人出示执法身份证件，填写预定格式、编有号码的行政处罚决定书。行政处罚决定书应当当场交付当事人。

前款规定的行政处罚决定书应当载明当事人的违法行为、行政处罚依据、罚款数额、时间、地点以及行政机关名称，并由执法人员签名或者盖章。

执法人员当场作出的行政处罚决定，必须报所属行政机关备案。

第三十五条 当事人对当场作出的行政处罚决定不服的，可以依法申请行政复议或者提起行政诉讼。

第二节 一般程序

第三十六条 除本法第三十三条规定的可以当场作出的行政处罚外，行政机关发现公民、法人或者其他组织有依法应当给予行政处罚的行为的，必须全面、客观、公正地调查，收集有关证据；必要时，依照法律、法规的规定，可以进行检查。

关;在水上当场收缴的罚款,应当自抵岸之日起二日内交至行政机关;行政机关应当在二日内将罚款缴付指定的银行。

第五十一条 当事人逾期不履行行政处罚决定的,作出行政处罚决定的行政机关可以采取下列措施:

(一)到期不缴纳罚款的,每日按罚款数额的百分之三加处罚款;

(二)根据法律规定,将查封、扣押的财物拍卖或者将冻结的存款划拨抵缴罚款;

(三)申请人民法院强制执行。

第五十二条 当事人确有经济困难,需要延期或者分期缴纳罚款的,经当事人申请和行政机关批准,可以暂缓或者分期缴纳。

第五十三条 除依法应当予以销毁的物品外,依法没收的非法财物必须按照国家规定公开拍卖或者按照国家有关规定处理。

罚款、没收违法所得或者没收非法财物拍卖的款项,必须全部上缴国库,任何行政机关或者个人不得以任何形式截留、私分或者变相私分;财政部门不得以任何形式向作出行政处罚决定的行政机关返还罚款、没收的违法所得或者返还没收非法财物的拍卖款项。

第五十四条 行政机关应当建立健全对行政处罚的监督制度。县级以上人民政府应当加强对行政处罚的监督检查。

公民、法人或者其他组织对行政机关作出的行政处罚,有权申诉或者检举;行政机关应当认真审查,发现行政处罚有错误的,应当主动改正。

第七章 法律责任

第五十五条 行政机关实施行政处罚,有下列情形之一的,由上级行政机关或者有关部门责令改正,可以对直接负责的主管人员和其他直接责任人员依法给予行政处分:

(一)没有法定的行政处罚依据的;

(二)擅自改变行政处罚种类、幅度的;

(三)违反法定的行政处罚程序的;

(四)违反本法第十八条关于委托处罚的规定的。

第五十六条 行政机关对当事人进行处罚不使用罚款、没收财物单据或者使用非法定部门制发的罚款、没收财物单据的,当事人有权拒绝处罚,并有权予以检举。上级行政机关或者有关部门对使用的非法单据予以收缴销毁,对直接负责的主管人员和其他直接责任人员依法给予行政处分。

第五十七条 行政机关违反本法第四十六条的规定自行收缴罚款的,财政部门违反本法第五十三条的规定向行政机关返还罚款或者拍卖款项的,由上级行政机关或者有关部门责令改正,对直接负责的主管人员和其他直接责任人员依法给予行政处分。

第五十八条 行政机关将罚款、没收的违法所得或者财物截留、私分或者变相私分的,由财政部门或者有关部门予以追缴,对直接负责的主管人员和其他直接责任人员依法给予行政处分；情节严重构成犯罪的，依法追究刑事责任。

执法人员利用职务上的便利，索取或者收受他人财物、收缴罚款据为己有，构成犯罪的，依法追究刑事责任；情节轻微不构成犯罪的，依法给予行政处分。

第五十九条 行政机关使用或者损毁扣押的财物，对当事人造成损失的，应当依法予以赔偿，对直接负责的主管人员和其他直接责任人员依法给予行政处分。

第六十条 行政机关违法实行检查措施或者执行措施，给公民人身或者财产造成损害、给法人或者其他组织造成损失的，应当依法予以赔偿，对直接负责的主管人员和其他直接责任人员依法给予行政处分；情节严重构成犯罪的，依法追究刑事责任。

第六十一条 行政机关为牟取本单位私利，对应当依法移交司法机关追究刑事责任的不移交，以行政处罚代替刑罚，由上级行政机关或者有关部门责令纠正；拒不纠正的，对直接负责的主管人员给予行政处分；徇私舞弊、包庇纵容违法行为的，依照刑法有关规定追究刑事责任。

第六十二条 执法人员玩忽职守，对应当予以制止和处罚的违法行为不予制止、处罚，致使公民、法人或者其他组织的合法权益、公共利益和社会秩序遭受损害的，对直接负责的主管人员和其他直接责任人员依法给予行政处分；情节严重构成犯罪的，依法追究刑事责任。

第八章 附 则

第六十三条 本法第四十六条罚款决定与罚款收缴分离的规定，由国务院制定具体实施办法。

第六十四条 本法自 1996 年 10 月 1 日起施行。

本法公布前制定的法规和规章关于行政处罚的规定与本法不符合的，应当自本法公布之日起，依照本法规定予以修订，在 1997 年 12 月 31 日前修订完毕。

中华人民共和国行政强制法

（2011 年 6 月 30 日第十一届全国人民代表大会常务委员会第二十一次会议通过）

目 录

第一章　总　　则

第一条　为了规范行政强制的设定和实施，保障和监督行政机关依法履行职责，维护公共利益和社会秩序，保护公民、法人和其他组织的合法权益，根据宪法，制定本法。

第二条　本法所称行政强制，包括行政强制措施和行政强制执行。

行政强制措施，是指行政机关在行政管理过程中，为制止违法行为、防止证据损毁、避免危害发生、控制危险扩大等情形，依法对公民的人身自由实施暂时性限制，或者对公民、法人或者其他组织的财物实施暂时性控制的行为。

行政强制执行，是指行政机关或者行政机关申请人民法院，对不履行行政决定的公民、法人或者其他组织，依法强制履行义务的行为。

第三条　行政强制的设定和实施，适用本法。

发生或者即将发生自然灾害、事故灾难、公共卫生事件或者社会安全事件等突发事件，行政机关采取应急措施或者临时措施，依照有关法律、行政法规的规定执行。

行政机关采取金融业审慎监管措施、进出境货物强制性技术监控措施，依照有关法律、行政法规的规定执行。

第四条　行政强制的设定和实施，应当依照法定的权限、范围、条件和程序。

第五条　行政强制的设定和实施，应当适当。采用非强制手段可以达到行政管理目的的，不得设定和实施行政强制。

第六条　实施行政强制，应当坚持教育与强制相结合。

第七条　行政机关及其工作人员不得利用行政强制权为单位或者个人谋取利益。

第八条　公民、法人或者其他组织对行政机关实施行政强制，享有陈述权、申辩权；有权依法申请行政复议或者提起行政诉讼；因行政机关违法实施行政强制受到损害的，有权依法要求赔偿。

公民、法人或者其他组织因人民法院在强制执行中有违法行为或者扩大强制执行范围受到损害的，有权依法要求赔偿。

第二章 行政强制的种类和设定

第九条 行政强制措施的种类：

（一）限制公民人身自由；

（二）查封场所、设施或者财物；

（三）扣押财物；

（四）冻结存款、汇款；

（五）其他行政强制措施。

第十条 行政强制措施由法律设定。

尚未制定法律，且属于国务院行政管理职权事项的，行政法规可以设定除本法第九条第一项、第四项和应当由法律规定的行政强制措施以外的其他行政强制措施。

尚未制定法律、行政法规，且属于地方性事务的，地方性法规可以设定本法第九条第二项、第三项的行政强制措施。

法律、法规以外的其他规范性文件不得设定行政强制措施。

第十一条 法律对行政强制措施的对象、条件、种类作了规定的，行政法规、地方性法规不得作出扩大规定。

法律中未设定行政强制措施的，行政法规、地方性法规不得设定行政强制措施。但是，法律规定特定事项由行政法规规定具体管理措施的，行政法规可以设定除本法第九条第一项、第四项和应当由法律规定的行政强制措施以外的其他行政强制措施。

第十二条 行政强制执行的方式：

（一）加处罚款或者滞纳金；

（二）划拨存款、汇款；

（三）拍卖或者依法处理查封、扣押的场所、设施或者财物；

（四）排除妨碍、恢复原状；

（五）代履行；

（六）其他强制执行方式。

第十三条 行政强制执行由法律设定。

法律没有规定行政机关强制执行的，作出行政决定的行政机关应当申请人民法院强制执行。

第十四条 起草法律草案、法规草案，拟设定行政强制的，起草单位应当采取听证会、论证会等形式听取意见，并向制定机关说明设定该行政强制的必要性、可能产生的影响以及听取和采纳意见的情况。

第十五条 行政强制的设定机关应当定期对其设定的行政强制进行评价，并对不适当的行政强制及时予以修改或者废止。

行政强制的实施机关可以对已设定的行政强制的实施情况及存在的必要性适时进行

评价，并将意见报告该行政强制的设定机关。

公民、法人或者其他组织可以向行政强制的设定机关和实施机关就行政强制的设定和实施提出意见和建议。有关机关应当认真研究论证，并以适当方式予以反馈。

第三章　行政强制措施实施程序

第一节　一般规定

第十六条　行政机关履行行政管理职责，依照法律、法规的规定，实施行政强制措施。

违法行为情节显著轻微或者没有明显社会危害的，可以不采取行政强制措施。

第十七条　行政强制措施由法律、法规规定的行政机关在法定职权范围内实施。行政强制措施权不得委托。

依据《中华人民共和国行政处罚法》的规定行使相对集中行政处罚权的行政机关，可以实施法律、法规规定的与行政处罚权有关的行政强制措施。

行政强制措施应当由行政机关具备资格的行政执法人员实施，其他人员不得实施。

第十八条　行政机关实施行政强制措施应当遵守下列规定：

（一）实施前须向行政机关负责人报告并经批准；

（二）由两名以上行政执法人员实施；

（三）出示执法身份证件；

（四）通知当事人到场；

（五）当场告知当事人采取行政强制措施的理由、依据以及当事人依法享有的权利、救济途径；

（六）听取当事人的陈述和申辩；

（七）制作现场笔录；

（八）现场笔录由当事人和行政执法人员签名或者盖章，当事人拒绝的，在笔录中予以注明；

（九）当事人不到场的，邀请见证人到场，由见证人和行政执法人员在现场笔录上签名或者盖章；

（十）法律、法规规定的其他程序。

第十九条　情况紧急，需要当场实施行政强制措施的，行政执法人员应当在二十四小时内向行政机关负责人报告，并补办批准手续。行政机关负责人认为不应当采取行政强制措施的，应当立即解除。

第二十条　依照法律规定实施限制公民人身自由的行政强制措施，除应当履行本法第十八条规定的程序外，还应当遵守下列规定：

（一）当场告知或者实施行政强制措施后立即通知当事人家属实施行政强制措施的行政机关、地点和期限；

（二）在紧急情况下当场实施行政强制措施的，在返回行政机关后，立即向行政机关负责人报告并补办批准手续；

（三）法律规定的其他程序。

实施限制人身自由的行政强制措施不得超过法定期限。实施行政强制措施的目的已经达到或者条件已经消失，应当立即解除。

第二十一条 违法行为涉嫌犯罪应当移送司法机关的，行政机关应当将查封、扣押、冻结的财物一并移送，并书面告知当事人。

第二节 查封、扣押

第二十二条 查封、扣押应当由法律、法规规定的行政机关实施，其他任何行政机关或者组织不得实施。

第二十三条 查封、扣押限于涉案的场所、设施或者财物，不得查封、扣押与违法行为无关的场所、设施或者财物；不得查封、扣押公民个人及其所扶养家属的生活必需品。

当事人的场所、设施或者财物已被其他国家机关依法查封的，不得重复查封。

第二十四条 行政机关决定实施查封、扣押的，应当履行本法第十八条规定的程序，制作并当场交付查封、扣押决定书和清单。

查封、扣押决定书应当载明下列事项：

（一）当事人的姓名或者名称、地址；

（二）查封、扣押的理由、依据和期限；

（三）查封、扣押场所、设施或者财物的名称、数量等；

（四）申请行政复议或者提起行政诉讼的途径和期限；

（五）行政机关的名称、印章和日期。

查封、扣押清单一式二份，由当事人和行政机关分别保存。

第二十五条 查封、扣押的期限不得超过三十日；情况复杂的，经行政机关负责人批准，可以延长，但是延长期限不得超过三十日。法律、行政法规另有规定的除外。

延长查封、扣押的决定应当及时书面告知当事人，并说明理由。

对物品需要进行检测、检验、检疫或者技术鉴定的，查封、扣押的期间不包括检测、检验、检疫或者技术鉴定的期间。检测、检验、检疫或者技术鉴定的期间应当明确，并书面告知当事人。检测、检验、检疫或者技术鉴定的费用由行政机关承担。

第二十六条 对查封、扣押的场所、设施或者财物，行政机关应当妥善保管，不得使用或者损毁；造成损失的，应当承担赔偿责任。

对查封的场所、设施或者财物，行政机关可以委托第三人保管，第三人不得损毁或者擅自转移、处置。因第三人的原因造成的损失，行政机关先行赔付后，有权向第三人追偿。

因查封、扣押发生的保管费用由行政机关承担。

第二十七条 行政机关采取查封、扣押措施后，应当及时查清事实，在本法第二十五条规定的期限内作出处理决定。对违法事实清楚，依法应当没收的非法财物予以没收；法律、行政法规规定应当销毁的，依法销毁；应当解除查封、扣押的，作出解除查封、扣押的决定。

第二十八条 有下列情形之一的，行政机关应当及时作出解除查封、扣押决定：

（一）当事人没有违法行为；

（二）查封、扣押的场所、设施或者财物与违法行为无关；

（三）行政机关对违法行为已经作出处理决定，不再需要查封、扣押；

（四）查封、扣押期限已经届满；

（五）其他不再需要采取查封、扣押措施的情形。

解除查封、扣押应当立即退还财物；已将鲜活物品或者其他不易保管的财物拍卖或者变卖的，退还拍卖或者变卖所得款项。变卖价格明显低于市场价格，给当事人造成损失的，应当给予补偿。

第三节 冻 结

第二十九条 冻结存款、汇款应当由法律规定的行政机关实施，不得委托给其他行政机关或者组织；其他任何行政机关或者组织不得冻结存款、汇款。

冻结存款、汇款的数额应当与违法行为涉及的金额相当；已被其他国家机关依法冻结的，不得重复冻结。

第三十条 行政机关依照法律规定决定实施冻结存款、汇款的，应当履行本法第十八条第一项、第二项、第三项、第七项规定的程序，并向金融机构交付冻结通知书。

金融机构接到行政机关依法作出的冻结通知书后，应当立即予以冻结，不得拖延，不得在冻结前向当事人泄露信息。

法律规定以外的行政机关或者组织要求冻结当事人存款、汇款的，金融机构应当拒绝。

第三十一条 依照法律规定冻结存款、汇款的，作出决定的行政机关应当在三日内向当事人交付冻结决定书。冻结决定书应当载明下列事项：

（一）当事人的姓名或者名称、地址；

（二）冻结的理由、依据和期限；

（三）冻结的账号和数额；

（四）申请行政复议或者提起行政诉讼的途径和期限；

（五）行政机关的名称、印章和日期。

第三十二条 自冻结存款、汇款之日起三十日内，行政机关应当作出处理决定或者作出解除冻结决定；情况复杂的，经行政机关负责人批准，可以延长，但是延长期限不得超过三十日。法律另有规定的除外。

延长冻结的决定应当及时书面告知当事人，并说明理由。

第三十三条 有下列情形之一的，行政机关应当及时作出解除冻结决定：

（一）当事人没有违法行为；

（二）冻结的存款、汇款与违法行为无关；

（三）行政机关对违法行为已经作出处理决定，不再需要冻结；

（四）冻结期限已经届满；

（五）其他不再需要采取冻结措施的情形。

行政机关作出解除冻结决定的，应当及时通知金融机构和当事人。金融机构接到通知后，应当立即解除冻结。

行政机关逾期未作出处理决定或者解除冻结决定的，金融机构应当自冻结期满之日起解除冻结。

第四章　行政机关强制执行程序

第一节　一般规定

第三十四条　行政机关依法作出行政决定后，当事人在行政机关决定的期限内不履行义务的，具有行政强制执行权的行政机关依照本章规定强制执行。

第三十五条　行政机关作出强制执行决定前，应当事先催告当事人履行义务。催告应当以书面形式作出，并载明下列事项：

（一）履行义务的期限；

（二）履行义务的方式；

（三）涉及金钱给付的，应当有明确的金额和给付方式；

（四）当事人依法享有的陈述权和申辩权。

第三十六条　当事人收到催告书后有权进行陈述和申辩。行政机关应当充分听取当事人的意见，对当事人提出的事实、理由和证据，应当进行记录、复核。当事人提出的事实、理由或者证据成立的，行政机关应当采纳。

第三十七条　经催告，当事人逾期仍不履行行政决定，且无正当理由的，行政机关可以作出强制执行决定。

强制执行决定应当以书面形式作出，并载明下列事项：

（一）当事人的姓名或者名称、地址；

（二）强制执行的理由和依据；

（三）强制执行的方式和时间；

（四）申请行政复议或者提起行政诉讼的途径和期限；

（五）行政机关的名称、印章和日期。

在催告期间，对有证据证明有转移或者隐匿财物迹象的，行政机关可以作出立即强制执行决定。

第三十八条　催告书、行政强制执行决定书应当直接送达当事人。当事人拒绝接收或者无法直接送达当事人的，应当依照《中华人民共和国民事诉讼法》的有关规定送达。

第三十九条 有下列情形之一的，中止执行：

（一）当事人履行行政决定确有困难或者暂无履行能力的；

（二）第三人对执行标的主张权利，确有理由的；

（三）执行可能造成难以弥补的损失，且中止执行不损害公共利益的；

（四）行政机关认为需要中止执行的其他情形。

中止执行的情形消失后，行政机关应当恢复执行。对没有明显社会危害，当事人确无能力履行，中止执行满三年未恢复执行的，行政机关不再执行。

第四十条 有下列情形之一的，终结执行：

（一）公民死亡，无遗产可供执行，又无义务承受人的；

（二）法人或者其他组织终止，无财产可供执行，又无义务承受人的；

（三）执行标的灭失的；

（四）据以执行的行政决定被撤销的；

（五）行政机关认为需要终结执行的其他情形。

第四十一条 在执行中或者执行完毕后，据以执行的行政决定被撤销、变更，或者执行错误的，应当恢复原状或者退还财物；不能恢复原状或者退还财物的，依法给予赔偿。

第四十二条 实施行政强制执行，行政机关可以在不损害公共利益和他人合法权益的情况下，与当事人达成执行协议。执行协议可以约定分阶段履行；当事人采取补救措施的，可以减免加处的罚款或者滞纳金。

执行协议应当履行。当事人不履行执行协议的，行政机关应当恢复强制执行。

第四十三条 行政机关不得在夜间或者法定节假日实施行政强制执行。但是，情况紧急的除外。

行政机关不得对居民生活采取停止供水、供电、供热、供燃气等方式迫使当事人履行相关行政决定。

第四十四条 对违法的建筑物、构筑物、设施等需要强制拆除的，应当由行政机关予以公告，限期当事人自行拆除。当事人在法定期限内不申请行政复议或者提起行政诉讼，又不拆除的，行政机关可以依法强制拆除。

第二节 金钱给付义务的执行

第四十五条 行政机关依法作出金钱给付义务的行政决定，当事人逾期不履行的，行政机关可以依法加处罚款或者滞纳金。加处罚款或者滞纳金的标准应当告知当事人。

加处罚款或者滞纳金的数额不得超出金钱给付义务的数额。

第四十六条 行政机关依照本法第四十五条规定实施加处罚款或者滞纳金超过三十日，经催告当事人仍不履行的，具有行政强制执行权的行政机关可以强制执行。

行政机关实施强制执行前，需要采取查封、扣押、冻结措施的，依照本法第三章规定办理。

没有行政强制执行权的行政机关应当申请人民法院强制执行。但是，当事人在法定期限内不申请行政复议或者提起行政诉讼,经催告仍不履行的,在实施行政管理过程中已经采取查封、扣押措施的行政机关,可以将查封、扣押的财物依法拍卖抵缴罚款。

第四十七条 划拨存款、汇款应当由法律规定的行政机关决定,并书面通知金融机构。金融机构接到行政机关依法作出划拨存款、汇款的决定后,应当立即划拨。

法律规定以外的行政机关或者组织要求划拨当事人存款、汇款的,金融机构应当拒绝。

第四十八条 依法拍卖财物,由行政机关委托拍卖机构依照《中华人民共和国拍卖法》的规定办理。

第四十九条 划拨的存款、汇款以及拍卖和依法处理所得的款项应当上缴国库或者划入财政专户。任何行政机关或者个人不得以任何形式截留、私分或者变相私分。

第三节 代履行

第五十条 行政机关依法作出要求当事人履行排除妨碍、恢复原状等义务的行政决定,当事人逾期不履行,经催告仍不履行,其后果已经或者将危害交通安全、造成环境污染或者破坏自然资源的,行政机关可以代履行,或者委托没有利害关系的第三人代履行。

第五十一条 代履行应当遵守下列规定:

(一)代履行前送达决定书,代履行决定书应当载明当事人的姓名或者名称、地址,代履行的理由和依据、方式和时间、标的、费用预算以及代履行人;

(二)代履行三日前,催告当事人履行,当事人履行的,停止代履行;

(三)代履行时,作出决定的行政机关应当派员到场监督;

(四)代履行完毕,行政机关到场监督的工作人员、代履行人和当事人或者见证人应当在执行文书上签名或者盖章。

代履行的费用按照成本合理确定,由当事人承担。但是,法律另有规定的除外。

代履行不得采用暴力、胁迫以及其他非法方式。

第五十二条 需要立即清除道路、河道、航道或者公共场所的遗洒物、障碍物或者污染物,当事人不能清除的,行政机关可以决定立即实施代履行;当事人不在场的,行政机关应当在事后立即通知当事人,并依法作出处理。

第五章 申请人民法院强制执行

第五十三条 当事人在法定期限内不申请行政复议或者提起行政诉讼,又不履行行政决定的,没有行政强制执行权的行政机关可以自期限届满之日起三个月内,依照本章规定申请人民法院强制执行。

第五十四条 行政机关申请人民法院强制执行前,应当催告当事人履行义务。催告书送达十日后当事人仍未履行义务的,行政机关可以向所在地有管辖权的人民法院申请强制执行;执行对象是不动产的,向不动产所在地有管辖权的人民法院申请强制执行。

第五十五条 行政机关向人民法院申请强制执行，应当提供下列材料：

（一）强制执行申请书；

（二）行政决定书及作出决定的事实、理由和依据；

（三）当事人的意见及行政机关催告情况；

（四）申请强制执行标的情况；

（五）法律、行政法规规定的其他材料。

强制执行申请书应当由行政机关负责人签名，加盖行政机关的印章，并注明日期。

第五十六条 人民法院接到行政机关强制执行的申请，应当在五日内受理。

行政机关对人民法院不予受理的裁定有异议的，可以在十五日内向上一级人民法院申请复议，上一级人民法院应当自收到复议申请之日起十五日内作出是否受理的裁定。

第五十七条 人民法院对行政机关强制执行的申请进行书面审查，对符合本法第五十五条规定，且行政决定具备法定执行效力的，除本法第五十八条规定的情形外，人民法院应当自受理之日起七日内作出执行裁定。

第五十八条 人民法院发现有下列情形之一的，在作出裁定前可以听取被执行人和行政机关的意见：

（一）明显缺乏事实根据的；

（二）明显缺乏法律、法规依据的；

（三）其他明显违法并损害被执行人合法权益的。

人民法院应当自受理之日起三十日内作出是否执行的裁定。裁定不予执行的，应当说明理由，并在五日内将不予执行的裁定送达行政机关。

行政机关对人民法院不予执行的裁定有异议的，可以自收到裁定之日起十五日内向上一级人民法院申请复议，上一级人民法院应当自收到复议申请之日起三十日内作出是否执行的裁定。

第五十九条 因情况紧急，为保障公共安全，行政机关可以申请人民法院立即执行。经人民法院院长批准，人民法院应当自作出执行裁定之日起五日内执行。

第六十条 行政机关申请人民法院强制执行，不缴纳申请费。强制执行的费用由被执行人承担。

人民法院以划拨、拍卖方式强制执行的，可以在划拨、拍卖后将强制执行的费用扣除。

依法拍卖财物，由人民法院委托拍卖机构依照《中华人民共和国拍卖法》的规定办理。

划拨的存款、汇款以及拍卖和依法处理所得的款项应当上缴国库或者划入财政专户，不得以任何形式截留、私分或者变相私分。

第六章 法律责任

第六十一条 行政机关实施行政强制，有下列情形之一的，由上级行政机关或者有关部门责令改正，对直接负责的主管人员和其他直接责任人员依法给予处分：

（一）没有法律、法规依据的；

（二）改变行政强制对象、条件、方式的；

（三）违反法定程序实施行政强制的；

（四）违反本法规定，在夜间或者法定节假日实施行政强制执行的；

（五）对居民生活采取停止供水、供电、供热、供燃气等方式迫使当事人履行相关行政决定的；

（六）有其他违法实施行政强制情形的。

第六十二条 违反本法规定，行政机关有下列情形之一的，由上级行政机关或者有关部门责令改正，对直接负责的主管人员和其他直接责任人员依法给予处分：

（一）扩大查封、扣押、冻结范围的；

（二）使用或者损毁查封、扣押场所、设施或者财物的；

（三）在查封、扣押法定期间不作出处理决定或者未依法及时解除查封、扣押的；

（四）在冻结存款、汇款法定期间不作出处理决定或者未依法及时解除冻结的。

第六十三条 行政机关将查封、扣押的财物或者划拨的存款、汇款以及拍卖和依法处理所得的款项，截留、私分或者变相私分的，由财政部门或者有关部门予以追缴；对直接负责的主管人员和其他直接责任人员依法给予记大过、降级、撤职或者开除的处分。

行政机关工作人员利用职务上的便利，将查封、扣押的场所、设施或者财物据为己有的，由上级行政机关或者有关部门责令改正，依法给予记大过、降级、撤职或者开除的处分。

第六十四条 行政机关及其工作人员利用行政强制权为单位或者个人谋取利益的，由上级行政机关或者有关部门责令改正，对直接负责的主管人员和其他直接责任人员依法给予处分。

第六十五条 违反本法规定，金融机构有下列行为之一的，由金融业监督管理机构责令改正，对直接负责的主管人员和其他直接责任人员依法给予处分：

（一）在冻结前向当事人泄露信息的；

（二）对应当立即冻结、划拨的存款、汇款不冻结或者不划拨，致使存款、汇款转移的；

（三）将不应当冻结、划拨的存款、汇款予以冻结或者划拨的；

（四）未及时解除冻结存款、汇款的。

第六十六条 违反本法规定，金融机构将款项划入国库或者财政专户以外的其他账户的，由金融业监督管理机构责令改正，并处以违法划拨款项二倍的罚款；对直接负责的主管人员和其他直接责任人员依法给予处分。

违反本法规定，行政机关、人民法院指令金融机构将款项划入国库或者财政专户以外的其他账户的，对直接负责的主管人员和其他直接责任人员依法给予处分。

第六十七条 人民法院及其工作人员在强制执行中有违法行为或者扩大强制执行范围的，对直接负责的主管人员和其他直接责任人员依法给予处分。

第六十八条 违反本法规定，给公民、法人或者其他组织造成损失的，依法给予赔偿。

违反本法规定，构成犯罪的，依法追究刑事责任。

第七章 附 则

第六十九条 本法中十日以内期限的规定是指工作日，不含法定节假日。

第七十条 法律、行政法规授权的具有管理公共事务职能的组织在法定授权范围内，以自己的名义实施行政强制，适用本法有关行政机关的规定。

第七十一条 本法自2012年1月1日起施行。

中华人民共和国行政复议法

（1999年4月29日第九届全国人民代表大会常务委员会第九次会议通过 根据2009年8月27日第十一届全国人民代表大会常务委员会第十次会议《关于修改部分法律的决定》第一次修正 根据2017年9月1日第十二届全国人民代表大会常务委员会第二十九次会议《关于修改〈中华人民共和国法官法〉等八部法律的决定》第二次修正）

目 录

第一章 总 则

第一条 为了防止和纠正违法的或者不当的具体行政行为，保护公民、法人和其他组织的合法权益，保障和监督行政机关依法行使职权，根据宪法，制定本法。

第二条 公民、法人或者其他组织认为具体行政行为侵犯其合法权益，向行政机关提出行政复议申请，行政机关受理行政复议申请、作出行政复议决定，适用本法。

第三条 依照本法履行行政复议职责的行政机关是行政复议机关。行政复议机关负责法制工作的机构具体办理行政复议事项，履行下列职责：

（一）受理行政复议申请；

（二）向有关组织和人员调查取证，查阅文件和资料；

（三）审查申请行政复议的具体行政行为是否合法与适当，拟订行政复议决定；

（四）处理或者转送对本法第七条所列有关规定的审查申请；

（五）对行政机关违反本法规定的行为依照规定的权限和程序提出处理建议；

（六）办理因不服行政复议决定提起行政诉讼的应诉事项；

（七）法律、法规规定的其他职责。

行政机关中初次从事行政复议的人员，应当通过国家统一法律职业资格考试取得法律职业资格。

第四条 行政复议机关履行行政复议职责，应当遵循合法、公正、公开、及时、便民的原则，坚持有错必纠，保障法律、法规的正确实施。

第五条 公民、法人或者其他组织对行政复议决定不服的，可以依照行政诉讼法的规定向人民法院提起行政诉讼，但是法律规定行政复议决定为最终裁决的除外。

第二章 行政复议范围

第六条 有下列情形之一的，公民、法人或者其他组织可以依照本法申请行政复议：

（一）对行政机关作出的警告、罚款、没收违法所得、没收非法财物、责令停产停业、暂扣或者吊销许可证、暂扣或者吊销执照、行政拘留等行政处罚决定不服的；

（二）对行政机关作出的限制人身自由或者查封、扣押、冻结财产等行政强制措施决定不服的；

（三）对行政机关作出的有关许可证、执照、资质证、资格证等证书变更、中止、撤销的决定不服的；

（四）对行政机关作出的关于确认土地、矿藏、水流、森林、山岭、草原、荒地、滩涂、海域等自然资源的所有权或者使用权的决定不服的；

（五）认为行政机关侵犯合法的经营自主权的；

（六）认为行政机关变更或者废止农业承包合同，侵犯其合法权益的；

（七）认为行政机关违法集资、征收财物、摊派费用或者违法要求履行其他义务的；

（八）认为符合法定条件，申请行政机关颁发许可证、执照、资质证、资格证等证书，或者申请行政机关审批、登记有关事项，行政机关没有依法办理的；

（九）申请行政机关履行保护人身权利、财产权利、受教育权利的法定职责，行政机关没有依法履行的；

（十）申请行政机关依法发放抚恤金、社会保险金或者最低生活保障费，行政机关没有依法发放的；

（十一）认为行政机关的其他具体行政行为侵犯其合法权益的。

第七条 公民、法人或者其他组织认为行政机关的具体行政行为所依据的下列规定不合法，在对具体行政行为申请行政复议时，可以一并向行政复议机关提出对该规定的审查申请：

（一）国务院部门的规定；

（二）县级以上地方各级人民政府及其工作部门的规定；

（三）乡、镇人民政府的规定。

前款所列规定不含国务院部、委员会规章和地方人民政府规章。规章的审查依照法律、行政法规办理。

第八条 不服行政机关作出的行政处分或者其他人事处理决定的，依照有关法律、行政法规的规定提出申诉。

不服行政机关对民事纠纷作出的调解或者其他处理，依法申请仲裁或者向人民法院提起诉讼。

第三章 行政复议申请

第九条 公民、法人或者其他组织认为具体行政行为侵犯其合法权益的，可以自知道该具体行政行为之日起六十日内提出行政复议申请；但是法律规定的申请期限超过六十日的除外。

因不可抗力或者其他正当理由耽误法定申请期限的，申请期限自障碍消除之日起继续计算。

第十条 依照本法申请行政复议的公民、法人或者其他组织是申请人。

有权申请行政复议的公民死亡的，其近亲属可以申请行政复议。有权申请行政复议的公民为无民事行为能力人或者限制民事行为能力人的，其法定代理人可以代为申请行政复议。有权申请行政复议的法人或者其他组织终止的，承受其权利的法人或者其他组织可以申请行政复议。

同申请行政复议的具体行政行为有利害关系的其他公民、法人或者其他组织，可以作为第三人参加行政复议。

公民、法人或者其他组织对行政机关的具体行政行为不服申请行政复议的，作出具体行政行为的行政机关是被申请人。

申请人、第三人可以委托代理人代为参加行政复议。

第十一条 申请人申请行政复议，可以书面申请，也可以口头申请；口头申请的，行政复议机关应当当场记录申请人的基本情况、行政复议请求、申请行政复议的主要事实、理由和时间。

第十二条 对县级以上地方各级人民政府工作部门的具体行政行为不服的，由申请人选择，可以向该部门的本级人民政府申请行政复议，也可以向上一级主管部门申请行政复议。

对海关、金融、国税、外汇管理等实行垂直领导的行政机关和国家安全机关的具体行政行为不服的，向上一级主管部门申请行政复议。

第十三条 对地方各级人民政府的具体行政行为不服的,向上一级地方人民政府申请行政复议。

对省、自治区人民政府依法设立的派出机关所属的县级地方人民政府的具体行政行为不服的,向该派出机关申请行政复议。

第十四条 对国务院部门或者省、自治区、直辖市人民政府的具体行政行为不服的,向作出该具体行政行为的国务院部门或者省、自治区、直辖市人民政府申请行政复议。对行政复议决定不服的,可以向人民法院提起行政诉讼;也可以向国务院申请裁决,国务院依照本法的规定作出最终裁决。

第十五条 对本法第十二条、第十三条、第十四条规定以外的其他行政机关、组织的具体行政行为不服的,按照下列规定申请行政复议:

(一)对县级以上地方人民政府依法设立的派出机关的具体行政行为不服的,向设立该派出机关的人民政府申请行政复议;

(二)对政府工作部门依法设立的派出机构依照法律、法规或者规章规定,以自己的名义作出的具体行政行为不服的,向设立该派出机构的部门或者该部门的本级地方人民政府申请行政复议;

(三)对法律、法规授权的组织的具体行政行为不服的,分别向直接管理该组织的地方人民政府、地方人民政府工作部门或者国务院部门申请行政复议;

(四)对两个或者两个以上行政机关以共同的名义作出的具体行政行为不服的,向其共同上一级行政机关申请行政复议;

(五)对被撤销的行政机关在撤销前所作出的具体行政行为不服的,向继续行使其职权的行政机关的上一级行政机关申请行政复议。

有前款所列情形之一的,申请人也可以向具体行政行为发生地的县级地方人民政府提出行政复议申请,由接受申请的县级地方人民政府依照本法第十八条的规定办理。

第十六条 公民、法人或者其他组织申请行政复议,行政复议机关已经依法受理的,或者法律、法规规定应当先向行政复议机关申请行政复议、对行政复议决定不服再向人民法院提起行政诉讼的,在法定行政复议期限内不得向人民法院提起行政诉讼。

公民、法人或者其他组织向人民法院提起行政诉讼,人民法院已经依法受理的,不得申请行政复议。

第四章 行政复议受理

第十七条 行政复议机关收到行政复议申请后,应当在五日内进行审查,对不符合本法规定的行政复议申请,决定不予受理,并书面告知申请人;对符合本法规定,但是不属于本机关受理的行政复议申请,应当告知申请人向有关行政复议机关提出。

除前款规定外,行政复议申请自行政复议机关负责法制工作的机构收到之日起即为受理。

第十八条 依照本法第十五条第二款的规定接受行政复议申请的县级地方人民政府，对依照本法第十五条第一款的规定属于其他行政复议机关受理的行政复议申请，应当自接到该行政复议申请之日起七日内，转送有关行政复议机关，并告知申请人。接受转送的行政复议机关应当依照本法第十七条的规定办理。

第十九条 法律、法规规定应当先向行政复议机关申请行政复议、对行政复议决定不服再向人民法院提起行政诉讼的，行政复议机关决定不予受理或者受理后超过行政复议期限不作答复的，公民、法人或者其他组织可以自收到不予受理决定书之日起或者行政复议期满之日起十五日内，依法向人民法院提起行政诉讼。

第二十条 公民、法人或者其他组织依法提出行政复议申请，行政复议机关无正当理由不予受理的，上级行政机关应当责令其受理；必要时，上级行政机关也可以直接受理。

第二十一条 行政复议期间具体行政行为不停止执行；但是，有下列情形之一的，可以停止执行：

（一）被申请人认为需要停止执行的；

（二）行政复议机关认为需要停止执行的；

（三）申请人申请停止执行，行政复议机关认为其要求合理，决定停止执行的；

（四）法律规定停止执行的。

第五章　行政复议决定

第二十二条 行政复议原则上采取书面审查的办法，但是申请人提出要求或者行政复议机关负责法制工作的机构认为有必要时，可以向有关组织和人员调查情况，听取申请人、被申请人和第三人的意见。

第二十三条 行政复议机关负责法制工作的机构应当自行政复议申请受理之日起七日内，将行政复议申请书副本或者行政复议申请笔录复印件发送被申请人。被申请人应当自收到申请书副本或者申请笔录复印件之日起十日内，提出书面答复，并提交当初作出具体行政行为的证据、依据和其他有关材料。

申请人、第三人可以查阅被申请人提出的书面答复、作出具体行政行为的证据、依据和其他有关材料，除涉及国家秘密、商业秘密或者个人隐私外，行政复议机关不得拒绝。

第二十四条 在行政复议过程中，被申请人不得自行向申请人和其他有关组织或者个人收集证据。

第二十五条 行政复议决定作出前，申请人要求撤回行政复议申请的，经说明理由，可以撤回；撤回行政复议申请的，行政复议终止。

第二十六条 申请人在申请行政复议时，一并提出对本法第七条所列有关规定的审查申请的，行政复议机关对该规定有权处理的，应当在三十日内依法处理；无权处理的，应当在七日内按照法定程序转送有权处理的行政机关依法处理，有权处理的行政机关应当在六十日内依法处理。处理期间，中止对具体行政行为的审查。

第二十七条 行政复议机关在对被申请人作出的具体行政行为进行审查时,认为其依据不合法,本机关有权处理的,应当在三十日内依法处理;无权处理的,应当在七日内按照法定程序转送有权处理的国家机关依法处理。处理期间,中止对具体行政行为的审查。

第二十八条 行政复议机关负责法制工作的机构应当对被申请人作出的具体行政行为进行审查,提出意见,经行政复议机关的负责人同意或者集体讨论通过后,按照下列规定作出行政复议决定:

(一)具体行政行为认定事实清楚,证据确凿,适用依据正确,程序合法,内容适当的,决定维持;

(二)被申请人不履行法定职责的,决定其在一定期限内履行;

(三)具体行政行为有下列情形之一的,决定撤销、变更或者确认该具体行政行为违法;决定撤销或者确认该具体行政行为违法的,可以责令被申请人在一定期限内重新作出具体行政行为:

1. 主要事实不清、证据不足的;

2. 适用依据错误的;

3. 违反法定程序的;

4. 超越或者滥用职权的;

5. 具体行政行为明显不当的。

(四)被申请人不按照本法第二十三条的规定提出书面答复、提交当初作出具体行政行为的证据、依据和其他有关材料的,视为该具体行政行为没有证据、依据,决定撤销该具体行政行为。

行政复议机关责令被申请人重新作出具体行政行为的,被申请人不得以同一的事实和理由作出与原具体行政行为相同或者基本相同的具体行政行为。

第二十九条 申请人在申请行政复议时可以一并提出行政赔偿请求,行政复议机关对符合国家赔偿法的有关规定应当给予赔偿的,在决定撤销、变更具体行政行为或者确认具体行政行为违法时,应当同时决定被申请人依法给予赔偿。

申请人在申请行政复议时没有提出行政赔偿请求的,行政复议机关在依法决定撤销或者变更罚款,撤销违法集资、没收财物、征收财物、摊派费用以及对财产的查封、扣押、冻结等具体行政行为时,应当同时责令被申请人返还财产,解除对财产的查封、扣押、冻结措施,或者赔偿相应的价款。

第三十条 公民、法人或者其他组织认为行政机关的具体行政行为侵犯其已经依法取得的土地、矿藏、水流、森林、山岭、草原、荒地、滩涂、海域等自然资源的所有权或者使用权的,应当先申请行政复议;对行政复议决定不服的,可以依法向人民法院提起行政诉讼。

根据国务院或者省、自治区、直辖市人民政府对行政区划的勘定、调整或者征收土地的决定,省、自治区、直辖市人民政府确认土地、矿藏、水流、森林、山岭、草原、荒地、滩涂、海域等自然资源的所有权或者使用权的行政复议决定为最终裁决。

第三十一条 行政复议机关应当自受理申请之日起六十日内作出行政复议决定;但

是法律规定的行政复议期限少于六十日的除外。情况复杂，不能在规定期限内作出行政复议决定的，经行政复议机关的负责人批准，可以适当延长，并告知申请人和被申请人；但是延长期限最多不超过三十日。

行政复议机关作出行政复议决定，应当制作行政复议决定书，并加盖印章。

行政复议决定书一经送达，即发生法律效力。

第三十二条 被申请人应当履行行政复议决定。

被申请人不履行或者无正当理由拖延履行行政复议决定的，行政复议机关或者有关上级行政机关应当责令其限期履行。

第三十三条 申请人逾期不起诉又不履行行政复议决定的，或者不履行最终裁决的行政复议决定的，按照下列规定分别处理：

（一）维持具体行政行为的行政复议决定，由作出具体行政行为的行政机关依法强制执行，或者申请人民法院强制执行；

（二）变更具体行政行为的行政复议决定，由行政复议机关依法强制执行，或者申请人民法院强制执行。

第六章 法律责任

第三十四条 行政复议机关违反本法规定，无正当理由不予受理依法提出的行政复议申请或者不按照规定转送行政复议申请的，或者在法定期限内不作出行政复议决定的，对直接负责的主管人员和其他直接责任人员依法给予警告、记过、记大过的行政处分；经责令受理仍不受理或者不按照规定转送行政复议申请，造成严重后果的，依法给予降级、撤职、开除的行政处分。

第三十五条 行政复议机关工作人员在行政复议活动中，徇私舞弊或者有其他渎职、失职行为的，依法给予警告、记过、记大过的行政处分；情节严重的，依法给予降级、撤职、开除的行政处分；构成犯罪的，依法追究刑事责任。

第三十六条 被申请人违反本法规定，不提出书面答复或者不提交作出具体行政行为的证据、依据和其他有关材料，或者阻挠、变相阻挠公民、法人或者其他组织依法申请行政复议的，对直接负责的主管人员和其他直接责任人员依法给予警告、记过、记大过的行政处分；进行报复陷害的，依法给予降级、撤职、开除的行政处分；构成犯罪的，依法追究刑事责任。

第三十七条 被申请人不履行或者无正当理由拖延履行行政复议决定的，对直接负责的主管人员和其他直接责任人员依法给予警告、记过、记大过的行政处分；经责令履行仍拒不履行的，依法给予降级、撤职、开除的行政处分。

第三十八条 行政复议机关负责法制工作的机构发现有无正当理由不予受理行政复议申请、不按照规定期限作出行政复议决定、徇私舞弊、对申请人打击报复或者不履行行政复议决定等情形的，应当向有关行政机关提出建议，有关行政机关应当依照本法和有关法律、行政法规的规定作出处理。

第七章　附　　则

第三十九条　行政复议机关受理行政复议申请，不得向申请人收取任何费用。行政复议活动所需经费，应当列入本机关的行政经费，由本级财政予以保障。

第四十条　行政复议期间的计算和行政复议文书的送达，依照民事诉讼法关于期间、送达的规定执行。

本法关于行政复议期间有关"五日"、"七日"的规定是指工作日，不含节假日。

第四十一条　外国人、无国籍人、外国组织在中华人民共和国境内申请行政复议，适用本法。

第四十二条　本法施行前公布的法律有关行政复议的规定与本法的规定不一致的，以本法的规定为准。

第四十三条　本法自1999年10月1日起施行。1990年12月24日国务院发布、1994年10月9日国务院修订发布的《行政复议条例》同时废止。

中华人民共和国行政诉讼法

（1989年4月4日第七届全国人民代表大会第二次会议通过　根据2014年11月1日第十二届全国人民代表大会常务委员会第十一次会议《关于修改〈中华人民共和国行政诉讼法〉的决定》第一次修正　根据2017年6月27日第十二届全国人民代表大会常务委员会第二十八次会议《关于修改〈中华人民共和国民事诉讼法〉和〈中华人民共和国行政诉讼法〉的决定》第二次修正）

目　　录

第一章　总　　则

第一条　为保证人民法院公正、及时审理行政案件，解决行政争议，保护公民、法人和其他组织的合法权益，监督行政机关依法行使职权，根据宪法，制定本法。

第二条　公民、法人或者其他组织认为行政机关和行政机关工作人员的行政行为侵犯其合法权益，有权依照本法向人民法院提起诉讼。

前款所称行政行为，包括法律、法规、规章授权的组织作出的行政行为。

第三条　人民法院应当保障公民、法人和其他组织的起诉权利，对应当受理的行政案件依法受理。

行政机关及其工作人员不得干预、阻碍人民法院受理行政案件。

被诉行政机关负责人应当出庭应诉。不能出庭的，应当委托行政机关相应的工作人员出庭。

第四条　人民法院依法对行政案件独立行使审判权，不受行政机关、社会团体和个人的干涉。

人民法院设行政审判庭，审理行政案件。

第五条　人民法院审理行政案件，以事实为根据，以法律为准绳。

第六条　人民法院审理行政案件，对行政行为是否合法进行审查。

第七条　人民法院审理行政案件，依法实行合议、回避、公开审判和两审终审制度。

第八条　当事人在行政诉讼中的法律地位平等。

第九条　各民族公民都有用本民族语言、文字进行行政诉讼的权利。

在少数民族聚居或者多民族共同居住的地区，人民法院应当用当地民族通用的语言、文字进行审理和发布法律文书。

人民法院应当对不通晓当地民族通用的语言、文字的诉讼参与人提供翻译。

第十条　当事人在行政诉讼中有权进行辩论。

第十一条　人民检察院有权对行政诉讼实行法律监督。

第二章　受案范围

第十二条　人民法院受理公民、法人或者其他组织提起的下列诉讼：

（一）对行政拘留、暂扣或者吊销许可证和执照、责令停产停业、没收违法所得、没收非法财物、罚款、警告等行政处罚不服的；

（二）对限制人身自由或者对财产的查封、扣押、冻结等行政强制措施和行政强制执行不服的；

（三）申请行政许可，行政机关拒绝或者在法定期限内不予答复，或者对行政机关作出的有关行政许可的其他决定不服的；

（四）对行政机关作出的关于确认土地、矿藏、水流、森林、山岭、草原、荒地、滩涂、海域等自然资源的所有权或者使用权的决定不服的；

（五）对征收、征用决定及其补偿决定不服的；

（六）申请行政机关履行保护人身权、财产权等合法权益的法定职责，行政机关拒绝履行或者不予答复的；

（七）认为行政机关侵犯其经营自主权或者农村土地承包经营权、农村土地经营权的；

（八）认为行政机关滥用行政权力排除或者限制竞争的；

（九）认为行政机关违法集资、摊派费用或者违法要求履行其他义务的；

（十）认为行政机关没有依法支付抚恤金、最低生活保障待遇或者社会保险待遇的；

（十一）认为行政机关不依法履行、未按照约定履行或者违法变更、解除政府特许经营协议、土地房屋征收补偿协议等协议的；

（十二）认为行政机关侵犯其他人身权、财产权等合法权益的。

除前款规定外，人民法院受理法律、法规规定可以提起诉讼的其他行政案件。

第十三条 人民法院不受理公民、法人或者其他组织对下列事项提起的诉讼：

（一）国防、外交等国家行为；

（二）行政法规、规章或者行政机关制定、发布的具有普遍约束力的决定、命令；

（三）行政机关对行政机关工作人员的奖惩、任免等决定；

（四）法律规定由行政机关最终裁决的行政行为。

第三章 管 辖

第十四条 基层人民法院管辖第一审行政案件。

第十五条 中级人民法院管辖下列第一审行政案件：

（一）对国务院部门或者县级以上地方人民政府所作的行政行为提起诉讼的案件；

（二）海关处理的案件；

（三）本辖区内重大、复杂的案件；

（四）其他法律规定由中级人民法院管辖的案件。

第十六条 高级人民法院管辖本辖区内重大、复杂的第一审行政案件。

第十七条 最高人民法院管辖全国范围内重大、复杂的第一审行政案件。

第十八条 行政案件由最初作出行政行为的行政机关所在地人民法院管辖。经复议的案件，也可以由复议机关所在地人民法院管辖。

经最高人民法院批准，高级人民法院可以根据审判工作的实际情况，确定若干人民法院跨行政区域管辖行政案件。

第十九条 对限制人身自由的行政强制措施不服提起的诉讼，由被告所在地或者原告所在地人民法院管辖。

第二十条 因不动产提起的行政诉讼，由不动产所在地人民法院管辖。

第二十一条 两个以上人民法院都有管辖权的案件，原告可以选择其中一个人民法院提起诉讼。原告向两个以上有管辖权的人民法院提起诉讼的，由最先立案的人民法院管辖。

第二十二条 人民法院发现受理的案件不属于本院管辖的，应当移送有管辖权的人民法院，受移送的人民法院应当受理。受移送的人民法院认为受移送的案件按照规定不属于本院管辖的，应当报请上级人民法院指定管辖，不得再自行移送。

第二十三条 有管辖权的人民法院由于特殊原因不能行使管辖权的，由上级人民法院指定管辖。

人民法院对管辖权发生争议，由争议双方协商解决。协商不成的，报它们的共同上级人民法院指定管辖。

第二十四条 上级人民法院有权审理下级人民法院管辖的第一审行政案件。

下级人民法院对其管辖的第一审行政案件，认为需要由上级人民法院审理或者指定管辖的，可以报请上级人民法院决定。

第四章 诉讼参加人

第二十五条 行政行为的相对人以及其他与行政行为有利害关系的公民、法人或者其他组织，有权提起诉讼。

有权提起诉讼的公民死亡，其近亲属可以提起诉讼。

有权提起诉讼的法人或者其他组织终止，承受其权利的法人或者其他组织可以提起诉讼。

人民检察院在履行职责中发现生态环境和资源保护、食品药品安全、国有财产保护、国有土地使用权出让等领域负有监督管理职责的行政机关违法行使职权或者不作为，致使国家利益或者社会公共利益受到侵害的，应当向行政机关提出检察建议，督促其依法履行职责。行政机关不依法履行职责的，人民检察院依法向人民法院提起诉讼。

第二十六条 公民、法人或者其他组织直接向人民法院提起诉讼的，作出行政行为的行政机关是被告。

经复议的案件，复议机关决定维持原行政行为的，作出原行政行为的行政机关和复议机关是共同被告；复议机关改变原行政行为的，复议机关是被告。

复议机关在法定期限内未作出复议决定，公民、法人或者其他组织起诉原行政行为的,作出原行政行为的行政机关是被告;起诉复议机关不作为的,复议机关是被告。

两个以上行政机关作出同一行政行为的,共同作出行政行为的行政机关是共同被告。

行政机关委托的组织所作的行政行为,委托的行政机关是被告。

行政机关被撤销或者职权变更的,继续行使其职权的行政机关是被告。

第二十七条 当事人一方或者双方为二人以上,因同一行政行为发生的行政案件,或者因同类行政行为发生的行政案件、人民法院认为可以合并审理并经当事人同意的,为共同诉讼。

第二十八条 当事人一方人数众多的共同诉讼,可以由当事人推选代表人进行诉讼。代表人的诉讼行为对其所代表的当事人发生效力,但代表人变更、放弃诉讼请求或者承认对方当事人的诉讼请求,应当经被代表的当事人同意。

第二十九条 公民、法人或者其他组织同被诉行政行为有利害关系但没有提起诉讼,或者同案件处理结果有利害关系的,可以作为第三人申请参加诉讼,或者由人民法院通知参加诉讼。

人民法院判决第三人承担义务或者减损第三人权益的,第三人有权依法提起上诉。

第三十条 没有诉讼行为能力的公民,由其法定代理人代为诉讼。法定代理人互相推诿代理责任的,由人民法院指定其中一人代为诉讼。

第三十一条 当事人、法定代理人,可以委托一至二人作为诉讼代理人。

下列人员可以被委托为诉讼代理人:

(一)律师、基层法律服务工作者;

(二)当事人的近亲属或者工作人员;

(三)当事人所在社区、单位以及有关社会团体推荐的公民。

第三十二条 代理诉讼的律师,有权按照规定查阅、复制本案有关材料,有权向有关组织和公民调查,收集与本案有关的证据。对涉及国家秘密、商业秘密和个人隐私的材料,应当依照法律规定保密。

当事人和其他诉讼代理人有权按照规定查阅、复制本案庭审材料,但涉及国家秘密、商业秘密和个人隐私的内容除外。

第五章 证 据

第三十三条 证据包括:

(一)书证;

(二)物证;

(三)视听资料;

(四)电子数据;

(五)证人证言;

(六)当事人的陈述;

（七）鉴定意见；

（八）勘验笔录、现场笔录。

以上证据经法庭审查属实，才能作为认定案件事实的根据。

第三十四条 被告对作出的行政行为负有举证责任，应当提供作出该行政行为的证据和所依据的规范性文件。

被告不提供或者无正当理由逾期提供证据，视为没有相应证据。但是，被诉行政行为涉及第三人合法权益，第三人提供证据的除外。

第三十五条 在诉讼过程中，被告及其诉讼代理人不得自行向原告、第三人和证人收集证据。

第三十六条 被告在作出行政行为时已经收集了证据，但因不可抗力等正当事由不能提供的，经人民法院准许，可以延期提供。

原告或者第三人提出了其在行政处理程序中没有提出的理由或者证据的，经人民法院准许，被告可以补充证据。

第三十七条 原告可以提供证明行政行为违法的证据。原告提供的证据不成立的，不免除被告的举证责任。

第三十八条 在起诉被告不履行法定职责的案件中，原告应当提供其向被告提出申请的证据。但有下列情形之一的除外：

（一）被告应当依职权主动履行法定职责的；

（二）原告因正当理由不能提供证据的。

在行政赔偿、补偿的案件中，原告应当对行政行为造成的损害提供证据。因被告的原因导致原告无法举证的，由被告承担举证责任。

第三十九条 人民法院有权要求当事人提供或者补充证据。

第四十条 人民法院有权向有关行政机关以及其他组织、公民调取证据。但是，不得为证明行政行为的合法性调取被告作出行政行为时未收集的证据。

第四十一条 与本案有关的下列证据，原告或者第三人不能自行收集的，可以申请人民法院调取：

（一）由国家机关保存而须由人民法院调取的证据；

（二）涉及国家秘密、商业秘密和个人隐私的证据；

（三）确因客观原因不能自行收集的其他证据。

第四十二条 在证据可能灭失或者以后难以取得的情况下，诉讼参加人可以向人民法院申请保全证据，人民法院也可以主动采取保全措施。

第四十三条 证据应当在法庭上出示，并由当事人互相质证。对涉及国家秘密、商业秘密和个人隐私的证据，不得在公开开庭时出示。

人民法院应当按照法定程序，全面、客观地审查核实证据。对未采纳的证据应当在裁判文书中说明理由。

以非法手段取得的证据，不得作为认定案件事实的根据。

第六章　起诉和受理

第四十四条　对属于人民法院受案范围的行政案件，公民、法人或者其他组织可以先向行政机关申请复议，对复议决定不服的，再向人民法院提起诉讼；也可以直接向人民法院提起诉讼。

法律、法规规定应当先向行政机关申请复议，对复议决定不服再向人民法院提起诉讼的，依照法律、法规的规定。

第四十五条　公民、法人或者其他组织不服复议决定的，可以在收到复议决定书之日起十五日内向人民法院提起诉讼。复议机关逾期不作决定的，申请人可以在复议期满之日起十五日内向人民法院提起诉讼。法律另有规定的除外。

第四十六条　公民、法人或者其他组织直接向人民法院提起诉讼的，应当自知道或者应当知道作出行政行为之日起六个月内提出。法律另有规定的除外。

因不动产提起诉讼的案件自行政行为作出之日起超过二十年，其他案件自行政行为作出之日起超过五年提起诉讼的，人民法院不予受理。

第四十七条　公民、法人或者其他组织申请行政机关履行保护其人身权、财产权等合法权益的法定职责，行政机关在接到申请之日起两个月内不履行的，公民、法人或者其他组织可以向人民法院提起诉讼。法律、法规对行政机关履行职责的期限另有规定的，从其规定。

公民、法人或者其他组织在紧急情况下请求行政机关履行保护其人身权、财产权等合法权益的法定职责，行政机关不履行的，提起诉讼不受前款规定期限的限制。

第四十八条　公民、法人或者其他组织因不可抗力或者其他不属于其自身的原因耽误起诉期限的，被耽误的时间不计算在起诉期限内。

公民、法人或者其他组织因前款规定以外的其他特殊情况耽误起诉期限的，在障碍消除后十日内，可以申请延长期限，是否准许由人民法院决定。

第四十九条　提起诉讼应当符合下列条件：

（一）原告是符合本法第二十五条规定的公民、法人或者其他组织；

（二）有明确的被告；

（三）有具体的诉讼请求和事实根据；

（四）属于人民法院受案范围和受诉人民法院管辖。

第五十条　起诉应当向人民法院递交起诉状，并按照被告人数提出副本。

书写起诉状确有困难的，可以口头起诉，由人民法院记入笔录，出具注明日期的书面凭证，并告知对方当事人。

第五十一条　人民法院在接到起诉状时对符合本法规定的起诉条件的，应当登记立案。

对当场不能判定是否符合本法规定的起诉条件的，应当接收起诉状，出具注明收到日期的书面凭证,并在七日内决定是否立案。不符合起诉条件的,作出不予立案的裁定。裁定书应当载明不予立案的理由。原告对裁定不服的,可以提起上诉。

起诉状内容欠缺或者有其他错误的,应当给予指导和释明,并一次性告知当事人需要补正的内容。不得未经指导和释明即以起诉不符合条件为由不接收起诉状。

对于不接收起诉状、接收起诉状后不出具书面凭证,以及不一次性告知当事人需要补正的起诉状内容的,当事人可以向上级人民法院投诉,上级人民法院应当责令改正,并对直接负责的主管人员和其他直接责任人员依法给予处分。

第五十二条 人民法院既不立案,又不作出不予立案裁定的,当事人可以向上一级人民法院起诉。上一级人民法院认为符合起诉条件的,应当立案、审理,也可以指定其他下级人民法院立案、审理。

第五十三条 公民、法人或者其他组织认为行政行为所依据的国务院部门和地方人民政府及其部门制定的规范性文件不合法,在对行政行为提起诉讼时,可以一并请求对该规范性文件进行审查。

前款规定的规范性文件不含规章。

第七章 审理和判决

第一节 一般规定

第五十四条 人民法院公开审理行政案件,但涉及国家秘密、个人隐私和法律另有规定的除外。

涉及商业秘密的案件,当事人申请不公开审理的,可以不公开审理。

第五十五条 当事人认为审判人员与本案有利害关系或者有其他关系可能影响公正审判,有权申请审判人员回避。

审判人员认为自己与本案有利害关系或者有其他关系,应当申请回避。

前两款规定,适用于书记员、翻译人员、鉴定人、勘验人。

院长担任审判长时的回避,由审判委员会决定;审判人员的回避,由院长决定;其他人员的回避,由审判长决定。当事人对决定不服的,可以申请复议一次。

第五十六条 诉讼期间,不停止行政行为的执行。但有下列情形之一的,裁定停止执行:

（一）被告认为需要停止执行的;

（二）原告或者利害关系人申请停止执行,人民法院认为该行政行为的执行会造成难以弥补的损失,并且停止执行不损害国家利益、社会公共利益的;

（三）人民法院认为该行政行为的执行会给国家利益、社会公共利益造成重大损害的;

（四）法律、法规规定停止执行的。

当事人对停止执行或者不停止执行的裁定不服的,可以申请复议一次。

第五十七条 人民法院对起诉行政机关没有依法支付抚恤金、最低生活保障金和工伤、医疗社会保险金的案件，权利义务关系明确、不先予执行将严重影响原告生活的，可以根据原告的申请，裁定先予执行。

当事人对先予执行裁定不服的，可以申请复议一次。复议期间不停止裁定的执行。

第五十八条 经人民法院传票传唤，原告无正当理由拒不到庭，或者未经法庭许可中途退庭的，可以按照撤诉处理；被告无正当理由拒不到庭，或者未经法庭许可中途退庭的，可以缺席判决。

第五十九条 诉讼参与人或者其他人有下列行为之一的，人民法院可以根据情节轻重，予以训诫、责令具结悔过或者处一万元以下的罚款、十五日以下的拘留；构成犯罪的，依法追究刑事责任：

（一）有义务协助调查、执行的人，对人民法院的协助调查决定、协助执行通知书，无故推拖、拒绝或者妨碍调查、执行的；

（二）伪造、隐藏、毁灭证据或者提供虚假证明材料，妨碍人民法院审理案件的；

（三）指使、贿买、胁迫他人作伪证或者威胁、阻止证人作证的；

（四）隐藏、转移、变卖、毁损已被查封、扣押、冻结的财产的；

（五）以欺骗、胁迫等非法手段使原告撤诉的；

（六）以暴力、威胁或者其他方法阻碍人民法院工作人员执行职务，或者以哄闹、冲击法庭等方法扰乱人民法院工作秩序的；

（七）对人民法院审判人员或者其他工作人员、诉讼参与人、协助调查和执行的人员恐吓、侮辱、诽谤、诬陷、殴打、围攻或者打击报复的。

人民法院对有前款规定的行为之一的单位，可以对其主要负责人或者直接责任人员依照前款规定予以罚款、拘留；构成犯罪的，依法追究刑事责任。

罚款、拘留须经人民法院院长批准。当事人不服的，可以向上一级人民法院申请复议一次。复议期间不停止执行。

第六十条 人民法院审理行政案件，不适用调解。但是，行政赔偿、补偿以及行政机关行使法律、法规规定的自由裁量权的案件可以调解。

调解应当遵循自愿、合法原则，不得损害国家利益、社会公共利益和他人合法权益。

第六十一条 在涉及行政许可、登记、征收、征用和行政机关对民事争议所作的裁决的行政诉讼中，当事人申请一并解决相关民事争议的，人民法院可以一并审理。

在行政诉讼中，人民法院认为行政案件的审理需以民事诉讼的裁判为依据的，可以裁定中止行政诉讼。

第六十二条 人民法院对行政案件宣告判决或者裁定前，原告申请撤诉的，或者被告改变其所作的行政行为，原告同意并申请撤诉的，是否准许，由人民法院裁定。

第六十三条 人民法院审理行政案件，以法律和行政法规、地方性法规为依据。地方性法规适用于本行政区域内发生的行政案件。

人民法院审理民族自治地方的行政案件，并以该民族自治地方的自治条例和单行条例为依据。

人民法院审理行政案件，参照规章。

第六十四条 人民法院在审理行政案件中，经审查认为本法第五十三条规定的规范性文件不合法的，不作为认定行政行为合法的依据，并向制定机关提出处理建议。

第六十五条 人民法院应当公开发生法律效力的判决书、裁定书，供公众查阅，但涉及国家秘密、商业秘密和个人隐私的内容除外。

第六十六条 人民法院在审理行政案件中，认为行政机关的主管人员、直接责任人员违法违纪的，应当将有关材料移送监察机关、该行政机关或者其上一级行政机关；认为有犯罪行为的，应当将有关材料移送公安、检察机关。

人民法院对被告经传票传唤无正当理由拒不到庭，或者未经法庭许可中途退庭的，可以将被告拒不到庭或者中途退庭的情况予以公告，并可以向监察机关或者被告的上一级行政机关提出依法给予其主要负责人或者直接责任人员处分的司法建议。

第二节 第一审普通程序

第六十七条 人民法院应当在立案之日起五日内，将起诉状副本发送被告。被告应当在收到起诉状副本之日起十五日内向人民法院提交作出行政行为的证据和所依据的规范性文件，并提出答辩状。人民法院应当在收到答辩状之日起五日内，将答辩状副本发送原告。

被告不提出答辩状的，不影响人民法院审理。

第六十八条 人民法院审理行政案件，由审判员组成合议庭，或者由审判员、陪审员组成合议庭。合议庭的成员，应当是三人以上的单数。

第六十九条 行政行为证据确凿，适用法律、法规正确，符合法定程序的，或者原告申请被告履行法定职责或者给付义务理由不成立的，人民法院判决驳回原告的诉讼请求。

第七十条 行政行为有下列情形之一的，人民法院判决撤销或者部分撤销，并可以判决被告重新作出行政行为：

（一）主要证据不足的；

（二）适用法律、法规错误的；

（三）违反法定程序的；

（四）超越职权的；

（五）滥用职权的；

（六）明显不当的。

第七十一条 人民法院判决被告重新作出行政行为的，被告不得以同一的事实和理由作出与原行政行为基本相同的行政行为。

第七十二条 人民法院经过审理，查明被告不履行法定职责的，判决被告在一定期限内履行。

第七十三条 人民法院经过审理，查明被告依法负有给付义务的，判决被告履行给付义务。

第七十四条 行政行为有下列情形之一的,人民法院判决确认违法,但不撤销行政行为:

(一)行政行为依法应当撤销,但撤销会给国家利益、社会公共利益造成重大损害的;

(二)行政行为程序轻微违法,但对原告权利不产生实际影响的。

行政行为有下列情形之一,不需要撤销或者判决履行的,人民法院判决确认违法:

(一)行政行为违法,但不具有可撤销内容的;

(二)被告改变原违法行政行为,原告仍要求确认原行政行为违法的;

(三)被告不履行或者拖延履行法定职责,判决履行没有意义的。

第七十五条 行政行为有实施主体不具有行政主体资格或者没有依据等重大且明显违法情形,原告申请确认行政行为无效的,人民法院判决确认无效。

第七十六条 人民法院判决确认违法或者无效的,可以同时判决责令被告采取补救措施;给原告造成损失的,依法判决被告承担赔偿责任。

第七十七条 行政处罚明显不当,或者其他行政行为涉及对款额的确定、认定确有错误的,人民法院可以判决变更。

人民法院判决变更,不得加重原告的义务或者减损原告的权益。但利害关系人同为原告,且诉讼请求相反的除外。

第七十八条 被告不依法履行、未按照约定履行或者违法变更、解除本法第十二条第一款第十一项规定的协议的,人民法院判决被告承担继续履行、采取补救措施或者赔偿损失等责任。

被告变更、解除本法第十二条第一款第十一项规定的协议合法,但未依法给予补偿的,人民法院判决给予补偿。

第七十九条 复议机关与作出原行政行为的行政机关为共同被告的案件,人民法院应当对复议决定和原行政行为一并作出裁判。

第八十条 人民法院对公开审理和不公开审理的案件,一律公开宣告判决。

当庭宣判的,应当在十日内发送判决书;定期宣判的,宣判后立即发给判决书。

宣告判决时,必须告知当事人上诉权利、上诉期限和上诉的人民法院。

第八十一条 人民法院应当在立案之日起六个月内作出第一审判决。有特殊情况需要延长的,由高级人民法院批准,高级人民法院审理第一审案件需要延长的,由最高人民法院批准。

第三节 简易程序

第八十二条 人民法院审理下列第一审行政案件,认为事实清楚、权利义务关系明确、争议不大的,可以适用简易程序:

(一)被诉行政行为是依法当场作出的;

(二)案件涉及款额二千元以下的;

（三）属于政府信息公开案件的。

除前款规定以外的第一审行政案件，当事人各方同意适用简易程序的，可以适用简易程序。

发回重审、按照审判监督程序再审的案件不适用简易程序。

第八十三条 适用简易程序审理的行政案件，由审判员一人独任审理，并应当在立案之日起四十五日内审结。

第八十四条 人民法院在审理过程中，发现案件不宜适用简易程序的，裁定转为普通程序。

第四节 第二审程序

第八十五条 当事人不服人民法院第一审判决的，有权在判决书送达之日起十五日内向上一级人民法院提起上诉。当事人不服人民法院第一审裁定的，有权在裁定书送达之日起十日内向上一级人民法院提起上诉。逾期不提起上诉的，人民法院的第一审判决或者裁定发生法律效力。

第八十六条 人民法院对上诉案件，应当组成合议庭，开庭审理。经过阅卷、调查和询问当事人，对没有提出新的事实、证据或者理由，合议庭认为不需要开庭审理的，也可以不开庭审理。

第八十七条 人民法院审理上诉案件，应当对原审人民法院的判决、裁定和被诉行政行为进行全面审查。

第八十八条 人民法院审理上诉案件，应当在收到上诉状之日起三个月内作出终审判决。有特殊情况需要延长的，由高级人民法院批准，高级人民法院审理上诉案件需要延长的，由最高人民法院批准。

第八十九条 人民法院审理上诉案件，按照下列情形，分别处理：

（一）原判决、裁定认定事实清楚，适用法律、法规正确的，判决或者裁定驳回上诉，维持原判决、裁定；

（二）原判决、裁定认定事实错误或者适用法律、法规错误的，依法改判、撤销或者变更；

（三）原判决认定基本事实不清、证据不足的，发回原审人民法院重审，或者查清事实后改判；

（四）原判决遗漏当事人或者违法缺席判决等严重违反法定程序的，裁定撤销原判决，发回原审人民法院重审。

原审人民法院对发回重审的案件作出判决后，当事人提起上诉的，第二审人民法院不得再次发回重审。

人民法院审理上诉案件，需要改变原审判决的，应当同时对被诉行政行为作出判决。

第五节 审判监督程序

第九十条 当事人对已经发生法律效力的判决、裁定，认为确有错误的，可以向上一级人民法院申请再审，但判决、裁定不停止执行。

第九十一条 当事人的申请符合下列情形之一的，人民法院应当再审：

（一）不予立案或者驳回起诉确有错误的；

（二）有新的证据，足以推翻原判决、裁定的；

（三）原判决、裁定认定事实的主要证据不足、未经质证或者系伪造的；

（四）原判决、裁定适用法律、法规确有错误的；

（五）违反法律规定的诉讼程序，可能影响公正审判的；

（六）原判决、裁定遗漏诉讼请求的；

（七）据以作出原判决、裁定的法律文书被撤销或者变更的；

（八）审判人员在审理该案件时有贪污受贿、徇私舞弊、枉法裁判行为的。

第九十二条 各级人民法院院长对本院已经发生法律效力的判决、裁定，发现有本法第九十一条规定情形之一，或者发现调解违反自愿原则或者调解书内容违法，认为需要再审的，应当提交审判委员会讨论决定。

最高人民法院对地方各级人民法院已经发生法律效力的判决、裁定，上级人民法院对下级人民法院已经发生法律效力的判决、裁定，发现有本法第九十一条规定情形之一，或者发现调解违反自愿原则或者调解书内容违法的，有权提审或者指令下级人民法院再审。

第九十三条 最高人民检察院对各级人民法院已经发生法律效力的判决、裁定，上级人民检察院对下级人民法院已经发生法律效力的判决、裁定，发现有本法第九十一条规定情形之一，或者发现调解书损害国家利益、社会公共利益的，应当提出抗诉。

地方各级人民检察院对同级人民法院已经发生法律效力的判决、裁定，发现有本法第九十一条规定情形之一，或者发现调解书损害国家利益、社会公共利益的，可以向同级人民法院提出检察建议，并报上级人民检察院备案；也可以提请上级人民检察院向同级人民法院提出抗诉。

各级人民检察院对审判监督程序以外的其他审判程序中审判人员的违法行为，有权向同级人民法院提出检察建议。

第八章 执　　行

第九十四条 当事人必须履行人民法院发生法律效力的判决、裁定、调解书。

第九十五条 公民、法人或者其他组织拒绝履行判决、裁定、调解书的，行政机关或者第三人可以向第一审人民法院申请强制执行，或者由行政机关依法强制执行。

第九十六条 行政机关拒绝履行判决、裁定、调解书的，第一审人民法院可以采取下列措施：

（一）对应当归还的罚款或者应当给付的款额，通知银行从该行政机关的账户内划拨；

（二）在规定期限内不履行的，从期满之日起，对该行政机关负责人按日处五十元至一百元的罚款；

（三）将行政机关拒绝履行的情况予以公告；

（四）向监察机关或者该行政机关的上一级行政机关提出司法建议。接受司法建议的机关，根据有关规定进行处理，并将处理情况告知人民法院；

（五）拒不履行判决、裁定、调解书，社会影响恶劣的，可以对该行政机关直接负责的主管人员和其他直接责任人员予以拘留；情节严重，构成犯罪的，依法追究刑事责任。

第九十七条 公民、法人或者其他组织对行政行为在法定期限内不提起诉讼又不履行的，行政机关可以申请人民法院强制执行，或者依法强制执行。

第九章　涉外行政诉讼

第九十八条 外国人、无国籍人、外国组织在中华人民共和国进行行政诉讼，适用本法。法律另有规定的除外。

第九十九条 外国人、无国籍人、外国组织在中华人民共和国进行行政诉讼，同中华人民共和国公民、组织有同等的诉讼权利和义务。

外国法院对中华人民共和国公民、组织的行政诉讼权利加以限制的，人民法院对该国公民、组织的行政诉讼权利，实行对等原则。

第一百条 外国人、无国籍人、外国组织在中华人民共和国进行行政诉讼，委托律师代理诉讼的，应当委托中华人民共和国律师机构的律师。

第十章　附　　则

第一百零一条 人民法院审理行政案件，关于期间、送达、财产保全、开庭审理、调解、中止诉讼、终结诉讼、简易程序、执行等，以及人民检察院对行政案件受理、审理、裁判、执行的监督，本法没有规定的，适用《中华人民共和国民事诉讼法》的相关规定。

第一百零二条 人民法院审理行政案件，应当收取诉讼费用。诉讼费用由败诉方承担，双方都有责任的由双方分担。收取诉讼费用的具体办法另行规定。

第一百零三条 本法自1990年10月1日起施行。

中华人民共和国刑法（摘选）

第一百四十条 【生产、销售伪劣产品罪】生产者、销售者在产品中掺杂、掺假，以假充真，以次充好或者以不合格产品冒充合格产品，销售金额五万元以上不满二十万元的，处二年以下有期徒刑或者拘役，并处或者单处销售金额百分之五十以上二倍以下罚金；销售金额二十万元以上不满五十万元的，处二年以上七年以下有期徒刑，并处销售金额百分之五十以上二倍以下罚金；销售金额五十万元以上不满二百万元的，处七年以上有期徒刑，并处销售金额百分之五十以上二倍以下罚金；销售金额二百万元以上的，处十五年有期徒刑或者无期徒刑，并处销售金额百分之五十以上二倍以下罚金或者没收财产。

第一百四十七条 【生产、销售伪劣农药、兽药、化肥、种子罪】生产假农药、假兽药、假化肥，销售明知是假的或者失去使用效能的农药、兽药、化肥、种子，或者生产者、销售者以不合格的农药、兽药、化肥、种子冒充合格的农药、兽药、化肥、种子，使生产遭受较大损失的，处三年以下有期徒刑或者拘役，并处或者单处销售金额百分之五十以上二倍以下罚金；使生产遭受重大损失的，处三年以上七年以下有期徒刑，并处销售金额百分之五十以上二倍以下罚金；使生产遭受特别重大损失的，处七年以上有期徒刑或者无期徒刑，并处销售金额百分之五十以上二倍以下罚金或者没收财产。

第一百四十九条 【对生产、销售伪劣商品行为的法条适用】生产、销售本节第一百四十一条至第一百四十八条所列产品，不构成各该条规定的犯罪，但是销售金额在五万元以上的，依照本节第一百四十条的规定定罪处罚。

生产、销售本节第一百四十一条至第一百四十八条所列产品，构成各该条规定的犯罪，同时又构成本节第一百四十条规定之罪的，依照处罚较重的规定定罪处罚。

第二百二十五条 【非法经营罪】违反国家规定，有下列非法经营行为之一，扰乱市场秩序，情节严重的，处五年以下有期徒刑或者拘役，并处或者单处违法所得一倍以上五倍以下罚金；情节特别严重的，处五年以上有期徒刑，并处违法所得一倍以上五倍以下罚金或者没收财产：

（一）未经许可经营法律、行政法规规定的专营、专卖物品或者其他限制买卖的物品的；

（二）买卖进出口许可证、进出口原产地证明以及其他法律、行政法规规定的经营许可证或者批准文件的；

（三）未经国家有关主管部门批准非法经营证券、期货、保险业务的，或者非法从事资金支付结算业务的；

（四）其他严重扰乱市场秩序的非法经营行为。

中华人民共和国外商投资法

（2019 年 3 月 15 日第十三届全国人民代表大会第二次会议通过）

目　　录

第一章　总　　则

第一条　为了进一步扩大对外开放，积极促进外商投资，保护外商投资合法权益，规范外商投资管理，推动形成全面开放新格局，促进社会主义市场经济健康发展，根据宪法，制定本法。

第二条　在中华人民共和国境内（以下简称中国境内）的外商投资，适用本法。

本法所称外商投资，是指外国的自然人、企业或者其他组织（以下称外国投资者）直接或者间接在中国境内进行的投资活动，包括下列情形：

（一）外国投资者单独或者与其他投资者共同在中国境内设立外商投资企业；

（二）外国投资者取得中国境内企业的股份、股权、财产份额或者其他类似权益；

（三）外国投资者单独或者与其他投资者共同在中国境内投资新建项目；

（四）法律、行政法规或者国务院规定的其他方式的投资。

本法所称外商投资企业，是指全部或者部分由外国投资者投资，依照中国法律在中国境内经登记注册设立的企业。

第三条　国家坚持对外开放的基本国策，鼓励外国投资者依法在中国境内投资。

国家实行高水平投资自由化便利化政策，建立和完善外商投资促进机制，营造稳定、透明、可预期和公平竞争的市场环境。

第四条　国家对外商投资实行准入前国民待遇加负面清单管理制度。

前款所称准入前国民待遇，是指在投资准入阶段给予外国投资者及其投资不低于本国投资者及其投资的待遇；所称负面清单，是指国家规定在特定领域对外商投资实施的准入特别管理措施。国家对负面清单之外的外商投资，给予国民待遇。

负面清单由国务院发布或者批准发布。

中华人民共和国缔结或者参加的国际条约、协定对外国投资者准入待遇有更优惠规定的，可以按照相关规定执行。

第五条　国家依法保护外国投资者在中国境内的投资、收益和其他合法权益。

第六条　在中国境内进行投资活动的外国投资者、外商投资企业，应当遵守中国法律法规，不得危害中国国家安全、损害社会公共利益。

第七条　国务院商务主管部门、投资主管部门按照职责分工，开展外商投资促进、保护和管理工作；国务院其他有关部门在各自职责范围内，负责外商投资促进、保护和管理的相关工作。

县级以上地方人民政府有关部门依照法律法规和本级人民政府确定的职责分工，开展外商投资促进、保护和管理工作。

第八条 外商投资企业职工依法建立工会组织，开展工会活动，维护职工的合法权益。外商投资企业应当为本企业工会提供必要的活动条件。

第二章 投资促进

第九条 外商投资企业依法平等适用国家支持企业发展的各项政策。

第十条 制定与外商投资有关的法律、法规、规章，应当采取适当方式征求外商投资企业的意见和建议。

与外商投资有关的规范性文件、裁判文书等，应当依法及时公布。

第十一条 国家建立健全外商投资服务体系，为外国投资者和外商投资企业提供法律法规、政策措施、投资项目信息等方面的咨询和服务。

第十二条 国家与其他国家和地区、国际组织建立多边、双边投资促进合作机制，加强投资领域的国际交流与合作。

第十三条 国家根据需要，设立特殊经济区域，或者在部分地区实行外商投资试验性政策措施，促进外商投资，扩大对外开放。

第十四条 国家根据国民经济和社会发展需要，鼓励和引导外国投资者在特定行业、领域、地区投资。外国投资者、外商投资企业可以依照法律、行政法规或者国务院的规定享受优惠待遇。

第十五条 国家保障外商投资企业依法平等参与标准制定工作，强化标准制定的信息公开和社会监督。

国家制定的强制性标准平等适用于外商投资企业。

第十六条 国家保障外商投资企业依法通过公平竞争参与政府采购活动。政府采购依法对外商投资企业在中国境内生产的产品、提供的服务平等对待。

第十七条 外商投资企业可以依法通过公开发行股票、公司债券等证券和其他方式进行融资。

第十八条 县级以上地方人民政府可以根据法律、行政法规、地方性法规的规定，在法定权限内制定外商投资促进和便利化政策措施。

第十九条 各级人民政府及其有关部门应当按照便利、高效、透明的原则，简化办事程序，提高办事效率，优化政务服务，进一步提高外商投资服务水平。

有关主管部门应当编制和公布外商投资指引，为外国投资者和外商投资企业提供服务和便利。

第三章 投资保护

第二十条 国家对外国投资者的投资不实行征收。

在特殊情况下，国家为了公共利益的需要，可以依照法律规定对外国投资者的投资实行征收或者征用。征收、征用应当依照法定程序进行，并及时给予公平、合理的补偿。

第二十一条 外国投资者在中国境内的出资、利润、资本收益、资产处置所得、知识产权许可使用费、依法获得的补偿或者赔偿、清算所得等，可以依法以人民币或者外汇自由汇入、汇出。

第二十二条 国家保护外国投资者和外商投资企业的知识产权，保护知识产权权利人和相关权利人的合法权益；对知识产权侵权行为，严格依法追究法律责任。

国家鼓励在外商投资过程中基于自愿原则和商业规则开展技术合作。技术合作的条件由投资各方遵循公平原则平等协商确定。行政机关及其工作人员不得利用行政手段强制转让技术。

第二十三条 行政机关及其工作人员对于履行职责过程中知悉的外国投资者、外商投资企业的商业秘密，应当依法予以保密，不得泄露或者非法向他人提供。

第二十四条 各级人民政府及其有关部门制定涉及外商投资的规范性文件，应当符合法律法规的规定；没有法律、行政法规依据的，不得减损外商投资企业的合法权益或者增加其义务，不得设置市场准入和退出条件，不得干预外商投资企业的正常生产经营活动。

第二十五条 地方各级人民政府及其有关部门应当履行向外国投资者、外商投资企业依法作出的政策承诺以及依法订立的各类合同。

因国家利益、社会公共利益需要改变政策承诺、合同约定的，应当依照法定权限和程序进行，并依法对外国投资者、外商投资企业因此受到的损失予以补偿。

第二十六条 国家建立外商投资企业投诉工作机制，及时处理外商投资企业或者其投资者反映的问题，协调完善相关政策措施。

外商投资企业或者其投资者认为行政机关及其工作人员的行政行为侵犯其合法权益的，可以通过外商投资企业投诉工作机制申请协调解决。

外商投资企业或者其投资者认为行政机关及其工作人员的行政行为侵犯其合法权益的，除依照前款规定通过外商投资企业投诉工作机制申请协调解决外，还可以依法申请行政复议、提起行政诉讼。

第二十七条 外商投资企业可以依法成立和自愿参加商会、协会。商会、协会依照法律法规和章程的规定开展相关活动，维护会员的合法权益。

第四章 投资管理

第二十八条 外商投资准入负面清单规定禁止投资的领域，外国投资者不得投资。

外商投资准入负面清单规定限制投资的领域，外国投资者进行投资应当符合负面清单规定的条件。

外商投资准入负面清单以外的领域，按照内外资一致的原则实施管理。

第二十九条 外商投资需要办理投资项目核准、备案的，按照国家有关规定执行。

第三十条 外国投资者在依法需要取得许可的行业、领域进行投资的，应当依法办理相关许可手续。

有关主管部门应当按照与内资一致的条件和程序，审核外国投资者的许可申请，法律、行政法规另有规定的除外。

第三十一条 外商投资企业的组织形式、组织机构及其活动准则，适用《中华人民共和国公司法》、《中华人民共和国合伙企业法》等法律的规定。

第三十二条 外商投资企业开展生产经营活动，应当遵守法律、行政法规有关劳动保护、社会保险的规定，依照法律、行政法规和国家有关规定办理税收、会计、外汇等事宜，并接受相关主管部门依法实施的监督检查。

第三十三条 外国投资者并购中国境内企业或者以其他方式参与经营者集中的，应当依照《中华人民共和国反垄断法》的规定接受经营者集中审查。

第三十四条 国家建立外商投资信息报告制度。外国投资者或者外商投资企业应当通过企业登记系统以及企业信用信息公示系统向商务主管部门报送投资信息。

外商投资信息报告的内容和范围按照确有必要的原则确定；通过部门信息共享能够获得的投资信息，不得再行要求报送。

第三十五条 国家建立外商投资安全审查制度，对影响或者可能影响国家安全的外商投资进行安全审查。

依法作出的安全审查决定为最终决定。

第五章 法律责任

第三十六条 外国投资者投资外商投资准入负面清单规定禁止投资的领域的，由有关主管部门责令停止投资活动，限期处分股份、资产或者采取其他必要措施，恢复到实施投资前的状态；有违法所得的，没收违法所得。

外国投资者的投资活动违反外商投资准入负面清单规定的限制性准入特别管理措施的，由有关主管部门责令限期改正，采取必要措施满足准入特别管理措施的要求；逾期不改正的，依照前款规定处理。

外国投资者的投资活动违反外商投资准入负面清单规定的，除依照前两款规定处理外，还应当依法承担相应的法律责任。

第三十七条 外国投资者、外商投资企业违反本法规定，未按照外商投资信息报告制度的要求报送投资信息的，由商务主管部门责令限期改正；逾期不改正的，处十万元以上五十万元以下的罚款。

第三十八条 对外国投资者、外商投资企业违反法律、法规的行为，由有关部门依法查处，并按照国家有关规定纳入信用信息系统。

第三十九条 行政机关工作人员在外商投资促进、保护和管理工作中滥用职权、玩忽职守、徇私舞弊的，或者泄露、非法向他人提供履行职责过程中知悉的商业秘密的，依法给予处分;构成犯罪的,依法追究刑事责任。

第六章 附 则

第四十条 任何国家或者地区在投资方面对中华人民共和国采取歧视性的禁止、限制或者其他类似措施的,中华人民共和国可以根据实际情况对该国家或者该地区采取相应的措施。

第四十一条 对外国投资者在中国境内投资银行业、证券业、保险业等金融行业,或者在证券市场、外汇市场等金融市场进行投资的管理,国家另有规定的,依照其规定。

第四十二条 本法自2020年1月1日起施行。《中华人民共和国中外合资经营企业法》、《中华人民共和国外资企业法》、《中华人民共和国中外合作经营企业法》同时废止。

本法施行前依照《中华人民共和国中外合资经营企业法》、《中华人民共和国外资企业法》、《中华人民共和国中外合作经营企业法》设立的外商投资企业,在本法施行后五年内可以继续保留原企业组织形式等。具体实施办法由国务院规定。

畜禽规模养殖污染防治条例

(2013年11月11日中华人民共和国国务院令第643号公布)

第一章 总 则

第一条 为了防治畜禽养殖污染,推进畜禽养殖废弃物的综合利用和无害化处理,保护和改善环境,保障公众身体健康,促进畜牧业持续健康发展,制定本条例。

第二条 本条例适用于畜禽养殖场、养殖小区的养殖污染防治。

畜禽养殖场、养殖小区的规模标准根据畜牧业发展状况和畜禽养殖污染防治要求确定。

牧区放牧养殖污染防治,不适用本条例。

第三条 畜禽养殖污染防治,应当统筹考虑保护环境与促进畜牧业发展的需要,坚持预防为主、防治结合的原则,实行统筹规划、合理布局、综合利用、激励引导。

第四条 各级人民政府应当加强对畜禽养殖污染防治工作的组织领导,采取有效措施,加大资金投入,扶持畜禽养殖污染防治以及畜禽养殖废弃物综合利用。

第五条 县级以上人民政府环境保护主管部门负责畜禽养殖污染防治的统一监督管理。

县级以上人民政府农牧主管部门负责畜禽养殖废弃物综合利用的指导和服务。

县级以上人民政府循环经济发展综合管理部门负责畜禽养殖循环经济工作的组织

协调。

县级以上人民政府其他有关部门依照本条例规定和各自职责，负责畜禽养殖污染防治相关工作。

乡镇人民政府应当协助有关部门做好本行政区域的畜禽养殖污染防治工作。

第六条 从事畜禽养殖以及畜禽养殖废弃物综合利用和无害化处理活动，应当符合国家有关畜禽养殖污染防治的要求，并依法接受有关主管部门的监督检查。

第七条 国家鼓励和支持畜禽养殖污染防治以及畜禽养殖废弃物综合利用和无害化处理的科学技术研究和装备研发。各级人民政府应当支持先进适用技术的推广，促进畜禽养殖污染防治水平的提高。

第八条 任何单位和个人对违反本条例规定的行为，有权向县级以上人民政府环境保护等有关部门举报。接到举报的部门应当及时调查处理。

对在畜禽养殖污染防治中作出突出贡献的单位和个人，按照国家有关规定给予表彰和奖励。

第二章 预 防

第九条 县级以上人民政府农牧主管部门编制畜牧业发展规划，报本级人民政府或者其授权的部门批准实施。畜牧业发展规划应当统筹考虑环境承载能力以及畜禽养殖污染防治要求，合理布局，科学确定畜禽养殖的品种、规模、总量。

第十条 县级以上人民政府环境保护主管部门会同农牧主管部门编制畜禽养殖污染防治规划，报本级人民政府或者其授权的部门批准实施。畜禽养殖污染防治规划应当与畜牧业发展规划相衔接，统筹考虑畜禽养殖生产布局，明确畜禽养殖污染防治目标、任务、重点区域，明确污染治理重点设施建设，以及废弃物综合利用等污染防治措施。

第十一条 禁止在下列区域内建设畜禽养殖场、养殖小区：

(一)饮用水水源保护区，风景名胜区；

(二)自然保护区的核心区和缓冲区；

(三)城镇居民区、文化教育科学研究区等人口集中区域；

(四)法律、法规规定的其他禁止养殖区域。

第十二条 新建、改建、扩建畜禽养殖场、养殖小区，应当符合畜牧业发展规划、畜禽养殖污染防治规划，满足动物防疫条件，并进行环境影响评价。对环境可能造成重大影响的大型畜禽养殖场、养殖小区，应当编制环境影响报告书；其他畜禽养殖场、养殖小区应当填报环境影响登记表。大型畜禽养殖场、养殖小区的管理目录，由国务院环境保护主管部门商国务院农牧主管部门确定。

环境影响评价的重点应当包括：畜禽养殖产生的废弃物种类和数量，废弃物综合利用和无害化处理方案和措施，废弃物的消纳和处理情况以及向环境直接排放的情况，最终可能对水体、土壤等环境和人体健康产生的影响以及控制和减少影响的方案和措施等。

第十三条 畜禽养殖场、养殖小区应当根据养殖规模和污染防治需要，建设相应的畜禽粪便、污水与雨水分流设施，畜禽粪便、污水的贮存设施，粪污厌氧消化和堆沤、有机肥加工、制取沼气、沼渣沼液分离和输送、污水处理、畜禽尸体处理等综合利用和无害化处理设施。已经委托他人对畜禽养殖废弃物代为综合利用和无害化处理的，可以不自行建设综合利用和无害化处理设施。

未建设污染防治配套设施、自行建设的配套设施不合格，或者未委托他人对畜禽养殖废弃物进行综合利用和无害化处理的，畜禽养殖场、养殖小区不得投入生产或者使用。

畜禽养殖场、养殖小区自行建设污染防治配套设施的，应当确保其正常运行。

第十四条 从事畜禽养殖活动，应当采取科学的饲养方式和废弃物处理工艺等有效措施，减少畜禽养殖废弃物的产生量和向环境的排放量。

第三章 综合利用与治理

第十五条 国家鼓励和支持采取粪肥还田、制取沼气、制造有机肥等方法，对畜禽养殖废弃物进行综合利用。

第十六条 国家鼓励和支持采取种植和养殖相结合的方式消纳利用畜禽养殖废弃物，促进畜禽粪便、污水等废弃物就地就近利用。

第十七条 国家鼓励和支持沼气制取、有机肥生产等废弃物综合利用以及沼渣沼液输送和施用、沼气发电等相关配套设施建设。

第十八条 将畜禽粪便、污水、沼渣、沼液等用作肥料的，应当与土地的消纳能力相适应，并采取有效措施，消除可能引起传染病的微生物，防止污染环境和传播疫病。

第十九条 从事畜禽养殖活动和畜禽养殖废弃物处理活动，应当及时对畜禽粪便、畜禽尸体、污水等进行收集、贮存、清运，防止恶臭和畜禽养殖废弃物渗出、泄漏。

第二十条 向环境排放经过处理的畜禽养殖废弃物，应当符合国家和地方规定的污染物排放标准和总量控制指标。畜禽养殖废弃物未经处理，不得直接向环境排放。

第二十一条 染疫畜禽以及染疫畜禽排泄物、染疫畜禽产品、病死或者死因不明的畜禽尸体等病害畜禽养殖废弃物，应当按照有关法律、法规和国务院农牧主管部门的规定，进行深埋、化制、焚烧等无害化处理，不得随意处置。

第二十二条 畜禽养殖场、养殖小区应当定期将畜禽养殖品种、规模以及畜禽养殖废弃物的产生、排放和综合利用等情况，报县级人民政府环境保护主管部门备案。环境保护主管部门应当定期将备案情况抄送同级农牧主管部门。

第二十三条 县级以上人民政府环境保护主管部门应当依据职责对畜禽养殖污染防治情况进行监督检查，并加强对畜禽养殖环境污染的监测。

乡镇人民政府、基层群众自治组织发现畜禽养殖环境污染行为的，应当及时制止和报告。

第二十四条 对污染严重的畜禽养殖密集区域，市、县人民政府应当制定综合整治方案，采取组织建设畜禽养殖废弃物综合利用和无害化处理设施、有计划搬迁或者关闭畜禽养殖场所等措施，对畜禽养殖污染进行治理。

第二十五条 因畜牧业发展规划、土地利用总体规划、城乡规划调整以及划定禁止养殖区域，或者因对污染严重的畜禽养殖密集区域进行综合整治，确需关闭或者搬迁现有畜禽养殖场所，致使畜禽养殖者遭受经济损失的，由县级以上地方人民政府依法予以补偿。

第四章 激励措施

第二十六条 县级以上人民政府应当采取示范奖励等措施，扶持规模化、标准化畜禽养殖，支持畜禽养殖场、养殖小区进行标准化改造和污染防治设施建设与改造，鼓励分散饲养向集约饲养方式转变。

第二十七条 县级以上地方人民政府在组织编制土地利用总体规划过程中，应当统筹安排，将规模化畜禽养殖用地纳入规划，落实养殖用地。

国家鼓励利用废弃地和荒山、荒沟、荒丘、荒滩等未利用地开展规模化、标准化畜禽养殖。

畜禽养殖用地按农用地管理，并按照国家有关规定确定生产设施用地和必要的污染防治等附属设施用地。

第二十八条 建设和改造畜禽养殖污染防治设施，可以按照国家规定申请包括污染治理贷款贴息补助在内的环境保护等相关资金支持。

第二十九条 进行畜禽养殖污染防治，从事利用畜禽养殖废弃物进行有机肥产品生产经营等畜禽养殖废弃物综合利用活动的，享受国家规定的相关税收优惠政策。

第三十条 利用畜禽养殖废弃物生产有机肥产品的，享受国家关于化肥运力安排等支持政策；购买使用有机肥产品的，享受不低于国家关于化肥的使用补贴等优惠政策。

畜禽养殖场、养殖小区的畜禽养殖污染防治设施运行用电执行农业用电价格。

第三十一条 国家鼓励和支持利用畜禽养殖废弃物进行沼气发电，自发自用、多余电量接入电网。电网企业应当依照法律和国家有关规定为沼气发电提供无歧视的电网接入服务，并全额收购其电网覆盖范围内符合并网技术标准的多余电量。

利用畜禽养殖废弃物进行沼气发电的，依法享受国家规定的上网电价优惠政策。利用畜禽养殖废弃物制取沼气或进而制取天然气的，依法享受新能源优惠政策。

第三十二条 地方各级人民政府可以根据本地区实际，对畜禽养殖场、养殖小区支出的建设项目环境影响咨询费用给予补助。

第三十三条 国家鼓励和支持对染疫畜禽、病死或者死因不明畜禽尸体进行集中无害化处理，并按照国家有关规定对处理费用、养殖损失给予适当补助。

第三十四条 畜禽养殖场、养殖小区排放污染物符合国家和地方规定的污染物排放标准和总量控制指标，自愿与环境保护主管部门签订进一步削减污染物排放量协议的，由县级人民政府按照国家有关规定给予奖励，并优先列入县级以上人民政府安排的环境保护和畜禽养殖发展相关财政资金扶持范围。

第三十五条 畜禽养殖户自愿建设综合利用和无害化处理设施、采取措施减少污染物排放的,可以依照本条例规定享受相关激励和扶持政策。

第五章 法律责任

第三十六条 各级人民政府环境保护主管部门、农牧主管部门以及其他有关部门未依照本条例规定履行职责的,对直接负责的主管人员和其他直接责任人员依法给予处分;直接负责的主管人员和其他直接责任人员构成犯罪的,依法追究刑事责任。

第三十七条 违反本条例规定,在禁止养殖区域内建设畜禽养殖场、养殖小区的,由县级以上地方人民政府环境保护主管部门责令停止违法行为;拒不停止违法行为的,处3万元以上10万元以下的罚款,并报县级以上人民政府责令拆除或者关闭。在饮用水水源保护区建设畜禽养殖场、养殖小区的,由县级以上地方人民政府环境保护主管部门责令停止违法行为,处10万元以上50万元以下的罚款,并报经有批准权的人民政府批准,责令拆除或者关闭。

第三十八条 违反本条例规定,畜禽养殖场、养殖小区依法应当进行环境影响评价而未进行的,由有权审批该项目环境影响评价文件的环境保护主管部门责令停止建设,限期补办手续;逾期不补办手续的,处5万元以上20万元以下的罚款。

第三十九条 违反本条例规定,未建设污染防治配套设施或者自行建设的配套设施不合格,也未委托他人对畜禽养殖废弃物进行综合利用和无害化处理,畜禽养殖场、养殖小区即投入生产、使用,或者建设的污染防治配套设施未正常运行的,由县级以上人民政府环境保护主管部门责令停止生产或者使用,可以处10万元以下的罚款。

第四十条 违反本条例规定,有下列行为之一的,由县级以上地方人民政府环境保护主管部门责令停止违法行为,限期采取治理措施消除污染,依照《中华人民共和国水污染防治法》、《中华人民共和国固体废物污染环境防治法》的有关规定予以处罚:

(一)将畜禽养殖废弃物用作肥料,超出土地消纳能力,造成环境污染的;

(二)从事畜禽养殖活动或者畜禽养殖废弃物处理活动,未采取有效措施,导致畜禽养殖废弃物渗出、泄漏的。

第四十一条 排放畜禽养殖废弃物不符合国家或者地方规定的污染物排放标准或者总量控制指标,或者未经无害化处理直接向环境排放畜禽养殖废弃物的,由县级以上地方人民政府环境保护主管部门责令限期治理,可以处5万元以下的罚款。县级以上地方人民政府环境保护主管部门作出限期治理决定后,应当会同同级人民政府农牧等有关部门对整改措施的落实情况及时进行核查,并向社会公布核查结果。

第四十二条 未按照规定对染疫畜禽和病害畜禽养殖废弃物进行无害化处理的,由动物卫生监督机构责令无害化处理,所需处理费用由违法行为人承担,可以处3000元以下的罚款。

第六章　附　　则

第四十三条　畜禽养殖场、养殖小区的具体规模标准由省级人民政府确定，并报国务院环境保护主管部门和国务院农牧主管部门备案。

第四十四条　本条例自2014年1月1日起施行。

中华人民共和国政府信息公开条例

（2007年4月5日中华人民共和国国务院令第492号公布　2019年4月3日中华人民共和国国务院令第711号修订）

第一章　总　　则

第一条　为了保障公民、法人和其他组织依法获取政府信息，提高政府工作的透明度，建设法治政府，充分发挥政府信息对人民群众生产、生活和经济社会活动的服务作用，制定本条例。

第二条　本条例所称政府信息，是指行政机关在履行行政管理职能过程中制作或者获取的，以一定形式记录、保存的信息。

第三条　各级人民政府应当加强对政府信息公开工作的组织领导。

国务院办公厅是全国政府信息公开工作的主管部门，负责推进、指导、协调、监督全国的政府信息公开工作。

县级以上地方人民政府办公厅（室）是本行政区域的政府信息公开工作主管部门，负责推进、指导、协调、监督本行政区域的政府信息公开工作。

实行垂直领导的部门的办公厅（室）主管本系统的政府信息公开工作。

第四条　各级人民政府及县级以上人民政府部门应当建立健全本行政机关的政府信息公开工作制度，并指定机构（以下统称政府信息公开工作机构）负责本行政机关政府信息公开的日常工作。

政府信息公开工作机构的具体职能是：

（一）办理本行政机关的政府信息公开事宜；

（二）维护和更新本行政机关公开的政府信息；

（三）组织编制本行政机关的政府信息公开指南、政府信息公开目录和政府信息公开工作年度报告；

（四）组织开展对拟公开政府信息的审查；

（五）本行政机关规定的与政府信息公开有关的其他职能。

第五条 行政机关公开政府信息，应当坚持以公开为常态、不公开为例外，遵循公正、公平、合法、便民的原则。

第六条 行政机关应当及时、准确地公开政府信息。

行政机关发现影响或者可能影响社会稳定、扰乱社会和经济管理秩序的虚假或者不完整信息的，应当发布准确的政府信息予以澄清。

第七条 各级人民政府应当积极推进政府信息公开工作，逐步增加政府信息公开的内容。

第八条 各级人民政府应当加强政府信息资源的规范化、标准化、信息化管理，加强互联网政府信息公开平台建设，推进政府信息公开平台与政务服务平台融合，提高政府信息公开在线办理水平。

第九条 公民、法人和其他组织有权对行政机关的政府信息公开工作进行监督，并提出批评和建议。

第二章 公开的主体和范围

第十条 行政机关制作的政府信息，由制作该政府信息的行政机关负责公开。行政机关从公民、法人和其他组织获取的政府信息，由保存该政府信息的行政机关负责公开；行政机关获取的其他行政机关的政府信息，由制作或者最初获取该政府信息的行政机关负责公开。法律、法规对政府信息公开的权限另有规定的，从其规定。

行政机关设立的派出机构、内设机构依照法律、法规对外以自己名义履行行政管理职能的，可以由该派出机构、内设机构负责与所履行行政管理职能有关的政府信息公开工作。

两个以上行政机关共同制作的政府信息，由牵头制作的行政机关负责公开。

第十一条 行政机关应当建立健全政府信息公开协调机制。行政机关公开政府信息涉及其他机关的，应当与有关机关协商、确认，保证行政机关公开的政府信息准确一致。

行政机关公开政府信息依照法律、行政法规和国家有关规定需要批准的，经批准予以公开。

第十二条 行政机关编制、公布的政府信息公开指南和政府信息公开目录应当及时更新。

政府信息公开指南包括政府信息的分类、编排体系、获取方式和政府信息公开工作机构的名称、办公地址、办公时间、联系电话、传真号码、互联网联系方式等内容。

政府信息公开目录包括政府信息的索引、名称、内容概述、生成日期等内容。

第十三条 除本条例第十四条、第十五条、第十六条规定的政府信息外，政府信息应当公开。

行政机关公开政府信息，采取主动公开和依申请公开的方式。

第十四条 依法确定为国家秘密的政府信息，法律、行政法规禁止公开的政府信息，以及公开后可能危及国家安全、公共安全、经济安全、社会稳定的政府信息,不予公开。

第十五条 涉及商业秘密、个人隐私等公开会对第三方合法权益造成损害的政府信息,行政机关不得公开。但是,第三方同意公开或者行政机关认为不公开会对公共利益造成重大影响的,予以公开。

第十六条 行政机关的内部事务信息,包括人事管理、后勤管理、内部工作流程等方面的信息,可以不予公开。

行政机关在履行行政管理职能过程中形成的讨论记录、过程稿、磋商信函、请示报告等过程性信息以及行政执法案卷信息,可以不予公开。法律、法规、规章规定上述信息应当公开的,从其规定。

第十七条 行政机关应当建立健全政府信息公开审查机制,明确审查的程序和责任。

行政机关应当依照《中华人民共和国保守国家秘密法》以及其他法律、法规和国家有关规定对拟公开的政府信息进行审查。

行政机关不能确定政府信息是否可以公开的,应当依照法律、法规和国家有关规定报有关主管部门或者保密行政管理部门确定。

第十八条 行政机关应当建立健全政府信息管理动态调整机制,对本行政机关不予公开的政府信息进行定期评估审查,对因情势变化可以公开的政府信息应当公开。

第三章 主动公开

第十九条 对涉及公众利益调整、需要公众广泛知晓或者需要公众参与决策的政府信息,行政机关应当主动公开。

第二十条 行政机关应当依照本条例第十九条的规定,主动公开本行政机关的下列政府信息:

(一)行政法规、规章和规范性文件;

(二)机关职能、机构设置、办公地址、办公时间、联系方式、负责人姓名;

(三)国民经济和社会发展规划、专项规划、区域规划及相关政策;

(四)国民经济和社会发展统计信息;

(五)办理行政许可和其他对外管理服务事项的依据、条件、程序以及办理结果;

(六)实施行政处罚、行政强制的依据、条件、程序以及本行政机关认为具有一定社会影响的行政处罚决定;

(七)财政预算、决算信息;

(八)行政事业性收费项目及其依据、标准;

(九)政府集中采购项目的目录、标准及实施情况;

(十)重大建设项目的批准和实施情况;

(十一)扶贫、教育、医疗、社会保障、促进就业等方面的政策、措施及其实施情况;

(十二)突发公共事件的应急预案、预警信息及应对情况;

（十三）环境保护、公共卫生、安全生产、食品药品、产品质量的监督检查情况；

（十四）公务员招考的职位、名额、报考条件等事项以及录用结果；

（十五）法律、法规、规章和国家有关规定规定应当主动公开的其他政府信息。

第二十一条 除本条例第二十条规定的政府信息外，设区的市级、县级人民政府及其部门还应当根据本地方的具体情况，主动公开涉及市政建设、公共服务、公益事业、土地征收、房屋征收、治安管理、社会救助等方面的政府信息；乡（镇）人民政府还应当根据本地方的具体情况，主动公开贯彻落实农业农村政策、农田水利工程建设运营、农村土地承包经营权流转、宅基地使用情况审核、土地征收、房屋征收、筹资筹劳、社会救助等方面的政府信息。

第二十二条 行政机关应当依照本条例第二十条、第二十一条的规定，确定主动公开政府信息的具体内容，并按照上级行政机关的部署，不断增加主动公开的内容。

第二十三条 行政机关应当建立健全政府信息发布机制，将主动公开的政府信息通过政府公报、政府网站或者其他互联网政务媒体、新闻发布会以及报刊、广播、电视等途径予以公开。

第二十四条 各级人民政府应当加强依托政府门户网站公开政府信息的工作，利用统一的政府信息公开平台集中发布主动公开的政府信息。政府信息公开平台应当具备信息检索、查阅、下载等功能。

第二十五条 各级人民政府应当在国家档案馆、公共图书馆、政务服务场所设置政府信息查阅场所，并配备相应的设施、设备，为公民、法人和其他组织获取政府信息提供便利。

行政机关可以根据需要设立公共查阅室、资料索取点、信息公告栏、电子信息屏等场所、设施，公开政府信息。

行政机关应当及时向国家档案馆、公共图书馆提供主动公开的政府信息。

第二十六条 属于主动公开范围的政府信息，应当自该政府信息形成或者变更之日起20个工作日内及时公开。法律、法规对政府信息公开的期限另有规定的，从其规定。

第四章 依申请公开

第二十七条 除行政机关主动公开的政府信息外，公民、法人或者其他组织可以向地方各级人民政府、对外以自己名义履行行政管理职能的县级以上人民政府部门（含本条例第十条第二款规定的派出机构、内设机构）申请获取相关政府信息。

第二十八条 本条例第二十七条规定的行政机关应当建立完善政府信息公开申请渠道，为申请人依法申请获取政府信息提供便利。

第二十九条 公民、法人或者其他组织申请获取政府信息的，应当向行政机关的政府信息公开工作机构提出，并采用包括信件、数据电文在内的书面形式；采用书面形式确有困难的，申请人可以口头提出，由受理该申请的政府信息公开工作机构代为填写政府信息公开申请。

政府信息公开申请应当包括下列内容：

（一）申请人的姓名或者名称、身份证明、联系方式；

（二）申请公开的政府信息的名称、文号或者便于行政机关查询的其他特征性描述；

（三）申请公开的政府信息的形式要求，包括获取信息的方式、途径。

第三十条 政府信息公开申请内容不明确的，行政机关应当给予指导和释明，并自收到申请之日起7个工作日内一次性告知申请人作出补正，说明需要补正的事项和合理的补正期限。答复期限自行政机关收到补正的申请之日起计算。申请人无正当理由逾期不补正的，视为放弃申请，行政机关不再处理该政府信息公开申请。

第三十一条 行政机关收到政府信息公开申请的时间，按照下列规定确定：

（一）申请人当面提交政府信息公开申请的，以提交之日为收到申请之日；

（二）申请人以邮寄方式提交政府信息公开申请的，以行政机关签收之日为收到申请之日；以平常信函等无需签收的邮寄方式提交政府信息公开申请的，政府信息公开工作机构应当于收到申请的当日与申请人确认，确认之日为收到申请之日；

（三）申请人通过互联网渠道或者政府信息公开工作机构的传真提交政府信息公开申请的，以双方确认之日为收到申请之日。

第三十二条 依申请公开的政府信息公开会损害第三方合法权益的，行政机关应当书面征求第三方的意见。第三方应当自收到征求意见书之日起15个工作日内提出意见。第三方逾期未提出意见的，由行政机关依照本条例的规定决定是否公开。第三方不同意公开且有合理理由的，行政机关不予公开。行政机关认为不公开可能对公共利益造成重大影响的，可以决定予以公开，并将决定公开的政府信息内容和理由书面告知第三方。

第三十三条 行政机关收到政府信息公开申请，能够当场答复的，应当当场予以答复。

行政机关不能当场答复的，应当自收到申请之日起20个工作日内予以答复；需要延长答复期限的，应当经政府信息公开工作机构负责人同意并告知申请人，延长的期限最长不得超过20个工作日。

行政机关征求第三方和其他机关意见所需时间不计算在前款规定的期限内。

第三十四条 申请公开的政府信息由两个以上行政机关共同制作的，牵头制作的行政机关收到政府信息公开申请后可以征求相关行政机关的意见，被征求意见机关应当自收到征求意见书之日起15个工作日内提出意见，逾期未提出意见的视为同意公开。

第三十五条 申请人申请公开政府信息的数量、频次明显超过合理范围，行政机关可以要求申请人说明理由。行政机关认为申请理由不合理的，告知申请人不予处理；行政机关认为申请理由合理，但是无法在本条例第三十三条规定的期限内答复申请人的，可以确定延迟答复的合理期限并告知申请人。

第三十六条 对政府信息公开申请，行政机关根据下列情况分别作出答复：

（一）所申请公开信息已经主动公开的，告知申请人获取该政府信息的方式、途径；

（二）所申请公开信息可以公开的，向申请人提供该政府信息，或者告知申请人获取该政府信息的方式、途径和时间；

（三）行政机关依据本条例的规定决定不予公开的，告知申请人不予公开并说明理由；

（四）经检索没有所申请公开信息的，告知申请人该政府信息不存在；

（五）所申请公开信息不属于本行政机关负责公开的，告知申请人并说明理由；能够确定负责公开该政府信息的行政机关的，告知申请人该行政机关的名称、联系方式；

（六）行政机关已就申请人提出的政府信息公开申请作出答复、申请人重复申请公开相同政府信息的，告知申请人不予重复处理；

（七）所申请公开信息属于工商、不动产登记资料等信息，有关法律、行政法规对信息的获取有特别规定的，告知申请人依照有关法律、行政法规的规定办理。

第三十七条 申请公开的信息中含有不应当公开或者不属于政府信息的内容，但是能够作区分处理的，行政机关应当向申请人提供可以公开的政府信息内容，并对不予公开的内容说明理由。

第三十八条 行政机关向申请人提供的信息，应当是已制作或者获取的政府信息。除依照本条例第三十七条的规定能够作区分处理的外，需要行政机关对现有政府信息进行加工、分析的，行政机关可以不予提供。

第三十九条 申请人以政府信息公开申请的形式进行信访、投诉、举报等活动，行政机关应当告知申请人不作为政府信息公开申请处理并可以告知通过相应渠道提出。

申请人提出的申请内容为要求行政机关提供政府公报、报刊、书籍等公开出版物的，行政机关可以告知获取的途径。

第四十条 行政机关依申请公开政府信息，应当根据申请人的要求及行政机关保存政府信息的实际情况，确定提供政府信息的具体形式；按照申请人要求的形式提供政府信息，可能危及政府信息载体安全或者公开成本过高的，可以通过电子数据以及其他适当形式提供，或者安排申请人查阅、抄录相关政府信息。

第四十一条 公民、法人或者其他组织有证据证明行政机关提供的与其自身相关的政府信息记录不准确的，可以要求行政机关更正。有权更正的行政机关审核属实的，应当予以更正并告知申请人；不属于本行政机关职能范围的，行政机关可以转送有权更正的行政机关处理并告知申请人，或者告知申请人向有权更正的行政机关提出。

第四十二条 行政机关依申请提供政府信息，不收取费用。但是，申请人申请公开政府信息的数量、频次明显超过合理范围的，行政机关可以收取信息处理费。

行政机关收取信息处理费的具体办法由国务院价格主管部门会同国务院财政部门、全国政府信息公开工作主管部门制定。

第四十三条 申请公开政府信息的公民存在阅读困难或者视听障碍的，行政机关应当为其提供必要的帮助。

第四十四条 多个申请人就相同政府信息向同一行政机关提出公开申请，且该政府信息属于可以公开的，行政机关可以纳入主动公开的范围。

对行政机关依申请公开的政府信息，申请人认为涉及公众利益调整、需要公众广泛知晓或者需要公众参与决策的，可以建议行政机关将该信息纳入主动公开的范围。行政机关经审核认为属于主动公开范围的，应当及时主动公开。

第四十五条 行政机关应当建立健全政府信息公开申请登记、审核、办理、答复、归档的工作制度，加强工作规范。

第五章 监督和保障

第四十六条 各级人民政府应当建立健全政府信息公开工作考核制度、社会评议制度和责任追究制度，定期对政府信息公开工作进行考核、评议。

第四十七条 政府信息公开工作主管部门应当加强对政府信息公开工作的日常指导和监督检查，对行政机关未按照要求开展政府信息公开工作的，予以督促整改或者通报批评；需要对负有责任的领导人员和直接责任人员追究责任的，依法向有权机关提出处理建议。

公民、法人或者其他组织认为行政机关未按照要求主动公开政府信息或者对政府信息公开申请不依法答复处理的，可以向政府信息公开工作主管部门提出。政府信息公开工作主管部门查证属实的，应当予以督促整改或者通报批评。

第四十八条 政府信息公开工作主管部门应当对行政机关的政府信息公开工作人员定期进行培训。

第四十九条 县级以上人民政府部门应当在每年1月31日前向本级政府信息公开工作主管部门提交本行政机关上一年度政府信息公开工作年度报告并向社会公布。

县级以上地方人民政府的政府信息公开工作主管部门应当在每年3月31日前向社会公布本级政府上一年度政府信息公开工作年度报告。

第五十条 政府信息公开工作年度报告应当包括下列内容：

（一）行政机关主动公开政府信息的情况；

（二）行政机关收到和处理政府信息公开申请的情况；

（三）因政府信息公开工作被申请行政复议、提起行政诉讼的情况；

（四）政府信息公开工作存在的主要问题及改进情况，各级人民政府的政府信息公开工作年度报告还应当包括工作考核、社会评议和责任追究结果情况；

（五）其他需要报告的事项。

全国政府信息公开工作主管部门应当公布政府信息公开工作年度报告统一格式，并适时更新。

第五十一条 公民、法人或者其他组织认为行政机关在政府信息公开工作中侵犯其合法权益的，可以向上一级行政机关或者政府信息公开工作主管部门投诉、举报，也可以依法申请行政复议或者提起行政诉讼。

第五十二条 行政机关违反本条例的规定，未建立健全政府信息公开有关制度、机制的，由上一级行政机关责令改正；情节严重的，对负有责任的领导人员和直接责任人员依法给予处分。

第五十三条 行政机关违反本条例的规定，有下列情形之一的，由上一级行政机关责令改正；情节严重的，对负有责任的领导人员和直接责任人员依法给予处分；构成犯罪的，依法追究刑事责任：

（一）不依法履行政府信息公开职能；

（二）不及时更新公开的政府信息内容、政府信息公开指南和政府信息公开目录；

（三）违反本条例规定的其他情形。

第六章 附 则

第五十四条 法律、法规授权的具有管理公共事务职能的组织公开政府信息的活动，适用本条例。

第五十五条 教育、卫生健康、供水、供电、供气、供热、环境保护、公共交通等与人民群众利益密切相关的公共企事业单位，公开在提供社会公共服务过程中制作、获取的信息，依照相关法律、法规和国务院有关主管部门或者机构的规定执行。全国政府信息公开工作主管部门根据实际需要可以制定专门的规定。

前款规定的公共企事业单位未依照相关法律、法规和国务院有关主管部门或者机构的规定公开在提供社会公共服务过程中制作、获取的信息，公民、法人或者其他组织可以向有关主管部门或者机构申诉，接受申诉的部门或者机构应当及时调查处理并将处理结果告知申诉人。

第五十六条 本条例自 2019 年 5 月 15 日起施行。

图书在版编目(CIP)数据

种业法律法规汇编 ：2019 年版 / 农业农村部种业管理司，农业农村部管理干部学院编. -- 北京 ：法律出版社，2019

ISBN 978 - 7 - 5197 - 4077 - 1

Ⅰ. ①种… Ⅱ. ①农… ②农… Ⅲ. ①种植业－农业法－汇编－中国 Ⅳ. ①D922.49

中国版本图书馆 CIP 数据核字(2019)第 256649 号

种业法律法规汇编(2019 年版)
ZHONGYE FALÜ FAGUI HUIBIAN(2019 NIAN BAN)

农业农村部种业管理司、农业农村部管理干部学院 编

策划编辑 沈小英
责任编辑 沈小英 黄 筝
装帧设计 李 瞻

出版 法律出版社
总发行 中国法律图书有限公司
经销 新华书店
印刷 固安华明印业有限公司
责任校对 马 丽
责任印制 吕亚莉

编辑统筹 法治与经济出版分社
开本 710 毫米×1000 毫米 1/16
印张 28
字数 660 千
版本 2019 年 10 月第 1 版
印次 2019 年 10 月第 1 次印刷

法律出版社/北京市丰台区莲花池西里 7 号(100073)
网址/www.lawpress.com.cn
投稿邮箱/info@lawpress.com.cn
举报维权邮箱/jbwq@lawpress.com.cn
销售热线/400 - 660 - 8393
咨询电话/010 - 63939796

中国法律图书有限公司/北京市丰台区莲花池西里 7 号(100073)
全国各地中法图分、子公司销售电话：
统一销售客服/400 - 660 - 8393/6393
第一法律书店/010 - 83938432/8433
西安分公司/029 - 85330678
重庆分公司/023 - 67453036
上海分公司/021 - 62071639/1636
深圳分公司/0755 - 83072995

书号：ISBN 978 - 7 - 5197 - 4077 - 1
定价：98.00 元